ファシズムと冷戦のはざまで

戦後思想の胎動と形成 1930-1960

三宅芳夫——[著]
Yoshio Miyake

Between Fascism and the Cold War

The Birth and Development of Postwar Thought, 1930-1960

東京大学出版会

Between Fascism and the Cold War:
The Birth and Development of Postwar Thought, 1930-1960
Yoshio Miyake
University of Tokyo Press, 2019
ISBN978-4-13-010136-3

目次

第Ⅱ部　文学の可能性

第Ⅲ部――政治の構想力

凡例

一　本書におけるジャン＝ポール・サルトル（J=P. Sartre）の著作からの引用に関しては、特に断りのない限り、本文中に以下の略記号で原著（Gallimard）の頁数のみ表記する。8～11に関してはGallimardのプレイヤード叢書の版の頁数である。日本語訳があるテクストに関しては参照したが、場所によっては改訳したところもある。

1　*L'Être ét le Néant*＝EN
2　*La Transcendence de l'ego*＝TE
3　Un idée fondamentale de la phénoménologie de Husserl: l'intentionalité＝FH
4　*Qu'est-ce que la littérature?*＝QL
5　L'Existentialisme est un humanisme＝EH
6　*Critique de la raison dialectique*＝CRD
7　*Cahiers pour une morale*＝CM
8　Erostrate＝E
9　La Putain Respectueuse＝PR
10　La Nausée＝N
11　Les Chemin de la liberté＝CR

12　Mallarmé＝M

尚、3と4に関しては、頁数はそれぞれのテクストが収録されている *Situations*（Gallimard の単行本の版）のものである。

ただし、以上の著作以外の *Situations* 所収の論文は以下のように表記する。

Situations V＝S. V

二　ジャック・デリダ（J. Derrida）の著作からの引用に関しては、本文中に以下のように略記した。

1　*La voix et phénomène*＝VP

2　*Da la grammatologie*＝G

3　*L'écriture et la différence*＝ED

4　"La différance"＝D

5　*Spectres de Marx*＝SM

6　"《Il faut bien manger》 ou le calcul du sujet"＝F

7　"〈Il courait mort〉: Salut salut"＝C

8　*Résistence, de la psychanalyse*＝R

9　*L'autre cap*＝AC

10　*Donner le temps*＝DT

11　*Donner la mort*＝DM

尚、4、6、7、11に関してはそれぞれのテクストが収録されている *Marges, de la philosophie*, *Point de suspensions*, *Les temps moderns*, 1996, no 587, *L'éthique du don* の頁数である。またVP：45＝89と表記してある場合、右の数字は日本語訳の頁を示す。ただし部分的に改訳してある箇所もある。またそれぞれの著作の書誌に関しては、参考文献表に記してある。ただし、「政治と友愛と」、及び“Pourquoi pas Sartre” の二つのインタヴューについては、注の文中に日本語訳の頁数を記してある。

三　プルードン（P=J. Proudhon）のテクストに関しては、一九八二年の Slatkine の版の全集の頁数を記してある。尚引用に関しては、本文中に以下のように略記した。

Du principe fédératif＝PF

De la capacité de la classe ouvirière＝CC

四　西田幾多郎（岩波書店）、田辺元（筑摩書房）、三木清（岩波書店）、竹内好（筑摩書房）、武田泰淳（筑摩書房）、花田清輝（講談社）、丸山眞男（岩波書店）については、それぞれの全集（著作集）の頁数を本文中に表記した。例えば［丸山 X：156］とある場合、岩波書店の『丸山眞男集　第十巻』一五六頁であることを示す。また『丸山眞男座談』（岩波書店）、『丸山眞男回顧談』（岩波書店）、『自己内対話』（丸山眞男、みすず書房）からの引用については、それぞれ文中に記した。

五　高山岩男、高坂正顕、荒正人、松下圭一の著作からの引用については、第三章、第八章、第十二章において本文中に頁数を表記した。引用した著作はローマ数字で表記してあるが、対応関係については、それぞれの章の注の冒頭に記した。例えば第十二章において［III：57］とある場合、松下圭一『戦後民主主義の展望』（日本評論社、一九六五）の五七頁であることを示す。

六　二、三、四、五以外の著者からの引用に関しては、［久野　一九七二：一五六］のように表記した。
この場合、参考文献表に記してある一九七二年の久野収の著作の一五六頁であることを示す。

七　日本語のテクストに関しては、とくに断りのない限り、旧かなづかいは、原則として新かなづかいに改めてある。

序　章　二つの戦後思想
――ユーラシアの両端で――

はじめに

本書に収められた諸論文は、歴史的文脈の中に配置されてはいるものの、基本的には思想家のテクスト内在的な分析を中心としたものである。それゆえ、一つの論文を他の論文と独立して読んでいただくことは、もちろん不可能ではない。

とは言え、同時にこれらの諸論文の配置・内容から浮かび上がってくる、マクロなコンテクストが存在することもまた事実である。著者自身もその文脈をつねに意識しつつ、哲学・思想史研究を行ってきた。

この序章では、第Ⅰ部、第Ⅱ部、第Ⅲ部、ジャンルとしては「哲学」、「文学」、「政治」を横断する、本書が取り上げる思想家たちを位置づける大きな視座を描いてみたい。

ファシズムとの対決――ユーラシアの両端で

二〇世紀前半から中頃までの北半球、とりわけユーラシアは動乱の時代であった。

E・ホブズボームのいわゆる「短い二〇世紀」の始まりをつげる一九一七年のロシア革命、一九二九年に端を発した大恐慌、ファシズムによるヨーロッパ大陸の制覇と瓦解、「国際冷戦レジーム」による世界空間の再編と英仏植民地帝国の解体、といった巨大な奔流に押し流され、「旧世界」は根底から崩れ落ちた。

本書で取り上げる思想家たちは、この動乱の二〇世紀においてユーラシアの両端において、「旧世界」の崩壊と「国際冷戦レジーム」による地球空間の再編を生き、そのなかでそれぞれの思想を練り上げていった。

これらの思想家たちの最初に直面した共通の課題は、「新世界秩序」を掲げ、政治的・軍事的にも――一九三〇年代から四〇年代初頭にかけては――ユーラシアの西端であるヨーロッパと東端に位置する東北アジアを席巻したファシズムとの対決である。

一九三三年のナチスの政権奪取、あるいは一九三七年七月七日の日中戦争、さらには一九三九年九月一日の第二次大戦勃発の際には、本書において取り上げる思想家たちは――一人の例外(松下圭一)を除いて――すべてファシズムへの態度決定を迫られる年齢に達していた。

一九三六年にすでに『想像力』を出版していたJ=P・サルトル(一九〇五年生)は、両大戦間のヨーロッパに蔓延していた「極右」の移民排斥・反ユダヤ主義を批判する「一指導者の幼年時代」を含む短編集『壁』を一九三九年一月には上梓している。

自称「ヨーロッパ最強の陸軍」を擁していた筈のフランスは一九四〇年にナチス・ドイツの「電撃戦Blitz Krieg」の前に脆くも崩壊、フランス政府は戦闘開始から事実上六週間で降伏、パリを含むフランス北部はドイツ軍の直接占領下に置かれた。[1] サルトルの最初の戯曲である『蝿』は占領下における

「抵抗」の演劇として一九四三年にパリで上演された(2)。

日本帝国主義の膨張と「抵抗」する知識人たち

一方ユーラシアの東端では、一九三一年の満州事変以降東北アジアのほぼ全域を支配下に置いた日本帝国主義が、加速度的にファシズム化しながら、一九三七年からは中国中央部・沿岸部に侵入し、一九四一年から四二年前半にかけては、南西太平洋、東南アジアを席巻するまでに膨張した。

この過程において、三木清（一八九七年生）、中井正一（一九〇〇年生）、本多秋五（一九〇八年生）、埴谷雄高（一九〇九年生）、久野収（一九一〇年生）、武田泰淳（一九一二年生）、荒正人（一九一三年生）、丸山眞男（一九一四年生）、佐々木基一（一九一四年生）等の思想家、作家、知識人たちはすべて一度は治安維持法違反によって逮捕され、釈放後も日本帝国崩壊の日まで官憲の監視の下に置かれることとなった。

林達夫（一八九六年生）と渡辺一夫（一九〇一年生）は、ある時期から公的には「沈黙」を貫くことでファシズムへの抵抗を持続させた。

武田泰淳と竹内好はそれぞれ、一九四三年に『司馬遷』、一九四四年に『魯迅』を出版している。本書では、第三章「留保なき否定性」において、この二つの書物を一五年戦争中、とりわけ、日米開戦後の「大東亜協栄圏」を正当化する京都学派の「世界史の哲学」への批判として位置づけ、解読している。

また花田清輝（一九〇九年生）は、一九四一年以降も、「群論」（一九四二）、「極大・極小」（一九四二）、「『ドン・キホーテ』注釈」（一九四三）、「虚実いりみだれて」（一九四三）、「楕円幻想」（一九四三）などを発表しながら、神楽坂署に一度留置されただけで、「戦中」を潜り抜けた。

花田の場合、「東亜協同体」論と朝鮮植民地支配を批判した「民族問題の理想と現実」を一九三八年に発表しながら、逮捕を免れて四五年八月一五日を迎えたのは「驚異的」と形容するほかない。

日高六郎（一九一七年生）、堀田善衛（一九一八年生）、加藤周一（一九一九年生）の世代は青年期に達した頃にはすでにファシズムへの組織的な抵抗はほぼ壊滅しており、同時に「戦時協力」を要請される知的キャリアを開始する以前であった——例えば日米開戦時に三人とも二〇代前半である——ために周辺の少数の友人たちの間においてのみ「反ファシズム」の合意を共有することが可能であった[3]。

一九二〇年代初頭以降に生まれた知識人にとっては、鶴見和子・俊輔姉弟のように、まったくの「例外」的な家族的背景と長期の留学経験をもたない限り、日本ファシズムに批判的な思想をもつこと自体がほぼ不可能な状態になる。

戦時下における日高六郎の「抵抗」

日高六郎、堀田善衛、加藤周一など、一九一〇年代後半生まれの世代が公的な知的舞台に登場するのは、一九四五年の敗戦以降である。

ただし、日高六郎は敗戦直前に海軍技術研究所に「国策転換に関する所見」と題する文章を提出している。日高は、この提言文書において、

（1）日本軍の可及的速やかな撤兵
（2）台湾・香港の中国への返還
（3）朝鮮の独立
（4）財閥の解体・労働者の自主管理

（5）農地改革による「大地主」制度の解体、自作中農の創出を主張している。

この「所見」は戦争末期のものとは言え、文書として海軍の組織に提出されている以上、相当程度の危険を冒したファシズムへの抵抗と見做して差し支えないだろう。(4) 実際、日高の文書に対する海軍技研側の対応は、「解職」であった。(5)(6)

「正統派マルクス主義」と「共産主義」への距離

さて、本書で取り上げるユーラシアの両端の思想家たちに共通する第二の特徴は、「短い二〇世紀」の基準となる、一九一七年からのいわゆる「正統派マルクス主義」と「共産主義運動」に対する批判的な距離である。

J＝P・サルトル、M・メルロー＝ポンティ、S・ド・ボーヴォワールなどの、第二次大戦後創刊された『現代 Les Temps Modernes』の中心人物たちは、理論的・思想的に「正統派マルクス主義者」であったことは一度もないし、(7)「共産主義」運動の正規のメンバーであったこともない。この点に関しては、ドイツ占領下においてサルトルとメルロー＝ポンティが試みたレジスタンス・グループ名「社会主義と自由」が象徴的である。

ユーラシアの東端側の思想家たちについては、三木清、林達夫、渡辺一夫、久野収、竹内好、丸山眞男、日高六郎、堀田善衛、加藤周一は——理論的にマルクス主義に関心を持った場合でも——「共産主義者」であったことはないし、本多秋五、埴谷雄高、平野謙、荒正人、あるいは武田泰淳、花田清輝は一度「共産主義運動」にコミットはしたものの、明確な問題意識から「運動」から離脱している、と位置づけられるだろう。

もちろん、これらのユーラシアの両端の思想家たちは、世界恐慌からファシズム、そして人類史上未曽有の規模の世界戦争へと崩れ落ちていった世界資本主義体制の支持者であったこともない。その意味では、二〇世紀における「共産主義」全盛期――現実に存在する国家権力及びイデオロギー的影響力の双方において――における非「共産主義」左派、ということになる。

日本における独立「左派」の誕生

第八章「『政治』の不可能性と不可能性の『政治』」は、日本の思想家、とりわけ荒正人を中心にして、「正統派マルクス主義」と「共産主義」運動に対する独立「左派」の批判的距離を思想的・哲学的に分析している。

従来、この時期の『近代文学』というメディアが提示したプロブレマティークは「政治と文学」論争として整理され、記憶されてきた。本書は、続く埴谷雄高の「スターリン主義」批判、あるいは小説『死霊』も含めて、このプロブレマティークには、独立「左派」の「社会主義」像が賭けられていた、と見做している。

ただし、「共産主義」運動の社会への影響力に関しては、ユーラシアの両端で圧倒的な差があった。日本においては、共産党はある時期まで知識人の空間にはかなりの影響力を行使したが、大衆一般からはきわめて限定的な支持しか調達していなかった。

戦後におけるフランス共産党（ＰＣＦ）の「大躍進」と「独立」左派（『現代』）の周縁化

フランス共産党（PCF）は、国内の対独レジスタンスにおいて主導的な役割を果たす過程で[8]、急激に影響力を膨張させ、解放後の四五年の選挙では有効投票の二六・二％を得て第一党、憲法改正後、四六年の第四共和制初の国民議会選挙でも得票率二六・二％、第一党であった。「国際冷戦レジーム」がほぼ構築された後の五一年の選挙でも得票率二六・九％である。つまり有権者のおよそ四分の一の支持を持続的に獲得していることになる。

労働界でも戦後共産党系列下に統一されたCGT（労働総同盟）の組合員数は、一九四七年に五四〇万人、四八年に四〇〇万人、五一年においても三〇〇万人であった。

従って、サルトル、メルロー＝ポンティらの非「共産主義」左派の影響力は圧倒的に知識人の空間に限定されたものであった。フランスにおいては、社会党系の諸政党が戦後混迷を続け、外交面でも「国際冷戦レジーム」における「大西洋主義」への加担を選択、さらに海外植民地帝国の解体にも消極的であったために、『現代』グループのマクロ政治への直接的・短期的影響力は一層極小化された。

一九四八年にサルトルが、A・カミュやA・ブルトンの協力をも得つつ、「社会主義」的かつ「中立」のヨーロッパ連邦を提唱して設立した「革命的民主連合」は、最高時においてさえ五千人の加盟員を数えたに過ぎず、「国際冷戦レジーム」の急速な前景化の前に、一年もたたず解体した。

この点一九五〇年以降、総評＝社会党左派ブロックが形成され、さらに五〇年代後半以降は再統一された社会党が国会の三分の一を超える議席を占め、他方共産党は立法府と労働「界」の双方において、周縁的な力にとどまった日本とは対照的である。

また総評＝社会党ブロックが、「国際冷戦レジーム」からの離脱を志向する、憲法第九条に基づいた「非武装中立主義」を選択したことによって、「戦後民主主義」の思想家たちは、フランスにおける『現代』グループよりもむしろ広範な支持層を獲得したと言えるだろう。

「国際冷戦レジーム」への抵抗としての「中立主義」

日本とフランス、双方の「戦後思想」の第三の共通項は、「独立」左派として、第二次大戦後、米国主導で構築された「国際冷戦レジーム」[9]に抵抗して「中立主義」を主張し、かつ「共産主義」ではない「社会主義」を模索した点である。

すなわち、東アジアにおいては「冷戦」は内戦をへた一九四九年の中華人民共和国の成立、一九五〇年の朝鮮戦争の勃発というかたちで「熱戦」に転じ、米国側の最高司令官マッカーサーは中国に対する大量の原爆投下と台湾からの蔣介石軍の大陸侵攻を計画するまでに情勢は緊迫した。

アメリカの対日占領方針は非「軍国主義」化から一八〇度転換、東アジアにおける最大の軍事拠点＝ジュニア・パートナーの育成に全力を注ぐことになる。ただし、ユーラシアの「共産主義」体制を東・東南アジアにおいて「封鎖」するための「前線基地」として、「冷戦」終結まで基本的に「軍事政権」を配置された韓国、台湾、一九六五年以降のインドネシア（ＣＩＡに支援されたスハルトによるクーデター）と異なり、「緩衝地帯」としての役割をも割りふられた日本では、一定程度の市民的自由と議会制民主主義の制度は許容された。

ユーラシアの西側では、ギリシアにおいて内戦に英・米が介入、「左派」を軍事力によって排除[10]、またトルコ、西ドイツは「封鎖」のための「前線基地」として位置づけられた。[11]さらに、イランのモザデク政権のように、「反共」ではあるが、石油国有化などの「資源ナショナリズム」と「中立」外交的な方向を示した場合、ＣＩＡの関与によって顚覆されることとなる。

この場合、アメリカにとっての最も重要な懸念は、「資源ナショナリズム」そのものよりも、ユーラシアの「ハートランド」を占拠する「共産主義」体制に対する「封鎖」において、イランが脆弱な環となる可能性であった。クーデターによるモザデク政権打倒ののち、イランはトルコ、パキスタン、イラク、そしてイギリスとともに「バクダッド条約機構」に加盟した。ユーラシアの南側の「封鎖」は強化され、当面ソ連がペルシア湾に進出する可能性は排除された。

イタリア、そしてフランスはユーラシアの西側において「緩衝地帯」——東側の日本と同様に——とされることとなった。すなわち、一定程度の市民的自由と議会制民主主義、さらに共産党の存在自体は認められたのである。[12]

戦後民主主義と非同盟中立

このような文脈において、ユーラシアの東端の「緩衝地帯」である日本では、「国際冷戦レジーム」としての「日米軍事同盟」に明確に反対するグループとして「戦後民主主義」が前景化してくる。一九四九年の久野収の「平和の論理と戦争の論理」、あるいは一九五〇年の丸山眞男の「三たび平和について」は、「東アジア」熱戦に直面しつつも、憲法に基づいた「中立主義」を提唱した「戦後民主主義」の核となる論考と言えよう。

また戦後民主主義の思想家たちは、東西「冷戦」に対する「中立主義」と、第二次大戦後も継続した「北」の支配からの植民地地域の独立運動との連携を主張した。一九五五年、インドネシアのバンドンにおいて開催された、アジア・アフリカ会議の「非同盟中立」への明確な支持は、戦後民主主義の「国際冷戦レジーム」への批判を象徴している。

フランス帝国の解体——過酷な「脱植民地化」のプロセス

こうした「国際冷戦レジーム」への抵抗として、「中立主義」を選択する方向性は、ユーラシアの西端において、サルトル、M・メルロー＝ポンティ、S・ド・ボーヴォワールあるいは——正規の『現代』のメンバーではないが——A・カミュにも共有されていた。

ただし、すでに述べたようにフランスにおいてはマクロ政治のレベルでの非共産主義左派、具体的には「社会党」系のグループが北大西洋条約機構（NATO）を支持したため[13]、この点日本とは状況が明確に異なる[14]。

また第二次大戦前、イギリスに次ぐ大植民地帝国であったフランスは、ド・ゴールによる外交的アクロバットによって形式上は「戦勝国」に分類され、国連常任理事国ともなったため、敗戦によってすべての海外植民地を失った日本——もちろん、国内においては植民地主義的諸制度は再編・継続されたのではあるが——とは異なり、脱植民地化のプロセスは、さらに複雑かつ過酷なものとなった。

シリア、レバノンについては一九四五年に[15]、チュニジアについては一九五四年に独立を承認したものの、インドシナ、アルジェリアに関しては双方とも戦争へと事態はもつれこんだ[16]。つまりフランスは一九三九年に始まる「長い戦争」を——アルジェリア独立を承認する一九六二年まで——主要当事者として継続していたのである。

本国内の政治秩序としても、第四共和制は事実上のクーデターによって瓦解し、ド・ゴールに強力な大統領権限を与えた——ある種の「ボナパルティズム」とも形容される——第五共和制にレジームは移行した。

この複雑かつ過酷な脱植民地化のプロセスにおいて、サルトルと『現代』は一貫して、インドシナ、チュニジア、アルジェリア、そしてブラック・アフリカの独立を——宗主国本国内では圧倒的な少数派として——支持し続けた。

サルトルと「ポスト・コロニアル」研究——忘却されて来た「幽霊」

しかし、過酷な脱植民地化の過程で、アルジェリア出身であったA・カミュとサルトルを中心とする『現代』は決別することとなった。現在にいたるまで、フランスの主流派メディアおよび日本のフランス研究では、いわば「伝説化」されたこの決別に関して、ソ連評価に関する差異を強調する傾向があるが、この論点は両者の決裂において本質的な問題ではない(17)。

アルジェリア問題をめぐるフランス知識人「界」の混乱については、『文化と帝国主義』に収められたE・サイードのA・カミュ、F・ファノン、A・セゼールへの考察をはじめとする英語圏のポスト・コロニアル研究の進展によって、ようやく適切なプロブレマティークが構築されつつあると言っておいてよいだろう。

当時のフランスの言説においては、「黒いオルフェ」において、「シュルレアリスム」と結合したA・セゼールやL・サンゴールなどの「ネグリチュード」の詩の爆発を見事な筆致で描き出し、あるいはアルジェリア戦争中の一九六一年に公刊されたF・ファノン『地に呪われたる者』序文において、反植民地主義的思考をフランス本国に導入しようとしたサルトルを除いては、今日言うところのポスト・コロニアル・スタディーズ的な視点は——メルロー＝ポンティにおいてさえ——ほとんどまったく欠如していた。

フランスの知的空間における反植民地主義的思考の驚くべき欠如には、普遍主義を掲げる共和主義の文法の堅固さにも重要な要因があるのだが、サルトルの初期の小説『嘔吐』（一九三八）において、アクション・フランセーズに象徴される「極右」排外主義のみならず、すでに共和主義的「ヒューマニズム」が、きわめて批判的に記述・解体されているのは、その点でも興味深い。

ともあれ、一九六二年のアルジェリア独立後、フランスにおいては数十年にわたってサルトル的視点はいわば忘却・抑圧され、二〇世紀末にいたって英語圏の研究の導入とE・グリッサン、R・コンフィアンなどの「クレオール」に対する評価が合流して、本国の知的空間がサルトルに追いついた、とするのが実情に近いだろう。[18][19]

しかし、同時に一九八〇年代以降の「移民」排斥を争点とする国民戦線（FN）の急激な台頭と共和主義的文法の強力かつ精力的な「巻き返し」によって、事態はなお流動的である。[20]

さて、ここまで動乱の二〇世紀におけるフランスと日本の思想を、

（1）ファシズムへの抵抗という「核心」

（2）「正統的マルクス主義」あるいは「共産主義運動」との微妙な距離

（3）世界空間を再編成した国際冷戦レジームに対する抵抗としての「中立主義」及び「第三世界」との連帯あるいは宗主国側の知識人としての脱植民地化への支持

の三つの側面において、比較史的にごく簡略に辿ってみた。

ここからはさらにいくつかの焦点に絞りながら、より詳細に一九三〇―六〇年の約三〇年間の日本の思想を再考してみよう。

一　渡辺一夫・林達夫・三木清

この三人の生年は、それぞれ一八九七年、一八九六年、そして一九〇一年である。つまり一九三一年の満州事変の際には、すでに知的に成熟し、時局を批判的に捉えることが可能であった世代に属する。一五年にわたる「戦中」のファシズムへの「抵抗」として、「戦後思想」を捉える視角からすれば、この三者が世代的には上限、ということになるだろう。いわば「戦後思想」第一世代とでも言えようか。「戦後思想」第二世代との関係で言えば、久野収が三木・林、加藤周一が林・渡辺との直接の継承関係にあると位置づけられる。

渡辺一夫――非大勢順応主義者として

渡辺一夫については、アジア・太平洋戦争に対する支持者が比較的多かったとされる東京帝国大学文学部のなかで時局への便乗を拒否し、加藤周一（一九一九年生）、中村真一郎（一九一八年生）、福永武彦（一九一八年生）など「戦後文学」の担い手となった人々に対して「精神的庇護者」としての役割を果たしたことで知られている。

戦後、サルトルなどの導入の文脈があったにしても、一般の知識人「界」において「フランス文学」言説の象徴資本が急激に上昇した背景には、渡辺一夫の戦時下の「抵抗」がきわめて高く評価されたことも大きく寄与している。

この文脈に、プルースト研究者（同時にサルトル及びファノンの主要翻訳者の一人でもある）でありながら、同時にフランス植民地主義との比較の視点も導入しつつ「在日」の問題に関与した鈴木道彦（一九二九年生）がいる。

またM・フーコー『言葉と物』の翻訳者でもあり、ドレフュス事件を中心とした「知識人史 intellectual history」とも言える書物を上梓、『林達夫とその時代』を経て、二一世紀に入って武田泰淳、竹内好を論じつつ、近代日本にとっての「他者」としての中国・朝鮮を考察しようと試みた渡辺一民（一九三二年生）もこの系譜に属する。

こうした流れの延長線上に、渡辺一夫の直接の弟子にもあたる大江健三郎（一九三五年生）が、いわば最後の――フランス文学系統の――「戦後文学」者として存在する、と言っていいだろう[21]。

加藤周一、中村真一郎に戻れば、それぞれ一九一九年、一九一八年生まれであり、旧制高校に入学する頃には、すでにファシズムに対する組織的抵抗は視界から消えていた。しかし、同時に「日本資本主義発達史講座」をはじめとするマルクス主義文献を「読む」ことは出来、知的には日本ファシズムの侵略に抵抗する思想を抱くことは、――困難ではあるが――まだ不可能ではなかった最後の年代と位置づけることができる[22]。

ただし、そうした思想を公に表明することは、治安維持法違反によって逮捕される危険を冒すことを意味する。この状況において一九四五年八月一五日まで「正気を保つ」ために、渡辺一夫の「精神的庇護」が如何に重要な役割を果たしたかについては、両者とも繰り返し証言している。

渡辺一夫自身の「抵抗」としては、周辺の若い世代への「庇護」以外にも、一九四二年に『文学界』に掲載された、F・ラブレーについてのエッセイ「ユマニストのいやしさ」、あるいは八月一五日までは主にフランス語によって綴られた『敗戦日記』がある。

マルクス主義・共産主義との関係としては、渡辺一夫は両者ともに関与したことはない。あえて言えば、戦時中、一切の戦争協力を拒否して日記『断腸亭日乗』を書き続け、一九四五年春に「ヒトラー、ムッソリーニの二兇敗れて死せりの報」に「天網漏らさず」と付言した永井荷風のような「非大勢順応主義者」に近いだろう。(23)

実際、荷風とまったく同様に『敗戦日記』五月四日の項目には、「ヒトラー、ムッソリーニ、ゲッペルス」という「怪物」の死について、「苦しんでいる人類にとって何たる喜び！」と書き記されている。

一九四六年の加藤周一――「天皇制」の可及的速やかな廃止

渡辺一夫の系譜に属すると見做しうる、加藤周一、中村真一郎、福永武彦、鈴木道彦、渡辺一民、そして大江健三郎についても、「共産主義」にコミットしたことは一度もない。ただし、加藤周一に関しては、理論としての「マルクス主義」には強い関心を生涯にわたって持続させた、と言ってよい。

たとえば、加藤周一は、敗戦直後、一九四六年三月の「天皇制を論ず――問題は天皇制であって天皇ではない」において「天皇制」の可及的速やかな廃止を主張しているが、この文章は「講座派マルクス主義」の影響を考慮に入れなければ、当時の文脈としては理解できない。(24)

そもそも「天皇制」という今日一般にマスコミにおいてもごく普通に使用されている概念自体が「講座派マルクス主義」がある意味、理論的に「創出」したものである。

敗戦にいたるまでは、明治憲法体制は一般に「立憲君主制」と呼ばれており、もし、「天皇制」という言葉を公の場で使用すれば、即時「国体」を脅かすもの＝「治安維持法」違反、として逮捕される危険があったことは想起しておいていいだろう。

林達夫――マルクスから「プルードンの弟子アミエル」へ

林達夫は旧制一高から京都帝国大学哲学科選科に進学、深田康算の下で美学を専攻、卒業後上京し、一九二七年から三木清とともに『思想』の編集責任者の一人となる。

渡辺一夫と比較した場合、林達夫の方が明らかにマルクス主義の理論と運動に近い位置にある。実際、一九三二年の「唯物論研究会」発足にあたっては羽仁五郎、服部之総、戸坂潤、三枝博音らとともに幹事に選出されている。

また「プロレタリア反宗教運動」(一九三二)あるいは「プロレタリア芸術運動」(一九三三)といった文章には、渡辺一民が指摘しているように[25]、後年の林達夫らしからぬ「公式主義」的な記述が目立つことは確かではある。

とは言え、林達夫は一九三五年の「アミエルと革命」、一九三六年の「社会主義者アミエル」においてーー「すでに」と言うべきであろうかーー一八四八年革命とアミエルとの関係を論じながら、「プルードンの熱烈な弟子アミエル」を提示している。

この二つのエッセイにおいて、林は一般には「内向の作家」と見做されがちなアミエルについてーーキルケゴール的な「不決断」と「逡巡」の側面をも指摘しつつーー一八四八年のジュネーヴにおける「民主主義」革命の挫折のモーメントをクローズアップする。

その上で「プルードン主義」者アミエルあるいは「アミエル social」とマルクス・エンゲルスの「対峙」を「今日のインテリゲンチャに置かれた二つの道」であると結論づけるのである。

ここに、まさに平野謙の言う「昭和十年(一九三五年)前後」における林達夫の立ち位置が窺える。

世上にはより広く話題にも上り、評価もされた戦後の「ちぬられざる革命」（一九四九）、「無人境におけるコスモポリタン」（一九五〇）、「共産主義的人間」（一九五一）における林達夫の透徹したとも言える「冷戦」構造への視座、マルクス主義・共産主義との批判的距離はすでに一九三五年前後に準備されていたと言ってよい。

さりながら、一九三七年七月の日中戦争勃発以降は、「正統派マルクス主義」の脱構築としてのプルードン主義について公的な討議を提起するなどといった状況ではなくなっていたことは再確認するまでもないだろう。

林達夫自身も、「新体制運動」（「近衛新体制」）以来さらに加速するファシズムの精神的動員に対して「現代社会の表情」（一九四〇）あるいは「宗教について」（一九四一）において批判的な言説を対置し、抵抗の姿勢を示してはいる。

また「デカルトのポリティーク」（一九三九）、「新スコラ時代」（一九四〇）、「歴史の暮れ方」（一九四〇）といったエッセイの中で際どい――あるいは韜晦的な――時局批判を展開してもいる。

例えば、「新スコラ時代」では、「楽屋裏を熟知している人間には、今時の芝居が馬鹿馬鹿しくて見てはおられない」とし、つづけて「威勢のよいお祭りに、山車の片棒かつぎなどに乗り出す気などは一向起こらぬ」と続けている。

また「歴史の暮れ方」においては、「文学者や哲学者の俄づくりのサロン」において展開されている「談義」や「協賛」を「文学の貧困と政治の貧困との苟合《ママ》の漫画」と批判しつつ、「時代」については「何の明るい前途の曙光」も見出せないと記述している。

しかし、一九四一年一二月の日米開戦の後は、一九四二年九月に「拉芬陀」を『図書』に発表したのち、林達夫は敗戦まで筆を折ることを選択することになる。

三木清――「理論の系譜学」と「存在論」

三木清に関しても、本書では『唯物史観と現代の意識』の段階から「正統派マルクス主義」との理論的関係は、きわめて希薄であるとする見方を採用している。

なるほど、三木清は一九二八年にヨーロッパ留学から帰国後、羽仁五郎とともに『新興科学の旗の下に』――ドイツ語版「マルクス主義の旗の下に」と同じ装幀――を創刊し、「マルクス主義」と「唯物史観」の名において、「総合的理論雑誌」を目指すことを宣言してはいる。

とは言え、同時に第二号の「編集余禄」においては、「新興科学の中でももっとも重要な意味をもつマルクス主義についてもわれわれは一定の見方にのみ固執しない。解釈は自由だ」と述べられている。実際、創刊号にはソシュールの「一般言語学」を援用しながら、従来の文法学、言語学を批判する論文が掲載されてもいる。このような方向性はいわゆる「正統派マルクス主義」からはおよそ遠いものと言えるだろう。

さらに『新興科学の旗の下に』はわずか一年三ヶ月の活動の後、『プロレタリア科学』に吸収され、続いて――三木清が非合法共産党への資金提供の容疑で逮捕、およそ半年にわたって豊多摩刑務所に収監されている間に――三木清への批判キャンペーン（「観念論的なプチブル・イデオローグ」！）が展開された。この時を以て、三木清は「正統派マルクス主義」とその組織からは追放された。

この一九二八年から一九三〇年という時期は、ソ連においてスターリンがトロツキー派を解体・粛清することに成功し、ほぼ独裁を確立する過程と重なっており、この過程は日本の「共産主義」運動にも

——多少の時期のずれはあれ——大きな影響を与えたことは間違いない。三木清の排除も、世界規模での、この「共産主義」の「スターリン主義」化と、まったく無関係ということはないだろう。

しかし、こうした「運動」との個人史的関わりとは独立して、『パスカルにおける人間の研究』あるいは『唯物史観と現代の意識』という初期のテクストの分析からは、そもそも初発の時点から「正統派マルクス主義」を三木清が選択することはあり得なかったという結論しか導き出せない。

たしかに『唯物論と現代の意識』では、三木は「基礎経験」・「人間学」・「イデオロギー」という有名なトリアーデを提出している。しかし、ここでの理論構造はとうてい「正統派マルクス主義」と相容れるものではない。

詳細は、第一章、第二章の三木清論を参照していただくとして、ここではごく簡略に次の二点のみ、指摘しておきたい。

第一に所謂「基礎経験」は「ロゴス」の媒介によってはじめて、その姿をあらわにすることができるが、この「ロゴス」による媒介はつねに不完全なものに留まるとされている。つまり、歴史上の未来のある時点で、「基礎経験」の「闇」が消え去り、光の「ロゴス」によって隈なく世界が照らし出される、ということはない。

このような「基礎経験」の性格を三木は「不安的動性」と名づける。三木清の存在論は、「光」＝「理性」による媒介不可能性としての「闇」を中心として構築されている。

「不安的動性」としての「闇」を中心に据える三木の存在論は、プラトンからヘーゲルにいたる「光」の形而上学の伝統に対決するかたちで構成されており、とうてい「理性」＝「ロゴス」による「真理」への接近方法（「弁証法」）をヘーゲルから継承したとする「正統派マルクス主義」と妥協ないしは融合できる性質のものではない。

第二に、なるほど三木は「真理」＝「命題」の無矛盾的な「集合」としての「科学」を時と場所を超越した普遍的な「知のシステム」として捉える従来のカント主義的認識論を批判するために、「基礎経験」、「人間学」、「イデオロギー」という三層構造を提示した。それ故、この理論に従えば、いわゆる「真理」も時と場所、言いかえれば「歴史的社会的文脈」に連動・拘束されることになる。

この点だけに注目すれば三木清は、マルクス主義の「イデオロギー」論に近接しているようにも見えるかもしれない。しかし、三木においては、「真理」にアクセスできる特権的な「主体」は、集団としてであれ、個人としてであれ、想定されていない。

「歴史」の「主体」としての組織化された「プロレタリアート」も、前衛としての「党」も、三木清の「イデオロギー」論においては「真理」への鍵として位置づけられるどころか、そもそも理論記述のなかに登場さえしていない。

その意味ですでに初発の段階において、三木清は――しばしば比較される――『歴史と階級意識』のG・ルカーチからも遠く離れた場所に位置している。

三木は自身の「イデオロギー」論を「理論の系譜学 Genealogie der Theorien」と命名し、これをニーチェの「道徳の系譜学」に触発されたとしている。本書の立場も三木のこの自己規定に同意するものである。

周知のように、三木清は一九四五年三月二八日に「治安維持法」違反容疑で逮捕、八月一五日の敗戦から一ヶ月以上後の九月二六日に獄死した。

久野収はこの事実を戦後繰り返し「痛歎」している。たしかに、久野収が述べているように、もし三木清が生きて「戦後」を迎えることができたとしたら、「戦後思想」の風景もいくらか違ったものになったかもしれない。

いずれにしても、名前だけは一定程度知られているものの、理論的には、三木清は現在にいたるまで過小評価されていると筆者も考えている。その射程は「存在論」と「系譜学」の双方において、当時の世界水準に達しつつあったと言ってよい。

第Ⅰ部「哲学の批判性」において、第一章、第二章を割いて三木清のテクスト分析を詳細に行った所以である。

二 「戦中」の「戦後思想家」たち

渡辺一夫、林達夫、三木清は文化史的に言えば「大正教養主義」の世代に属している。その意味では一九三一年の満州事変勃発の際には、三者ともほぼ知的な骨格を造り上げていたと位置づけることができる。

また知的キャリアとしても、――三木清のように帝国大学アカデミズムから排除された者もいたとは言え――すでに一定の社会的地位を得ていた、と言えるだろう。

それに対して、公的空間には敗戦以降に姿をあらわす、狭い意味での「戦後思想」の空間に所属する、花田清輝(一九〇九年生)、埴谷雄高(一九〇九年生)、平野謙(一九〇九年生)、久野収(一九一〇年生)、竹内好(一九一〇年生)、武田泰淳(一九一二年生)、荒正人(一九一三年生)、佐々木基一(一九一四年生)などは、一五年戦争開始の時点で二〇歳前後に相当する。

それ故、この世代の知的な自己形成は、アジア侵略戦争に反対する「左翼運動」への関与抜きには考えられない。この場合の「左翼運動」とは基本的に共産党の指導の下にある「非合法」運動を意味する。もちろん、直接「非合法」の左翼運動に関与しなかった故に、逮捕歴をもたない花田清輝や竹内好のような例はある。あるいは一九三三年の滝川事件の時点から、「非共産主義者」として、当時のフランス「人民戦線 le front populaire」的なコンセプトに参与した久野収のケースもある。

また「非共産主義者」である中井正一とともに久野収も関わった、京都を中心とした『世界文化』・『土曜日』などのメディアは、「人民戦線」的な方向を、可能な限り「合法的」に展開しようとした試み、として位置づけられるだろう。

とは言え、花田、竹内、久野も含めて満州事変勃発の際に二〇歳前後であった知識人にとって、「非合法」ではあるが、まだ旧制高校・大学周辺には存在していた左翼運動に対する態度如何は、決定的な意味をもった。

「昭和十年前後」――スターリン主義への疑問

この世代の特徴の一つは、「非合法」時代の運動に関わった経験から、その当時の共産党の運動方針、あるいは政治思想、さらには世界観に対して強い疑問を抱くようになった、ということである。この疑問は平野謙のいわゆる「昭和十年前後」、つまり一九三四―三六年頃には当事者に強く意識されるようになってはいたが、敗戦までは公的な言説として前景化することはなかった。

しかし、このプロブレマティークは、四五年以降には、獄中「非転向」グループとしてある意味「華々しく」(再)登場し、一定の期間は知識人の空間に強い影響力をもった戦後の共産党への批判的な姿勢へとつながっていく。この敗戦直後の共産党への疑問の提出を、今日振り返って「スターリン主義」的な理論・思想・運動への批判、としておいても、それほど的外れではないだろう。ただし、運動に関わって後、「反共」右派へと転向した少なからぬ知識人のグループとは異なり、ここで挙げた思想家たちは「左派」的な立場を持続させた。いわば、日本における反「スターリン主義」的「左派」の最初の知的「ブロック」と位置づけることができる。[26]

これらの思想家たちは、三〇年代の体験から、いわば存在論的には「実存主義的個人主義」に接近しており、政治的には「来たるべき à venir」社会主義者ではあるかもしれないが、現存する「共産主義」体制を支持していたとは言い難い。[27]

幅広いスペクトル――「アナーキズム」、「共和主義」、「多元的社会主義」

埴谷雄高、武田泰淳は、より明瞭に存在論的には「実存主義」者、政治思想としては「アナーキズム」に近く、敗戦直後の「政治と文学」論争において、「自己」と「他者」との通約不可能性に焦点をあてることで「人間一般」という観念や「進歩史観」に対して根底から揺さぶりをかけた荒正人は――実存主義者ではあるが――政治的には、埴谷雄高などより「穏健な」共和主義的民主主義者と言えるだろう。

久野収は戦中から戦後に至るまで、一貫して「非共産主義」左派の立場から人民戦線的方向を模索しつづけ、一九五〇年前後には、日本国憲法の「平和主義」と結合した「戦後民主主義」的言説を構築する主要な役割を果たした。

その際、地球規模で構築された「国際冷戦レジーム」において、「平和主義」を東西両陣営双方からの自立として再定義した久野収の行為は、「戦争から内乱、そして革命へ」という一九一七年のロシア革命以来のマルクス・レーニン主義的論理からの切断を意味した。

たとえば、久野は一九五一年の「二つの平和は世界平和につながるか」において、核兵器が出現した以上「戦争を通じて革命を、というスローガンはもはや成り立たない」［久野 一九七二：二七］と断言している。

また久野収は、「平和の論理と戦争の論理」（一九四九）において、クェーカー派からはじまる「市民的不服従」の伝統を高く評価し、三権分立によって国家権力を多元化した上で、不服従の権利の制度化を提唱している。

さらにこの論文においては、市民社会における自主的組織、労働組合、教会をはじめとする中間集団の機能を重視することで、平時には暴力を「合法的」に独占し、緊急時には、戦争の主体となる「国家権力」を牽制する社会構想が提示されている。

このような久野収の「多元主義的社会主義」とも言うべき社会構想が当時の「正統派マルクス主義」の理論と運動から、遠く離れたものであることは明らかだろう。

ただし、この「距離」は戦後に突然発生したものではなく、一九三〇年代半ばの「人民戦線的」試みと挫折、投獄という経験のなかで、戦時中においてすでに久野のなかで練り上げられていたことは強調しておく必要があるだろう(28)。

竹内好に関しては、大学在学時にR・S（リーディング・ソサイエティ）にて武田泰淳と知り合っているが、――泰淳とは異なり――運動には関与せず、逮捕歴もない。

ただし、理論的にはマルクス主義に関心を示し、日本の中国侵略にはきわめて批判的であった。竹内は一九三四年に武田泰淳、岡崎俊夫などと共に「中国文学研究会」を設立している。[29] 当時一般的であった「支那」という呼称を拒否して、あえて「中国文学研究」を掲げたのは、時局に対する可能な範囲での批判として解釈できるだろう。

敗戦後展開された「思想家」としての竹内好のヴィジョンは、――「近代主義」批判の名を借りてはいるが――実質的には、むしろ正統的な「共和主義的民主主義」と命名できる範囲のものである。この点については、従来対立的に論じられることの多い丸山眞男と竹内好は規範的モデルとしての「共和主義的民主主義」を共有している。このプロブレマティークに関しては、第六章「竹内好における『近代』と『近代主義』」において詳述した。

あまりにも有名になった「すでに魂は関係それ自身となり、肉体は物それ自身となり、心臓は犬にくれてやった私ではないか。(否、もはや『私』という人間はいないのである)」の一文で終わる「群論」をはじめとする華麗なテクストを展開する花田清輝については、一見錯綜した印象を与えるが、やはり花田が哲学的・思想的には――あるいは修辞家としても――実存主義者であるのは動かし難い。花田と実存主義の接点については第九章「外の思考――ジャン＝ポール・サルトルと花田清輝」において詳細に分析されている。

また花田清輝の政治的立場については、原理的には「アナーキズム」と呼んでおいて差し支えない。ただし、花田は原理論としての「アナーキズム」とは、ある意味独立して現在の「状況」へのプラグマティズム的な介入を選択しているため、表面的には不分明・不透明な印象――例えば「モラリスト論争」において――を与えることも事実ではある。この点も第二次大戦後のサルトルの軌跡と比較した場合の親和性を浮かび上がらせると言えるだろう。

朝鮮人・中国人との出会い

さて、「運動」と関わったこの世代に共通するもう一つの特徴がある。植民地からの独立を求める朝鮮人たち、そして侵略戦争に反対する中国人たちとの接触・交流である。

当時の共産主義運動には数多くの朝鮮人が参加している。日本帝国主義からの「植民地独立」を掲げる有力な政治団体が、他に存在し得なかった以上、このことは決して不思議なことではない。党組織のみならず、共産党指導下の「全協」などの労働組合のリーダー及びサブ・リーダー層に関しても、朝鮮人はかなりの割合で参加していたと推定される(30)。

埴谷雄高と荒正人

「帝国」日本の植民地、台湾に生まれ育った埴谷雄高は、「支配者」、「抑圧者」のグループに所属することを「裂け目」の発見として知った幼年体験を自らの思想的原点として繰り返し振り返っている(31)。

北海道における結核療養をへて、日本大学の予科に入学した埴谷は、一九二八年の三・一五事件、二九年の四・一九事件によって、共産党中央が壊滅的打撃を受けた後に、いわば「遅れてきた青年」として組織の再建を模索するグループに加入する。プロレタリア科学研究所に所属した埴谷は、小作争議を中心にした「農民闘争」に派遣されるが、結局一九三一年に逮捕される。運動に直接参加したこの過程において、おそらく少なくない朝鮮人たちとの出会いがあったのだろう。

一般には形而上学的小説として著名な『死霊』の叙述のなかでは、さほど多くない登場人物のなかに、地下印刷工場の責任者として李奉洋という朝鮮人が存在する。これは一定期間運動に関与していた埴谷にとってごく「自然」な描写であったと思われる。

埴谷と同じく『近代文学』創設同人であった荒正人は、満州事変勃発時に旧制山口高校在学中であり、前述のR・Sを通じて、反戦運動や労働運動に関わっている。このR・Sのリーダーは「任沢宰」という朝鮮人であり、その人物から強い影響を受けたと荒は戦後繰り返し回想している。

また荒は一九四一年同人雑誌『現代文学』[32]において朝鮮人作家金史良の『光の中に』について論じている。金史良に対する関心は戦後も持続し、一九六八年の「回想・昭和文学四〇年」の中でも「アイルランド人がロンドンに出てきたならば、こういう体験をするかもしれぬと思わせる点」が『光の中で』の特色である、と述べている。

続けて荒は金史良を「パリに住み、初めはイギリス語で、後にフランス語で発表し、自作のあるものは母国語に翻訳」し、「パリではアイルランドから来た作家であり、ダブリンではパリに行った文学者である」S・ベケットと対比している。

さらに一九七七年の「八・一五をめぐって」においては、旧制高校時代の記憶として、「満州」から来た学生グループを「アルジェリアからパリにやって来たフランス人学生」と比較した記述がなされている。

このような「帝国」内の「移動」についての研ぎすまされた感性は、やはり「運動」の中での朝鮮人たちとの若年期の出会い抜きには考えられないだろう。

花田清輝——植民地主義批判と『異邦人』批評

一九三三年から三四年にかけて朝鮮独立運動家の秘書をつとめたとされる花田清輝は、一九三五年に

「朝鮮民族の史的変遷」、一九三八年に「民族問題の理想と現実」を発表している。
前者は当時のマルクス主義民族理論の公式的な展開という面が目立つが、後者では、「東亜協同体」といった「掛声」を朝鮮半島の「現実」に対比させ、「ひとたび半島の現実に触れるならば」、満州国の「五族協和」、あるいは「同種同文」、「共存共栄」などの美辞麗句は「空々しい響きを放ちはじめる」と相当程度踏み込んだ批判を展開している。

また花田は一九五二年の「外国文学紹介の現状」において、A・カミュの『異邦人』について、「誰一人、作中の人物の一人である、犬の如く射殺されてしまったアラビア人の立場から発言し、そういう立場から、植民地における裁判の描写の文学的虚偽を指摘」〔IV：442〕していない日本の文学研究・批評の在り方を批判している。

この花田の視点はE・サイードの『異邦人』へのアプローチと明らかに共振するものであり、当時の日本の批評としては、群を抜いて突出したものとして評価できるだろう。

竹内好や武田泰淳は「中国文学研究会」の活動を通じて、魯迅の実弟である周作人や亡命中の郭沫若――いわば大知識人――との交流をもっている。当然両者とも、日本の中国侵略について、強く批判的であった。

ただし、竹内好は泰淳と比較した場合、一九一〇年以来「帝国」の植民地とされていた朝鮮半島に対する関心がほとんど見られないことが特徴的である。きわめて緊密な「盟友」であったとされる、この両者の「アジア」に対する視点の相違は第七章において考察される。

日高六郎――「植民者 colon」として生まれて

一九一七年生まれの日高六郎、一九一八年生まれの堀田善衛については、直接運動に関与する可能性はほぼなくなっているが、それぞれの個人史的背景から、日本「帝国」の侵略の対象となった中国・中国人との接点が発生している。

すなわち、日高六郎は第一次大戦の際にドイツから奪取して以降「植民地」としていた中国山東省青島に生まれ育ち、堀田善衛は一九四五年三月の東京大空襲の後、あえて上海に渡り、その地で敗戦を迎えている。[33] つまりその日を境に堀田は、外国を「占領」する側から「敗戦」国民、しかも無条件降伏であるために、自らの生命・身体の安全も含め、およそ何の保障の見通しもないグループの側へ移行することになった。

冒頭において触れたように、日高は敗戦直前に海軍技術研究所に提出した「所見」において、(1)台湾・香港(当時日本軍が占領中)の中国への返還、(2)朝鮮の独立、を主張している。「植民者 colon」として生まれ育った日高六郎は、一九三一年以来の「中国侵略戦争」への批判のみならず、朝鮮・台湾を植民地とした「日本帝国」そのものの解体への展望をその当時においてすでに獲得していたと言えるだろう。

堀田善衛――侵略者の責任について

上海に渡った堀田善衛は、その地で武田泰淳の知己となり、一九四七年に帰国するまで、日本人・中国人以外に亡命ロシア人、ユダヤ人、朝鮮人、インド人、さらに南米からの渡航者で溢れた、この国際=雑種都市にて暮らすことになる。その間、堀田はこの国際性=雑種性に戸惑いながらも、同時に占領者「日本」と被占領者「中国」との苛烈な対立・抗争を生身に刻み込まれるように経験した。

その経験の「闇」は、『時間』、『歴史』といった小説、また随筆『上海にて』、あるいは死後発見され、二〇〇八年に出版された『堀田善衛　上海日記――滬上天下　一九四五』などを通じて垣間見ることができる。

ここでは一九四六年六月に発表された「反省と希望」の最後の一節をまず引用したい。

最後にどうしても云いたいことが一つある。それは漢奸、殊に文化漢奸と呼ばれている人々に対して、肺腑よりして済まなかったと詫びを申し上げたいといふことである。［堀田　一九九四b：四四三］

日本の中国侵略は汪兆銘政権をはじめとする、さまざまな「親日」派のグループを生み出した。日本の降伏後、汪政権に関わった多くの中国人、知識人が「漢奸」として報復の対象となり、処刑された。堀田善衛はこれらの「漢奸」と呼ばれる人々を作り出したのは日本の侵略戦争である、と明言する。

痛烈にして残酷極まりない運命を亜細亜各地にばらまいたのは、私は偏に私共日本人であるということを知らねばならぬと思う。［堀田　一九九四b：四四五］

念のため付言しておけば、堀田は「漢奸」と呼ばれる「親日」派に対してのみ、あるいは、優先して、責任を感じるべきだ、と主張しているわけではない。

そうではなく、一見傀儡政権に「自主的に」身を投じたようにも見え、終戦後「漢奸」として中国人同胞から報復・処刑されている「親日」派の人々の多くも、中国の独立を望み、心底では日本の侵略に憤っており、そうした人々を利用し「協力者」へと仕立て上げたのは日本の侵略戦争に他ならない、と指摘しているのである。

すなわち、日本帝国主義の侵略がなければ、「抗日」派と「親日」派の分断、及び両者の血で血を洗う抗争は発生しなかった。

侵略・支配にかならず伴う、「抵抗」者と「協力」者の対立、この両極の間に横たわる、一線を引くにはあまりにも曖昧かつ複雑な「グレーゾーン」、そしてこれらの対立と複雑さがもたらす無数の悲劇の根底には、暴力による征服・抑圧という単純かつ残酷な「構造」があることを堀田善衛は想起させようとしている。

蓋し、明察と言うべきだろう。

三　東京帝国大学法学部・リベラリズム・丸山眞男

「天皇機関説」事件

よく知られているように、一九三五年の国体明徴運動は「大正デモクラシー」の象徴の一つとも言える美濃部達吉の「天皇機関説」を葬り去った。美濃部達吉の憲法に関する膨大な著作は発禁処分とされ、美濃部本人も貴族院議員を辞職、一九三六年には右翼に狙撃され、負傷・入院している。

また一九三九年には東大法学部に新設された「東洋政治思想史」講座の講義を津田左右吉に担当させたことが、『原理日本』の蓑田胸喜等の激しい批判を招き寄せ、ついに津田左右吉は一九四〇年に早稲田大学を辞職、津田の『神代史の研究』、『古事記及び日本書紀の研究』、『日本上代史研究』、『上代日本の社会及び思想』は発禁処分とされ、津田及び発行者岩波茂雄は出版法第二十六条違反（「皇室ノ尊厳ヲ冒瀆」）として起訴された。

一九三〇年代前半には所謂「左翼運動」は事実上壊滅しており、三〇年代半ばから後半にかけては、「自由主義」の温床とされた帝国大学、なかんずく東京帝国大学法学部が標的とされる段階に移行していた。

東京帝大法学部の「自由主義」

この状況においても、東大法学部内部では、丸山眞男の直接の指導教官でもある政治学史の南原繁をはじめとして、商法の田中耕太郎、国際法の横田喜三郎、憲法の宮沢俊義、政治史の岡義武など、自由主義の立場からファシズム、あるいは一九四一年一二月八日以降のアメリカ・イギリスとの戦争には明瞭に批判的なスタッフがむしろ多数派であったとされている。

一九一四年生まれの丸山眞男は、旧制高校において「左翼運動」に関わる友人が存在した、ほぼ最後の世代、ということになるだろう。丸山の晩年の回想によれば、文科乙類（ドイツ語）四〇人のうち、三年間に丸山自身も含め八人が逮捕されている(34)。

こうしたことは、本章冒頭でも触れたように、日高六郎（一九一七年生）、堀田善衛（一九一八年生）、加藤周一（一九一九年生）の世代にはまず起こり得ない(35)。そもそも組織的運動そのものがほとんど壊滅しているからである。

丸山自身はマルクス主義に理論的関心はもちつつも、「マルクス主義者」ではなく、また実践「運動」

にも一切関与していなかったけれども、旧制高校二年の時「唯物論研究会」主催の長谷川如是閑の講演会に出席した際に検挙された。[36]

その後、丸山は敗戦に至るまで――助手・助教授時代、また徴兵期間を通じて――特高及び憲兵の監視下に置かれることになる。

一九三四年に大学に進学した丸山は、美濃部から講座を引き継いだ宮沢俊義の明治憲法における「天皇」の位置についての解釈を聞いた最後の学年に属する。[37]というのも、一九三五年以降は、「天皇機関説」排撃を中心に据えた「国体明徴運動」によって、宮沢俊義は講義から帝国憲法第一条から第四条までの説明を一切省略し、天皇の地位に関する言及を避けることを余儀なくされたからである。[38][39]

にも関わらず、矢内原忠雄、ついで大内兵衛、有澤廣巳、脇村義太郎、そして河合栄治郎などといった辞職、検挙、起訴による休職といった大量の「犠牲者」を出した経済学部と異なり、法学部は辛うじて学部内部の自由主義的空間を守り切ることに「成功」した。

逮捕歴のある丸山眞男を南原繁が――「国体明徴講座」と呼ばれた文学部の平泉澄[40]の「日本思想史」に対抗するという思惑があったにせよ――新設の「東洋政治思想史」講座に助手として採用し[41]、後助教授に昇任させる、ということが可能になったのは、法学部の「自由主義」的ハビトゥスの故、としておいて大過ない。

「帝国日本」の「リベラリズム」

とは言え、東京帝国大学法学部が、陸軍士官学校及び海軍兵学校と並んで「帝国日本」のエリート養成機関であったことを想起しておく必要はあるだろう。

すなわち、帝大法学部の自由主義は、決して「反体制」的な色彩を帯びたものではなく、あくまで明治憲法に基づいた「立憲主義」・「自由主義」の牙城として機能したのである。

従って、先に挙げた法学部の自由主義者たちを見ても、美濃部達吉をはじめとして、誰一人「植民地帝国」の解体を主張した者はいないし、「立憲君主制」としての日本の「政体」・「天皇制」を否定した者もいない(42)。

宮沢俊義（一八九九年生）と同世代である岡義武（一九〇二年生）は、フランス留学中デモに参加して「万歳」を叫ぶ――おそらくフランス語で――ほど「人民戦線 le front populaire」を心情的に支持し、また当時『国家学会雑誌』に掲載された論文では政治過程の分析にマルクス主義的な「階級」というファクターを導入するほど、当時のアカデミズムの基準で言えば、かなりの程度「左派」的な関心を示していた。丸山眞男が受けた講義では、一九〇五年及び一九一七年の「ソヴィエト・労農評議会」――つまりソ連という国家に回収される以前の「ソヴィエト」――を非常に高く評価していたとされる程である。しかし、その岡義武でさえ、戦後直後「天皇制」が廃止されることを憂慮していた(43)。

帝大「自由主義」者から見れば、明治憲法に基づく「自由主義」こそが近代日本の「常道」であって、満州事変勃発後の軍部ファシズムは、この「常道」からの「逸脱」ということになるだろう。つまり、東京帝国大学法学部の自由主義は――その「名」が示すように――あくまで「帝国日本」の自由主義であったのである。

「自由主義」と天皇制

このような「自由主義」的歴史観・世界観は東大法学部にのみ限定されるものではなく、和辻哲郎、安部能成、天野貞祐、今井登志喜といった人文系の学者たち、そして帝大アカデミズムとは一線を引いていた津田左右吉にも共有されていた(44)。

故に敗戦後、「国体明徴運動」によって社会的に抹殺された筈の美濃部達吉が明治憲法＝「大日本帝国憲法」を改正する必要はないと繰り返し主張し(45)、津田左右吉や和辻哲郎もまた「天皇制」と「自由主義」――あるいはきわめて恣意的に定義された「民主主義(46)」――との連携の必然性について滔々と語ることもできたのである(47)。

現在では「戦後民主主義」を代表する思想家と見做される丸山眞男も、――「天皇制」という概念を創出した「講座派マルクス主義」に理論的には強い影響を受けながらも(48)――当時においては、基本的に明治憲法的「自由主義」、その意味では立憲君主制としての天皇制の支持者であった。

このことは一九六六年の古在由重との対談「一哲学徒の苦難の道――昭和思想史への証言」においてすでに述べられているが、一九八九年の「昭和天皇をめぐるきれぎれの回想」では、次のように明快に説明されている。

> 私の立憲主義的天皇制を肯定する立場は、大学時代にも依然として続いており、昭和天皇へのイメージも決して悪いものではなかった。「日本資本主義発達史講座」を熟読したことで、近代天皇制の成立と発展について知的興奮をもって学んだにもかかわらず、その点の変《ママ》わりはなかった。［丸山 XV：29］

また一九九三年の「岡義武――人と学問」では、一九四〇年前後には、軍部ファシズムを明治憲法に基づいた立憲主義・自由主義からの逸脱として位置づける方向に傾斜していたことが語られている。

> ぼく自身も、当時の明治憲法そのものについては肯定的だし、率直なところ、むしろ右翼や軍部が憲法秩序を蹂躙したという感じでした。(49)

丸山自身の要約によれば、敗戦までは「一方では当局のブラック・リストに載り、定期的に特高や憲兵の来訪または召喚を受ける思想犯被疑者でありながら、他方では『リベラル』な天皇制への揺るぎなき信者」［丸山 XV：30］である状態が持続したのである。

「超国家主義の論理と心理」——天皇制の呪縛からの解放

丸山がこの呪縛から抜け出たのは、敗戦後「半年も思い悩んだ揚句」、「日本人の自由な人格形成」に対して天皇制が「致命的な障害」になるという結論に「ようやく」［XV：35 強調原文］達して後のことである。(50)

一九四六年の『世界』五月号に掲載された「超国家主義の論理と心理」はその意味で、「共和主義」的民主主義に丸山眞男が移行した分水嶺としての意味をもつ論文と位置づけることができるだろう。丸山自身、この論文を執筆する際の心理的葛藤について次のように述べている。

> 私は「これは学問的論文だ。従って天皇及び皇室に触れる文字にも敬語を用いる必要はないのだ」ということをいくたびも自分の心に言いきかせた。のちの人の目には、私の「思想」の当然の発露

と映じるかもしれない論文の一行一行が、私にとってはつい昨日までの自分に対する必死の説得だったのである。私の近代天皇制に対するコミットメントはそれほど深かったのであり、天皇制の「呪力からの解放」はそれほど私にとって、容易ならぬ課題であった。［XV：35 強調原文］

「共和主義」的民主主義に強く参与した時期の丸山眞男の規範モデルについては、第十章「丸山眞男における『主体』と『ナショナリズム』」において詳細に分析・考察されている。

また丸山の「ジャコバン」モデルとしての「共和主義」的民主主義が「アジア主義」者とされることの多い竹内好にも共有されていたことに関しては、第六章『竹内好における「近代」と「近代主義」』において詳述した。

四　戦後民主主義

1　「リベラリズム」と「デモクラシー」

社会システムとしての「戦中」と「戦後」の連続と断絶については「総力戦体制」論をはじめとしてすでに多くの研究蓄積がある。また、大日本帝国が崩壊し、ほぼすべての海外植民地を喪失した後にも、諸々の「植民地主義」的制度・心性が継続して来たことも近年の研究では続々と明らかにされつつある。ただし、本書ではまず、「国制 Constitution」＝「憲法 Constitution」に関しては劇的に変化した、というきわめて単純な事実から出発しておきたい。

というのも、「戦後民主主義」という概念はこの「国制」の劇的な変化の評価と密接に関連しているからである。

たとえば、近年頻繁に使用されるようになった「立憲主義」という概念を軸にすれば、「戦前」と「戦後」はむしろ連続している面が多いと見做す方が自然である。たとえ「憲法制定議会」を経たものでないにしても、明治憲法体制を「立憲主義」体制ではない、とすることは難しいだろう[51]。

また立憲主義のコロラリーとしての「リベラリズム」にしても、「私的所有権」の法的保障をはじめとした経済的「自由主義」及び法的「自由主義」の双方からして、「国制」として明治憲法体制を「リベラリズム」と位置づけることは、あながち荒唐無稽なことではない。

無論、言論・表現の自由、あるいは集会・結社の自由といった所謂「市民的自由」の権利に関しては、明治憲法体制の下ではきわめて制限されたものであったことは言うまでもない。

しかし、「自由主義」―「立憲主義」体制において、「無制限」な「市民的自由」が許容される、ということは原則としてあり得ないし、イギリス、アメリカをはじめとする「自由主義」体制において歴史上存在したこともない。

「リベラリズム」――国家権力を前提としたレジーム

「自由主義」―「立憲主義」体制は、あくまで「暴力」を「合法的に」独占した国家権力を前提としたレジームであり、当該国家権力を脅かす閾を超えたと判断された場合には、「市民的自由」は当然凍結される。

たとえば、フランス革命戦争時のW・ゴドウィン、M・ウルストンクラフト、W・ブレイク、P・B・シェリー、メアリー・シェリーをはじめとしたイギリス急進派からは「市民的自由」は剝奪され、さらに生命・身体・財産の安全といった「人身保護令」的な権利さえ脅かされるに至った。

「マッカーシズム」の嵐が吹き荒れた一九五〇年代のアメリカについても、事態は同断である。この際も、米国の「国制」としての「リベラリズム」の名の下に、中国研究者のO・ラティモアは追放、E・スノー、A・スメドレーは亡命（後者は直後に客死）、D・ハメットは作家生命を絶たれることとなった。

また「赤狩り」の標的となったハリウッドでは、D・トランボ[52]、A・ミラーをはじめとする映画関係者の多くがハリウッドの仕事を奪われ、C・チャップリン、J・ダッシン、J・ロージーは欧州に亡命した。この「マッカーシズム」の波は、米国外にも及びカナダの外交官・日本研究者であるH・ノーマンはカイロにて自殺に追い込まれた。

「人権」と「国民」

なるほど、明治憲法で保障されたのは「臣民」の権利であり、日本国憲法における「人権」ではない、と一見もっともな反論もあり得るだろう。しかし、日本国憲法で保障されているのは、あくまで「国民」の権利であって、決して「人間」の権利ではない。

戦後民主主義を代表する思想家である日高六郎が批判しているように、日本国憲法第十条「日本国民たる要件は、法律でこれを定める」、すなわち「国籍条項」は一九五〇年の「国籍法」と結合して、かつて「帝国」の「臣民」とされた朝鮮系・台湾系の人々をはじめとする外国人の人々の権利を長期にわたって無化し続けてきた。

逆に夙に石田雄が『明治思想史研究』において指摘しているように、「臣民」という概念自体が明治体制において「創造」された、ということを考慮に入れなければならない。明治体制以前、近世までの儒学的概念においては「臣」と「民」とはまったく別のカテゴリーであった。

その意味では「臣民」の権利とは、日本国憲法の基準からすればかなり縮減されたものとは言え、本質的には「国民」の権利と位置づけることができよう。

「民主主義」――明治憲法との決定的な差異

むしろ、日本国憲法体制と明治憲法体制の決定的な差異は「民主主義」にある。

明治憲法体制においては、解釈の幅をどのように広げたとしても――たとえば美濃部達吉や宮沢俊義のように――「主権」を「在民」とすることは不可能である。

実際、丸山眞男の「戦後民主主義の原点」（一九八九）によれば、東大でも憲法改正に備えて一九四五年暮れまでには、南原繁、我妻栄、大内兵衛、矢内原忠雄、宮沢俊義、横田喜三郎――帝大「リベラリズム」を代表するメンバーである――などに丸山眞男も「書記」役として参加した「憲法研究会」が組織され、帝国憲法の逐条審議が行われていた。一九四六年三月にＧＨＱの原案に基づく「草案」が発表された際、研究会の構成員にとって、もっとも「予想外」だったのは「戦力放棄」の条文ではなく、第一条の「人民主権」だったとされている[53]。

つまり明治憲法体制は「リベラリズム」とは連携可能であるが、「デモクラシー」とは相容れない[54]。もちろん、日本国憲法において保障された、言論・表現の自由、あるいは集会・結社の自由などの「市民的自由」の拡大を、戦後民主主義の思想家たちが歓迎したことは言うまでもない。

にも関わらず、戦後「民主主義」を戦後「自由主義」＝「リベラリズム」とパラフレーズすることは不可能であることは改めて確認しておくべきだろう。

実際、語用論的観点からしても、学界あるいはジャーナリズムにおいて「戦後自由主義」という概念は使用されていない。その意味では、社会の「無意識」は「戦後レジーム」の基軸が「自由主義」＝「リベラリズム」ではなく、「民主主義」である、と「知っている」。

「戦後民主主義」の最低限の前提はこの「民主主義」への転換を、受け入れたか、あるいは積極的に歓迎したという点にある。丸山眞男は前者にあたり、後者には、久野収、日高六郎、堀田善衛、加藤周一、荒正人などが含まれる。

日本国憲法第一章「天皇」について

ただし、「戦後民主主義」の思想家たちは日本国憲法のすべての条文を支持していたわけではない。日本国憲法によれば、現在の日本の政体は「主権在民」に基づいた「立憲君主制」である。しかし、敗戦直後に「天皇制」の可及的速やかな廃止を主張していた加藤周一、「超国家主義の論理と心理」を境に「共和制」支持に転回した丸山眞男をはじめとして、久野収、竹内好、日高六郎、堀田善衛、荒正人などの思想家は「共和制」に基づいた「民主主義」を支持している。

従って、これらの思想家の立場としては、大日本帝国憲法第一章の内容を変更して、天皇を「日本国及び日本国民の象徴」としている日本国憲法第一章「天皇」の箇所は中長期的には「国民の総意」に基づいて改廃すべきである、ということになるだろう[55]。

2 「国際冷戦レジーム」への抵抗としての「中立主義」

さて、戦後民主主義の第二の特徴は、国際政治の舞台での「中立主義」と結びついた憲法第九条、つまり「非武装中立」の擁護である。

この「中立主義」は、大戦直後から構築された「国際冷戦レジーム」への「抵抗」として成立した。つまり戦後民主主義の思想家たちは、米ソどちらの陣営にも与することを拒否する「第三の道」を——フランスにおける『現代』と同様に——提起したのである。『占領と平和』のなかで、道場親信は敗戦直後の「中立主義」・「平和主義」について、メアリー・カルドーを援用しつつ、東アジアの「冷戦体制」に対する「反システム」運動として位置づける視点を提出している(56)。

この評価に関しては、本書も道場の立場に基本的に左担するものである。たとえ、それがユーラシアを再編成した「国際冷戦レジーム」において東端の「緩衝地帯」としての地政学的位置を日本が占めたことによって可能になったものだとしても。

ただし、道場も指摘しているようにサンフランシスコ講和条約後も一九七二年までは「公式」に冷戦の「前線基地」として米軍が直接管理した沖縄については、一九六〇年以降、日米軍事同盟が既成事実化していくなかで、「中立主義」・「平和主義」——無論本土においても日米安保条約が実定性をもつ限り、あくまで「理念」の状態に留まるのであるが——の構想の外部に置かれ続けたことは直視せざるを得ないだろう。

北西ヨーロッパ「社会民主主義」との差異

戦後民主主義の思想家は、非「共産主義」左派として、おおむね――今日の視点からは――「社会民主主義」者と分類できるが、北西ヨーロッパの社会民主主義グループが基本的にNATOを中心とする「大西洋」主義を支持した――「武装中立国」であるスウェーデンを除いて――ことと比較すると、この点は対照的である[58]。

久野収の「平和の論理と戦争の論理」（一九四九）、「二つの平和は世界平和につながるか」（一九五一）、「平和の理想は消え去るべきか」（一九五一）は、「単独講和」＝「日米同盟」を批判した丸山眞男の「三たび平和について」第一・第二章（一九五〇）とともに、戦後民主主義と平和主義の結合を理論的に基礎づけたものとして評価できよう[59]。

こうした知識人の言説、「平和四原則」（全面講和・中立・外国軍基地反対・再軍備反対）を採択した一九五五年の総評・社会党ブロックの成立と国会における議席の劇増、さらに一九六〇年六月の安保改定に際しての学生、無党派市民運動という奔流の轟のうちに、結党時の目標とされた自民党の改憲の企ては挫折へと追い込まれた。

一九六〇年には「国際冷戦レジーム」は、アジアの他の地域においても「反システム」運動に揺り動かされることになる。日本の安保闘争に先立ち、韓国では四・一九事件をきっかけに李承晩政権が崩壊に追い込まれる、いわゆる「四月革命」が起こる。

また、トルコでも、李承晩辞表提出の翌日、学生・市民がメンデレス政権に反対するデモを開始、政府は戒厳令をしいて軍部に弾圧を命じるも、陸軍はクーデターによって政権を打倒した。

韓国、トルコ、そして日本は地球規模において第二次大戦直後から構築された「国際冷戦レジーム」

の「前線基地」（韓国・トルコ）及び「緩衝地帯」（日本、ただし沖縄は「前線基地」）である。米国にとっては、いわば同時多発的に「レジーム」を揺るがす動きがユーラシアを横断して発生したことになる。

一九六〇年における、この三ヶ国の「反システム」運動は「国際冷戦レジーム」を解体させないまでも、いくらかは心胆寒からしめ、米国は一定の譲歩と再編を迫られることとなった。とくに、自民党政権はさしあたり復古的な「改憲プログラム」（結党時の目標）を一時的に棚上げせざるを得なくなる。池田勇人以降の保守政権は「改憲」よりも経済成長に伴った財の再配分――非対称的なものではあれ――による中間層の包摂を選択することになるだろう(60)。

ただし、ここでも一九五〇年代後半からの在日米軍の再編の過程において、海兵隊の本土から沖縄への移転をはじめとして、沖縄の負担がさらに上昇し続けていたことは忘れてはならない。

新崎盛暉は、『日本にとって沖縄とは何か』の中で「六〇年安保闘争自体が……沖縄が新しい安保体制の中でどのような役割を担わされようとしているのかについては、全く関心がなかった」［新崎 二〇一六：四五］と指摘している。また坂本義和も、一九六〇年の「革新ナショナリズム試論」において、「国民的関心が驚くべき低さを示しているのは沖縄問題である」とした上で、次のように続けている。

本土の国民の冷淡さによって沖縄の住民は何度か裏切られ、失望を味わってきたといわれているが、本土の人々の中に、その無関心自体が背信なのだ、という自覚が果たしてどれくらいあるだろう。
［坂本 二〇〇四b：一四八］

とは言え、成立当初は「国際冷戦レジーム」に対する「反システム」運動として機能した戦後民主主義の「中立主義」は、――当然ながら「一国平和主義」的なものにとどまる筈もなく――アジア・アフリカ地域の植民地独立運動との連携を志向していたことは想起しておくべきだろう。この方向性も北西ヨーロッパの「社会民主主義」と戦後民主主義の顕著な差異となっている。

丸山眞男の帝国主義・植民地主義批判

たとえば、一九五三年の「現代文明と政治の方向」において、丸山は「リベラリズム」とともにヨーロッパの「社会民主主義」の帝国主義・植民地主義を次のように批判している。

> リベラリズムの致命的な盲点は、もともとヨーロッパの産物である為に、……アジア民族の勃興という現実に対しては、盲目であり、無力であり、殆ど理解をもたないということである。これは社会主義的になったリベラリズムの勢力でさえ、その例外ではない。イギリスの労働党も、この植民地の問題になると、態度がにえきらないで口先だけで、実際は保守党と大差なく大英帝国の権威保持に汲々としております。〔丸山 VI：59–60〕

ここで丸山の言う「アジア民族の勃興」とは「中国革命、インドの独立、インドネシア、ビルマの独立、マレー、仏印といった各地区の民族運動、エジプト、イラン、イラク等近東のアラブ諸地域で行われている民族運動」〔丸山 VI：45〕を指している。

また「戦後日本のナショナリズムの一般的考察」（一九五一）では、「帝国主義」に抵抗するアジアの反植民地主義運動のなかに朝鮮半島も含まれている。丸山が朝鮮半島に対する「帝国日本」の植民地支配に言及した、稀な例と言えるだろう。

今日、インドでも、東南アジアでも、朝鮮でも、民族運動は数百年あるいは数十年にわたる西欧（あるいは日本）帝国主義のくびきをふりほどこうとする巨大な革命的な力として立ち現れている。
［丸山 V：89 強調原文］

丸山は一九五二年には、アメリカの黒人詩人ラングストン・ヒューズが編集した「ことごとくの声あげて歌え」に寄せた文章のなかで、「人種問題が現代デモクラシーのアキレス腱となっていることをもっと切実に理解する」［丸山 V：247］必要性を訴えている。丸山が米国、あるいは「デモクラシー」における「人種主義」に批判的に言及した、これも珍しい文章である。

堀田善衛と「第三世界」との連帯

また作家としては、一九五五年のバンドン会議における「非同盟中立」主義の流れを受けて翌年インドで開催された「アジア作家」会議に参加、一九五八年の第一回「アジア・アフリカ作家会議」（タシュケント）の準備に携わり[61]、一九六二年のカイロにて第二回会議に出席[62]、その際アルジェリア独立運動にも個人的に関わった堀田善衛を、戦後民主主義の「第三世界」との連帯への志向を象徴する思想家と呼ぶことができるだろう[63]。

F・ファノン、W・E・B・デュボア（デュボイス）、マルコムX、L・ジョーンズ、そしてJ＝P・サルトルの「黒いオルフェ」を収録した『民族の独立』（一九六八）の序文、「第三世界の栄光と悲惨について」において、堀田は「植民地主義の最初の実践者であると同時にその最初の告発者でもあった」ラス・カサスの『西インド地域の劫掠についての簡潔な報告』――当時日本ではほぼまったく知られていなかったテクスト――を出発点にしながら、「近代世界システム」が大西洋世界、とりわけカリブ地域とアフリカ西岸の「奴隷化」と植民地化によって可能になったことを批判的に記述している(64)。ヨーロッパ「近代」の「離陸」を可能にした原始的蓄積としての大西洋「奴隷制」とその負の遺産は、いまだにアフリカ、カリブ、そして米国内部に強固に残存している。またアパルトヘイト体制下の南アフリカを中心とした南部アフリカ、それにカリブの一部はこの時点ではいまだに法的政治的な意味での独立さえ達成していない。

大西洋「奴隷」制をスプリング・ボードとして離陸した「近代世界システム」は、その後の数世紀をへて、地球全体を包摂するに至った。その過程において、極東の日本は「支配」する「帝国」の側に唯一の「有色国家」として参入することとなる。

しかも、いわゆる「大航海」時代に、秀吉の朝鮮侵略によって数万以上の人々が奴隷として朝鮮半島から拉致された記憶をつけくわえることを堀田は忘れない。この記憶は、近代の「帝国日本」の「強制連行」の事実によっていっそう活性化される。

太平洋戦争中に朝鮮から強制連行されて来た労働者、また中国から、これこそ本当に町や村から「かき攫ろて」日本に強制連行されて来た中国人労働者のことなども忘れ去られてはなるまい。〔堀田 一九九四a：五八六〕

このような「近代世界システム」による「第三世界」に対する支配は、法的・政治的独立の後も経済的従属として再編され、V・プラシャッドの『褐色の世界史』によれば、この再編が現在の新自由主義グローバリズムの礎石となる。

とは言え、堀田がこの序文を書いた一九六八年においては、米国はまだ大規模な直接的軍事介入あるいは軍政国家による「民主主義」の抑圧を選択している。ラテン・アメリカの多くの軍事政権及び韓国、台湾は後者にあたり、一九七五年までのベトナムは前者にあたる。

自宅に米軍「脱走兵」を匿うことによって、彼らをスウェーデンへと亡命させるべ平連の運動にも協力しつつ、堀田善衛はベトナム戦争を「近代世界システム」による非「ヨーロッパ」世界への侵略の突端として位置づけて「第三世界の栄光と悲惨」を締めくくっている。

この植民地主義、帝国主義による歴史過程は、アジアにおいても、アフリカにおいても、またラテン・アメリカにおいても、まだまだ終わってはいないのであり、たとえばヴェトナム戦争はその明白な実例にほかならない。〔堀田 一九九四a：六〇二〕

3 「社会主義」と「民主主義」

「戦後民主主義」を「リベラリズム」と概念化することの法学的・政治学的不適切さについては、「1『リベラリズム』と『デモクラシー』」においてすでに述べた。

もちろん、そこでも指摘しておいたように、戦後民主主義の思想家たちは日本国憲法による「思想及び良心」の自由また「集会・結社」、「言論・表現」の自由といった市民的自由の拡大を全面的に支持している。

また三権分立や中間集団の重視、あるいは市民的不服従による国家権力に対する抑制を提示した久野収の政治理論は、「多元主義」として「リベラリズム」に接近しているように見えるかもしれない。

久野収と「多元主義」的社会主義

しかし「戦争から内乱へ」というレーニン主義的テーゼとの切断を主張した、一九四九年の「二つの平和は世界平和につながるか」において久野は次のように明快に主張している。

> 西の世界における社会主義が、共産主義からインデペンデントであると同時に、資本主義からもインデペンデントであるような真の意味での社会主義として、どれだけの力をもちうるかが、一番重要な要素である。［久野 一九七二：四二］

この簡潔な一文には、「非共産主義」・「独立」左派としての戦後民主主義の思想家たちの立場が凝縮されている、と言えるだろう。

「委員会の論理」の提唱者、中井正一を師兄とし、一九三〇年代からフランクフルト学派の文献に触れていた久野収は、同時にユダヤ系の政治学者、H・ラスキの議論にも通暁しており、一九四九―五一年に提唱した政治モデルは、ラスキをはじめとする――W・モリスにまで遡る――イギリスの「多元主義」的社会主義に限りなく漸近している、と位置づけられる。

一般には「リベラルな」知識人の典型と見られる、加藤周一の「社会主義」に対する立場も、「ヨーロッパ思想・新しい現実との対決」（一九五六）、「シモーヌ・ヴェーユと工場労働者の問題」（一九五七）、「E・M・フォースターとヒューマニズム」（一九五九）といった諸論文が指し示すように、久野収とおおきな差異はない。

加藤周一の「自由主義」批判

「現代ヨーロッパにおける反動の論理」（一九五七）に対する一九七九年の「追記」は、巷間の「リベラリスト」としての加藤周一のイメージを見事なかたちで覆す、興味深い文章である。ここで、加藤は「自由市場」の論理によって資本主義を正統化する言説を「疑似科学主義」[65]と並んで、英米型の「反動思想」とし、将来的には日本にも強い影響を及ぼす可能性が高いとしている。ある意味、簡潔ではあれ、新自由主義イデオロギーに対する先駆的な批判（「英米型の反動」）を提示しているとも言えるだろう。

また、加藤周一は一九六〇年の「精神的失業と不平等の国際化」において、「北」と「南」の経済的格差の構造及び「国際冷戦レジーム」の双方を批判している。加藤によれば、いわゆる「南北問題」は「今や世界の第一義的問題になると同時に、早くも今までの『自由市場』と『冷戦』の論理の限界を明らかに」しつつある。

この限界に対するオルタナティヴを構想・提起できるのは、「社会主義政党およびイデオローグにおいてほかにないだろう」［加藤 一九七九b：二二四］とするこの論文の結びもまた、加藤周一をたんなる「自由主義者」・「リベラリスト」と位置づけることの誤りを明瞭なかたちで示している。

「社会主義」者としての丸山眞男

「政治的多元主義」を支持する丸山眞男は、たしかに「リベラリズム」の概念を肯定的なコノテーションとともに使用する場合も多い。しかし、「経済的自由主義」あるいは「資本主義」を支持するために、「リベラリズム」という言葉を丸山が使用したことは、おそらく一度もない。

丸山眞男はその点では、一貫して「資本主義」体制の批判者としての「社会主義」者であった。第十一章「丸山眞男における『自由』と『社会主義』」はこの論点を詳細に扱っている。

久野収、加藤周一、丸山眞男等が擁護する、このような「社会主義」像は、拡張した意味で言えば、——前節において述べたように——「社会民主主義」的と呼ぶこともできよう。

ただし、「国際冷戦レジーム」に抵抗して「中立主義」を主張した点、及びそれに関連して「第三世界」との連帯を志向した点においては、北西ヨーロッパの社会民主主義グループとは明確に異なる。また、憲法第九条に基づいた「非武装中立」を支持しているために、「武装中立」のスウェーデンの社会民主主義とも一線を画することとなる。

松下圭一の「自治体社会主義」論

さて、一九五〇年代後半に、政治理論としての「社会民主主義」を世界史の中で再定位しつつ、現代日本において具体的な運動も含めた社会構想としてもっとも詳細に提示したのは、松下圭一である。

今日から振り返って、久野収、丸山眞男、加藤周一等の「社会民主主義」像は、一九五〇年代後半に展開された松下圭一の論文において、いっそう具体的なパースペクティヴを与えられたと言ってもよい。

一九二九年生まれの松下圭一は、本書で取り上げている他の思想家と比較すると、「戦中」には「成人」には達していないという唯一の「例外」である。にも関わらず、一九五〇年代後半という狭義の「戦後」において、詳細な「社会民主主義」論を提示したという意味で、一九三〇―一九六〇年のスパンの思想言説を分析する本書に収めることとした。

第十二章「『近代』から『現代』へ――丸山眞男と松下圭一」は日本社会の孕む問題を「前近代」ではなく、「現代」という視角から分析しつつ、オルタナティヴとしての「社会民主主義」を練り上げようとした、丸山眞男と松下圭一の試みを考察・分析したものである。

この時期の松下圭一の戦略を簡単に整理しておくと、次のようになる。

第一に、「大衆社会」化した「現代」において、「社会主義」体制への移行を視野に入れつつ、少数意見の尊重などの「リベラリズム」の積極面を「民主主義」と連携させようとすること。この際、とりわけ重視されるのは、「国家」及び「大衆社会」双方に対抗し得る「アソシエーション」=「自発的結社」である。

第二に、資本主義体制下における企業別ではない、産業別労働組合の重要性が強調される。現在まで続く企業別労働組合を基礎にする限り、福祉は「企業福祉」に回収され、労働者の生活を普遍的にカバーする「社会保障」は成立する見通しはない。

第三に、丸山眞男に代表される戦後民主主義「第一世代」には、それ程注目されてこなかった地方「自治民主主義」の強調である。松下は、年金・保険・住宅などの福祉の基盤を企業ではなく、「自治体」へと移行させることを提唱する。この「自治体」福祉に基づいて、「政治」の舞台においても「自治体」、「自治民主主義」を焦点化する展望が提示される。

詳細は最終章を参照していただければ幸いであるが、松下が提起した、三つの問題は二一世紀の今日に至るまで、解決されていない、すなわち「アクチュアリティ」を有したままである、ということは確認しておきたい。

第I部

哲学の批判性

第一章　三木清における「主体」と「系譜学」

はじめに――理論の系譜学

三木清の名は一般に「ヒューマニズム」と「マルクス主義」の関係に触れて語られることが多いように思われる。そしてその際しばしば教条的なマルクス主義に対して「人間」や「主体」の重要性を対置するという枠組みに親和的なものとして――とりわけ『唯物史観と現代の意識』(一九二八)、『社会科学の予備概念』(一九二九)、『観念形態論』(一九三一)所収の諸論文が執筆された時期の――三木の理論が言及される。

しかし三木自身は『唯物史観と現代の意識』の序文でこの書物に収められた諸論文の「共通の意図」を「理論の系譜学 Genealogie der Theorien」[III：3 強調原文]の試みであるとしている。この強調符を付された「系譜学」の一語は言うまでもなく「現代思想」における「主体=主観 Subjekt」批判の一つの源流とされるニーチェを想起させる。実際三木は別の箇所でこの「系譜学」の概念がニーチェに由来するものであることを明言している。

我々は各の理論の特殊なる由来を究明するところの研究を理論の系譜学——私はこの語をニーチェの「道徳の系譜学」（Genealogie der Moral）という言葉から思い付いた——と名付ける。［IV：222 強調原文］

三木におけるマルクス主義とはまず第一にニーチェ的視点からの「理論の系譜学」を可能にするものである。しかし「理論の系譜学」とは一体何か？　そしてそれはあの有名な「基礎経験」・「人間学」・「イデオロギー」という三層構造をなす諸概念と如何に関わっているのか？

一　カント主義との対決——認識論から存在論へ

さきの問いに応えるためにはわれわれは三木が主要な批判の対象としていたものを知る必要がある。すなわち当時の三木の批判はまず自らもかい潜って来たところの新カント派的な認識論に向けられていた。(1)

カントを認識論的な方向に解釈する新カント派の問題意識(2)は要約すれば「如何にして認識の普遍妥当性を基礎づけ、確保するか」ということになる。

この「認識の普遍妥当性」の「可能性の条件」として超越論的な「主観」が要請される。新カント派においてはこの「主観」は具体的な日付と場所に拘束された「身体」に所属する具体的な「誰か」の「意識」とは明確に区別される「意識一般」である。というのも、もし「主観」が個々の「身体」に所属する「意識」であるならば、「認識の普遍妥当性」が脅かされ兼ねないから。三木は一九三〇年の

『認識論』の中で新カント派における「意識一般」と「個人」の「意識」との差異の重要性を指摘している。(3)

このような経験界対象界を構成すると考えられる意識は個人的な意識であることはできない。もしそうであれば、認識は対象性即ち普遍性と必然性をもつことができないからである。カントはそのような意識を意識一般（Bewusstsein überhaupt）と称している。これは自我とも呼ばれ、超個人的なものである。［IV：47］

このように「意識」が「認識の普遍妥当性」の根拠としての「意識一般」へ解釈されることで「認識」に還元できない「意識」の「存在論」的側面が捨象されることになったと三木は述べる。一九二七年の「マルクス主義と唯物論」では元来「意識」の「存在」を発見したのはアウグスティヌスであったのだが、この「意識」は「認識の普遍妥当性」の基礎づけに動員されることで根本的な変容を蒙ったとされている。

カントは更に、彼に於いてはまた数学的自然科学の普遍妥当性の権利付がその中心問題であったのであるが、この関心からそれまでは「存在の領域」であったところの意識を意識一般の概念のもとに「主観」として解釈し直した。それと共に主観はもはや存在の一つであることをやめて、むしろあらゆる存在を向こうに廻してそれを統括するという普遍的意味を負うものとなった。［III：54］

新カント派はこの「意識一般」に基礎づけられた「認識の普遍妥当性」の追求を哲学の第一課題とするが、三木はそれを一つの偏見であると言う。彼に従えば、「認識の普遍妥当性」の追求を学（Wissenschaft）の第一課題とするということの「可能性の条件」がさらに問われなければならない。

三木はまた『論理学研究』から『イデーン』に到るフッサールの現象学をある水準では新カント派とは明確に区別しながらも、「認識の普遍妥当性」の基礎づけを「学」の理念とした点では、同様の台座に所属する試みと——或いはそうした「学」の理念の危機に際しての最後の試みと——見なす。確かに「内在」の領域としてのフッサールの「純粋意識」は新カント派の「意識一般」のように単に形式的なものでもなく、超個人的なものでもない。

しかし三木はフッサールにおいて「純粋意識」が浮上するのは「存在」としての「意識」の様相を問題にするためではなく、従来の論理学の形式や概念が「根源から成立する姿を明瞭にするため」［IV：373］であることに注意を促す(4)。

純粋意識が最も根本的なる存在の領域となるのは確実なる認識、還元すれば認識された認識、又は基礎づけられた認識に対する関心によってである。——そのように純粋意識は確実性、カント的に云えば普遍妥当性に対する認識の関心が始めて捕へ来る領域である。このような関心を離れては純粋意識も何等最も根源的なる領域ではなく、反ってそれ自身抽象的なものであるに過ぎない。［IV：374］

我々は新カント学派に於いて研究の中心になったのが、認識の問題であって存在の問題でなかった

ことを見るであろう。フッサールに於いても認識の解明が何よりの関心事であった。[IV：377]

このような「認識論的偏見」を相対化し得たとして三木が加担を表明するのはハイデガーである。三木においてはハイデガーは現代哲学における「認識論」から「存在論」への転回の重要な指標となっている。

我々は認識の問題から次第に存在の問題へと近づいて行った。ハイデッガーは明らさまに現代の哲学が存在の問題を無視していることを攻撃している。ギリシア哲学に於いて唯一の問題であり……精細に研究されて来た存在の問題は哲学の歴史に於いて次第に見失われ、近世においてはヘーゲルが只一人この問題を根本的に論じようとしたのみであって、この忘却された存在の問題を再び哲学の題目とすることが急務であるとハイデッガーは述べている。[IV：377]

世界内存在としての「主体」——基礎経験と「闇」

三木の言う「唯物論」はかなりの程度ハイデガーの「認識論」批判から触発されている。『唯物史観と現代の意識』の冒頭を飾る「人間学のマルクス的形態」はいわば「ハイデガーのマルクス的形態」とも読み替えられる。

ここで三木は「認識の普遍妥当性」の根拠としての「主観 Subjekt」とは位相を異にするものとして「主体 Subjekt」を論じようとする。このことは「主観」が「認識」の「対象」としての「客観」と対峙するという図式への批判を伴う。

「主体」とは「世界内存在」である。それ故「主体」は「世界」を「認識」の「対象」として「見る」以前に常にすでに「世界」との関係の中に巻き込まれている。「世界」との関係は「私」という「主体」の「存在」の「可能性の条件」である。

三木はこうした「世界内存在」としての「主体」と「世界」との関係の在り方を——この発想は一方で明らさまに『存在と時間』における「世界内存在」としての「現存在」の規定を想起させるものであるが——マルクスに倣って「交渉 Verhältnis」と名付ける。(5)

私は、私の存在の現実性の最初にして最後の根拠から、本質的に私を私以外の他の存在に関係させる存在であり、この関係なくしては在り得ない。[III : 51]

一般に交渉とは人間の存在が世界の存在に対する動的相関的関係の謂である。これを特に交渉と名づけるのは、この関係を所謂主観・客観の関係に還元しようとすることなく、却ってそれをその具体性に於いて取り扱おうとするために外ならない。近代の認識論は存在を凡て客観の側に推し遣り、これに反して主観はあらゆる意味で存在とは異なる存在ならぬものとしてそれに対立せしめる。しかるに我々は認識の問題と雖も、それが十分具体的に把握される限り、存在の問題であり、このものの発展の過程に於いて現実的に形成される問題であると考える。[III : 80-81]

三木はこの「世界」との「動的相関的関係」としての「交渉」を「経験」とも言い換えるが、「経験」概念の特殊なものとして「基礎経験」は設定されている。

この「基礎経験」もまた「認識論」批判として在る。三木は「経験」を「認識」へと還元し尽くすことが不可能であることを主張する。「基礎経験」の基礎とは「経験」の「認識」＝「ロゴス」への還元不可能性を示す符牒である。そしてその不可能性は「不安」として開示される。

基礎経験はその本来の性格として既存のロゴスをもって救済され、止揚され得ぬものである、したがってそれはそれの存在に於いて不安であるだろう。[III：6]

ロゴスは「世界」を分節化することで、すなわち「差異」の体系として固定化することで「経験」を認識可能なものにしようとする。「基礎経験」はその「世界」の分節化の挫折を「動性」として指し示す。

ロゴスは経験を固定し、停止せしめる作用をするのであるが、ロゴスの支配し能わぬ根源的なる経験は動性として存在するの外ないであろう。不安的動性は基礎経験の最も根本的なる規定であらねばならぬ。[III：6]

ロゴスの哲学は「光」の哲学である。それ故ロゴスの「光」からの剰余としての「基礎経験」は「闇」として現象する。「光」の哲学の批判としての「唯物論」は「闇」の哲学である(6)。

言葉は経験を救い、それを公にすることによって、それにいわば光を与えるのであるから、在来の

> 言葉をもって表現されることを拒むところの根源的なる経験はそれに対して闇として経験されるであろう。基礎経験は現実の経験としてはひとつの闇である。〔III：6〕

とは言え「無」がそれ自体としては自己を露にしないように、「闇」としての「基礎経験」もまた自己をそれ自体としては提示しない。

ロゴスの外部としての「基礎経験」は、（1）ロゴスを媒介にして、（2）且つその媒介の不可能性として開示される。「闇」は「光」の挫折として自己を出現させる。いわば基礎経験はロゴスの超越論的批判の残余としての「物自体 Ding an sich」として在る。

人間学とイデオロギー

三木は「基礎経験」の媒介となるロゴスを二つに区別する。すなわち「アントロポロギー（人間学）」と「イデオロギー」である。「アントロポロギー」は「学 Wissenschaft」以前の「生活世界」における「人間の自己解釈 Selbstauslegung」としてのロゴスであり、「イデオロギー」は「あらゆる種類の精神科学あるいは歴史的社会的科学」といった「学」的認識にまで高められたロゴスである。

前者は「第一次のロゴス」と名付けられ、相対的には「基礎経験」を「直接的に」表現するとされる。「第二次のロゴス」である後者は「学問的意識」や「哲学的意識」といった言説の「公共圏」に媒介されつつ、「経験」を客観化することを目指す。

そして「第二次のロゴス」は原則的には「第一次のロゴス」の示唆する方向に「学」的知識を組織していく。「アントロポロギー」はカントの図式論に於いて時間が直観とカテゴリーを媒介したように

「基礎経験」と「イデオロギー」を媒介すると三木は言う。

ロゴスは一度確立されれば、徹底的にわれわれの認識の地平を構成すると三木は考える。ロゴスによってわれわれは認識の「可能性の条件」を与えられている(7)。

> ひとたび成立したところのイデオロギーは我々の生活に徹底的に干渉するに到る。我々はそれの立場からのみ存在と交わるようにさせられ、それの解決し得る問題のみを存在に於いて見るように強いられる。[III : 16]

> ロゴスはその本性上経験に対して優越なる位置にあり、これを支配し、指導しようとする。平生我々は我々の既に有するロゴスの見地からのみ存在と交渉し、これを経験する。[III : 123]

新カント派的なカント解釈によればわれわれの認識は「カテゴリー」というロゴスによって先験的に構成されることになるが、三木はこの発想を歴史化していると見なすことができる。すなわちロゴスの内容は歴史を通じて変化して行くとされる点では新カント派とは一線を画しつつ、ある時代のロゴスが機能する限りわれわれの認識を先験的に構成するという論点は引き継がれるのである(8)。実際三木は「イデオロギー」論においてカント的着想が果たした決定的な役割について言及している。

> 我々はカント哲学がイデオロギー的見方の発展のために為し遂げた功績に思い及ばざるを得ない。――カントは意識一般によって数学的自然科学に基礎を与えたのであるが、彼はかかる理論理性の

ほかに実践理性及び美的理性を発見し且つそれらのものの統一の立場にまで進もうとした。ここに一切の文化をそれぞれの内容性に於いて並びに全体の連関性に於いて考察する見方が発見されたのであり、そしてそれはイデオロギー的見方が成立するための歴史的及び理論的前提の一つとなったのである。［VI：322］

三木においてわれわれの認識の地平を先験的に構成するロゴスは——その先験性にも関わらず——歴史の或る時点で急激に崩壊するとされるが、このことは「基礎経験」、「アントロポロギー」、「イデオロギー」の三者の媒介には矛盾が内在することに基づいている。この矛盾には二つの層がある。

その第一はすでに述べたようにそもそも原理的には「基礎経験」をロゴスに還元し尽くすことが不可能であることとである。

第二の矛盾は「基礎経験」が超歴史的に同一のものではなく、歴史を通じて変化していくものであるとされる点に由来する。つまり或る一定の時期においては「基礎経験」を相対的には媒介していたロゴスは「基礎経験」が変化していくことで媒介性を喪失し、遂にはそれに対する「桎梏」へと転化する。そして「桎梏」と化したロゴスと「基礎経験」との乖離がある程度を超える時、ロゴスは瓦解する。

以上のような議論を展開しながら、三木は現代はまさに従来のロゴスが崩壊しつつある危機の時代であると言う。「認識論」から「存在論」への転回はこの現代における「ロゴス」の危機に対応したものである。

というのも、今まさに危機に晒されているのはすべての「存在」を「認識の普遍妥当性」という観点から処理しようとするロゴスであるとされるからである。要請されるのは、この「認識の普遍妥当性」

という観点それ自体をエポケーすること、これである。三木はこの視点からロゴス――とりわけ現代において危機に晒されているそれ――の系譜学を提唱する。[9] ニーチェの名が召喚されるのはこの時である。[10]

我々自らが危機にある（kritisch）ということが歴史の研究の現実の出発点である。然るにかかる出発点を有する歴史の研究は言うまでもなく批判的（kritisch）であるのほかないであろう。――ここに我々は歴史哲学者としてのニーチェの意味の重大さとその思想の射程の遠さを見るのである。［IV：247］

二〇世紀哲学における系譜学

ここまでの議論を整理しよう。本章での最初の問いは初期の三木における「系譜学」の位置如何？ということであった。

そしてわれわれは三木が批判の対象とした新カント派の「認識の普遍妥当性の基礎づけ」という枠組みと比較することでその問いに応えようとして来た。その結果、この時期の三木の理論においては、二つの方向が関係しつつ並存していることが明らかになった。

まず第一に新カント派において「認識の普遍妥当性」の根拠として要請される「主観 Subjekt」概念が批判され、「存在」としての「主体 Subjekt」概念を模索して行こうとする方向。[11] その場合の「主体 Subjekt」とはハイデガー的な意味での「世界内存在」としての「現存在」と近いものとして構想されているが、その「世界内存在」性はマルクスの「交渉」概念として表現されている。この方向は基本的には新カント派の認識論から現象学的方法を経て存在論へという二〇世紀の哲学的思考の流れ[12]に対応したものと見做し得る。
第二に「認識」の「先験的」な「可能性」の条件としての「カテゴリー」を歴史化しようとする系譜学的発想。
この発想は、——作業の完成度や緻密さにおいては比較にならないが——方向としては、バシュラール、カンギレーム、アルチュセール、フーコーといった「エピステモロジー」の流れに沿うものであろう。[13][14]
「基礎経験」・「アントロポロギー」・「イデオロギー」という三層構造はこの双方の方向を架橋するために設定されていると言える。このような見取図を念頭に置いて次に三木の系譜学の試みの中身をもう少し具体的に見てみよう。

二　認識論的切断

三木の系譜学の構想において主な目標とされるのは社会科学であるが、原理的な水準では社会科学以外のロゴスも例外ではない。『観念形態論』に収められた一九三〇年の「科学の発展の制限とその飛躍」にはそうした三木の問題意識が比較的明瞭に現れている。

この論文は社会科学に限定されない「科学」的知識一般の「発展」或いは「進歩」の過程の問題を扱っているが、三木はまず冒頭で従来「科学」的知識は「連続」的に「進歩」すると考えられて来たという点に注意を喚起する。

科学の発展に関して普通に行われている見解は次の如くである。科学は「進歩」の過程にある。しかもそれは不断に連続的に進歩している。——間断なき、連続的な進歩の過程のうちにあるということが、まさに科学の発展形態の特殊性をなすと考えられているのである。[III：462–463]

三木はそれに対して「科学」的知識は単に「連続」的に進歩するのではないとする[15]。このことは「科学」的知識の「可能性の条件」としての「世界観」が設定されることに基づく。

ここで言う「世界観」とは「科学」の基礎づけとしての「哲学」を意味するものではなく、そうした「哲学的知」一般をも可能にするところの「エピステーメー」である。ある時代の「科学」的知識はその時代の「エピステーメー」内部においては「連続」的に発展するが、「エピステーメー」の制限を越えて進むことはないとされる。そして「エピステーメー」が変化する時、「科学」的知識も「飛躍的」に変化する。異なる「エピステーメー」相互にはバシュラール的な「認識論的切断」が想定されるために、それぞれの「エピステーメー」に所属する「科学」的知識の体系相互にも「切断」が存在する。

科学は世界観に依存し、科学の進歩性に対して世界観の持続性は根源的な制限をおく。——かくの如き世界観に於いてみられることは、それが「持続性」を帯び、従って極めて困難をもってしか変化することなく、併るにそれが変化し始めるや否や飛躍的に変化するということである。ところで科学はつねに不断の、連続的な進歩のうちにあるように見える。けれども事実を云えば、科学のかくの如き不断の、連続的な進歩ということもただ一定の世界観の内部に於いて、この世界観そのものが許す限りに於いてのみあり得るのであって、その限界を越えてどこまでも進歩するということ

は不可能である。〔III：463–464 強調原文〕

このことは三木が「科学」的知識は「問い」とそれに対する「応答」の連鎖によって構成されると見做すことに拠る。三木によれば何が「問われる」べきものであるか自体を決定するのは「科学」的知識そのものではなく、「エピステーメー」としての「世界観」である。それ故「世界観」によって「問い」に付されることのない、或いは「問い」へと付されることを抑圧される事柄は「認識」の地平へと浮上することはなく、当然「科学」的知識の体系へ回収されることもない(16)。

一切の知識は問いである。従って科学の発展の契機をなすものは問いの根源性でなければならぬ。若し問わるべきものにして問われなかったり、また若し中途にして問うことがやめられたりするような場合、即ち問いが十分に根源的でない場合、科学の発展は望まれることができぬ。〔III：483〕

エピステーメーとイデオロギー——諸領域の構造化と「転移」

そして「エピステーメー」としての「世界観」は文化の複数の領域を横断するものとされる。すなわち、或る時期の「文学」と「物理学」、「哲学」と「美術」といった複数の領域における「問い」の立て方を構成するものとして三木の「世界観」は設定されている。一九二八年に発表され、同じく『観念形態論』に収められた「科学批判の課題」においては次のように述べられている。

芸術、哲学並びに科学の間には形式と構造の類似がある。例えばフランスの古典悲劇と第十七、十八世紀のフランスの数学的物理学との間のこの関係はデュエムによって叙述されている。またひとはシェクスピア及びミルトンとイギリスの物理学の間に、或いはライプニッツとバロック芸術の間に、さらにマッハ、アヴェナリウスと絵画上の印象主義との間にそのような類似を見出し得ると信じる。［III：223］

三木の用語ではこのような「エピステーメー」は「イデオロギー」とも称されるが、この「イデオロギー」は単に複数の領域において他と独立しつつ併置して存在するものではない。つまり複数の領域における「イデオロギー」は単に「類似」しているだけではなく、一定の原理によって構造化されている。三木はこの構造化の原理を提出するのはある領域の「イデオロギー」であると言う。この「ヘゲモニー」を付与される「イデオロギー」の領域は時代によって変化する。ただし、どの領域の「イデオロギー」が構造化の原理となるかは常に当該時代の「経済的諸関係」によって決定される。

従来の歴史に於いて種々なるイデオロギーは単に一様な、いわば平衡的な相互作用の関係に立っていたのではない。寧ろその間に於いて一定のイデオロギーが支配的な、指導的な位置を占め、このものによって優先的に動かされ、導かれつつ、且つその範囲内において相互作用の関係をとり結んだのである。かかる優先的イデオロギーとして或る時は宗教が現れた。そして今は政治的イデオロギーがかかるものとして現れていると見られ得る。――併るにどのようなイデオロギーがかくの如く支配的な位置につくかということもまた、その時代の経済的諸関係によって決定されているのである。［XI：72–73　強調原文］

さらにこの構造化においては異なる領域の「イデオロギー」相互に「転移」の現象が観察できると見做される。三木は『暴力論』の著者でもあるG・ソレルの *De l'utilité du Pragmatisme* の記述を参照しつつ[17]、一九世紀における「経済学」から「生物学」への「転移」を説明しようとする。主に取り挙げられるのはダーウィンの「生物学」であるが、三木はこの学説の枠組みを構成する「カテゴリー」である「自然淘汰」と「進化」という概念がマルサスの『人口論』に代表される「経済学」から導入されたものであることを指摘する[18]。

進化の概念そのものが根源的には生物学の範囲の中で生まれたのではなく、却って人間及び歴史に関する研究のうちにその誕生の地をもつということである。そして生物学者が彼らの指針を求めたのは特に経済学のもとにおいてであった。［III：99–100］

分業、自由競争、連合というが如き経済学に於いて作り出された諸概念は、生物学のなかに輸入されてそこで多くの実を結ぶものとして自己を証した。［III：100］

そして一度「生物学」において確立された「カテゴリー」は歴史的諸科学や社会科学に再導入される。すなわち自然科学である「生物学」の「カテゴリー」はより「普遍妥当性」を有した「知」の権威として人文科学或いは社会科学を基礎づけるのである。ここに一九世紀後半に「社会進化論」が前景化する一つの要因がある。

このようにしてダーウィンの自然淘汰説は根源的には経済学の範囲で生まれたものであるにも拘らず、そのことは洞察されることなく、若しくは忘却されてしまった、却って彼の学説によって社会科学的思想を基礎づけようとするところの、いわゆるダーウィン流の社会科学が一時流行をなすに到ったのである。［III：505］

三木はこうした「科学」的知一般に関する着想を前提にしつつ、一九三二年の『社会科学概論』では社会科学的な「知」の分析のための方法論を――未完成ながら――試みている。次にその点を見てみよう。

三　エピステモロジーと系譜学

この書物ではまずアリストテレスの定義を援用しながら「社会的知識」について「科学」と「ドクサ」の区別が導入される。「科学」は「真偽」という「論理的」観点から処理される命題の集合としての知識であるが、「ドクサ」は「正不正」或いは「信」という観点によって規定される知識である。「ドクサ」における「正」は偶有的に「真」であることもあるが、「ドクサ」と「科学」は原理的には異なる種類の知識とされる。三木自身の表現によれば両者は「存在の仕方を異にするのである」［VI：298］。

その上で「社会的知識」には「ドクサ」の側面が強いことが指摘される。このことは三木において

「社会的知識」が「システム」としての「社会」の自己維持機能の一環として位置づけられることに由来する。そのため「社会的知識」は純粋に「論理的」な視点から妥当性を付与されるのではなく、あくまで「システム」維持に対する効用によって正当化されることになる。「正不正」或いは「信」とは「システム」維持への効用の別の表現に他ならない。

とは言え、「社会的知識」にも科学としての側面がないわけではない。「ドクサ」も「問い」と「応答」の連鎖という方法を組織的に適用することである程度科学的知識の性質を纏うことはできる。しかし「社会的知識」は如何に科学としての装いを凝らしても原理的に「ドクサ」という性格から逃れることはできない。社会科学にはどこまでも「ドクサ」という性質がつきまとう。

それはまず第一に「社会的知識」が何らかのかたちで実践に関わる「知識」であるとされることに拠る。実践は科学の方法とされる「問い」と「応答」の連鎖を或る時点で切断することを要請する故に（この切断なしには「認識」から「実践」への移行は不可能になる）、「社会的知識」もまた科学としての性格を貫徹することはできない。

さらに「社会的知識」においては「システム」維持のための効用という枠からはみ出る、或いは反するような「問い」は抑圧されるということがある。そして往々にしてそのようにして抑圧される「問い」は自らの「科学」の前提となる部分に関わっている。

それ故「社会科学」においては「枝葉」が「徒に煩瑣で、徒に専門家的」[VI：304]でありながら、その「基礎」が「常識」＝「ドクサ」であるという事態がしばしば出現する。(19)

探究または研究は――どこまでも延びていくことを許されず、常に原理的な限界をみずからに対しておいている。この限界というのは、その知識が一定の社会の現存する均衡状態に適応もしくは相応する範囲にとどまるということに他ならぬ。かように限界づけられているところから、そこでは原理的なもの、基礎的なものは勢い、既定的なもの、不変的なものと見られざるを得ない。このとき研究が注釈、敷衍、弁護などという形式をとるのは自然である。［VI：305–306］

三木はこうした「ドクサ」と「科学」の総体としての「社会的知識」を「イデオロギー」と再定義し、議論は「イデオロギー」論へと連結される。「イデオロギー」論が成立するための根本条件は「虚偽の意識」という概念であるとされる。ただし、この「虚偽」とは「意識」的なものではなく、また「虚偽」の主体として考察されるのも個人ではない。「虚偽意識」としての「イデオロギー」は個人を超えて、個人の思惟様式を「先験的」且つ「無意識的」に構成する「エピステーメー」である。しかも「無意識」としての「イデオロギー」は体系的に「構造化」されている。

その意味ですでに述べたように、「イデオロギー」論はカント的「カテゴリー」をマルクス・ニーチェ・フロイトの衝撃の下に歴史化されたものとして出現している。

イデオロギー的見方は何らかの超個人的な意識の概念をもち、従ってその限りに於いてはむしろ無意識的虚偽というべきものがそこでは問題になるのである。更にイデオロギー的見方に於いて言う虚偽は、その折々の意識的な虚言というようなものではなく、もしそれを虚言というならば、それはそれ自身のうちに連関を含むところの、実に体系的な虚言であり、またその限りに於いて無意識的な虚言である。かくして我々はイデオロギー的見方における虚偽の意識が単に理論的ならぬ、超個人的な、体系的な、無意識的な虚偽に関係することを見定めておかなければならない。［VI：326–327］

続いて三木は「イデオロギー」と所謂「現実の存在」との関係を定式化しようと試みる。というのも、三木において広義の「知識」の集合である「イデオロギー」はその「基礎」を「生産力」と「生産関係」という外部にもつ「上部構造」として位置づけられるからである。「現実の存在」とはこの生産力と生産関係という「下部構造」に他ならない。

三木は「イデオロギー」の方向を決定するのは「最終的」には「現実の存在」であるとしながらも、「イデオロギー」は相対的には固有の論理によって発展するとする。すなわち「上部構造」としての「イデオロギー」は相対的な自律性を有している。

イデオロギーは唯単に相対的にしかそれ自身の独立な存在及び発展をもたぬと云われる。それは固より相対的にはそれ自身の発展を有する、しかしこの発展は現実の存在によって必然的に一定の範囲と限界とを与えられている。［VI：334］

また「イデオロギー」は「下部構造」である「現実の存在」へ影響を与えることもあるとされる。ただし「イデオロギー」が影響を与え得る局面か否か、或いは「現実の存在」のどのような部分に、どのような影響を与え得るかということを「決定」するのは「現実の存在の構造」であると三木は言う。

イデオロギーは現実の存在に対して何らの影響も及ぼすこともないと云うのではない。かく理解することはひとつの誤解であって、前者が後者に対してはたらきかける関係の存するということは明らかである、そしてその限り前者は後者に対して相対的な独立性を有すると見られなければならぬ。けれどもこの場合に於いても決定的なものはつねに現実の存在の側にあるのであって、一定のイデオロギーが現実の存在に対して作用し得るか否か、また如何なる作用をするか、ということは、現実の存在そのものの構造によって制約され、規定されている。［VI：334］

最後にこうした三木の系譜学の構想をもう一度要約しておけば次のようになる。

第一に「認識」の「可能性の条件」としての「イデオロギー」＝「エピステーメー」は「先験的」＝「無意識的」な次元に設定される。

第二に異なる「イデオロギー」＝「エピステーメー」相互の間には「認識論的な切断」が想定されるため、「知識」に関する通時的単線的な「進歩」史観は批判される。

第三にある時代の「イデオロギー」＝「エピステーメー」は「知」の複数の領域を横断しているが、その横断の仕方は特定の原理によって構造化されている。構造化の原理は時代によって変化するが、どのような領域の原理がドミナントになるかは根本的には当該時代の「経済的諸関係」によって規定される（ただし「経済的諸関係」の原理が常にドミナントになるわけではない。どの領域の原理が支配的になるかを決定するのが「経済的諸関係」なのである）。その際、異なる領域相互の「転移」の現象にも注意が払われる。

第四に三木においては「イデオロギー」＝「エピステーメー」は生産力と生産関係という「下部構造」によって規定された「上部構造」であるというマルクス主義的なテーゼは最終的には維持される。「上部構造」である「イデオロギー」は「下部構造」に対して相対的な自律性をもち、また「下部構造」に対する反作用を認められているが、どの部分に、どのような反作用が可能になるのかについては「下部構造」によって規定されている。

もちろん以上のような三木の構想はあくまで粗描の段階にとどまり、それを裏づけるだけの緻密で具体的な歴史記述を伴うことは遂になかった[20]。そしてそのことが彼の記述に往々にして図式的な印象をもたらしていることは否定できない。

とは言え、三木における「系譜学」の粗描が後に戸坂潤の『科学論』、『イデオロギーの論理学』などの試みへと接続していることも忘れてはならないだろう。

またニーチェを参照した、この「系譜学」の試みがユーラシアの裏側におけるバシュラール、カンギレーム、アルチュセール、そしてフーコーなどのフランス科学認識論、いわゆる「エピステモロジー」と響き合う世界史的同時性を獲得していたこと、このことは三木清の仕事に新しい角度から光をあてることへと連なる筈である。

第二章　三木清における「系譜学」と「存在論」

はじめに――世界戦争に揺るがされるカント主義

三木清の哲学的言説の展開は多彩である。初期の「マルクス主義」時代に分類されることの多い『唯物史観と現代の意識』（一九二八）、『社会科学の予備概念』（一九二九）、『観念形態論』（一九三一）から、中期の『歴史哲学』（一九三二）、『社会科学概論』（一九三二）、未刊の『哲学的人間学』（一九三三―三六）を経て、そして晩年の『構想力の論理』（一九三七―一九四三）、『哲学入門』（一九四〇）、『技術哲学』（一九四二）に至るまで、扱われた問題は多岐にわたる。

ここでは、一つの視点から光をあてることで、その多彩な展開を貫くある方向性を浮かび上がらせてみたい。すなわち、「認識論」的に解釈されたカント主義との対決である。

この「認識論」的に解釈されたカント主義、つまり新カント主義的パラダイムは、当時においては、現在からは想像困難なほど、強い拘束力を哲学的言説の舞台に行使していた。この状況は、決して日本に限られたことではなく、フランス、ドイツなどヨーロッパでも、同様の文脈が指摘できる。というよりも、日本の哲学的言説の状況は、かなりの程度まで、ヨーロッパの文脈の反映である、と言っておいた方が事実に近いかも知れない。
ヨーロッパにおける新カント主義は基本的に、世紀末から第一次世界大戦前にかけて成立した国民国家システムを基礎づける言説として成立した、と見做すことができる。

そこでは、一方で産業技術と結びついた「科学」の「知」の力を前に、「哲学」の位置が問われることになる。カント主義は「科学」的知へと自己を埋没させることなく、むしろある距離を保ちながら「科学」の「可能性の条件」を問うことで、「哲学」と「科学」の関係を取り結ぼうとする。従って新カント主義においては、「科学」的知の規範となる「認識」の「普遍妥当性」への問いが特権的に前景化される。このようにして、「哲学」は「科学」の「基礎づけ」というポジションを自己に確保する。

他方で、新カント派は、当時の国民国家システムの政治的・倫理的基礎づけをも遂行しようとする。具体的には、（現在からみれば）ある範囲内での「人権」概念を基礎とした統合システムの支持というかたちを採る。この場合、ある範囲内での「普遍的」な「人権」を基礎づける際には、カント哲学に内在する「人間一般」という概念が有効に動員される。「ある範囲内」という限定は、言うまでもなく、「男性国民」という囲いこみを意味する。ここでは、ハンナ・アレントが『全体主義の起源』において指摘したような、「人権」の「普遍性」と「国民」という二つの概念の折り重なりが典型的に観察できる。

全体としては、新カント主義的言説は、この二つの課題を焦点とした楕円を描くかたちで成立していた、と言えるだろう。その際、二つの「普遍妥当性」を繋ぐ概念として「人間一般」が機能していたと見做すこともできる。

しかし二〇世紀最初の世界戦争の衝撃は、この知的パラダイムをも揺るがせることになる。「認識」の「普遍妥当性」への信頼が動揺するのみならず、「認識」の「普遍妥当性」の「基礎づけ」を「哲学」の第一課題とする、という前提そのものが問い直されることになる。

このような文脈において、「世界」の「存在」を自明視した上で「認識」の「普遍妥当性」を確保するのではなく、まず「世界」の「存在」という「出来事」そのものを問う、という認識論から存在論への転回がせり上がってくる。

と同時に、カント主義が前提とするような特定の日付と場所の拘束を受けない「人間一般」、あるいは「意識一般」という概念もまた、問い直される。すなわち、「人間一般」あるいは「意識一般」と、特定の日付と場所に刻印され、「身体」と「可死性」に付きまとわれた「実存」との架橋し難い裂け目への眼差しが前景化される。

そして、世界戦争の衝撃に一九二九年に始まった世界恐慌が続き、政治社会システムの正統性が激しく動揺するなかで、「転回」は加速される[1]。言うまでもなく、ハイデガー、キルケゴール、ニーチェ、ドストエフスキー、フロイト、そしてマルクスの名はこの「転回」の渦を象徴する。

カント主義パラダイムの動揺と解体は、存在論への転回とともに、他方で系譜学的問いをも浮上させる。

カント主義の認識論においては、一般に日常的な経験と区別された、より「深い」次元に「認識の普遍妥当性」の根拠が求められる。この「普遍妥当性」を保証するのが、「範疇　カテゴリー」である。「カテゴリー」は「学」的言説のパラダイムを規定するとともに、日常的な経験や判断をも拘束するものとして解釈され得る。従って「カテゴリー」は当然「ア・プリオリ」な性格を帯びることになる[2]。

系譜学的問いは、時代と場所を超越した「認識の普遍妥当性」の基礎づけを退けつつ、同時に「学」的言説、あるいはそれと関連して日常的判断、あるいは知覚や感覚にいたる「経験」の様式一般のパラダイムを規定する深層の「構造」への眼差しを重視する。ただし、その場合深層の「構造」としての「カテゴリー」は歴史的に変動するものとして捉えられる。いわば系譜学は「認識」の「可能性の条件」としての「カテゴリー」というカント主義の発想を単に廃棄するのではなく、歴史化する。

こうした系譜学的問いもまた、存在論への転回とともに、世界戦争と世界恐慌という政治社会システムの根本的な動揺と連動していると見做すことができる。というのも、系譜学とは、まずもって現在の認識の地平を構成するパラダイムの自明視を中断する行為によって特徴づけられる思考であるからである。

ニーチェとマルクスの名がその先駆者として刻まれる、系譜学的問いは、存在論的転回と並んで、二〇世紀の哲学的思考の流れをかたちづくることになる。すなわち、典型的には、バシュラール、カンギレーム、アルチュセール、そしてフーコーといったいわゆる「エピステモロジー」の系譜である。また、マルクス主義的な「イデオロギー」論もまた、この系譜との関連において位置づけることができよう。このパースペクティヴにおいては、アルチュセールは「エピステモロジー」と「イデオロギー」論との関係を問う上で重要な位置を占めることになる(3)。

三木清の軌跡もまた、存在論への「転回」と系譜学的問いの浮上という文脈に沿って辿ることができる。

実際、三木清は、——戸坂潤と並んで——二〇世紀のこの二つの思考が一人の固有名と結びつく、あ

まり多くない例である。(4)

こうした視点からの三木清の哲学的言説の再読はある一つの問題設定を前提とした、同時代的な比較をも可能にするものにもなるだろう。

一　系譜学へ

先にすでに述べたように、当時の新カント主義の根本的な課題は「如何にして認識の普遍妥当性を基礎づけ、確保するか」という命題に集約される。この課題に向け、すべての哲学的思考と言説は組織されることになる。

カント哲学における鍵概念とも言える、いわゆる「超越論的主観」も「認識の普遍妥当性」の「可能性の条件」として要請され、あるいは解釈される。このような「超越論的主観」は具体的な日付と場所、そして「身体」に拘束された、具体的な「誰か」の「意識」とは明確に区別された「意識一般」である。つまり、新カント主義においては「意識」は決してサルトル的な意味での「状況 situation」に拘束された「意識」=「対自」であってはならない。

というのも、もし「主観」が個別的な「身体」に所属し、「状況」に拘束されたものであるとするならば、それはもはや決して「認識の普遍妥当性」を基礎づける根拠とはなり得ず、むしろ「状況」に由来する個別性・具体性によって「普遍妥当性」を揺るがせる攪乱要因となるだろうから。

新カント主義的パラダイムにおいて重要な賭金を構成する「意識一般」と「個人」の「意識」との差異について、三木は一九三〇年の『認識論』で次のように述べている。

このような経験界対象界を構成すると考えられる意識は個人的な意識であることはできない。もしそうであれば、認識は対象性、すなわち普遍性と必然性をもつことができないからである。カントはそのような意識を意識一般（Bewusstsein überhaupt）と称している。これは自我とも呼ばれ、超個人的なものである。(5)［IV：47］

こうした新カント主義的パラダイムに対し、三木は超越論的な「意識一般」に基礎づけられた「認識の普遍妥当性」の追求を「哲学」の第一課題とする所作そのものを相対化することを主張する。(6)ここには当時認識論から存在論への転回を主張していたハイデガーの明らかな影響が見受けられる。実際、三木が新カント主義的認識論を批判する際に、ハイデガーの名は頻繁に召還されることになる。

我々は認識の問題から次第に存在の問題へと近づいて行った。ハイデッガーは明らさまに現代の哲学が存在の問題を無視していることを攻撃している。ギリシア哲学において唯一の問題であり、プラトンやアリストテレスに於いて精細に研究されて来た存在の問題は哲学の歴史に於いて次第に見失われ、近世においてヘーゲルが只一人この問題を根本的に論じようとしたのみであって、この忘却された存在の問題を再び哲学の題目にすることが急務であるとハイデッガーは述べている。［IV：377］

主体と「交渉 Verhältnis」

このような認識論から存在論への転回は同時に、新カント主義的な「主観」―「客観」二元論の問い直しを招き寄せる。ここでは、「認識の普遍妥当性」の根拠としての「主観」とは異なる位相において「主体」が構想される。

すなわち、「主体」とは「世界」を「認識」の「対象」として自己から切り離す以前に、つねにすでに、「世界」との関係によって出現する一つの出来事である。あるいは「世界」との関係は「主体」という出来事の出現の「可能性の条件」である。

つまりは、三木においては「主観」―「客観」二元論を脱構築する「世界―内―存在」として「主体」は位置づけられる。

この発想は、当然『存在と時間』のハイデガーを想起させるものではあるが、初期の『唯物論と現代の意識』に収められた論考において、三木は「世界―内―存在」としての「主体」の存立様式をマルクスに倣って「交渉 Verhältnis」と呼ぶ。

> 一般に交渉とは人間の存在が世界の存在に対する動的相関的関係の謂である。これを特に交渉と名づけるのは、この関係をいわゆる主観・客観の関係に還元しようとすることなく、却ってそれをその具体性に於いてとり扱おうとするために他ならない。近代の認識論は存在を凡て客観の側に推し遣り、これに反して主観はあらゆる意味で存在とは異なる存在ならぬものとしてそれに対立せしめる。しかるに我々は認識の問題と雖も、それが十分具体的に把握される限り、存在の問題であり、このものの発展の過程に於いて現実的に形成される問題であると考える。[III：80–81]

そして、三木においてカント主義的・認識論的「主観」からハイデガー＝マルクス的・存在論的「主体」への転回は「理論の系譜学 Genealogie der Theorien」［III：3 強調原文］と連動するものとして位置づけられていた。一九二八年の「現代思潮」では、この系譜学的問いがニーチェに由来することが明示されている。

> 我々は各の理論の特殊なる由来を究明するところの研究を理論の系譜学——私はこの語をニーチェの「道徳の系譜学」（Genealogie der Moral）という言葉から思い付いた——と名付ける[7]。［IV：222 強調原文］

ここで、三木における系譜学的問いと存在論への「転回」との関係を簡単に整理してみよう。三木は「世界」との「動的相関的関係」としての「交渉」を「経験」とも言い換えるが、「経験」の内、ロゴス＝認識に媒介されない特殊な「経験」を「基礎経験」と呼ぶ。すなわち、「経験」の「存在」の「認識」への還元不可能性を示すものとして「基礎経験」は提示されている。そして、その還元不可能性は「不安」として開示される。

> 基礎経験はその本来の性格として既存のロゴスをもって救済され、止揚され得ぬものである、したがってそれはそれの存在に於いて不安であるだろう。［III：6］

ロゴスは「世界」を分節化・固定化することで、「経験」の「存在」を「認識」の地平へと媒介しようとする。「基礎経験」は「認識」による「存在」の媒介の不可能性を「動性」として顕示する。

ロゴスは経験を固定し、停止せしめる作用をするのであるが、ロゴスの支配し能わぬ根源的なる経験は動性として存在する外ないであろう。不安的動性は基礎経験のもっとも根本的なる規定であらねばならぬ。［III：6］

ロゴスの哲学は「光」の哲学である。それ故、ロゴスという「光」の媒介不可能性を指し示す「基礎経験」は「闇」として現象する。「光」の哲学の「批判」としての「唯物論」は「闇」の哲学である。(8)

言葉は経験を救い、それを公にすることによって、それにいわば光を与えるのであるから、在来の言葉を拒むところの根源的なる経験はそれに対して闇として経験されるであろう。基礎経験は現実の経験としてはひとつの闇である。［III：6］

ただし、「無」がそれ自身として自己を露にしないように、「闇」としての「基礎経験」もまた自己をそれ自身としては開示しない。ロゴスの「外部」としての「基礎経験」は、（1）「ロゴス」を媒介にして、（2）且つロゴスの媒介の不可能性として、自己を出現させる。

三木は「基礎経験」を媒介する「ロゴス」を二つに区別する。すなわち「アントロポロギー（人間学）」と「イデオロギー」である。

「アントロポロギー」は「学 Wissenschaft」以前のいわば「生活世界」における「人間の自己解釈

Selbstauslegung」としてのロゴスであり、「イデオロギー」は「あらゆる種類の精神科学あるいは歴史的社会的科学」といった「学」的認識にまで上昇したロゴスである。前者は「第一次のロゴス」と呼ばれ、相対的には「基礎経験」を「直接的に」表現するとされる。「第二次のロゴス」である後者は「学問的意識」や「哲学的意識」といった言説の公共圏に媒介されつつ、「経験」を「客観化」することを志向する。

そして「第二次のロゴス」は原則的には「第一次のロゴス」の示唆する方向に「学」的認識を組織していく。「アントロポロギー」はカントの図式論において時間が直観とカテゴリーを媒介したように、「基礎経験」と「イデオロギー」を媒介する、とされる。

ロゴスは一度確立されれば、徹底的にわれわれの「認識」の地平を構成すると三木は考える。ロゴスによってわれわれは「認識」の「可能性の条件」を与えられる。

> ひとたび成立したところのイデオロギーはわれわれの生活に徹底的に干渉するに到る。我々はそれの立場からのみ存在と交わるようにさせられ、それの解決し得る問題のみを存在に於いて見るように強いられる。［III：16］

> ロゴスはその本性上経験に対して優越なる位置にあり、これを支配し、指導しようとする。平生我々は我々の既に有するロゴスの見地からのみ存在と交渉し、これを経験する。［III：123］

従って、カント主義において「カテゴリー」が「認識」の「可能性の条件」を構成したように、三木においては「ロゴス」が「認識」の「可能性の条件」を構成する、と言うこともできる。ここには、三木の「系譜学」とカント主義的方法との間の、単純な廃棄や断絶ではない、複雑な関係を観察できる。実際、三木は「イデオロギー」論において、カント主義的方法が果たした決定的役割について次のように述べている。

我々はカント哲学がイデオロギー的見方の発展のために成し遂げた功績に思い及ばざるを得ない。……カントは意識一般によって数学的自然科学に基礎を与えたのであるが、彼はかかる理論理性のほかに実践理性及び美的理性を発見し且つこれらのものの統一立場まで進もうとした。ここに一切の文化をそれぞれの内容性に於いて並びに全体の連関に於いて考察する見方が発見されたのであり、そしてそれはイデオロギー的見方が成立するための歴史的及び理論的前提の一つとなったのである。［VI：322］

ただし、三木においては「認識」の地平を深層のレベルで構成する「構造」としてのロゴスは歴史的に変動するものとして把握される。いわば、三木の系譜学はカント主義的「カテゴリー」論を歴史化することによって成立している、と言うこともできる(9)。

三木は、われわれの「認識」の地平を構成するロゴスは決して、超歴史的な普遍性を維持できるものではなく、歴史のある時点で急激に崩壊する、とする。このことは、ロゴスによる「経験」の媒介の矛盾に由来する。

この矛盾には、二つの次元がある。

第一に、そもそも、原理的にはいかなるロゴスも「基礎経験」のすべてを媒介することは不可能であること。

第二に、「基礎経験」自体が超歴史的に同一なものではなく、歴史を通じて変化していくものであること。つまり、ある特定の歴史的時期においては、「基礎経験」を相対的には媒介していたロゴスは「基礎経験」が変化していくことで、媒介性を喪失し、遂には「基礎経験」に対する桎梏へと転化する。そして「桎梏」と化したロゴスと「基礎経験」の乖離がある程度を超える時、ロゴスは瓦解する。

以上のような議論を展開しつつ、三木は現代はまさに従来のロゴスが崩壊しつつある危機の時代である、と言う。認識論から存在論への転回はこの現代におけるロゴスの危機に対応したものである。というのも、今まさに危機に晒されているのは、「認識の普遍妥当性」という観点から「世界」を処理しようとするロゴスである、とされるからである。要請されているのは、「認識の普遍妥当性」という視点の自明性をエポケーすること、これである。

存在論へ

羽仁五郎とともに三木が創刊したマルクス主義の理論誌『新興科学の旗の下に』に発表された一九二八年の「理論　歴史　政策」では、「存在論」への転回と「系譜学」的問いとの連関が明確に述べられている。

歴史の問題は、第一次的には、論理的（logisch）問題ではなくて、存在論的（ontologisch）問題である。……論理学者リッカートは、歴史を論じながら、存在の歴史性については何事も知らないの

である。……彼には存在から科学への系譜学（Genealogie）が欠けている。［III：268 強調原文］

このように、三木清のテクストには、存在論への転回と系譜学的問い、というカント主義との対決から生まれた、二〇世紀の哲学的思考の二つの流れの双方が観察できる。「基礎経験」、「アントロポロギー」、「イデオロギー」という三層構造を成す概念群は、いわば存在論と系譜学を架橋するために設定されている、と見做すこともできよう。

系譜学的問いに基づいた作業に属する三木のテクストとしては、『唯物史観と現代の意識』の他に、『社会科学の予備概念』（一九二九）、『観念形態論』（一九三一）、さらに『社会科学概論』（一九三二）を挙げることができる。時期的には、比較的初期から中期にかけて集中している。

それに対して、『歴史哲学』（一九三二）から『哲学的人間学』（一九三三―三六）、そして『構想力の論理』（一九三七―四三）に至る流れは存在論の練り上げの試み、と位置づけることができる。

無論、『歴史哲学』では、単に狭い意味での存在論的問題を扱っているだけではなく、存在論的視点から「歴史」の「可能性の条件」を問う、という系譜学あるいは「メタ・ヒストリー」的方向も明瞭に観察できる。また『構想力の論理』でも、神話学、人類学、歴史学、社会学、といった人文・社会科学の理論と存在論の関係への強い関心は持続してはいる。

とは言え、全体としては、中期から後期にかけては系譜学的視点は後景化し、存在論への関心がより強くせり上がっていく、と整理することはできるだろう。

ここでは、系譜学的問いの詳細な展開については、第一章を参照していただくとして[10]、次に『歴史哲学』と『哲学的人間学』における存在論に絞り込んで三木の軌跡を追うこととしたい。

二　『歴史哲学』――「時間」論の展開

三木清は一九三〇年五月、当時非合法の日本共産党への資金提供容疑により治安維持法に基づいて検挙、いったん釈放されるものの、七月に起訴され、同年一一月下旬まで豊多摩刑務所に収容される。同時に、在獄中にプロレタリア科学研究所の「正統派」マルクス主義のグループから「観念論」的偏向との批判が行われ、三木は釈放後プロレタリア科学研究所を退く。この意味においては、「運動」としてのマルクス主義と三木の間にはこれ以後、ある距離が生まれていく。

ただし、理論的な水準においては基本的な変更は観察できない。例えば、釈放後の一九三二年に出版された『社会科学概論』では、逮捕前に明瞭に提示されていた「理論」の系譜学的視点に基づいた議論が展開されている。

また『歴史哲学』から『哲学的人間学』へと連なる存在論の練り上げという流れも、基本的には『唯物史観と現代の意識』、『社会科学の予備概念』、そして『観念形態論』においてすでに示されていた方向である。

とは言え、先に述べたように、中期以降、系譜学的分析を放棄したわけではないにせよ、明らかに存在論の構築へと重点が移行していることは事実である。

その意味で、『社会科学概論』と同年に上梓された『歴史哲学』は系譜学から存在論への重点の移行を象徴するテクストであると言える。

ここにおいてもまた、議論の前提として、「認識論」から「存在論」への転回という視点が提出される。三木はリッケルトの『自然科学的概念構成の限界』とディルタイの『精神科学に於ける歴史的世界の構成』の双方を批判して次のように述べる。

> 現代哲学のうちに何等かの仕方で共通に現はれているこのような「認識論的偏見」は先ず我々の研究から遠くに推し退けられておかねばならぬ。存在としての歴史をなによりもその存在に於いて問うということが大切である。［VI：60 強調原文］

こうしたパースペクティヴにおいて、ここでは、存在論的視点から「歴史」の「可能性の条件」が問われるとともに、『唯物史観と現代の意識』において提出された「世界―内―存在」としての「主体」の様相の分析がさらに練り上げられている。

原―時間としての「事実」

『唯物史観と現代の意識』では「交渉」という視点から、「主体」の分析が提示されていたわけであるが、『歴史哲学』では三木は「事実」という概念を創出する。

このテクストでは、「事実」という概念を軸にして「歴史」の「可能性の条件」への系譜学的問いと存在論との関係が論じられることになるが、言うまでもなく、ここでの「事実」とは「自然的」意味論をエポケーした上で提示されている、三木独特の術語である。

「事実」とは「主体」の時間的様相を指し示すための概念である。すなわち、「世界―内―存在」としての「主体」は、「事実」の名の下に「時間」という出来事として捉え直される。

「歴史」とは言うまでもなく、「過去」・「現在」・「未来」という時間の位相において成立する出来事であるが、三木はこうした出来事としての「歴史」の「可能性の条件」を問う過程で「事実」という概念を創出する。

それ故、「事実」とは、狭義の意味での「歴史」を成立させる出来事であり、それ自身「過去」・「現在」・「未来」という契機を備えた「原―時間」的あるいは「原―歴史」的地平であるとされる。いわば、歴史は「原―時間」的地平である「事実」を媒介にすることで、時間的出来事として出現することができる[11]。

この「原―時間」的地平である「事実」は「否定性」によって特徴づけられる。「事実」は絶えず「自己」を「超越」する運動であるが故に、決して「自己自身の内に安らう」ことができない。この「超越」と「否定性」によってこそ、「事実」は自己を「原―時間」的地平として現出させることができる。まさに、「事実」とは、サルトルが『存在と無』において「時間」としての「対自」を定義したように、「それがあらぬところのものであり、それがあるところのものであらぬ」出来事として自己を構成する。

『存在と無』において「対自」は非―「存在」として、「無」として提示され、「即自」との関係として出現する、とされている。『歴史哲学』においても、「否定性」と「超越」としての「事実」は非―「存在」として、「無」として提示され、しかも「存在」との関係において「自己」を出現させるとされる。

存在としての歴史と事実としての歴史の関係は「有」と「無」の関係として一般に規定され得る。

[VI：96]

事実は寧ろ無と呼ばれるにふさわしい性格を具えている。……それを名付けるためには我々は存在の言葉によるしかないのであって、それ自身においては無と云われるのみである。[VI：96]

事実そのものが否定的なものを自己の契機とすると考えられなければならぬ。事実は否定的なものを含む故に、自己を実現するために過去の歴史に結び付かざるを得ないのである。[VI：93–94]

また『唯物史観と現代の意識』において「基礎経験」がロゴスの「光」に対し、「闇」として位置づけられたのと同様に、非―「存在」である「事実」は「存在」に対し、「闇」として自己を構成する。

「事実」と「行為」――超越論的概念として

「闇」として、「否定性」として、「時間」として自己を出現させる「事実」は「行為」であると三木は断言する。そして『存在と無』のサルトルにおいて、「時間」としての「行為」が「自由」へと連なっているように、三木においても「行為」は「自由」の一語を招き寄せる。

凡ての行為は自由を含んでいる。如何なる自由もないところには本来行為といはるべきものはない。その限りにおいて事実としての歴史はまさに自由である。[VI：27]

このように、明らかに存在論的言説を組織しつつ、あえて「事実」という概念を創出していること、そして「存在」という「出来事」の超越論的地平としての「時間」を「行為」論へと接続していること、このことに、われわれは「唯物論」と「実践」への三木の傾斜を観察することができよう。

実際、三木は「否定性」としての、「時間」としての、「無」としての「事実」が「物」であると反復する。ここでの「物」がまた、「事実」と同様に、「存在論」を「唯物論」へと接続しようとする三木が創出した概念であることは言うまでもあるまい。

次のような文章には、「否定性」としての「事実」を「行為」と「物」へと連結しようとする三木の姿勢が明瞭に現れている。

> 歴史の基礎であるところの行為に於いては行為が直ちに物の意味をもち、行為が即ち事実であるのである。［VI：34］

> 行為が直ちに物の意味をもっているものが事実と呼ばれるのである。［VI：89］

存在論への転回という文脈において、三木は「認識論」的「主観性」と区別された「存在論」的「主体性」という概念を練り上げようとする。三木において「存在論」的「主体性」とは「否定性」としての、「時間」としての、「無」としての「事実」によって可能になる出来事でありつつ、同時に「行為」する「物」として出現する出来事でもある。

> 我々は事実の概念によって主観性を指すのでなく、却って主体的なもの、行為するものを理解するのである。〔VI：245〕

このように、「行為」を前景化する、固有の「唯物論」の視点から、三木はジンメルやディルタイ、さらにはハイデガーの、「歴史」をめぐる考察の前提となっている解釈学的立場を批判する。というのも、三木によれば、「歴史」の考察に必要とされるのは、「解釈」という「理解」の「可能性の条件」としての「行為」を主題化することである、とされるからである。すなわち、「闇」としての「行為」が「理解」という「光」の視線の「可能性の条件」を構成する。

> ところで、一般的に見て、歴史の問題を論じるに際し、歴史を作る行為の立場からではなく、歴史を理解する立場からそれに近づいていくということは、現代の哲学に共通の傾向であり、それの一つの偏見に属する。……世界時間とは異なる主体的な時間を純粋に取り上げることに全努力を傾けつつあるハイデッガーにあってさえ、理解の立場、従って解釈学的立場が決定的にはたらいている。〔VI：177–178 強調原文〕

「事実」と「意識」

さて、『歴史哲学』においてきわめて重要な論点でありながらも、ある種決定不能なアポリアとして宙づりにされているのは、「事実」と「意識」との関係である。

すでに、三木は『唯物史観と現代の意識』に収められた一九二七年の「マルクス主義と唯物論」において、アウグスティヌスを援用しつつ、「認識の普遍妥当性」の根拠として解釈された「意識一般」ではなく、「存在」としての「意識」の位相を指摘していた(12)。

三木はまた『歴史哲学』においてもアウグスティヌス、フッサール、そしてキルケゴールの時間論を取り上げつつ、「意識」と「時間」の関係を論じている。その意味で、三木には存在論的に「意識」＝「コギト」を再定義しつつ、「意識」と「時間」の関係を主題化しようとする志向性が明瞭に観察できる。

しかし、三木のテクストにおいては、「意識」を存在論的に再定義する志向性と従来の「内在」論的哲学に拘束された「意識」概念に挑戦する方向がせめぎ合いつつ併存してもいる。

実際、三木は「事実」は「意識」をも「内」において、あるいは「背後」から「超越」する運動である、と反復する。この場合、「超越」の運動としての「事実」が「意識」の「可能性の条件」を構成する、ということになる。

と同時に、「超越」の運動としての「事実」は「意識」と特権的な関係をとり結ぶともされる。より正確には、「意識」は「超越」の運動の「場」のようなものとして設定されている。そして「場」としての「意識」において「事実」は認識論的「主観」とは区別された存在論的「主体」という出来事として自己を出現させる。

> 然し事実は意識に於いて表出され、しかも意識の特殊性は、後に述べる如く主体的な事実をまさに主体的に表出するところにある。……かかる意識は単に主観的な問題に過ぎぬのではない。この意識そのものは寧ろ決して単に主観的とは言われない事実によって規定され、存在の事実に対する意味及び事実の存在に対する根源的な要求を自己のうちに表出する。［VI：213–214　強調原文］

またすでに述べたように、「主体」という出来事としての「事実」は同時に「行為」であり、「物」である、とされるが、このような出来事が起こり得るとすれば、それは「意識」という「場」においてである。この場合、「意識」は「行為」としての、「物」としての、「事実」という出来事の「可能性の条件」を構成する、とも言える。

行為するものとしての事実は人間学より先きのものである。最初に行為がある。事実はハイデッガーの言う人間に於ける現存在よりも一層根源的なものであり、この現存在を規定し、現存在の有限性なるものもそれによって初めて可能となる。……意識に於いてでなければ、我々は事実の主体性を真の主体性として理解することもできないであろう。……かくて意識の主体性ということも、唯意識に於いてのみ主体的な事実がその主体性に於いて自己を顕はにするということを意味するのでなければならぬ。〔VI：234–235 強調原文〕

三木のテクストにおける、「事実」と「意識」をめぐるこのような「決定不可能性」には、存在論的視点からの「意識」概念の再定義をめぐる、きわめて微妙なプロブレマティークが孕まれていると言えよう[13]。

しかしここでは、この問題にこれ以上立ち入ることを避け、次に「存在」という出来事の超越論地平として主題化された「時間」としての「主体」と「他者」との関係を三木がどのように構想していたか、という論点を追跡することにしたい。

三 「主体」と「他者」――「複数性」と「媒介」のアポリア

三木は、初期の著作においても、萌芽的なかたちであるにせよ、「主体」と「他者」との関係を取り上げてはいた。

例えば、「交渉」という視点から「世界―内―存在」としての「主体」を論じていた時期に属する、一九二七年の「マルクス主義と唯物論」において、三木は「私」という出来事の「可能性の条件」としての「他者との関係」について言及している。ここでは、マルクスとフォイエルバッハが援用されつつ、「我」の「可能性の条件」として「汝」という「他者」との関係が主題化されている。

私は私の存在の現実性の最初にして最後の根拠から、本質的に私を私以外の他の存在に関係させる存在であり、この関係なくしては在り得ない。［III：51］

そして、『歴史哲学』公刊後の一九三三年から一九三六年にかけて執筆された未刊の『哲学的人間学』においては、存在論的「主体」と「他者」との関係が一挙に前景化することになる。

「主体」と「他者」

このテクストの冒頭では、「主体」は「自覚」という契機から論じられることになるが、三木は「自覚」の系譜をデカルトからアウグスティヌスへと時代を逆に辿りながら、その存在論的位相を喚起する。

すなわち、ここでもまた認識論から存在論への転回というパースペクティヴは執拗に反復される。

自覚そのものは単に意識論的にでなく存在論的に理解されるべきものである。〔XV：139〕

その上で、三木は「自覚」を「他者」の問題系へと接続させる。「自覚」という契機は「自己への関係」という出来事が、必然的に「他者との関係」を呼び起こすことを含意している。

自覚の内容は自己であると同時に「他者」であり、またそれは単に意識の問題でなくて原理的に存在論的問題である。自覚的とは単に自己反照的ということでなく、自己への反照が同時に他者への関係附けであるというところに自覚の本質がある。〔XVI：145〕

認識論的「主観」と区別された存在論的「主体」の特徴も、この「他者との関係」に求められる。というのも、認識論的図式を前提とした場合、「主観」は単に「認識対象」としての「客観」と対峙するにすぎないが、存在論的に捉え返された「主体」は「自己の存在」の「可能性の条件」として「他者」を見出すからである。この点を三木は執拗なまでに反復する。

何よりも客観に対するということが主観の概念の根本的意味であるとすれば、主体に対するものはもと他の主体であるということが主体の概念の根本的意味である。〔XVIII：142〕

かくて主観の概念にはIch-Es（私―それ）という根本的関係が、これに反し主体の概念には、Ich-Du（私―汝）という根本的関係が相応する。〔XVIII：143〕

私と汝とは独立なものとして相対し、汝及び汝への関係の実在性を除いて私は私ではあり得ない。〔XVIII：143〕

二人の意識なくして一人の意識もなく、他者の意識なくして自己の意識もあり得ない。〔XVIII：276〕

本来私はただ汝に対してのみ私であることができる。私は「自我」として「非我」と考えられる物或いは対象に対して私であるというよりも、私は他の人間或いは主体即ち汝に対してはじめて私である。〔XIII：368〕

「行為」と「身体」

さて、『歴史哲学』においてと同様に、『哲学的人間学』においても、「主体」は「行為」として捉えられるが、ここでは「行為」への眼差しは「身体」への関心を浮上させる。と言うのも、「行為」という出来事は「身体」を捨象してはあり得ないからである。「身体」は「主体」＝「行為」の「可能性の条件」である。

行為がそれによって内的世界から脱け出るものは身体であり、身体性の原理を無視して行為は考えられない。［XVIII：141］

認識論から存在論への転回という文脈のなかで、このように「他者」と「身体」の問題系が浮上することそれ自体は決して不思議なことではない。確かに、三木が直接影響を受けたハイデガー自身は「他者」や「身体」を主題的に論じたとは言えないが、ハイデガー的問題設定に触発された、サルトル、メルロー＝ポンティ、レヴィナスなどの哲学においては、いずれも「他者」と「身体」の問題系は、「存在」と「時間」の問題系と並んで、極めて重要な位置を占めている。

ここでの三木の特徴は、「社会」にも「身体」を帰属させている点である。このことは、「個人」と並んで「社会」をも「主体」として位置づけるというきわめてプロブレマティークを孕む所作とも連動している。

「社会」の「身体」

ある意味で、三木の理論には「社会」を「個人」よりも、一層根源的な「主体」として位置づける側面があるとさえ言える。このことは「他者との関係」の微妙な位置づけとも関わっている。つまり、三木においては、「自己」の「可能性の条件」としての「他者との関係」がいささか性急な仕方で、「社会」そして「一般者」という概念へと置換されていく傾向が見受けられるのである。

例えば、次のような文章がある。

> 私はただ汝に対してのみ、私として限定される……我々は我々の存在の根拠であるものから社会的に限定されてくるのである。かかる存在の根拠が最も深い意味における「社会」にほかならない。その際、云うまでもなく社会は主体として考えられなければならぬ。社会は、それに於いては個人が却って客体――或いは寧ろその表現――と見られるような主体である。そこでまた社会的立場を離れて真に主体的な立場は存し得ない。［XVIII：146］

ここには「汝」としての「他者」との関係が「社会」へと横滑りしつつ、「主体」が「個人」から「社会」へと転位していく論理が明瞭に現れている。

この「個人」から「社会」への移行に際しては「身体」という契機もまた動員される。いわば、「身体」を媒介として「個人」は「社会」へと連結されるのである。

> 身体というのは固より単に個人的身体のみではない。人間存在の基底とされる自然も身体の意味を有し、社会的身体と見られ得る。我々は身体によって個体として限定されるが、同時に我々は身体を媒介として我々の存在の根底たる社会に帰入するのである。……社会も身体をもっている。あるいは社会は Körperschaft であり、しかもそれは根源的には主体的な意味に解されなければならぬ[14]。
> ［XVIII：153　強調原文］

この引用の後半部には、「社会」にも「身体」を帰属させる視点が明瞭に現れているが、別の箇所では、「歴史」の「主体」は「個人」的な「身体」ではなく、むしろ「社会」的「身体」として捉えられなければならない、ということが主張されている。

歴史的主体と考えられる根源的物質は社会的なものでなければならぬ。それは個人的身体のことでなく、社会的身体とも云うべきものである。［XVIII：237］

「我」と「汝」の「非連続」——和辻とヘーゲル主義への批判

とは言え、他方で三木は「媒介」を切断する「我」と「汝」の間の「非連続」をも強調している。そもそも「自己」の「可能性の条件」としての「他者」は、存在論的に「自己」とは「他」なる存在でなければならない。もし、そうでなければ、「他者」と現象するものも畢竟「自己」に他ならず、そのようなものは決して「自己」の「可能性の条件」としての「他」なる存在ではあり得ないからだ。

汝は単なる他者でなく、絶対に他者であって、私と汝の間は非連続でなければならぬ。……私と汝とが連続的に考えられる限り、自我の根源として他者が説かれるにしても、その他者は単に他の自我として根底になっているのは依然として自我にほかならないと言われるであろう。［XVIII：369］

また三木はパスカルを援用しつつ、「個人」の「死」を論じ、「個人」と「個人」の間の断絶、「個人」と「社会」の間の断絶を前景化してもいる。

個人が真に個人として問題になるのはなによりも死の立場に於いてである。「我々は我々に類するものの社会の内に安らうことで好い気になっている。彼らは我々と同じく悲惨で、我々と同じく無力で、我々を助けないであろう。ひとはひとり死ぬであろう on moura seul.」というパスカルの言葉は我々の心を如何に強く打つか。〔XVIII：223〕

このように、「非連続」の契機を重視する視点から三木は「間柄」という和辻哲郎を想起させる概念を批判する。と言うのも、「間柄」の概念によっては、たとえ「自己」の「存在」の「関係性」という様相を浮かび上がらせることはできたとしても、「個体」の「単独性」、あるいは「個体」相互の還元不可能な「複数性」を確保することができないからである。三木において、「汝」という「他者との関係」は「間柄」という発想を批判するために設定されている。

既に云った如く私と汝とは全く非連続的であると考えられるに反して、世間の人もしくは間柄に於ける人は連続的である。〔XVIII：378〕

間柄に於いてあると考えられる人間は他と相互的依存の関係にあり、他と連続的である。間柄は人々の間に連続的関係を打ち建てる。単に間柄に繋がれている限り我々は開いた社会に達することができぬ。〔XVIII：380〕

すなわち、「我」と「汝」の「関係」は、「自己」の「可能性の条件」としての「他者との関係」を主題化しつつ、「個体」の「単独性」と「個体」相互の還元不可能な「複数性」を肯定する。

「私と汝」という範疇の意味は、それぞれの人間が独立でありながら、しかもただ他の者に対してのみ自己であることができ、他の者との関係を離れては自己もあり得ないということを現しているところにある。〔XVIII：374〕

閉じた社会に於いては間柄に於ける若しくは役に於ける人間も「ひと」として連続的であるのに反して、開いた社会に於いては「我と汝」の範疇に於いて寧ろ人間のそれぞれの独立性、その間の非連続性が明かにされる。(15)〔XIII：380〕

また、先程見たような「個人」と「社会」の媒介の論理は、まずはヘーゲル弁証法を想起させはするが、三木は「具体的普遍」を軸としたヘーゲル弁証法を「個人」と「個人」の断絶、「個人」と「社会」の断絶を消去するものであり、「個体の独立性」と「死」という契機を隠蔽するものとして、批判する。

ヘーゲルの具体的普遍の弁証法に於いてはかくの如き個人と個人との乃至個人と社会との絶対的断絶は考えられない。そこでは個体の独立性が考えられず、従ってまた死の意味も真に理解されない。ヘーゲルの弁証法には真の死がない。〔XIII：223–224〕

実際、ヘーゲル弁証法への批判は三木のテクストに反復して出現するモティーフでもある。
一九二八年の「ヘーゲルとマルクス」、「有機体説と弁証法」ではすでに、ヘーゲルにおいては弁証法的方法が有機体論的傾向によって汚染されている点が明瞭に批判されている。[16] そしてこの有機体論的傾向は、ヘーゲル主義が「存在」の問いを垣間見ながらも、最終的には認識論的偏見に囚われた「観想」の体系として組織されたことと関連している、とされる。

ここで三木が有機体論に傾斜しているとするヘーゲル主義に対置するのは「否定」・「矛盾」・「非連続」の契機を強調する「行為」の「弁証法」である。

つまり、すでに見たように、三木においては存在論的転回は「行為」論への問いと接続されているわけだが、「行為」の視点からすれば、「弁証法」は「止揚 aufhebung」と「体系」、そして「全体」といった地点に「休らう」ことはできず、「否定」・「矛盾」・「非連続」の契機が前景化することとなる。

というのも、「現在」における「行為」を焦点化することは、「決定不可能」な「未来」という次元を招き寄せ、「止揚」された「全体」を「認識」の「対象」とすることの「不可能性」へと連なっていくからである。

弁証法にとっての鍵概念である「全体」は、ヘーゲル主義に対置されるマルクスの弁証法においては、つねに「課題」として想定されるにとどまり、決してそこに到達することはない地平として位置づけられる。ヘーゲルにおいては、歴史は「完了」したものとして、「絶対知」という「終わり」の地点から「全体」として構成されることとなるが、「唯物弁証法」においては歴史は「完了」しておらず、それ故「全体」は「行為」する「主体」へと現前することは不可能なままとどまることになる。

そして三木において、この「全体」の「現前不可能性」はマルクスの弁証法の開放性を保証するものとして捉えられている。

現実の経験の上に立脚している限り、マルクス主義弁証法は永遠の未来にわたって完結しているところの全体系を与えられたものとしてもつことができぬ。またその必要もないのである。……かくてヘーゲルの弁証法が「閉じられた」体系であるのに反して、マルクスの弁証法は「開かれた」体系を成す。［III：333］

さらに『歴史哲学』においても、「事実」と結びついた「行為」の視点からヘーゲルの「具体的普遍」と「全体」の概念が批判されている。

ここでもやはり「具体的普遍」とヘーゲル的「全体」は有機体論と密接な関係にあり、「事実」としての「行為」に由来する「超越」と「非連続」の契機を周縁化する「内在」論を前提としているとされる。それに対し、三木はマルクスとキルケゴールの名の下に、「矛盾」と「否定」の弁証法の論理を練り上げようとする。(17)(18)

有機体論と「具体的普遍」の結合としてのヘーゲル主義批判のモティーフはすでに述べたように、『哲学的人間学』においても反復される。ここでも有機体論に対置されるのは弁証法である。

有機体説は……その論理の必然的帰結として個人の自由と独立性とを認めることができない。個人は一方どこまでも社会から規定されながら、他方どこまでも社会に対して独立なものである。かくの如き矛盾を弁証法的に把握せしめる論理がわれわれにとって問題でなければならぬ。［XVIII：362］

個人と社会との間に於ける若しくは個人と個人の間に於ける絶対的な否定、非連続の関係は弁証法によってのみ正しく把握されることが可能である。［XVIII：364］

否定弁証法と西田哲学の間で

このように、確かに三木のテクストにはヘーゲル主義的媒介を切断しようとする志向性、いわば「否定弁証法」的な志向性を持続的に観察することができる。

そしてこの「否定弁証法」への志向性は存在論的転回という文脈において、「他者との関係」の視点から「主体」を捉え直しつつ、「個体」の還元不可能な「単独性」と「複数性」を主題化しようとする試みとも連関していた。

しかし、他方、すでに見たように、三木には、「個体」相互の「単独性」と「複数性」を「一般者」へと媒介する志向性もまた明瞭に存在する。ここでは、三木の展開する「弁証法」の論理においてもまた「否定」の契機は後退し、弁証法は「一般者」へと接続されることになる。

いわば、三木清というテクストの場では相異なる二つの志向性が互いに抗争し続けている、と言うこともできる。

そして、三木における後者の、つまり「媒介」への志向性は、非常にしばしば、西田哲学の概念によって表現される。『歴史哲学』においては、この志向性は未だ微弱な状態にとどまっているが、『哲学的人間学』において、一挙に展開されることになる。

ここでは、「我」と「汝」は、一方で存在論的に「非連続」の関係にある、「全き他者」として位置づけられながらも、他方で両者の「対話」の「可能性の条件」が語られる過程において「媒介」が次第にせり上がってもくる。

三木は「我」と「汝」を媒介するものとして、「無」の「弁証法的一般者」としての「世界」という概念を提示する。「社会」もまたこの「世界」の自己限定として規定されることとなり、「世界」が「無」の「弁証法的一般者」であるが故に、「個人」が「個人」としての「独立性」を保ちつつ、「社会」に媒介されることが可能になるとされる[19]。

無は歴史的に移り変わっていく種々なる世界と同時存在的に自己のうちに包むものとしての世界である。種々なる歴史的世界はかかる世界の円環的乃至空間的自己限定として考えられる。併し無は種々なる歴史的世界を自己のうちに包むのみでなく、却ってまたそれらを自己のうちに喰い尽くし無限の過去をかき集めて現在の一点を躍動しつつ突破する。……かようにして世界は自己を円環的にと共に直線的に限定する弁証法的世界である。かかる弁証法的世界の自己限定として歴史的世界が考えられ、かかる歴史的世界に属するものとして人間が考えられる。〔XVIII：293–294〕

個人が社会のうちに限定され、かく限定されつつも独立のものであるということは、この社会が根本に於いて無の弁証法的一般者の意味を有する故である。普通に云う社会も「世界」の自己限定として無の弁証法的一般者の原子構造を含んでいる。個人は直線的にと同時に円環的に限定される。その直線的限定方向に於いて個人はどこまでも個人的であると共に、その円環的限定の方向に於いて個人はどこまでも社会的である。〔XIII：329–330〕

「無」としての「世界」の自己限定という西田哲学的概念は、「個人」と「社会」、「主体」と「客体」、あるいは「主観」と「客観」、「ロゴス」と「パトス」といった一連の二項対立を、ある意味無造作に「媒介」することを三木に可能にしてしまう[20]。

確かに、ヘーゲル弁証法においては、「無」を基底に据えるということはないにしても、この「媒介」の論理が西田哲学的に反復されたヘーゲル主義を想起させることもまた否定できない。この文脈では、かつてヘーゲル弁証法の軸となる「具体的普遍」の論理として批判された筈の「表現」の概念が頻繁に動員されることになる。

> 表現的なものはそれ自身に於いて主観的・客観的なものである。……然るにもし表現の真理にしてかくの如きものであるとすれば、真理の概念に欠くべからざる超越的なものは何処にあり、そして如何にこのものに関係されているのであろうか。ところでこの超越的なものがまさに無と呼ばれるものにほかならない。無は主観的・客観的なものを超越してこれを包むものである。[XVIII：339]

> 人間はこの世界から弁証法的に、言い換えれば、主体的・客体的に、ロゴス的パトス的に限定されて生まれるのである。……普通に言う社会はそれ自身が表現的なものとして主体的・客体的なものであり、かかるものとして無の意味における世界の自己限定としてのそれの表現である。[XIII：350–351]

このような「無」としての「弁証法的一般者」の自己限定としての「社会」というコンテクストにお

いて、三木はついに「精神 Geist」という典型的にヘーゲル主義的な概念を引用するに至る。すなわち、ここでは「自我」の「主観性」を超えた「根拠」と「自覚」へと到達することが「精神 Geist」の名において語られる。[22]

> 自我の主観性の底においてパトスを否定することによって我々はかくの如き根拠に達し、かくして我々は自覚的となり「精神 Geist」となるのである。[XVIII：295]

ここで見られるような、前提としてヘーゲル主義との決別を提示しながらも、次第に反復されたヘーゲル主義へと回帰していく、という傾向は[23]――本章では詳細に分析することはできないが――晩年の『構想力の論理』[24]においても明瞭に現れている。

とは言え、すでにここまでの議論の過程において示したように、三木のテクストには、「存在論」への転回という文脈のなかで、「他者との関係」の視点から「主体」を問い直しつつ、「個体」の還元不可能な「単独性」と「複数性」の様相を理論化しようとする志向性もまた観察することができる。この志向性は、同時に「否定弁証法」的な方向とも接続するかたちで浮上するものでもあった。

そしてまた、「否定弁証法」への志向性と還元不可能な「単独性」と「複数性」への眼差しをどのように接続し得るか、というプロブレマティークは、決して完結したものではなく、むしろ現在のわれわれに向かって差し向けられた問いであり続けている。

ここで試みられたことは、この問いに応答するかたちで三木清のテクストを再読すること、これである。

第三章　留保なき否定性
――二つの京都学派批判――

はじめに

一九五九年の「近代の超克」で竹内好がいささか挑発的な身振りとともに「世界史の哲学」を唱えた京都学派の再検討を提唱したことはよく知られているが、一九四八年の「中国の近代と日本の近代――魯迅を手がかりとして」においても西田哲学及び京都学派の刻印は明瞭に現れている。(1)

さらに『魯迅』をはじめとする、いわゆる「一五年戦争」下に書かれた一連の文章をも考慮に入れると竹内にとって西田哲学及び京都学派との関わりは一時的なものではなく、かなりの程度持続的且つ本質的なものであったと考えられる。(2)

とは言え、現代中国文学研究者であった竹内は当然のことながら日本の中国への侵略を合理化する「世界史の哲学」をそのまま受け入れたのではない。竹内の「京都学派」の受容はあるかたちでの「脱構築」を――それは時として危うさを含むものであったが(3)――伴いつつ遂行された。その様をまず先に挙げた「中国の近代と日本の近代」について見てみよう。

一　竹内好と京都学派

この論考の論理を支えている前提は「自己」とはそれ自身独立した実体ではなく「他者」を媒介にして成立するという思考である。竹内はこのことを「個人の意識」を例にとって説明する。

これは個人の意識に問題を移してみるとよくわかるので、意識が発生するのは抵抗においてである。Aが存在するということは、Aが非Aを排除するということである。〔IV：143〕

そしてこの前提を歴史哲学的に応用した時に、「ヨーロッパ」と「東洋」という二つの概念が（1）非対称性を伴いつつ、（2）相互依存的に成立しているという枠組みが出現する。

竹内によれば「ヨーロッパと東洋は対立概念である」〔IV：136〕が、この二つの概念は相互に独立したものではなく、互いに互いを鏡とすることによって成立している。

ヨーロッパの前進＝東洋の後退の前進においてしかヨーロッパはヨーロッパでない。〔IV：136〕

ヨーロッパは東洋の抵抗においてでなければヨーロッパは自己を実現しえない。〔IV：143〕

東洋が可能になるのはヨーロッパにおいてである。〔IV：137〕

ただしこの鏡による自己の像の反射の交換は決して対等のものではなく、決定的な非対称性のもとに行われる。「前進」することによって「自己」を把握するのは「ヨーロッパ」であり、「後退」するのは「東洋」である。それ故「ヨーロッパ」は「抵抗」しない。「抵抗」するのは「東洋」である。鏡の反射のルールのヘゲモニーはつねに「ヨーロッパ」にある。竹内はこの事態を次のように表現する。

> 東洋の近代はヨーロッパの強制の結果である。［IV：129］
>
> 東洋には、本来にはヨーロッパを理解する能力がないばかりでなく、東洋を理解する能力もない。東洋を理解し、東洋を実現したのは、ヨーロッパにおいてあるヨーロッパ的なものであった。――もしヨーロッパを理性という概念で代表させれば、理性がヨーロッパのものであるばかりでなく、反理性（自然）もヨーロッパのものである。［IV：137］
>
> あらゆるものは、近代のワクのなかにあるかぎり、ヨーロッパの目を逃れることはできぬ。［IV：133］

高山岩男の「世界史の哲学」

このように「ヨーロッパ」と「東洋」の関係を捉える視点は、すでに戦時中から竹内がしばしば言及している京都学派の「世界史の哲学」とある水準において共通している。

例えば「ヨーロッパ」が非ヨーロッパを媒介にして自己を成立させていくという論点に関しては高山岩男の『世界史の哲学』所収の「歴史的世界の構造」において触れられている。ここで高山は十字軍の事例に即しつつ、「ヨーロッパが非ヨーロッパ或いはヨーロッパ外に対して」接触することでその「統一性と特殊性」を自覚する過程について論じている。

また同じく『世界史の哲学』の冒頭に収められた「世界史の理念」では「東洋」という概念が「ヨーロッパ」によって「非ヨーロッパ」全域に押しつけられたものであるという指摘がなされている。「東洋」という言葉は通常日本・中国からインドを経て中央アジア、西アジア、エジプトまでも含む地域を指すとされるが、高山によればこれらの地域が一つの「歴史的世界」を構成したことはなく、単に「ヨーロッパ」に準拠しつつそこから排除される要素に与えられた名にすぎない。「ヨーロッパが世界であるという意味で、東洋は世界ということさえできない」[I：14]。(4)

さらに「世界史の系譜と現代世界史」や「世界史の理念」では「世界史」の構成における「ヨーロッパ」と「非ヨーロッパ」の位置づけの非対称性が論じられている。

高山は「歴史の正しい認識は唯一つであり、他はこれに接近することによって正しさを増すというような静的な考え方」[I：397]を否定し、「史的認識は決して一切の事物を模写的に認識するものではない」[I：397]ことを主張する。「歴史的事実」とは無限の過去の「事実」の集積から常にすでに「現在」の視点によって選択されたものである。

その意味で「歴史」は常に「現代史」の刻印を帯びている。そして高山によればこれまでの「世界史」は常にすでに近代「ヨーロッパ」の視点によって構成されて来たのである。

従来「世界史」が近代「ヨーロッパ」の視点から構成されて来たのは（1）近代「ヨーロッパ」の資

本主義経済システムが全世界に拡大することではじめて「世界史」が成立し、(2)その際のヘゲモニーが「ヨーロッパ」に握られていたことに由来する。

しかし近代「ヨーロッパ」が「ヨーロッパ」外の地域に対してヘゲモニーを確立する過程は同時に「ヨーロッパ」外の地域に対する依存性を高める過程でもあったと高山は言う。

ヨーロッパはヨーロッパ外世界に膨張し、これを征服し支配しようとした。しかしこれは同時にヨーロッパのヨーロッパ外世界への依存性をもたらすに至った。この依存性を成立せしめたものは主に近代ヨーロッパの資本主義経済であった。[I：447-448]

この「一面では支配しながらも他面では依存せざるを得ないという傾向」を背景に「ヨーロッパ」外の地域の「抵抗」[5]が発生する。高山によればこの「抵抗」に基づいた従来の「ヨーロッパ中心の近代的世界秩序を打破しようとする運動」[I：448]の中心が日本である。そしてヨーロッパ主導の世界秩序に代わり、「新たな世界秩序の理念」が出現した時に「世界史の転換」も起こるとされる。つまり新たな「世界史」は「新世界秩序」の「理念」の主体である現在の日本の視点から再構成されるのである。[6]

しかしそれにしても何故日本が「新世界秩序」の中心に据えられるのか？　高山はその根拠を「ヨーロッパ外」の地域の「ヨーロッパ」に対する「抵抗」の歴史に求める。彼によれば「ヨーロッパ」の世界支配の傾向に対して「固有の文化と強い国家的精神を有する民族や地域」[I：424]は絶えず「抵抗」の姿勢を示してきた。その際アジア、とりわけ「東亜」は頑強に植民地化への「抵抗」をなしてきたとされる。この場合の「東亜」とは具体的には中国と日本を指す。そして最終的に中国は「国家統一の困難」と「中華思想」に災いされて近代「ヨーロッパ」の摂取に失敗したとされ、有効な「抵抗」の主体からは篩い落とされる。

それに対し日本は「強い精神的自主性」[I：427 強調原文]を保ちつつ近代「ヨーロッパ」の「近代国家」と「技術科学」を吸収した。これを高山は「ヨーロッパの世界支配に対する日本の自主的否定の活動」[I：429 強調原文]と呼ぶ。

すなわち日本はひとたび「ヨーロッパ」という他者によって「否定」されるという過程を経つつ、「ヨーロッパ」を自己の内に「とりこむ s'approprier」ことで「ヨーロッパ」に対する「抵抗」の「主体」として立ち上がるのである。「強い精神的自主性」とはこの「否定」をくぐり抜ける「主体」の「雄々しさ」に他ならない。

「否定」をくぐり抜ける「主体」となり得たか否かを巡る中国と日本の差異は日清戦争によって開示されたと高山は言う。そして続く日露戦争において「ヨーロッパに内在化せられようとするアジアの超越性」[I：432]を誇示することによって、日本は「世界のヨーロッパ化を不可能ならしめ」[I：432]、これ以降アジアにおける「指導的地位」を確立したとされるのである。(7)

「世界史の哲学」の内破

竹内の「中国の近代と日本の近代」はこうした高山の論旨と途中まで平行線を描きつつ、ある地点で転倒を遂行している。すなわち竹内によって「ヨーロッパ」に対する「抵抗」の主体として措定されるのは日本ではなく、魯迅のテクストに読み込まれる中国である。

高山が「精神的自主性」の現れと見做したところの近代日本の「ヨーロッパ」の摂取は竹内にとって

はむしろ「主体性の欠如」を示すものである。確かに中国は「ヨーロッパ」の圧力に「敗北」し、日本は「ヨーロッパ」の「我有化 appropriation」に成功したように見える。しかし日本の「成功」は近代「ヨーロッパ」がつくりだしたルールを前提としたものでしかない。それは言い換えると近代化に「成功」した国家が近代化していない地域を支配するというルールを受容した上で「成功」しているにすぎないということである。この事態を竹内は「主人」と「奴隷」の比喩を用いながら表現する。

ドレイは、自分がドレイであるという意識を拒むものだ。かれは自分がドレイでないと思うときに真のドレイである。ドレイは、かれみずからがドレイの主人になったときに十全のドレイ性を発揮する。なぜなら、そのときかれは主観的にはドレイでないから。［IV：158］

竹内の視点からすれば日本の「成功」とは近代ヨーロッパの帝国主義がつくりだした「主人」と「奴隷」というルールの枠内で「奴隷」から「主人」へと成り上がることである。近代日本はそのルールを前提とすれば確かに「勤勉」であり、「進歩」し、「失敗」を知らなかったように見える。その意味で近代日本の文化は「優等生文化」であるが、近代日本は「優等生」であることによって自らが依然そうしたルールの「奴隷」であることを忘れて来た。

日本イデオロギーには失敗がない。それは永遠に失敗することで、永久に成功している。無限のくりかえしである。そしてそれが、進歩のように観念されている。――ただ、その進歩がドレイの進歩であり、勤勉がドレイの勤勉であるだけだ。(8)［IV：147］

「抵抗」は「奴隷」の「進歩」や「成功」を拒絶したところにしか発生しない。ということは「抵抗」は既成のルールの基準から見た場合、「敗北」として出現するということだ。

> 抵抗のないところに敗北はおこらず、抵抗はあってもその持続しないところに、敗北感は自覚されない。［IV：134］

しかも「敗北」からの出口はない。「奴隷」は「主人」と「奴隷」のルールを自らの意識の内部で拒否したとしても、すでにそのルールに具体的に取り巻かれている以上「奴隷」の境遇からは解放されない。近代「ヨーロッパ」の帝国主義を意識の水準で否定しても、現に「ヨーロッパ」に侵略されている地域が独立できる訳ではない。そこに残るのは己が「奴隷」であることを拒否しながら、今、現に「奴隷」であるという自覚である。

> いいかえれば「行く道がない」のが夢からさめた状態なので、道があるのは夢がまだつづいている証拠である。ドレイが、ドレイであることを拒否し、同時に解放の幻想を拒否すること、自分がドレイであるという自覚を抱いてドレイであること、それが「人生でいちばん苦痛な」夢からさめた時の状態である。行く道がないが、行かねばならぬ、むしろ行く道がないからこそ行かねばならぬという状態である。［IV：156］

この「出口なし Huis clos」が竹内における「絶望」の意味である。しかし彼は「絶望」にも安住し得ない。「絶望の虚妄なることは正に希望と相同じい」。ここにおいて「絶望」は「抵抗」として己を開示する。

絶望は、道のない道を行く抵抗においてあらわれ、抵抗は絶望の行動化としてあらわれる。それは状態としてみれば絶望であり、運動としてみれば抵抗である。そこにはヒューマニズムのはいりこむ余地はない。〔IV：156–157〕

そして竹内によれば、このような「敗北」及び「絶望」と結びついた「抵抗」を見出し得たのは魯迅であり、魯迅に象徴される中国であったのである。(9)

この論理が京都学派の「世界史の哲学」の内破をもくろんだものであることは明らかであろうが、竹内のテクストにはすでに戦中に同様の様相を呈しているものがある。次にそのことを見てみよう。

『魯迅』と西田哲学の脱構築

一九四四年に出版された『魯迅』は竹内自身が後に自注で認めているように、西田哲学及び京都学派の概念装置が相当使用されている。しかも記述の核心的な部分でそのことは認められる。

竹内はこのテクストにおいて魯迅という現象を「文学」と「啓蒙」、或いは「文学」と「政治」の二律背反として捉えようとするが、現れとしての「啓蒙」或いは「政治」を可能にする「場所」としての「文学」は「無」であると言う。

影そのものは存在しないのだが、光がそこから生まれ、そこに消え入り、そのことによって存在を暗示させる一点の暗黒がある。〔I：47〕

魯迅の文学の根源は無と称せらるべき何者かである。〔I：61〕

言葉が実在するだけでなく、言葉のない空間もまた実在すると信じることである。言葉を可能にするものは、同時に言葉の非存在も可能にする。有が実在ならば無もまた実在である。無は有を可能にするが、有において無自身も可能にする。それはいわば原初の混沌である。「永遠の革命者」を影にもった現在の行動者の生まれる根源である。そして、文学者魯迅が啓蒙者魯迅を無限に生み出す窮極の場所である。〔I：152〕

こうした記述に端的に現れているようにこのテクストに西田或いは京都学派の概念装置の反映を読み取ることは容易い。しかしここでもまたある「ずらし déplacement」が敢行されていることに注意を払う必要がある。

『魯迅』における「ずらし déplacement」は「媒介 Vermittlung」と「二律背反 Antinomie」の差異によって引き起こされている。

京都学派における「媒介 Vermittlung」と竹内における「二律背反 Antinomie」

よく知られているように「媒介」は京都学派と「世界史の哲学」にとってのキー概念である。(10) 竹内の「二律背反」は「媒介」の脱構築として在る。(11)「啓蒙」と「文学」、或いは「政治」と「文学」は相互に他と関係してはじめて成立するという意味で確かに互いに独立した実体ではない。各々は各々がそれ自体として自足することの不可能性から出現する。しかし両者を「媒介」し「止揚 Aufhebung」することもまた不可能である。この点をもう少し詳しく見てみよう。

「世界史の哲学」は「自己」と「他者」、「個」と「全体」、「差異」と「同」、「一」と「多」、「主体」と「客体」、「普遍」と「特殊」といったさまざまな水準で「媒介」を語るが、さしあたりここで注目したいのは「文化」と「国家」、或いは「文化」と「政治」の媒介とそこでの「道義的生命力」すなわち「モラリッシュ・エネルギー」の機能である。

高坂正顕は一九三七年の『歴史的世界——現象学的試論』において「特殊的普遍」としての国家を「歴史的主体」として位置づけつつ、「国家」と「文化」の媒介を主張する。高坂によれば歴史的世界は「国家及び文化の二中心を有する楕円」[I：242] に譬えられる。しかし「文化と国家が単に二点として無媒介である限り、それは未だ歴史的中心と云うを得ない」[I：304]。国家が歴史の主体として立ち上げられるには文化の媒介を必要とする。もし文化の媒介がなければ国家は歴史に対して破壊的になるであろうと高坂は言う。また文化も歴史において有意義な役割を果たすためには国家に媒介されなければならない。というのも「国家に媒介されざる文化が、頽廃的となること」は「不可避である」からである [I：311]。

国家と文化の相互媒介の基礎となり、両者に「内的統一」をもたらすのが「モラリッシュ・エネルギー Moralische Energie」である。この「モラリッシュ・エネルギー」とはランケから援用された概念であるが、「世界史」の趨勢を決める原動力でもあり且つ倫理の基体でもあるとされることで事実上ヘーゲルの「精神 Geist」に近いものになっている。そしてヘーゲルにおいて「精神」が「否定」と「媒介」を経つつ「歴史」をいわば倫理的に基礎づけたのと同様に、高坂においても「モラリッシュ・エネルギー」は「歴史」を正当化する。のみならず「戦争」をも正当化する。ただし「モラリッシュ・エネルギー」が正当化するのは「戦争」の勝者である。「実際しかし君は重大な戦争で、真の道徳的精力（モラリッシュ・エネルギーの訳：引用者）が勝利を占めていることが指摘され得ないような戦争を、挙げることが出来ないであろう」[12]［I：260］。

高山岩男もまた「歴史主義の問題と世界史」や「歴史的世界の構造」において「モラリッシュ・エネルギー」に基礎づけられた「文化」と「政治」、「文化」と「国家」の相互媒介について語っている。前者において高山は「政治」・「文化」・「道義」の関係を次のように述べる。

> 時代の課題を一挙に解決する力は政治力であった。併し、この政治力は単なる破壊力ではなく、新たな文化理念を内に孕み、みずからこの理念に嚮導せられる建設的な力である。——このような力は直接には道義的な生命力、新鮮な健康な道義的精力、ランケのいわゆる Moralische Energie の如きものとして出現するものであった。この道徳的な力に於いて、文化の理念と政治力が結びつくのである。この意味で、歴史的の創造的建設には新鮮な道義的生命力が存している。歴史の創造的建設は直接には政治として行われ、内実的には新たな文化理念の建設に外ならないが、それは常に新鮮な道義的精力を以て遂行せられるのである。と共に、それは天地初発の創造に参じ、永遠絶対を現在に現成するものとして、広く宗教的な意義をも有している。［I：501-502］

後者の「歴史的世界の構造」でも「政治」における「権力」と「倫理」の媒介、その上での「政治」と「文化」の媒介が「道義的精力ともいふべき倫理的な生命力」［I：390］と関連づけられている。[13][14]

「血で書かれた事実」と「墨で書かれた虚言」

「政治」と「倫理」、「政治」と「文学」をめぐる竹内の立場は魯迅その人から引用された次の一節に凝縮されている。

墨で書かれた虚言は断じて血で書かれた事実を蔽いきれぬ。［I：9］

竹内にとって「政治」とはまず何よりも「血で書かれた事実」である。少なくとも「政治」は本質的に「血で書かれた事実」をその内に含む。魯迅が生きた中国革命とその挫折の歴史は「三一八」事件をはじめとする無数の「血で書かれた事実」によって綴られている。また現実に進行しつつある日本による中国侵略もまた無数の「血で書かれた事実」を生み出しつつある。

この「事実」に対し「文化」や「文学」は無力である。「倫理」という「言葉」や「倫理学」という「理論」もまた所詮「墨で書かれた虚言」でしかない。「言葉」は「血」という世界の出来事の前に立ちすくむ。デリダはそのバタイユ論のなかで「あまりに徹底的なために、もはや否定性と規定することも不可能となるような否定性」について語っているが、「言葉」はそうした「否定性」を前にしてその「媒介」の権能を失う。

竹内は「政治」の「否定性」に対する「言葉」=「文学」の媒介の権能を認めないが、「政治」の「建設」=「肯定性」に対しても「言葉」=「文学」の権能を認めない。というのも、「政治」の「否定性」を償い得ない「言葉」=「文学」が「肯定性」に寄与し得るはずもないからである。

「革命」や「救国」に対して文学は無力である。何故か。軍閥に対して無力な文学が、革命に対して有力なはずがないからである。敵を殺しえない文学が味方を救い得るはずはないからである。今日文学が「革命」に有力なら、それは「三一八」のとき段祺瑞に対して有力でなければならなかった。敵を殺さずに味方を助け得るというのは欺瞞である。[I:141]

竹内によれば魯迅にとって「文学」とは何ら「政治」や「社会」に対して有効に機能するものではなかった。魯迅は一面で「啓蒙者」であるが、魯迅の「文学」はどのような意味でも「啓蒙」には役立たない。逆に「啓蒙」に有効な「文学」は「文学」ではない。

「文学の直接の感化作用を重視しない」だけでなく、間接の教化作用も重視しなかったと私は思う。重視しないばかりでなく、そのようなことは彼の文学にとって、最初から問題にならなかったのではないかと思う。[I:72]

政治に対して有力なものは文学ではない。[I:143]

竹内は「啓蒙」と「文学」、「政治」と「文学」の媒介を切断する。しかしそれは「文学」が「啓蒙」や「政治」と独立して存在するということではない。「政治」に対して無力だということは「政治」と無関係だということではない。なぜなら「関係のないところでは、有力も無力も生じるはずがないからである」[I：143]。「文学」は「政治」における「否定性」を「言葉」によって媒介することの不可能性とともに出現する。「文学」は「文学」による媒介を批判すること、すなわち「文学」の批判として到来する出来事である。(15)

政治から遊離したものは、文学でない。政治において自己の影を見、その影を破却することによって、云いかえれば無力を自覚することによって、文学は文学となるのである。[I：143]

そして竹内において「文学」は「否定性」の隠蔽に「抵抗」することによってのみ「政治」に「抵抗」する。

無力な文学は、無力であることによって政治を批判せねばならぬ。つまり政治が文学に対して無力であることを云わねばならぬ。「無用の用」が「有用」に変ぜねばならぬ。つまり政治が文学に対して無力であることを云わねばならぬ。——殺人者は批判者を殺すが、批判者は殺されることによって殺人者を批判する、という関係である。政治は政治的には有力であるが、文学的には無力であり、無力である文学は、無力であることによって文学としては絶対である。[I：148-150]

このような竹内の姿勢は「文化」と「国家」、或いは「文化」と「政治」を「道義的生命力 Moralische Energie」によって媒介する「世界史の哲学」からすでに遠く離れたものとして在る。

われわれはここまで竹内好の一連の論考を京都学派と「世界史の哲学」に対する批判として読むという作業を行って来た。次にこの時期同じく「中国文学研究会」のメンバーであり、戦後もしばしば竹内と並び称されることになった武田泰淳もまた同様の試みに——しかもより徹底的に——従事していたことを竹内の『魯迅』とともに「東洋思想叢書」の一篇として書かれた『司馬遷——史記の世界』に即しつつ見てみよう。

二　武田泰淳と「世界史」の哲学

武田泰淳は一九四三年に出版された『司馬遷』の後記で京都学派の「世界史の哲学」に言及しながら、彼らの取り上げた「ランケの世界史学と、司馬還の史学と、どちらが世界的か、この際一考を要するのではないか」［XI：115］と述べている。また戦後になってこの書物に触れる際にも再三「世界史の哲学」を引き合いに出している。[16] 例えば一九六九年の「司馬遷『史記』」では「世界史としての『史記』」という枠組みで議論を開始しながら次のように述べている。

当時、ランケの世界史学というものが京都派の学者たちによって盛んに持ち上げられていましたが、私自身としてはこの司馬遷の『史記』の方がはるかに世界史的であると感じられたのであります。

［XVI：297］

実際我々は泰淳自身の証言に頼るまでもなく、この『司馬遷』というテクストが「世界史の哲学」の批判として機能している様に容易に立ち会うことができる。

すでに見たように京都学派の歴史哲学においては「世界史」は「道義」による「政治」と「文化」の媒介として展開されていた。泰淳＝司馬遷にとっての「世界史」は「道義」の不在として現象する。泰淳は『史記』というテクストに「天道是か非か」――「天道非なり」という司馬遷の問いと応答を読み取る。「天道非なり」すなわち「道義」の不在という事態への問いは『史記』において「否定性」の系列を形成する。

泰淳が「否定性」の系列の第一に挙げるのは孔子である。孔子は王でもなく諸侯でもない。制度的には単に魯の家臣であったことがあるにすぎない。それ故、「国」を単位とした歴史の観点からは「魯周公世家」に所属させられるだけで十分な存在である。しかし司馬遷は「孔子世家」を特に設けた。泰淳によればそれは『史記』が「世界史」だからである。

「史記」は世界史なので、どうしても、司馬遷は、「孔子世家」をつくらねばならなかった。［XI：117］

媒介されない「否定性」が露呈した時、歴史は「世界史」になる。「史記」において孔子は「本紀」や「世家」の正統性の否定として出現する。

これは「孔子世家」そのものが、「呉太伯世家第一」から「田敬仲完世家第十六」に至る、世家の意義を否定していることを示す。これまでの十六世家も、それぞれ最後は滅亡に達することにより、自己を否定して来たのであるが、「孔子世家」は、はじめから他の世家を否定することにより、自己の地位を主張していると言える。［XI：58］

孔子は「本紀」や「世家」を含めた「世界」全体に対して「絶対否定の語」［XI：59］を投げつける。

今まで十六世家が形づくっていた世界は、ここまで来て、この異様な一世家の出現に出遭い、一挙にして、全体的に、批判され、否定されてしまったのである。［XI：59］

「喪家の狗」――「否定性」と「故郷喪失 Heimatlos」

この「否定」の帰結は「喪家の狗」である。「喪家の狗」とは「宿無し犬」ということである。「世界」を批判した孔子は「家」と「国」を失った。媒介されない「否定性」は「故郷 Heimat」を失う。泰淳は「伯夷列伝」及び「屈原列伝」を「孔子世家」と同じく「否定性」の系列のものと見做す。この系列は司馬遷自身へと繋がる『史記』の中枢神経とされる。泰淳は『史記』の原本において「伯夷列伝」が「列伝第一」に位置していたかは現在では不明だが、司馬遷の全列伝の意図はこの「伯夷列伝」に凝縮されていると断じる。すなわちここでも「絶対否定」を「第一頁」において示すことが意図されている。

「屈原列伝」では「否定性」が「書くこと」へと連なっている。泰淳によれば司馬遷が屈原を特に取り上げたのは、彼が「憂愁幽思して離騒を作った」［XI：94］からである。「離騒」は「道義」の不在に直面した屈原の「天への呼びかけ」である。泰淳はこの「離騒」を「文学」であり、且つ「歴史」であると言う。

文学と歴史のけじめがなく、芸術と現実のわけへだてがない、この「史記」の世界を、よろしと、考えたいのである。［XI：95］

「否定性」と「書くこと」

「否定性」と「書くこと」の遭遇は『司馬遷』という書物全体を貫いている。泰淳＝司馬遷にとって「書くこと」とは時代を批判することである。『史記』は「現代の批判」である。泰淳は「記録を書くこと」は「おそろしい」と言う。「書くこと」が「おそろしい」のは「批判」が「おそろしい」行為であるからである。司馬遷の生きた時代の漢は世界の中心であった。漢の統治者である武帝は世界の中心の中心である。「漢代文化」を批判し、武帝を批判した司馬遷は世界の中心の中心によって「去勢」された(17)。

しかも司馬遷は武帝と漢代文化を批判するために「天」に依拠することもできない。というのも、すでに司馬遷は「天道」が「非」であると見定めてしまったから。彼が書くのは「天すら棄てたもの、天のあらわさなかったもの」［XI：78］である。司馬遷は書くことによって「自ら、読者のために『天道』をつくる」［XI：78］のである。このように「書くこと」を考える時、次のような一節もごく自然なものになる。

歴史家はただ、記録するのみである。ただ記録すること、それのみによって他のことは為さぬ。しかし彼は、記録によって、あらゆる事を為すのである。［XI：18］

そして司馬遷にとって「書くこと」は「文化」の批判を伴う。泰淳によれば司馬遷の「文化」批判は公孫弘を扱った部分に鮮烈に現れている。「文化人」公孫弘は武帝と関係づけられて登場する。武帝を離れて公孫弘は意味をなさない。公孫弘とは「政治」に媒介された「文化」の象徴である。「世界の中心」である武帝に「公明正大」と認められ、宰相にまで取り立てられた公孫弘は武帝の徳を讃えるために「文化宣言」を公布する。「文化」は「政治」の「道義」を飾りたてるために組織化される。

今ぞ文化新体制はしかれたのである。文化人の能力を、充分発揮すべき、組織は完成したのである。すべての文化人よ、集まれ、すべての文化人よ、努めよ。［XI：92］

この記述が「文学報国会」や「大東亜文学会」といった文字通りの「文化人の組織化」が進行していた当時の風潮への批判であることは明白である。しかしそれと同時に「文化」と「国家」、或いは「文化」と「政治」との相互媒介を説いた「世界史の哲学」への批判として機能していることも見逃せない。

しかし『司馬遷』において「書くこと」と「否定性」の遭遇は「文化」批判という水準のみにおいて「世界史の哲学」に応答していたのではない。それは「歴史」の構成という出来事そのものが孕むプロプレマティークに関わっている。

泰淳による京都学派批判

高山岩男が「世界史の系譜と現代世界史」や「世界史の理念」において「歴史」とは単なる無限の「事実」の集積ではなく、常に「現代の視点」から媒介されて立ち現れてくる出来事であるという理論を展開していることはすでに述べたが、同じく『世界史の哲学』に収められている「歴史主義の問題と世界史」ではその論点がより敷衍されて扱われている。

高山はこの論文で「歴史」とは「混沌とした事実集積」から「現在」の地点から常にすでにある選択を経て構成されるという先述の論点を確認しつつ、この選択は無原則に為されるのではなく、「歴史」を貫くある「一定の趨勢や傾向」に基づかなくてはならないと主張する。史学はこの「一定の趨勢や傾向」を把握し、それに沿って「事実」を選択配列することをその任務とする。

無限の「事実」はこの趨勢に即したものかそうでないかによって「中心的なもの」と「周辺的なもの」に篩い分けられ、序列化される。高山によればこの序列化は「歴史」それ自体に内在する「自己選択の働き」［I：491］によって行われる。そして「周辺的なもの」と見做された「事実」は「歴史の大きな力」によって「歴史の中から消し去」られ、「抹殺」されていくとされるのである［I：491］。「歴史」の趨勢を決定し「周辺的な事実」を「抹殺」する「歴史」に内在する「力」として要請されるのが、再び「道義的エネルギー Moralische Energie」である。「道義的エネルギー」は現代において「歴史の趨勢をなすいわゆる指導理念を歴史自体のなかから結晶してくる」［I：494］のである。

また高坂正顕も『歴史的世界』でカント研究者として「歴史の可能性の条件」を問いつつ、歴史の資料となる素材における「歴史的中心」と「歴史的周辺」の関係を問題にする。「歴史的中心」とは「国家」をその典型とする、いわゆる「記念碑」的な事件にまつわる資料であり、「歴史的周辺」とは「噂話・逸話・伝承」などから導かれる「日常」的な次元に関する資料である。高坂は「中心」と「周辺」の関係は「表現」及び「代表」の観念において捉えられると主張する。すなわち「中心」と「周辺」は各々が各々を「表現」し、「代表」している。次の一節はこの枠組みを典型的に「表現」している。(18)

代表Representationの観念が歴史的社会的世界に於いて重要なる意味を有するのは、周辺・中心構造に基づくのでなければならない。[I:110]

そして「歴史的世界」において「中心」と「周辺」の「代表」・「表現」関係を作動させるのは高坂においてもまた「文化」と「国家」、「文化」と「政治」を媒介する「道義的エネルギー」である。

「道義」の不在と「書くこと」の倫理

こうして見てみると、泰淳における「書くこと」と「否定性」の遭遇としての「歴史」はほとんど「世界史の哲学」のネガとしてわれわれに映って来る。「世界史の哲学」において「歴史の可能性の条件」が「事実」の集積を「中心」と「周辺」に配列、選択する「歴史」に内在する「道義」に在ったとすれば、『史記』の「可能性の条件」はそのような「道義」の不在である。

司馬遷は「道義」に媒介されない「事実」を書こうとした。司馬遷にとって「事実」とは「書く者」がいなくても自ずから「歴史」の道義によって後世に伝えられるものではない。「事実」は「書く者」

なくしては「事実」として記憶されない。「彼が筆を取らねば、この世の記録は残らない」［XI：15］。記憶とは無償の出来事ではない。

そして「書く者」は書くべき「事実」を見定めたならば、如何なる事があっても書かねばならぬと泰淳は言う。『史記』の「斉太公世家」に記載されている歴史家の例は「書く者」の倫理を示している。斉の君主である荘公を崔杼という権力者が殺した際に、斉の歴史家は「崔杼、荘公を弑す」と書いた。崔杼は怒り、この歴史家を殺した。すると、その弟が、同じことを書いた。崔杼はこの弟も殺した。すると、その弟の弟がまた同じことを書き、今度は崔杼もこれを殺さなかったとされている。泰淳はこの話に「三人の兄弟が、つぎつぎと、死をもって記録を守ったのである。『記録』のきびしさはつきつめればここに至る」［XI：15］と付け加える。

しかし「書くこと」の倫理はそれにとどまるものではない。この『史記』の例ではいわば書くべき「事実」はすでに定められており、倫理はその「事実」を守ることに限定されている。しかし無限の「事実」を無限に書き残すことが不可能な以上、原理的には「書く者」は書くべき「事実」と書く必要のない「事実」を自ら区別しなければならない。

> 記録はもとより守らねばならぬ。しかしその前に外に対して守るべきもの、死をもって記録すべきもの、それをまず決定しなければならぬ。［XI：16］

泰淳はその「決定」にあたって「よりどころとすべき、ありきたりの歴史的理論は、まず棄て去らねばならぬ」［XI：17］と言う。「歴史」の素材としての「事実」を「中心」と「周辺」とに分節化し、組織化してくれる「理論」は打ち捨てられる。その時、「この世界を対象として、今、彼は世界史を書く」［XI：17］。

「道義」の不在は「世界史」の構成における「中心」と「周辺」の組織化を不可能にするとともに、「世界史」の記述における「中心」と「周辺」の組織化も不可能にする。泰淳が「世界史」の「空間性」と呼ぶのはこの事態である。そしてこの「空間性」という観念もまた「世界史の哲学」への批判として構想されていた。

> 歴史を空間的に考えるということを、なんとかして説明し終わったときには、京都派の世界史論者の学説より、こっちのほうが一歩進んでいるわいと、一人で喜んでいた。［XVI：195］

「世界史の哲学」は「多」を「多」として認知しない近代「ヨーロッパ」の理念を批判し、「多」を「多」として生かす「一」として「道義的エネルギー」を捉える思想を「現代の理念」としてそれに対置する。そしてこの「現代の理念」を提出しているのが日本である以上、「多」を「多」として生かす「一」とは当然日本を意味することになる。

高山岩男は『世界史の哲学』においてもすでに「現代世界史の転換」の軸を「多が多として自主的に存立しつつ、而も一たる如き典型的な世界構造を指導理念とする」［I：526］ものとし、その「転換」において「主導的役割」を果たすのが日本であるという論旨を展開しているが、翌年出版された『日本の課題と世界史』ではより直截に日本の指導性が述べられている。同書所収の「世界史の転換と日本」において高山は「多」と「一」の関係を明確に「指導」と「被指導」の関係として位置づける。

> 一が多を指導して多にそれぞれの所を与えると同時に、所を得た多はそれぞれ一を己に担い、自らそれぞれ一たる意義を蔵して、一即多の構造が出現するであろう。〔II：96〕

ここで「多」にそれぞれの「所」を与えるとされている「一」が日本であることは言うまでもあるまい。高山はこうした「一」と「多」の媒介の論理を現代において体現している秩序が「東亜共栄圏」であると主張する。「多」は「一」に指導されてはじめて「多」たり得る以上、「東亜共栄圏」のヘゲモニーは「一」である日本の側にある。

> 日本の指導の下に構成せらるべき東亜共栄圏はかくて多が一によって指導されるという構造を有し、この一による多の指導の中には当然共栄圏を軍事的・経済的・政治的に一個の完結せる組織体となすべき計画的統制が含まれている。〔II：95〕

しかしこの「計画的統制」は「東亜共栄圏」が「一」と「多」の媒介としての「道義的エネルギー」に基づいているが故に、単に「権力的」なものではなくなる。高山によれば「東亜共栄圏」内部での「統制」は「服従」ではなく、「協力」〔II：96 強調原文〕になるのである。

『歴史的世界』において「歴史」の構成における「中心」と「周辺」の関係を「代表 representation」の論理によって組織化した高坂正顕は『民族の哲学』において「大東亜共栄圏」における「中心」と「周辺」の関係を再び「代表」の論理によって組織化する。

高坂によれば近代「ヨーロッパ」の「帝国主義」の論理は植民地という「周辺」を「手段」として扱うものであった。欧米の「帝国主義」がたとえ植民地を独立させたとしても、それは結局「手段」として利用するためである。高坂はここで「手段」と「媒介」との区別を持ち込む。「手段」とは「他者」を「物」として利用する関係であり、「媒介」とは「他者」を「主体」として生かす関係である。「大東亜共栄圏」の構成原理は「手段」ではなく「媒介」である。

とは言え、「大東亜共栄圏」における「媒介」は対称的なものではない。「媒介」には「中心」と「周辺」が存在する。「他者」を「媒介」し、生かすのはあくまで日本であって、日本が他の地域によって生かされるのではない。この「媒介」における「中心」と「周辺」の分節化を機能させるのが「代表」の論理である。

> 我々は媒介と手段を区別しなければならない。手段は他を物として利用することであり、媒介とは他を独立の主体として認めることである。自立的、自覚的のものは手段とされるべきではなくして媒介とさるべきである。支配すべきではなくして、自らはその代表 representation であるべきであり、自己の周囲の多くの民族の代表として自から中心たるに止まるべきである。しかもかくすることによって世界は組織化され、個別化される。［II：130–131 強調原文］

「代表」と「媒介」の崩壊

泰淳の読む『史記』においてはこのような「代表」と「媒介」による「中心」と「周辺」との組織化は完全に崩壊している。泰淳は「世界の中心」という言葉を反復するが、それは司馬遷が「世界の中心」を信じない、或いは批判するという文脈においてである。『史記』の記述は「世界の中心」による組織化の正統性を認めない地点から綴られる。

司馬遷に従えば「歴史」は端的に「力」のせめぎあいの「場」であり、そのせめぎあいに一時的に勝利したものが偶々「世界の中心」と称されるだけのことである。そこには何ら「道義」の働く余地はない。こうした見方は「項羽本紀」において明瞭に現れる。漢の宿敵であり、「列伝」に入れることさえはばかられる項羽を司馬遷が「世界の中心」の系譜である「本紀」に編入したという点に泰淳は注目する。「世界の中心」は現在の支配者である漢の独占物ではない。漢の敵である項羽もまた「世界の中心」たり得たのである。泰淳は互いに「世界の中心」たらんとする二つの「力」の運動の「場」として「項羽本紀」を読む。

この二人の強者の力のかぎり争いあう姿が、そのまま世界の中心をなしているように思われる。二つの物理的な力が作用しあう一つの宇宙的な「場」のようなものがあり、――そこからすばらしいエネルギーを発散する。［XI：40］

泰淳はこのような「力」のせめぎあいの場として「歴史」を観る仕方を「空間的」と呼ぶが、「世家」を扱った部分においてその意味での「空間性」は一気に前景化される。泰淳は『漢書』をはじめとする『史記』以外の正史がすべて「世家」を持たないことを指摘する。「世家」が複数並立するということはそれだけ「力」のせめぎあいが熾烈になることでもあり、その時「歴史」は「殺人修羅の場」と化すが、「世界史」である以上この様相をこそ捉えねばならない。諸正史が「世界史として考えた場合、淋しい物」[XI：114]であるのは「歴史」のこの側面を看過していることに因る。

諸「世家」は各々己の「力」の「自己保存」の原理に従って「持続」を計りつつ、他の「力」である諸「世家」やより大きな「力」である「本紀」と関わっていく。この複数の「力」相互は大抵の場合、互いに他を破壊しようとする。一つの「持続」は他の「持続」を破壊する。「持続」相互の間にはどのような「代表」も「媒介」もない。そして如何なる個別的な「持続」も泰淳＝司馬遷によれば「すべてついに、持続し得ない」[XI：142]。「持続」は「滅亡」を宿命づけられている。

「絶対持続」──「絶対精神」の脱構築として

ここで泰淳は『史記』には個別的な「持続」とは別の水準に「絶対持続」なるものが設定されていると言う。「絶対持続」とは個々の「力」の相互運動が展開される「場」そのものであり、個別的な「持続」の滅亡を超えて存在する。

しかしこの「絶対持続」と個々の「持続」の間にもまた如何なる「代表」も「媒介」もない。いわば「絶対持続」は「絶対精神」の脱構築として在る。「絶対精神」の「媒介」の権能を剝奪された「絶対持続」は歴史の「中心」と「周辺」を組織し得ない(19)。そして「滅亡」の「残酷さ」の救済もまた不可能になる。『史記』が示しているのはその「残酷さ」の「記録」こそが「世界史」であるということなのである。

「残酷さ」と「世界史」

泰淳は一九四六年の「司馬遷──記録について」において「残酷さ」と「世界史」の関係について再

び論じている。「歴史」を構成するには「事実」を「記録」せねばならないが、泰淳によれば最も明確な「事実」とは「殺人」である。

> 世に殺人程明確なものはない。殺された者は言葉なく横たわり、殺した者は生きて立っている。——強者の側での殺害、弱者の側での死亡、共に決定的な事実である。［XVIII：532］

「殺された者」と「殺した者」の関係は絶対的に非対称的である。そこにはどんな「代表」も「媒介」もない。泰淳は一九四〇年に『中国文学』に発表された「支那で考えたこと」にも「世に殺人ほど明確なものはない。殺された者は横たわって動かず、殺した者は生きて動いている」［XI：252］という右の文章と殆ど同じ一節を書き込んでいるが、われわれはこの目も眩むような非対称性が中国を侵略している日本と日本に侵略されている中国との関係に重ね合わされていることを読み取ることもできるだろう。(20)

泰淳によれば「史家が世界史の構想を得る」のはそのような「殺害、死亡、征服、消滅の瞬間」においてである。「世界史」を書くものはあるべき「道義」ではなく、還元不可能な「事実」を直視する。

> 人々は「であらねばならぬ」「とならんとしつつある」という演説をきき、「あった」ことは忘れ得る。巨大なる「あった」、世界史的「あった」を記録する行為はほとんど非人間的な、あまりにも人間的ばなれした企みとして日常生活から切離される。世界全体を志向するのはきっと、あまりにも科学的に過ぎるのであろう。［XVIII：533–534 強調原文］

この「あった」ことを記録するという行為はある意味で「殺人の明確さ、殺人の決定的性格とよく似ている」が「更に大きな非常行為」であると泰淳は言う。「世界史」を「書くこと」は「異常人、非常人の感覚」、「狂的な智慧」の営みである。このような視点からすれば「異常」、「非常」の出来事を媒介してしまう「かつての世界史派の論議は血の匂いがうすく、全然水臭かった」〔XVIII：535〕ということになる。

すなわち「世界史」とは「記録」であって「決して世界的らしい言辞を弄することではない」〔XVIII：535〕のである。

第四章　「主体」・「個人」・「実存」
――その差異と関係について――

はじめに

J・デリダが指摘しているように、「主体の後に誰がくるのか? APRES LE SUJET QUI VIENT ?」という表現は確かにある危険を含んでいる。というのも、この言表はまるでかつて「主体」が存在した時代があり、次いで「主体」が「消滅した」時代があったかのような含意を招き寄せ兼ねないからだ。

デリダはあるコンテクストにおいては「構造主義」に分類されもしたラカン、アルチュセール、フーコーの三者のいずれもが、「主体」を「精算」したことは一度もないということに注意を促している。彼らの為した企てとは、「主体」を解釈し直し、位置づけ直し、書き込み直すこと、要するに「主体」の自明性を問い直すことであったとデリダは言う。

確かに「主体」の自明性を問い直すことと「主体」を「精算」することは同じではない。

このデリダの懐疑の射程をもう少し伸ばしてみよう。一時期「主体」の消滅という言説の立役者とも見做されたラカン、アルチュセール、フーコーにおいて問題はそう単純ではなかった。それはその通りだろう。ならばラカン、アルチュセール、フーコー以前には問題が単純だったのだろうか？　この「以前」という言葉によって名指される地平を「実存主義」ととりあえず呼んでおくことはそれほど誤りではあるまい。「主体の消滅」という言説において「消滅」させられることが欲望されていたのが、「J＝P・サルトル」という固有名の周りを旋回する圏域であったことは事実なのだから。そしておそらくはこの欲望こそが、「構造主義」的な言説が「主体」を「精算」することを主張しているかのような読解を生産していたのである。

本章は、右のような懐疑の下にJ＝P・サルトルの思考を再検討することを目指すものであるが、その前に「主体」という言葉自体を巡る曖昧さを確認しておくという迂回路を辿ることにしよう。この作業は必然的に暴力的な単純化を含むことにはなるが、論点を明確にするためにはさしあたっては必要なものである。

一　「主体」と「個人」

一般に「現代思想」と呼ばれる言説圏域においては、「主体」という言葉が、「個人」と漠然と重ね合わされて使用されることが多いように思われる。さらにその際、「近代」という概念が非常に親和的にそれに付随している。

しかしこの「主体」「個人」「近代」という概念の親和性はそれこそ自明のものではない。このことを複数の水準において考えてみよう。

まず「政治的」或いは「法的」な水準の場合（「政治的なもの」と「法的なもの」との差異と関係はここ

では問わないことにする)、明らかに「主体」と「個人」は区別される。

例えば、国民国家の範囲内においては、「外国人」は基本的に「政治的」には「主体」ではないし、「法的」にも不完全にしか「主体」ではない。というのも「外国人」は「国民」ではない故に、「主権」の正統性には関与できず、それ故「主体」として認知される程度も低くなるからである。

一九世紀における国民国家については言うまでもないが、今日でも選挙権、被選挙権(とりわけ国政レベル)は一般に外国人に開放されているとは言えない。九条という国民国家原理を脱臼する条項を含んでいる日本国憲法においてさえ、「基本的人権」は基本的に「日本国民」に帰属させられている。また歴史的に、女性や一定年齢以下の子供が「政治的」にも「法的」にも成年男子と同等の意味では「主体」ではない期間が存在したことは言うまでもない。所有権の「主体」も「近代」においては一般に必ずしも「個人」に重ならない。「個人」としては存在していても、所有権の「主体」からは排除されているということは当然あり得る。

さらに一九世紀においては「兵役」という義務を拒否する「個人」は「国民国家領域内での身体・生命の安全の保証」という「権利」の「主体」としての資格を剝奪されることが稀ではなかったということも忘れてはならない。「国民国家」が自らを「主体」として立ち上げる際に、不可欠のものであった「軍隊」という暴力装置への貢献なしには、「個人」としての「身体・生命の安全」さえ保証されなかったというのが「近代」における「個人主義」の実情である。

これらの場合、「主体」として認知されていない人々が「個人」ではないと言うことはできないだろう。

一般に「近代」を「個人主義」を正統化した時代としてだけ捉えることにはある危険が伴っている。

というのも「近代」は「個人主義」批判の時代でもあったからだ。

　ここで「個人主義」を（1）「価値」の源泉をある特定の場所と時間に生まれて死ぬ「身体」を伴った「個人」に置き、（2）「個人」が自らの行為の規則の選択に関して、排他的且つ最終的には絶対的な支配権を有することを認める「イデオロギー」ととりあえず抽象的に定義してみよう。この場合の「個人主義」にとっては（1）価値、及び（2）選択の双方の水準において、「個人」が少なくとも権利的には「国民」や「国家」、「市場」の規則に優越する筈である。

　ところがこのような「個人主義」を「近代」が全面的に擁護してきたとは言い難い。もしそうであるならば「外国人」も「女性」も、（身体及び精神）「障害者」も「国民（成年男子）」と同等の権利を与えられて来た筈だし、「兵役拒否者」や「敵前逃亡者」が銃殺されることもなかった筈だ。また先程定義したような「個人主義」の原則に依れば、「市場」の規則に参加しない「選択の自由」を行使する「個人」にも価値は認められる筈であるが、これも歴史的に見て原則的には妥当しない。大部分の人間にとって、マルクスが看破したように「近代」における「選択の自由」とは自らの「労働力」を「市場」において「商品」として排他的に処分できる自由でしかなく、「市場」の規則そのものを相対化する自由は許容されない。

　『アンチ・オイディプス』においてドゥルーズ＝ガタリは「公理系」という概念を使用しているが、この概念を援用すれば「近代」において「国家」「市場」「家族」は彼らの言う意味での「公理系」として機能していたと言えるだろう。そして「公理系」の枠内では「近代」が「個人主義」のポテンシャルを積極的に活用したことは事実である。

　ただしそれはあくまで「公理系」の枠の範囲内でのみ妥当することであり、一旦「公理系」の外にはみ出た「個人」には容赦のない暴力が襲う。いわば「公理系」が要求する「役割」を遂行する限りにおいて「個人」は「主体」として認定されたのである。

このことを「個人」の側から見るとこうなる。「公理系」の要求する「よき国民」「よき労働者」「よき父親」という三位一体の「役割」が、あたかも「自由」な自己の努力によって到達すべき「理念」であるかのように出現する。しかし「役割」それ自体を選ばない可能性は予め排除されている。してみれば、いわば「主体」とは「公理系」と「個人」の交差点に成立する概念だと言えよう。

近代「個人主義」の二律背反

このような「個人主義」を巡る二律背反は思想的な言説にも現れている。

そもそも「個人主義 individualisme」という概念自体が、啓蒙に対する批判として負の価値を帯びて登場した。

一九世紀におけるフランスでは、ド・メーストルのような保守的な思想家のみでなく、ラムネーやサン＝シモン派を初めとするいわゆる「初期社会主義」に属する言説の多くは、「個人主義」や「エゴイズム」を批判し、「共同体 communauté」の論理を展開していた（P・J・プルードンは重要な例外である）。

しかし産業化の進展に伴う社会の複雑化は構成員の均質化を要求する「共同体」モデルを実行不可能にする。それ故新しいモデルには、社会的分化を前提とし、「個人主義」や「エゴイズム」を活用しながら社会統合を果たすという課題が要求される。

この課題をフランスで果たし、「社会国家」としての第三共和制のイデオロギーを提供したのが「社会学」を国家に保障された「知」として確立したE・デュルケームであると見做すことができる。またドイツでは、ヘーゲルがほぼ同様の役割を遂行したと言えるだろう。

従ってデュルケームにしても、ヘーゲルにしても「個人主義」に対して単純に「共同体」や「全体」の論理を対置させているわけでない。彼らの理論装置の賭金は、「啓蒙」の成果である「個人」の論理＝「主観性」を廃棄せずに、如何に「全体」へと「止揚」するかという点にある。当然ある範囲内での「個人主義」――存在論的「個人主義」ではなく「作法」としての「個人主義」――はむしろ積極的に肯定されることになる。

ここではシステムとしての「全体」は、自らのサブシステムの分化を積極的に活用しながら、「自己」を維持することになる。このシステムとサブシステムの間の分化と統一の循環の論理のアナロジーとして「生命」、「有機体」といった生物学的負荷を帯びた概念が動員される。

重要なのは、この体系においては「主体」とはシステムそれ自体であってもはや特定の「個人」ではあり得ない（ヘーゲルにおいて「主体」とは「実体」であり、「実体」とは「主体」である。またデュルケームにおける「集合意識」の概念を見よ）という点である。あくまで「全体」に媒介されることを否む「不幸な意識」としての「個人」はシステムからノイズとして排除される。

従って或る観点（ノイズの観点）からすれば、ヘーゲル＝デュルケーム流の媒介の論理をドゥルーズ的に「一般性—特殊性」の枠内にしかないと見做すことも可能であろう。いわばここにおいてもやはり「個人主義」は体系に媒介される限りで認定されていると言うことが出来る。つまり「個人」は「体系」としての「主体」に媒介される限りで、「主体」の「分有」に与ることができるに過ぎない。(1)

「超越論」的主観と「個人」

また「近代」における狭い意味での「哲学」的な言説においても、「個人」は無条件に前景化しているとは言い難い。ここでの「狭い」という形容詞は「認識論的」関心に導かれているということを意味する。

ハイデガーの指摘を待つまでもなく、「近代」哲学のライト・モティーフは「主観性」と連関した「普遍妥当的な認識」＝「真理」の基礎付けにある。しばしば過度に強調されているように見える「主観性」は「真理」と相関してのみ意味を付与されるに過ぎない[2]。

カントの（少なくとも表面的な水準の）問いは「如何にしてア・プリオリな総合判断は可能であるか？」であった。いわゆる「超越論的主観」はその根拠として出現する。現在からは「知識論」「認識論」としてはあまりに「詩的」であると見做されることが多いドイツ観念論においてさえも当事者たちが追求していたのはあくまで「普遍的な知」であった。『精神現象学』の頂点が「絶対知」であるのは偶然ではない。

伝統的な超越論哲学においては「知識」があくまで「主観性」と相関したものであることが強調される[3]。この時に、もしこの「主観性」が個々人の個別の「意識」＝「コギト」を意味するとすれば、複数の諸「個人」にとっての経験的な「意見＝ドクサ」を貫徹するア・プリオリな「知識＝エピステーメー」を発見する原理は、「知識」が「知識」外部の世界の秩序に対応しているという実在論に立たない限り――しかしこれは超越論哲学の定義そのものからして否定される――、自明ではなくなる。

それ故、超越論哲学はカントのように形式化された「意識一般」を「個人」から独立して抽出するか、形式化を避ける場合ヘーゲルのように「諸個人」が常に既に「精神」に媒介されているという解決策を採用せざるを得ない。

この場合、「意識一般」にしても「精神」にしても「知識」の「主体」は単一であり、しかも超越論哲学の性質上「自己が自己を知る」という形式を備える（カントのように意識一般の「外部」を認める場合とヘーゲルのように全てを媒介する場合の差異はあるにせよ）為に「認識」の普遍妥当性は保証される。その一方で「個人」に準拠して「知識」の「ア・プリオリな普遍妥当性」を懐疑する思考は「相対主義」或いは「心理主義」という名の下に囲われ、事実上排除されることになる。

ここでも「政治的・法的」な水準と「思想的」な水準で指摘され得たような「個人」と「主体」を巡る二律背反が見受けられる。すなわち一方で「主観性」の名の下に「個人」への――ある水準で言えば「差異」への――ベクトルが存在しながらも、他方でそのベクトルを「全体」・「一般」・「同」という「公理系」へと再属領化するというベクトルが働いている。

上記のようなスケッチに従えば、「主体」と「個人」とは論理的に区別すべき概念であり、「主体」とは「個人」が何らかの超個人的な「全体」に媒介される限りで問題になるかのように見える。また「主体」批判とはあくまで「個人」の水準に準拠してなされることが可能なようでもある。

しかし、いわば「個人主義」による「主体主義」の批判という構えは――おそらく実践的にはかなり有効であるとは言え――理論的な水準で最終的に維持され得るものであろうか？「個人」をある意味で最終審級として、いわば還元不可能なものと見做すことは、それ自体自明のことなのだろうか、という問いは残っている。

本章はこの問いを念頭においてサルトルの「哲学」的思考を辿ることになるだろう。

二　フランスにおける「アナーキズム」の文脈

しかしここでも我々は性急にサルトルの「哲学」を問う前に、彼の言説の歴史的政治的コンテクストを粗描するというもう一つの迂回路を辿ることにする。すなわちここで試みられるのはサルトルの言説の「アナーキズム」的傾斜の測定である。(4)

それにしても「アナーキズム Anarchisme」とは何か？　しばしばこの語は「無政府主義」と訳されるが、この訳語はいささかミス・リーディングである。というのも、この訳語の周辺にはなにか「アナーキズム Anarchisme」が「政府」や「国家」の権力悪のみを唱え、その廃絶をもって事足れりとする思想であるかのような、ある種の「了解」が組織されてしまっているからだ。さらに権力は「政府」や「国家」といった制度、機構からの「抑圧」としてのみ現象し、そうした制度や機構の除去とともに権力も廃止できるという「疎外論的」なイメージもこの語には憑きまとっている。

しかし、例えば「アナーキズム Anarchisme」の系譜に帰属させられるプルードンにとってそうした「疎外論的」な権力観は無縁である。例えば、彼は「権力」と「自由」の二項対立の図式を批判して次のように言っている。

> 多数性、複数性、分散性がなければ統一性はなく、反抗、矛盾、敵意がなければ秩序はない。自由と統一すなわち秩序という二つの思想は、互いに背中合わせになっていて、信用対抵当、物質対精神、肉体対心も同様である。それらを分離することも、一方を他方に吸収させることもできない。

［Proudhon CC : 213–214=200］

（自由と権威という）これら二つの原理は、いわば一対のものであり、分かちがたく結びついているけれども、一方を他方に還元することのできないものであり、我々が何をしようとも永遠に戦い続ける。——権威は、討議し抵抗する或いは服従する自由なしには空語である。自由はその対をなす権威なしには無意味である。［Proudhon PF : 332=271］

このようなプルードンの視点には「自由」と「権力」、或いは「抵抗」と「権力」とが互いに互いの「可能性の条件」を構成しているというフーコー的なミクロ権力論に繋がるものさえ存在すると言っても過言ではあるまい。

そもそもさきにも述べたように、歴史的にはプルードン的な「アナーキズム Anarchisme」は、「個人主義」や「エゴイズム」を「友愛」や「献身」を強調する「共同体 communauté」の論理によって止揚しようとする「初期社会主義」的な言説の内在的な批判として出現している。

すなわち「友愛」や「献身」も決して「自己」と「他者」との非対称性、言い換えれば「自己」と「他者」との権力関係を廃滅することはあり得ないというのが「アナーキズム Anarchisme」の認識である。

しかし他方で「アナーキズム Anarchisme」は、ヘーゲル＝デュルケーム的に媒介された「主体主義」の批判の論理としても機能している。プルードンの主要な批判の対象の一つが「個人」を「国民主体」へと立ち上げさせる「国民国家」の集権性であったことは周知の事実であるが、その「私的所有権

propriété」批判もまた「市場」に媒介された「主体」の権能の批判と見做すことができる。つまり、「アナーキズム Anarchisme」とは「主体主義」を批判しつつ、「共同体 communauté」主義を回避する試みである。

従来ほとんど無視されて来たことであるが、サルトルの思考もまたこうした「アナーキズム Anarchisme」の系譜に棹さしている。彼の小説や戯曲には近代フランスにおいて「国民国家」原理の正統性を確立した第三共和制に対する批判が満ち溢れている。初期の小説群の代表作とも言える『嘔吐』における語り手であるアントワーヌ・ロカンタンは第三共和制のイデオロギーとしての「人間主義」について次のように呟く。

私は自分が人間主義に統合されることも、私の見事な赤い血が、このリンパ体質のけものを太らせることも望まない。私は〈反人間主義者〉と自称するような愚行も犯すまい。私は人間主義者ではない、それだけのことだ。[N : 140]

また「数夜続けて」ロシアのアナーキストとなる夢を見る短編『エロストラート』の主人公は、「人間」を理念とする公共空間から完全に排除され、アレント的に言えば「現れ」を許されない存在である。「私が人間を愛さないなら、私は人非人であり、日向に席を見出すことはできません」[E : 271]。

さらに一九四六年の戯曲『恭しき娼婦』では「国民」という概念が構成員相互の階層差を解消する民主主義を保証するといった共和主義の主張するようなものではなく、むしろ階級や人種差別問題を隠蔽する装置として捉えられている。

上院議員　国民の名で私がいっとるのです。――あの男は指導者であり、共産主義と労働組合とユダヤ人に対する確固たる防壁なのだ。――妹と甥に代わって、アメリカ国民に代わって、お前に礼を言う。

リッジー　アメリカ国民、まるでその人達に騙されたような気がするわ。［PR：232–234］

このように第三共和制の統合理念を批判するサルトルは、第二次世界大戦後革命民主連合（Rassemblement Démocratique Révolutionnaire）に参加した際に「アナルコ・サンディカリズム」の記憶を参照しつつ、「中間集団の流動化」という典型的に「アナーキズム Anarchisme」的なモデルを提示する。というのも、「アナーキズム Anarchisme」の政治理論は国家の集権性を複数の「中間集団」によって牽制しながら――その意味では「中間集団」をある水準では活用しながら――同時に「中間集団」内部の「個人」に対する抑圧を回避するために、「中間集団」自体の流動化をもくろむものであるからだ。そのために「個人」の「中間集団」からの離脱可能性の確保や、複数の「中間集団」への同時帰属などが要請される。そして流動化された「中間集団」の「個人」の離接と結合はリゾーム状のネットワークを形成する。プルードンはこのリゾーム状のネットワーク形成の作法を「連合の原理 Principe fédératif」と名づけたが、サルトルが試みたのも基本的には別のことではない。

とは言え、ここまでの記述によれば「アナーキズム Anarchisme」の理論もまた「個人」による「主体」の批判という構えに映るかも知れない。さらにセリーヌの『教会』から引用された『嘔吐』のエピグラフ「彼は社会的に重要な人間ではない。正真正銘の一個人である」という一節は、二〇世紀の「アナーキズム Anarchisme」たる「実存主義」もまたその例外ではないことを示しているようでもある。ここで我々は再び『個人』を還元不可能なものと見做すことはそれ自体自明のことなのだろうか?」という問いに立ち戻りつつ、いよいよサルトルの「哲学」の検討に移ることにしよう。

三 「実存主義」と「個人主義」

はたして「実存主義」とは「個人主義」を還元不可能な最終審級と考える思考なのだろうか? 答えは non でもあり、oui でもある。

二つの水準において non である。

まず第一に「自己への関係」という水準において。「個人主義」という言葉によって、(a) ある属性つまりある固定したアイデンティティを「個人」に帰属させ、且つその属性を擁護する立場が意味される場合、「実存主義」とは「個人主義」ではない。「アイデンティティ」主義とは「本質主義」である。言うまでもなく、「実存主義」とは「本質主義」の対立概念である。「実存 existence」とはあらゆる属性すなわち「本質」の「外へ ex」へと滑り出すことである。

また「個人主義」が、(b) 原理的に自己の自己に対する支配の成就を主張するならば、すなわち自己を認識によって隈なく把握し、それに基づく意志の自律の成就を主張するならば、その場合にも「実存主義」は「個人主義」ではない。「実存主義」が考える「自己への関係」は原理的には認識の関係ではない。「自己への関係」の根拠としての「対自 être-pour-soi」は「自己」を命題の述語として規定し尽くすことはできない。「対自」は「自己」が「他でもあり得る」可能性を意志によって廃滅することはできない。

第二に、より根源的な水準において、すなわち「他者との関係」において、「実存主義」は「個人」をそれ自体で自律した実体であるとは考えない。「個人」という経験の可能性の条件は他者の存在である。その意味で「実存主義」は「個人主義」ではない。

同様に二つの水準において oui である。

第一に「自己への関係」において、「対自」は原理的には認識の関係ではないにしても、ともかくも「自己へ関係」することができる。「関係する自己」は特定の日付と場所、つまり「身体」を持ったユニット——このユニットが関係によって事後的に見出されるにせよ——であり、このユニットをとりあえず「単数形 singulier」であると見做す限りでは「実存」は「個人」である。ただし急いで付け加えて言えば、このユニットは「経験」が出現する「場」として「単数形」なのであって、「経験」の内容としての「自己」が「複数形 pluriel」であることを否定するものではない。いわば前者は超越論的な条件としての単数形であって、経験的な水準の複数形と矛盾するものではなく、むしろその条件なのである。

第二に、サルトルによれば「個人」という経験の可能性の条件としての「他者との関係」は、何ら「自己」と「他者」の非対称的な関係を止揚するものではなく、「個人」相互の存在論的断絶は廃滅し得ない。もしこの「断絶」がなかったとしたら、「他者」もまた消滅するであろう。確かに「他者との関係」は「単独性」の可能性の条件であるが、逆に「単独性」は「他者との関係」という経験の可能性の条件でもある。そして「単独性」という経験を原理的には「個人」に帰属させる点でサルトルは「個人主義者」である。

このような見取図の下に、以下ではまず「自己への関係」の側面を検討してみよう。

四 「対自存在 être-pour-soi」と「主体 sujet」――「自己に関係する」こと

『存在と無』においてサルトルはある固定した属性を内面化した「個人」を「主体 sujet」と呼んで「対自存在 être-pour-soi」と区別して使用している。

「主体 sujet」とは言ってみれば「本質」である。従って「主体 sujet」主義とは「本質」主義である。「本質」とはデリダが言う意味での「法」を媒介にして与えられる「役割」である。そのような「役割」として我々は「男」であり、「女」であり、「親」であり、「子」であり、「教師」であり、「生徒」であり、また「日本人」であったり「フランス人」であったりする。「対自」はそのような「役割」を「演じる」ことはできるが、「役割」であることはできない。我々が「男」であったり「女」であったりするのは、俳優が舞台でハムレットであることと変わりがない。いずれの「役割」を演じている時でも、「対自」は「表象としてしかかかる主体 sujet であり得ない」[EN : 99]。

ここでこの「役割」についてもう少し補足しておこう。上で挙げた例は比較的「役割」という表現で理解しやすいものであったと言える。しかしサルトルの「役割」概念はさらに広いものまで含む。例えば（1）「悲しみ」や「怒り」といった通常「感情」や「情念」と呼ばれているもの、（2）「誠実」というある種の「徳」、（3）数学の演算の規則に従う「行為」、（4）崖に面した際に、墜落による死を免れようとする普通には「本能」と見做される「自己保存」の傾向、といったものも彼の定義からすれば

「役割」に数えられる。

それ故サルトルにとって「役割」とはほとんど「対自存在」に帰属させることのできる「行為」の「意味」に等しい。ここで言う「意味」とは抽象的な水準での「規則」である。「規則」としての「意味」は、諸々の「他者」達が構成する「言語」のネットワークによって規定される。それ故「意味」は諸々の「他者」に由来する。「自己」に付随するあらゆる属性は「他者」から到来する。「我とは他者である Je est un autre」[TE : 78]。また「意味」は一応「主語」と「述語」によって閉じる「文」の形で述定されることができる。

「対自存在」はこれらの「役割」を出現させる「場」であり、確かにこれらの「役割」を遂行する存在でもあるのだが、それ自身は「役割」に対して必然的にある過剰をもたらしてしまう。「過剰」とは「他でもあり得ること」という偶有性である。そしてその過剰に対してある定義を与えた瞬間には、また新たな過剰が生みだされてしまう。「対自」は「親」や「子」という「役割」に対して過剰を孕むばかりではない。17＋33＝50という数学の規則に対しても、その計算の行為の度ごとにそうでない規則を採用する可能性という過剰を自らに禁じることができない[5]。また崖に面した際にも、「対自」は「死を避ける」という「役割」に従って脚を歩ませるという行為を遂行しながらも、奈落に自ら飛び込むのではないかという過剰を消去できない。いわば「対自」は「意味」によっては「割り切れない」。

サルトルにおいては、この「意味」に対する過剰に直面した際の「対自」の反応が「不安」であり、「眩暈」であるとされる。例えば断崖において墜落を避けようとする反応が「恐怖」だとすれば、自ら身を投げるのではないかとする反応が「不安」であり、「眩暈」である。『自我の超越』でしばしば使用されている表現を使えばそれは「目もくらむような自発性」である。

それ故、言うまでもなく「自発性」は「意志」や「自我」の「権能 faculté」ではない。「意志」はあくまで特定の目的を限定する行為と相関している。「意志」はむしろ「自発性」を抑圧するための装置である。「自我 ego」に関しても事態は同様である。『自我の超越 La Transcendance de l'ego』とは「対自」が「自我 ego」を「超越する transcender」ということである。

サルトルは、この「対自」の「意味」に対する過剰を「対自は自己自身に対して対象ではない」と言い換えている。また「対自の自己への関係は認識の関係ではなく、存在の関係である」とも表現している。

「自己自身に対して対象ではない」とは、先に述べたことに即して言えば、「対自」が自己を「主語」として立てた際に、如何なる「述語」によって「文」を閉じたとしても、必然的にある過剰を孕むということである。「対自」に関するあらゆる命題は「他でもあり得る」可能性を廃滅し得ない。もし「述語」の内容を無限に豊富にしたとしても、「文」が閉じられるならばこの事態には変化はない。「認識の関係ではない」という文もこれと別のことを意味しているわけではない。ただし「対自」は過剰を孕むという形で「自己に関係する」ことができる。このことが「存在の関係である」という部分の意味である。

ならば「意味」に対する過剰を孕みながらも「自己に関係する」ということが可能であるという「対自」の構造を我々は如何に記述できるか、これが『存在と無』第二部「対自存在」の問いである。

五　「出来事 événement」としての「対自存在」

「自己に関係する」つまり自己再帰的な構造を有する存在は、「完全な同等性において自己自身と一致することがない」［EN：116］とサルトルは言う。「対自」は「存在減圧である」［EN：116］。「対自」と自己自身との間には絶えず隔たりが入り込んでくる。いわば「対自」は常にすでに分割されている。

サルトルは「現前」という概念がしばしば「存在充実」として、或いは「他」を排除した特権的な「自己との一致」として使用されてきたことを批判する。「現前は、一致がたちまち崩れることである。なぜなら、現前は分離を前提とするからである」［EN：120］。

この「自己との隔たり」がなければ「自己への関係」はない。「自己との一致は自己を消滅させる」［EN：119］「自己との隔たり」は「自己への関係」の可能性の条件（la condition de la possibilité）である。このことを『存在と無』は次のように表現する。

> **自己**は、主語と主語自身との内在における理想的距離を表している。**自己**とは、**それ自身との一致であらぬ**一つのありかたであり、「同」を「一」として立てることによって「同」から逃れ出る一つの在り方であり、要するに、いささかの差別もない絶対的凝集としての「同」と多様の総合としての「一」との間の、常に安定することのない平衡状態にある一つの在り方である。［EN：119 強調原文］

「対自」が「自己への隔たり」を失ったとしたら、もはや「対自」は「対自」ではなく、「即自」へと移行する。「同」とは「即自」の存在様相である。「同」とは「数」以前である。「一」という「数」は「対自」が「自己に関係する」ことで世界に出現する。

「対自」の「自己との隔たり」はア・プリオリに与えられているのではない。サルトルにおいては「可能性の条件」と「ア・プリオリ」とは独立した二つの概念である。「隔たり＝分割＝差異」としての「対自」は、絶えず「出来事 événement」として反復されることで到来する。「出来事」は起こらないこともできる。「対自」は自己が出現していることを根拠づけることができない。「対自」の存在様相は「偶然性 contingence」である。「絶対的な出来事、すなわち対自という出来事は、その存在そのものにおいて偶然的である」(6)［EN：125］。

ライプニッツは、それ自身の反対を思考できない「理性の真理」から、それ自身の反対を思考し得る「事実の真理」を区別した。ここからライプニッツの「神」を消去すれば、「事実の真理」は「根拠づけられている」という意味での「真理」という性格を失う。これと近似的な意味で、サルトルは「対自」の偶然性を「事実性 la facticité」と呼ぶ。

偶然的存在である「対自」は消滅することもできる。『嘔吐』では「対自」の崩壊の過程が克明に記述されている。「対自」の崩壊とともに「意味」として分節化されていた「世界」は溶解していく。かつて「マロニエの樹の根」と呼ばれていた「それ」は境界線を失い、無記名の塊へと変容する。

それが根であるということをもう思い出せなかった。言葉は消え失せ、言葉とともに事物の意味もその使用法も、また事物の表面に人間が記した微かな目印もみな消え去った。いくらか背を丸め、

頭を低く垂れ、たった一人で私は、その黒い節くれだった、生地そのままの塊と向かいあって動かなかった。［N：150］

根も、公園の柵も、ベンチも、貧弱な芝生の草も、全てが消え失せた。事物の多様性、その個性は単なる仮象、単なる漆に過ぎなかった。その漆が溶けた。そして怪物じみた柔らかい無秩序の塊——裸の塊、恐ろしい卑猥な裸形の塊だけが残った。［N：151］

そこでは、「算術」や「幾何学」といった行為の可能性の条件も消滅する。というのも、サルトルの観点からすれば、「数える」という行為は「前」と「後」という「継起」を「継起」として成立させる場、すなわち「時間」という場を前提としており——もし「前」と「後」が把握されていなければ、「以前」の数に「後から加える」という行為は成立しなくなる——、その前提をもたらすのは「対自」だからだ。

マロニエの樹の数を「計算し」たり、ラ・ヴェレダとの関係において「位置を決め」たりしようとしても無駄だった。それらのものはそれぞれ、私がそこに閉じ込めようとした関係からは逃げ去り、孤立し、溢れでていた。（人間世界の流出を遅らせようとして、寸法、量目、方向等を保存しようと私が執拗に試みた）これらの関係は、任意のものであるように感じられた。もはやこれらの関係は事物に食い入らなかった。［N：152］

「対自」の崩壊とともに「時間」もその自明性を失い、ロカンタンには「前」とか「後」とかという表現が不可能になる。

時の流れが止まった。時間は足元で黒い沼となった。この瞬間〈以後〉に何かが起こるということは不可能だった。私はこの恐ろしい悦楽から身を引き剝がそうとしたが、それができるなどとは思いもよらなかった。私は囚われていたのである。黒い根は〈通過しなかった〉。［N：156］

とは言え、我々は「『対自』が崩壊すれば『前』と『後』という『継起』を経験すること、すなわち『時間』を経験することが不可能になり、その結果時間性の地平としての世界は消滅する」と他者に対して言明することができる限りにおいては、「対自」の圏内にいる。デリダが「コギトと狂気の歴史」において指摘したように、「文」を他者に対して表示することが可能である限りは、我々は「時間」の地平の内に閉じ込められている。

それ故ここでも性急に「時間」の外部、「経験」の外部を語ることは避け、今少し「対自」と「時間」の関係を検討してみよう。

「対自存在」と「時間」

絶えず自己との差異を孕む「対自」は「自己への差異」によって「時間」を到来させる。「時間」の様相は「過去」「現在」「未来」という三つの契機によって構成されている。ただしこれらの「三つ」の契機を相互に独立した実体として扱うことにはサルトルは警戒を促している。

もしそれぞれの契機が独立した実体、それ自身で充実し「存在」する「今 maintenant」として与えられ、時間が「今」の無限系列として考えられるならば、「時間」は消滅するとサルトルは言う。というのも、「過去」はもはや存在せず、「未来」は未だ存在せずそして瞬間的な「現在」——瞬間的な現在は、次元を持たない点と同様、無限分割の極点である故に——もまた存在しないからだ。その結果、全系列は消滅する。

おそらく「今」という「現在」の「瞬間」を確実な所与としてそこから出発するのが間違っていたのだ。サルトルはデカルトの「コギト」を高く評価するが、「コギト」が「瞬間」の錯覚に囚われている点は批判する。まず最初に「瞬間」として「コギト」が与えられるならば、如何なる「未来志向」も「過去志向」も「現在」という「窓ガラス」を突き破ることはできない。必要なのはむしろ「現在」は「存在しない」ということを示し、「現在」という「内在」をそれ自身の構造によって「超越」へと差し向けること、これである。ここでは「自己への現前 présence」の脱構築が「現在 présent」の脱構築へと連なっている(7)。

「現在」が「存在しない」のは「対自」が「存在しない」からである。「対自」が「存在しない」とはどういうことか?

「対自」とは自律した実体ではなく、「対自」ではないものとしての「即自」との関係としてしか出現し得ないということである。「対自」には「内部」はなく、その様相は「外」との関係でしかないという点については一九三九年の『フッサール現象学の根本的理念』においても明確に述べられている。

もはや意識の内には、己を逃れる運動（un mouvement pour se fuir）、己への外への滑り出し（un

glissement hors de soi）以外のなにものもない。……けだし意識には〈内部〉というものはないからだ。意識は、それ自身の外部以外のなにものでもなく、意識を一つの意識として構成するのは、この絶対的な脱走であり、実体であることのこの拒絶だからだ。〔FH：30〕

この「内在」における「超越」という「対自」の構造によって「現在」は「逃亡」として構成され、「未来」という「外」へと投げ出される。それとともに「現在」は絶えず「過去」へと滑り落ちるが、疾走するこの運動自体は決して「存在する」ことができない。我々は「今は九時である」と言うことができるが、もしこの文が「対自にとって、今は九時である」という意味だとすれば、この文は誤りであるとサルトルは言う。この文は「対自が、九時を表している時計に対して現前的であり得る」という意味でなければならない。通常「現在」と呼ばれるのは、「対自」が何かに対して現前している時の、その何かにあたる存在である(8)。

このようにして「脱自 ek-stase」としての「対自」は、「過去」・「現在」・「未来」という契機を独立した実体ではなく、統一的に出現させる。しかしこの「統一」は「差異」を抑圧する「同」の罠ではないのか？　この問いについて考えてみよう。

ヒュームは継起する知覚相互の間には何らのア・プリオリな結合法則も存在しないことを指摘した。この観点からすれば、それぞれの知覚相互は絶対的な「差異」によって隔てられている。しかしある一つのことがヒュームの懐疑から免れている。

すなわち「継起」するということが何故経験可能なものになるかという問いである。「継起」とは「前」と「後」という順序を前提とした概念であるが、もし最初に個々の知覚が相互に何らの関係のないものとして与えられるとしたら、順序という概念も消滅する。その場合「Aという知覚の後にBという知覚が来る」という言明自体が無意味なものとなる。それ故「前」と「後」という「継起」を経験可能なものとするのは脱自的統一体としての「対自」であると考えなければならない。

とは言うものの、この「統一」によって「時間」の分離作用が消え去るわけではない。なぜなら「前」と「後」との「継起」は同時に両者の還元不可能な異質性を前提として成り立っているのだから。もし「脱自的統一」という言葉によって「前」と「後」との異質性が消滅させられるならば、逆に「前」と「後」という概念自体無意味なものとなり、「時間」もまた了解不能に陥ってしまうであろう。それ故デカルトにおける神の連続創造説は正当な論点を含んでいる。と言うのも、このことによってデカルトは「前」と「後」との架橋しがたい断絶を開示しているからである。

ライプニッツはデカルトに対して時間の「連続性」を強調したが、サルトルは彼の「連続」概念を時間の分離作用を軽視したものとして批判する。なぜなら「連続的なものは同一的なものと両立し得ない」[EN：181]にもかかわらず、ライプニッツは「連続」と「同一」とを区別しているようには思われないからである。サルトルの視点からはライプニッツの「連続」概念は「論理的なものの絶対的内在における粘着、すなわち同一性を隠している」[EN：181]ものとして映る。サルトルはポアンカレの「一系列a, b, cはa＝b, b＝c, a≠cと書き表すことが出来る時に、連続的である」という定義を引き合いに出しながら、「連続」概念を位置づけ直す。「連続」とは「aはcと等価であって等価であらぬ。またaに等しくかつcに等しいbは、aがcに等しくない限りにおいてb自身と異なっている」[EN：180]のような在り方である。

以上の検討が示すのは、「時間」における「継起」の「差異」の側面と「統一」の側面を独立して考察しようとすれば、いずれにしても背理に追い込まれるということである。従って背理を避けようとするならば、「時間」は「自己を『多ならしめる一』として」〔EN：181 強調原文〕理解されなければならない。サルトルはこのような「時間」としての「対自」の存在様相を「ディアスポラ的」と表現する。「対自」はユダヤ人が離散しながらも互いに結びついていたように、自らを分散として実現する。

「同」の無化としての「一」

ここで注意しておく必要があるのは、「一」であって「同」でないという点である。「一」は「同」の無化として出現する。ということは「一」は出現しないこともできるということである。「対自」の消滅とともに「一」は「同」へと移行する。「差異」との対立概念は「同」である。「一」は「差異」が「差異」へと折り重なり、そのことによって「差異」が「差異」として経験可能なものとして出現することによって出現する「総合概念」である。

かかる「多としての一」としての「時間」を根拠として「認識の関係ではなく、存在への関係」としての「対自」の「自己への関係」が現れる。

「時間」が一方で「連続」であり、「一」である限りで、「対自」は自己へと折り重なることができる。しかしそこに還元不可能な「差異」が入り込む限りで、「対自」は自己を命題の述語へと汲み尽くすことはできない。述語をコプラによって主語に連結し、文を閉じる瞬間には――この「瞬間」はそれ自体としては存在しない故に――この「文を閉じる」という行為を行っている「対自」はその外へと滑り出してしまっており、その「外」としての「未来」と命題との間を架橋するア・プリオリな規則は存在しないのである。

我々はここまで「自己との関係」において「認識の対象ではなく、存在の関係」として現れる「対自」に関して記述してきた。しかし『存在と無』において、「認識の対象ではない」ものとして語られている今一つの存在がある。しかもその存在は「対自」が「対自」として出現する際の条件でもある。以下においては、かかる存在であるとされている「他者」について見てみよう。

六 「独我論」批判——「関係性」としての「単独性」

サルトルの他者論はとりあえず「独我論」批判として進行する。その際、導きの糸として出発点に立てられるのは、「自己と他者を相互に独立した実体として捉えることを避ける」ことである。最初に両者が独立した実体として想定されてしまえば、もはや独我論を避けることは不可能になる。それ故、示されなければならないのは、「自己」という「経験」の「存在」の可能性の条件として他者を見出すこと、これである。

このことは、言い換えれば「経験」という「内在」への問いかけが「他者」という「超越」へと差し向けられることを示す、ということでもある。ここでも「時間」の場合と同じく、「内在」における「超越」が求められる。

次にあり得べき「独我論」批判が批判的に検討される。

まず第一のタイプのものは、「世界」の「意味」が常にすでに「他者」を条件として可能になっているという主張に示される。その場合「自我」も世界に含まれる。この主張は、「机」や「壁」という意味だけではなく、「私」の「感情」や「欲望」という「意味」も「他者」によって構成されているということを含意する。

しかしこのタイプの独我論批判はサルトルによれば、「私」の「感情」や「欲望」が現れる超越論的な「場」に対する問いを欠いているために不十分なものである。求められるべきは、「私」の「感情」や「欲望」が超越論的な「場」――サルトルの定義によればかかる超越論的な「場」は非人称的である――へと出頭し、経験可能になるという「こと」の可能性の条件という水準で「他者」を見出すことである。

ヘーゲル――「認識の優位」の錯覚と「弁証法的全体性」

続いて扱われるタイプの議論はヘーゲルに典型的に現れているものである。ヘーゲルにおいては「自己への関係」という「経験」の「存在」が「他者」によって可能になっている。そこでは「他者」の存在を疑うという「行為」も「他者」の存在を前提にしているとされる。

しかしヘーゲルにおいては「認識の優位」という錯覚がその他者論にバイアスをかけているとサルトルは言う。

まず第一に「どこまでいっても〈対象―存在〉に還元され得ない」［EN：294］他者の次元を取り逃していること。「認識」の「対象」であるとは、つまるところ「私」の「世界」の「内部」へと回収されるということである。実際ヘーゲルにおいては、最終的には絶対精神としての「主体」が分裂と媒介を通じて「自己」へと回帰することによって円環は閉じられる。ヘーゲル哲学とは「内在」と「超越」との弁証法的止揚の見かけを纏うとしても、ある立場から見れば、「内在」の「合理主義化」にほかならず、それは「他者」を消去していることに等しい。というよりも「弁証法的止揚 Aufhebung」という概念自体が「内在」の「汎論理主義」化と「他者」の「我有化」の為の大がかりな仕掛けだったのだ。しかし、「自己への関係」としての「対自」の「存在」の条件としての他者は原理的には決して「認識」の「対象」とはなり得ない。

第二に全てが「主体」の「内部」に回収され、しかも「主体」の視点とヘーゲルの視点が重なりあう結果、彼は如何なる個別的な意識にも拘束されない地点に立つ。ここから「多数性は、全体性へ向かって超出され得るし、また超出されなければならない」という「存在論的オプティミズム」が現れる。しかし「対自」の複数性という「躓き」を「全体性」へと「超出する」ことはできないとサルトルは主張する。「躓き」とは言うまでもなくキルケゴールを想起させる言葉である。キルケゴールは「神」という「絶対的他者」との関係は「内在」の論理の延長線上では捉えられないという意味で「超越」と「躓き」に取り憑かれていた。サルトルにおいては、この言葉はいわば「相対的他者」相互の還元不可能な複数性へと旋回させられている。次の一節は、ヘーゲル批判の要約とも、サルトルの「他者論」の第二の導きの糸とも読まれるべきである。

存在論が企て得る仕事はこの「躓き」を記述することであり、この「躓き」を存在の本性の内に根拠づけることである。けれども存在論はこの「躓き」を超出することはできない。……仮に我々が、他者の存在をコギトの——すなわち私自身の存在の——必当然的な確実性に与からしたとしても、我々は、それだけでは、なんらかの間モナド的な全体に向かって他者を超出したことにならないであろう。意識個体相互間の分散と闘争は依然としてもとのままであろう。我々はただ、それらの分散と闘争の根拠と、その真の領域を発見したにとどまるであろう。［EN：300］

ハイデガー——存在論の盲点

最後にサルトルは、ハイデガーの他者論を吟味する。彼はハイデガーはヘーゲルが陥ったような幾つかの罠を回避していると見做している。

まず第一に認識論から存在論への転回を主張したハイデガーは「認識の対象 der Gegenstand」という問いの立て方そのものを相対化し得た。フッサール、ヘーゲルにおいて、他者との関係はあくまで「対してある l'être pour」という形に拘束されていたのに対し、ハイデガーにおいては「共にある l'être avec」という表現が採用される。J＝L・ナンシーが指摘するように、「l'être avec」とは認識の対象となる以前の、或いは彼方の他者との存在論的連帯を示すための術語である。

第二に、とりあえずハイデガーは「全体」の地点には身をおいていない。彼の言う「現存在」はデカルト的なコギトではないにしても、ある特定の日付と場所に拘束された有限な存在である。「現存在はその都度、私の現存在である。Dasein ist je meines」。

しかし、このハイデガーの見地にもある弱点があるとサルトルは言う。というのも「世界内存在」としての「現存在」が常にすでに存在論的に「共存在」であると断定することによって、結果ある種のア・プリオリ主義へと陥る危険を孕むからである。

問われなければならないのは、この「共存在」の具体的な様相なのであり、それを欠いては、「共存在」という概念は具体的な「このアニー」と「このピエール」の関係に対しては無力なままにとどまらざるを得ない。

七　サルトルの「他者」論

これらの検討の後にサルトル自身が提出する他者論は以下のようなものである。

第一に、これは出発点においてすでに確認しておいたことではあるが、「自己」と「他者」を相互に独立したモナドではなく、互いに相互を参照して成立するものとして捉えられねばならないということ。第二に、これもヘーゲル批判において示されていることではあるが、我々はメルロー＝ポンティの言う「全体を透視する上空飛翔的な視点」を避け、特定の日付と場所の拘束を受けた個別的具体的な「コギト」＝「対自」に準拠して議論をはじめなければならないということ。このことをサルトルは次のように表現する。

それ故我々に「対他」を与えてくれるように要求しなければならないのは「対自」に対してであり、我々を「絶対的な超越」の内に投げ返してくれるように要求しなければならないのは「絶対的な内在」に向かってである。［EN：309］

この「絶対内在」いわばドゥルーズの言う「内在平面」の視点からすれば、ヘーゲル的「内在」は未だ不純なものであり、逆に「絶対超越」の視点からすればヘーゲル的「超越」は「内在」論の圏内にある。

一方で「絶対内在」は「全体と透視する視点」を不可能にする「単独性」と連関する故に、「全体」

としての「真理」を我有化するヘーゲル的「主体」と連動した「内在」、「単独性」を回収するシステム的「内在」と相容れない。他方で「他者」の「絶対超越」は「内在」の内に「超越」するヘーゲル的「精神」をさらに「超越」する。

あえて言えばここでの「内在」―「超越」は「弁証法的止揚 aufhebung」ではなく、「二律背反 Antinomie」である。何故「二律背反」か？ 一方を定立することが、すなわち他方を招き寄せることを意味し、それぞれが「己の内に安らう」ことができないからである。しかもこの両者を媒介する第三項は存在せず、あるのは互いに投げ返しあう二項の「戯れ jeu」の燦きのみである。

第三に「他者」は原理的には「認識」の「対象」ではあり得ない。このことは二つの意味を持つ。

それはまず、「他者」の存在は「蓋然的」ではあり得ないということである。「蓋然性」は「私」の「世界」内での「対象」に関係して出現する。というのも、「蓋然性」とはそれの度合いが強くなったり弱くなったりする場合に問題となり得る概念だからである。「他者」の存在の度合いは決して強くなったり弱くなったりするわけではない。むしろ「他者」の存在は「蓋然性」を問題にし得るという「行為」の条件である。

次にそれは「他者」が「世界」の「彼方に au-delà」に顕示されるということである。それ故、たとえ「世界」は「現象学的還元」の対象となったとしても、「他者」は「還元」の「対象」とはなり得ない。「他者」とは「世界」の「外」に存在し、「世界」という「経験」を可能にしている条件である。「世界」の「彼方に au-delà」に顕示されるとはどういうことか？ とりあえず、それは「他者」を主語として立てた場合に如何なる述語も、「他者」が「他でもあり得る」可能性を排除し得ないということであると言っておくことができる。しかもその「他であり得る」可能性は絶えず「他者」から到来する。「他者」は「自己」のパースペクティヴに沿って構成された「意味」のネットワークとしての「世界」の「外に」出現し、「世界」に対する剰余であり続ける。それ故「他者」は「世界」の「意味」に対しての無限の偶有性の源泉でもある。

第四に、「自己」と「他者」とは、相互に参照してのみ、成立する「関係」であるにしても、その「関係」はある否定性を孕んだものであること。「自己」とは「他者ではないこと」として反復される出来事である。「他者ではないこと」の「ない」が消滅すれば、「自己」も「他者」も消え失せる。「自己」と「他者」との「媒介」には絶えず「無」が取り憑いている。かかる関係をサルトルは「内的否定関係」と呼ぶ。

> 自己自身としての対自は、それがその存在において他者であらぬものとして問題にせられる限りにおいて、自らの存在の内に他者の存在を含んでいる。[EN : 343]

今思わず「媒介」という言葉を使ってしまったが、念のため付け加えておけば、「内的否定関係」とはまさに「媒介」を脱構築するために創出された概念である。一度「媒介」の圏内に入ってしまえば、我々は常に「弁証法的止揚 Aufhebung」の罠に脅かされることになる。繰り返し確認したように「他者との関係」という概念を曖昧に使用することで「複数性」を「全体性」へと「超出」することこそ、サルトルが最も警戒するところであった。

しかしそれにしても、「他者」は原理的には「認識」の「対象」ではないとか、「自己」と「他者」が「内的否定関係」にあるとはどういうことか？

「主観―他者」と「対象―他者」――「眼差し」と「眼」の差異

まず、「他者が原理的には認識の対象ではない」という命題について考えてみよう。「原理的には認識の対象ではない」ということは、「非原理的」には「認識」の「対象」でもあるということである。実際我々は常に「他者」を「認識」の「対象」として――つまり有限な述語によって規定、了解して――、語っている。

このことについてサルトルは「他者」には二つの次元があると言う。すなわち「主観―他者」と「対象―他者」である。サルトルによれば、この二つの「他者」の様相は、異なる水準に属し、両者を統合することは不可能である。

「主観―他者」とは先程から、「原理的には」という但し書きとともに、我々が問題にして来た「世界の彼方の他者」である。かかる水準の「他者」に関してはそれについての如何なる命題も、その偶有性を廃滅することはできない。

それに対し、「対象―他者」は「世界」の内に位置を占める。「蓋然性」が出現するのは、この「対象―他者」の水準である。ある日たまたま窓の外を歩いている、鏡に映った「私」の像とよく似た二本足の存在が、「他者」であるということは、蓋然的である。それはロボットかも知れない。しかしそのことは「他者」は存在しないかもしれないという「独我論」に根拠を与えるものではない。というのも、「対象―他者」の蓋然性は「主観―他者」の次元に移行させることはできないからである。

「主観―他者」を顕示するのは、「眼差し le regard」である。「眼差し」とは「私」の「世界」全体が「世界」の外部の別の存在にとって一つの対象となる「こと」の顕現である。「眼差し」はいかなる具体的な「対象」の水準にもない。

たとえば「眼差し」はある特定の「眼」の水準に現れるのではない。「眼差し」は「眼」の破壊とともに出現する。ある特定の「眼」は常にすでに「私」の「世界」の内で分節化された「対象」である。我々は「眼」について「美しい」、「醜い」、「黒い」、「青い」という述語を帰属させることができる。しかし「眼差し」には如何なる述語も帰属させ得ない。「眼」は「私」から「距離」を保ってそこに存在しているが、「眼差し」はいかなる「距離」もなく「私」を襲い、しかもある特定の場所へと閉じ込めることができない。サルトルは『想像力の問題 L'imaginaire』において「知覚」と「想像」とは「程度の差異」ではなく、「本性の差異」によって隔てられていると述べたが、「眼」と「眼差し」もまた「本性の差異」の関係にある。それ故「眼差し」が「世界」内部の特定の対象に結び付けられているということは蓋然的であるが、「私」の「世界」が「眼差し」に晒されているという「こと」は懐疑不可能である。

とは言え「他者」とは「主観―他者」ばかりではなく、「対象―他者」でもあり得る。「対象―他者」でもあるとは「他者」についての記述がともかくも可能であるということを含意している。我々は通常「他者」に対して絶えずある有限の述語を帰属させている。もしこのことが一切不可能になれば、「他者」との如何なる日常的なコミュニケーションも崩壊し、行動不能の状態にとどまる他ないが、我々は「通常」常にすでに行動可能な地平に封じこめられている。

ところで、先程述べたように「対象―他者」と「主観―他者」とは次元を異にする。「眼差し」は「眼」の破壊とともに顕現する。次元を異にするこの二つの「他者」はいかに関係し得るか？　或いは全く関係しないのか？

「他者」が「眼差し」として、「主観―他者」として出現する際には「対象―他者」は消失する。しかしその逆は成立しない。「他者」を「対象―他者」として捕捉する場合にも、「主観―他者」に由来する「他者」の偶有性は消滅しない。

「主観―他者」の抑圧と「抑圧されたもの」の回帰

「他者」が我々にとって「対象―他者」という装いを纏っても出現し得るということは、我々にとって「主観―他者」を「抑圧」することが可能であるということである。「抑圧」するとは「主観―他者」をある有限の述語へと封じこめることである。それ故、「対象―他者」とは抑圧された「主観―他者」の影であるとも言えよう。しかしそれは「主観―他者」を消滅させることはない。「主観―他者」は命題の述語の剰余として、「他でもあり得る」可能性として「対象―他者」にまとわりつくことをやめない。

そして言うまでもなく「抑圧」されたものは回帰する。「主観―他者」の「対象―他者」への監禁は最終的には成功しない。なぜなら「主観―他者」は「亡霊」であるから。「亡霊」はどんな警備厳重な監獄からも脱走する。「対象―他者」は絶えず「主観―他者」に憑きまとわれている。たとえ「対象」であったとしても「他者」である限り、それは「他であり得る可能性」を留保し、「私」の世界を「対象」とする「眼差し」へと変貌する機会を窺っている。「対象―他者」は「私」の世界の内部の対象であるが、世界に「穴 le trou」を穿つような対象である。サルトルはこの「穴 le trou」のことを「宇宙の一つの内的流出 un écoulement interne、一つの内出血 une hémorragie interne」と呼んでいる。ところで、「私」の「世界」が「世界」の外部の「眼差し」の対象となるということは、まず「私」

の「世界」が存在してその後にその「世界」が対象になるということではない。「眼差し」という「外部」によって「私」の「世界」が到来するということである。そのことが「眼差し」とともに開示される「主観―他者」の存在を懐疑不可能なものとしている。というのも、「私が懐疑する」という行為は「私」の「世界」が到来していることを前提として可能になるのだから。

それ自身「自己との差異」である「対自」は己自身では「自己」へと関係し、「世界」を到来させることができない。「対自」が関係する「世界」を顕示するのが「主観―他者」の「眼差し」である。“Tu es cela”の声とともに「眼差し」は「世界」の輪郭を浮かび上がらせる。「対自」は「他者への現れとして自己を時間化する」［EN：342］。

とは言え、“Tu es cela”は“Tuer cela”でもある。“cela”という限定へと自己を封じこめることによって、「対自」は自己への差異を抑圧する。“cela”という限定を提示するという意味で「眼差し」は「対自」への「否定」である。というのも、「他であり得る可能性」を抑圧し、限定された意味へと「それ」を閉じ込めるという意味で「すべての規定は否定である omnis determinatio est negatio」から。

内的否定関係

しかしサルトルによれば「他者」と「自己」の分節化を安定させるにはこれだけでは充分ではなく、「他者」の側からの「否定」に「対自」の側からの「否定」が連動しなければならないと言う。この連動が「内的否定関係」である。ところが、ここでサルトルは「対自」の側からの「否定」は直接「主観―他者」に到達することはできないという但し書を付け加える。「否定」が直接に「主観―他者」を捉えることができないとはどういうことか？

ここでもう一度スピノザの「すべての規定は否定である」という言葉を想起しよう。この命題を逆にして「すべての否定は規定である」とすると、事態はわかりやすくなる。「主観―他者」が如何なる規定に対しても、ある剰余として現象してしまうとすれば、我々の如何なる「否定」も「主観―他者」を捉えることはできない。「他者」がしばしば「痕跡」として或いは「遅延」として語られるのはこのことに起因する。捉えることのできないものに対しては、それに対する「否定」として「自己」を出現させることもできない。このことが「否定」が「主観―他者」に直接到達し得ないということの意味である。とすると「対自」の側から「他者」に向けてなされている「否定」とは何に対する「否定」なのだろうか？ サルトルはこれに答えて、我々が否定することができるのは「主観―他者」によって「否定」＝「規定」されている「自己」でしかないと言う。

「主観―他者」は我々の「世界」が「眼差し」の「対象」であるという「こと」として顕示される他ないということはすでに述べた。ところで我々の「世界」が「対象」であるということは、「眼差し」としての「他者」によって「否定」＝「規定」されることである。そして「否定」される「こと」によって我々は「他者」を間接的に捉えることができる。

というのも、「主観―他者」そのものはいかなる「否定」＝「規定」からも逃走するとしても、「否定されていること」は「否定している」者の存在を指し示すから。我々は「対象としての自己」＝「否定された自己」を否定することによって「他者」と関わることができる。しかし「否定された自己」を「否定」するとはどういうことか？

サルトルによれば二種類の「否定」が存在する。第一の「否定」は、「否定」を遂行している行為者を証人として出現するが、しかし行為者の存在とは独立なものとしてとどまる。例えば「この茶碗はインク壺ではない」という文が表しているような「否定」である。第二の「否定」は「否定」する行為者そのものの存在が「否定」という行為によって支えられているようなものである。第一の種類の「否定」を「外的否定」、第二の種類を「内的否定」と呼ぶ。「対自」の存在様相は典型的に第二の「否定」である。「自己への関係」としての「対自」を検討した部分ですでに確認したことであるが、「対自」は「自己」の存在そのものを自己の外、自己ではないものとの関係で出現させている。

「否定された自己」を「否定」する際に問題になっているのは、言うまでもなく「内的否定」である。「否定された自己」とは"Tu es cela"と"Tuer cela"の連動として開示された「世界＝自己」（世界と自己は同時に出現する）」であった。「否定された自己」を「否定」するとは開示されたこの「自己」という「イマージュ image」では「ない」ものとして「自己」を出現させるということである。そしてこの「否定された自己」は「否定する」者としての「他者」を指し示す故に、「否定された自己」では「ない」ものとして「自己」を構成するとは、「他者」では「ない」ものとして「自己」を出現させることでもある。

このことは、「対自」が元来いかなる意味でも「ある」ことはできないものとして出現する存在（＝非存在）であることによって可能になる。「自己に関係する」ことはできるが、「自己である」ことはできないのが「対自」の存在様相であることはすでに明らかにされた。開示された「自己」によって「対自」は関係すべき「自己」を見出すけれども、「自己への関係」が出現するとは開示された「自己」からの剰余として自己を構成することでもある。

サルトルは「主観―他者」によって提示された「対象―自己」では「ない」ものとして自己を構成することを「他者からの離脱」と呼ぶ。この「他者からの離脱」なくしては「他者」ではない「こと」としての「自己」の「世界」の開けは機能しない。その意味で、「自己」とはあくまで「他者」の「眼差し」によって可能になる現象でありながらも、同時に「他者」の「眼差し」からの離陸によって可能になる現象でもある。「対象―自己」＝「否定された自己」はその際、蝶番としての位置を占めると言えよう。それは「他者に対する私の絆であると同時に、我々の絶対的な分離の象徴」［EN：345］でもある。

とは言え「自己」と「他者」との分節化はア・プリオリに保証されてはいない。「否定された自己」では「ない」ものとして「自己」を構成するのはあくまで根拠を欠いた出来事でしかない。それはたまたま「内的否定関係」が反復されることで事件として到来しているだけである。「自己」は出現しないこともできる。その場合、「自己」と相関して出現する「他者」も消失するだろう。

このことを、『自己』という現象の出現には『他者』との存在論的断絶が必然的に伴う」という表現によって言い換えることもできる。

たとえ、(1)「自己」という現象が「他者との関係」によって可能になっていたとしても、また(2)「自己」という現象の内容が如何に他者によって構成されていようとも、さらに(3)「他者」との遭遇が如何に豊穣なものであり得ようとも、この断絶は廃滅されることはない。むしろ自他の存在論的断絶は、(1)(2)(3)の現象の超越論的条件である。「関係性」の可能性の条件としての「単独性」とはこの還元不可能な断絶に由来する。

八　暫定的総括

ここまでサルトルの他者論を検討して来た我々は、いささか入りくんだ彼の見解を次のように整理確認しておくことができる。

(1)「自己」とは「他者との関係」において出現する現象である。「他者」は「自己」という現象の可能性の条件である。その意味で「自己」に対する「他者」の存在論的先行性が存在する。

(2)-1「自己」という現象を可能にする「他者」は「認識」の「対象」ではない。「認識」の「対象」ではないとは「他者がそこにいること」が顕示されないということではない。他者を主語として立てた時の命題の述語に封じこめることができないという形で「他者がそこにいる」ということである。

(2)-2 ただし「他者」は「認識」の「対象」でもある。この二つの「他者」の関係は統合ではなく「抑圧」である。しかし「抑圧」されたものは回帰する。

(3)「自己」はかかる「他者」によって「対象」として示されることによって出現する。「我見られる、故に我れ在り On me voit, donc je suis」[CL : 1098]。「自己」現象の内容の内、他者から到来しない何者もない。それ故、徹頭徹尾「我とは他者である」[TE : 78]。

(4)にもかかわらず「自己」とは「他者ではないこと」でもある。但しこの「ない」という否定は直接「他者」を捕捉することはできない。この「否定」は「他者」によって提示された「対象―自己」に対して遂行される。「対自」は「対象―自己」でありながら「対象―自己」ではないものとして自己を出現させる。このことは如何なる意味でも「ある」ことはなく、自らの「外」との関係において自己を構成する「対自」の存在様相によって可能になる。

(5)「自己」という現象は出現することがア・プリオリに保証されているわけではない。「自己」とは出現しないこともあり得る出来事に過ぎない。

(6)「自己」という現象には必然的に「他者」との間の存在論的断絶が伴う。この断絶は「他者」と遭遇することの条件でもある。

おわりに

本章では「主体」と「個人」、「個人」と「実存」を巡る偏差への問いによって開かれた地平において「対自」と「時間」、「対自」と「他者」を巡るサルトルの思考を追跡してきた。

とは言え、「対自」・「時間」・「他者」を巡る存在論的関係と「身体」「言語」「欲望」といった系がいかに交差するかといった、サルトルにおいては極めて重要な比重を占める問いに関してはここでは何ら答えられていない。

この論点については、第五章「来たるべき幽霊、或いはデリダとサルトル」において「他者」と「言語」、また「他者」と「贈与」という問題系を前景化させつつ扱われている。

また「言語」の「物質性」という、哲学理論と同時に文学理論・批評理論において重要な位置を占めるテーマについては、第九章「外の思考――ジャン゠ポール・サルトルと花田清輝」において考察されている。

ただし、「対自」と「他者」という二者関係に還元できない「第三者」という概念や「第三者」と

「社会」の成立の超越論的条件の関係については、本書の中では触れられていない。『存在と無』から『道徳論のための草稿 Cahiers pour une morale』を経て『弁証法的理性批判』へと連なるサルトルの理論的歩みを「社会システム論」的な視座の下に再構成することも、おそらく不可能ではない。しかしこの点に関しては、本章では、そのための基礎作業を遂行したことで満足しなければならない。

第五章　来るべき幽霊、或いはデリダとサルトル

はじめに――「幽霊」としてのサルトル

ロラン・バルトのたび重なるオマージュにも関わらず、サルトルとフーコー、ドゥルーズ、デリダといった固有名に象徴されるいわゆる「ポスト・モダン」の地平の間の断絶については目も眩むばかりの夥しい量の言説が積み重ねられて来た。

しかしドゥルーズはその死の直前のインタヴューでサルトルについて次のように語っている。

サルトルは私にとってすべてでした。驚異的な現象でした。フランスがナチの占領下にあった間、精神の領域におけるひとつの存在の仕方だったのです。……『存在と無』は爆弾のようでした。『蠅』が直接的なレジスタンスの行為だったのと違い、『存在と無』は読むものの心を奪う作品でした。偉大な、新しい思想の著作だったのです。出版された時に読みましたが、何というショックだったでしょう。……サルトルは私たちの世代の人間を捕らえてはなしませんでした。誰もがまねをしたか、あるいは、嫉妬し、いらだっていました。私個人は彼に魅了されていました。私にとって

は、決して失われることのないサルトルの新しさ、永遠の新しさが存在するのです。このことはベルクソンでも同じです。いつまでも失われることのない新しさをそこに見出すことなしに、偉大な作家を読み取ることは不可能です。今日サルトルあるいはベルクソンが時代遅れのように扱われるとすれば、それはこの二人がその時代に生み出していた新しさを現在の読者が見過ごしているからです。もしある作家の、時代に先駆けた新しさを再認識できなければ、それはその作家が秘める永遠の新しさを感知しそこなうことになります(1)。

そしてわれわれがここで論じようとしているジャック・デリダもまた一九九六年の『レ・タン・モデルヌ *Les Temps Modernes*』五〇周年記念号に掲載された「『彼は走っていた、死んでもなお』やあ、やあ〈Il courait mort〉: Salut, salut」においてサルトルとみずからの関係がそれほど単純なものではないことを示唆している。ここでデリダはおもに『文学とは何か』を含む『シチュアシオン Situations II』を読み直しながら「どうしても次のことを言っておきたい」と述べる。

『文学とは何か』には称賛すべき印象深い明晰さと「今日性（アクチュアリティ）」といわれるものが備わっているようにわたしには思われる。このアクチュアリティたるやほとんど無疵のままであり、ときには今でもわれわれより先を行っており、模範となるものなのだ(2)。［C：23=71］

デリダの思考にとって「幽霊」が重要な役割を演じていることはよく知られているが、この論考ではサルトルはデリダにとってあたかも「幽霊」であるかのように現象してもいる。デリダは一九九四年の

『友愛の政治学 *Politiques de l'amitié*』でギリシア・ローマ以来「政治」の基礎づけに動員されてきた「同胞愛 fraternité」を問いに付しつつ、「政治」概念そのものの自明性を揺るがせる試みに従事しているが、サルトルもまた「たしかに異なった仕方」であるにしろ、「すでに同胞愛のレトリックを問題化している」ことが改めて発見される。デリダは『シチュアシオンⅡ』を再読しながらサルトルのこの作業を「忘却」していたことに気づく。

こうした忘却は、わたしの場合、自分がときに遅まきながら気がつく以上にしばしば起こるのだが、まさしくこれこそが実は、この書簡の主題なのである。つまりそれは、相続や継承における記憶の喪失と想起のあいだの奇妙なやりとりのことである。継承とはわれわれをわれわれがそうであるところのものたらしめ、われわれがいまだ考えていなかったことをわれわれにすでに考えるべく与えてくれるものである。それはまるで、われわれが相続するものがつねに来たるべき幽霊 un spectre à venir であるかのようなのである。まるで回帰する亡霊 un revenant がわれわれの前を走り、その後を追いかけてわれわれが息を切らし、今度はわれわれが死ぬほど走り、死へと、そして息もたえだえになるほどに……。〔TM：11=69 強調原文〕

ここでの課題はこうした「幽霊」性をサルトルのテクストから読み解くことにある。そしてテクストから「幽霊」を召喚するというこの行為はおそらく「実存主義」・「構造主義」・「ポスト構造主義」といういささか紋切り型の「進歩史観」を問い直すことへと連なっていくことになろう(3)。

1 「物書き écrivain」――「境界」の攪乱

それにしてもサルトルとはいったい何者か？『存在と無』と『弁証法的理性批判』の著者としてまず「哲学」者なのだろうか？ しかし『嘔吐』と『自由への道』を忘れるわけにもいくまい。そしてまた『蝿』や『出口なし』、『アルトナの幽閉者』の記憶はわれわれに劇作家としてのサルトルを想起させる。シュールレアリズム的な言語の炸裂の実験として「ネグリチュード」の詩篇を論じたあの美しい「黒いオルフェ」は？ なによりも読む者に恐怖を巻き起こしさえするあの驚異の書物『聖ジュネ』を書き得るのは「哲学」者なのか、「文学」者なのか？

この問いに対してわれわれはとりあえずサルトルとは「哲学」と「文学」との境界を攪乱する「物書き écrivain」であると答えておこう。サルトルの「政治」性とはまずこの攪乱にこそあると言わねばならない。

デリダのエクリチュールにとってもまたこの「哲学」と「文学」の境界の攪乱という「政治」性はひとつの賭金を構成している。そして確かにその点においてまず――それはある差異を孕んだものであるにせよ――デリダはサルトルを反復している。デリダ自身「物書き écrivain」としてのサルトルについて次のように述べている。

サルトルの中で私の情熱をかきたて、私を魅了し、ある時期彼を私のモデルにしたのは、彼が哲学者でも作家でもあったということでした。ごく早い頃からそうなるのが私の夢でした。彼は文学のエクリチュールとの間に強い関係を持っており、わたしにとってイデオローグ像として非常に重要でした。他方彼は伝統にのっとった哲学書や小説や戯曲を書くだけでなく、文学に関心を抱きいわゆる文学批評を書く人間でした。ですから、実に知的で敏捷で透明で教育的で、学生たちの中に鮮明な記憶をうえつけるこのエクリチュールに魅惑される理由はそれだけ沢山あったわけです。(4)

しかもデリダが取り上げる「哲学」のテクストも、「文学」のテクストもサルトルの取り上げるそれに奇妙に似通っている。たとえばヘーゲル Hegel、フッサール Husserl、ハイデガー Heidegger のいわゆる「三つのH」の哲学者たち。

フランス語のプラティークにおいてエクリチュールとしては存在しながらもパロールとしては現前しないこのHを頭にもつ哲学者たちのフランスへの導入はサルトルにおいてはそれ自体きわめて大きな政治的意味をも含んでいた。というのも、当時のフランス哲学の舞台は「実証主義」的傾向を別にすれば、基本的に、第三共和制の哲学的支柱であり、「如何にして認識の普遍妥当性は可能か」という問いに第一義的に従事する新カント派――第三共和制の政治的「普遍主義」と「認識」の「普遍妥当性の基礎づけ」という投企とは無関係ではない――とベルクソンに象徴される「スピリチュアリスム spiritualisme」のヘゲモニーの下にあり、しかもそのヘゲモニーはフランスのナショナリズムと決して無縁ではあり得ない以上、認識論から存在論へという構図において遂行された三人のドイツの哲学者の導入もまたそのようなコンテクストから自由ではなかったからである。(5)(6) われわれはここで第二次世界大戦直後、「ナチス・ドイツの哲学者であるハイデガーの継承者である」故に「ファシズムの哲学」という批判が一部からサルトルに対して浴びせかけられたという事実を想起しておいてもよいかも知れない。

デリダはサルトルのヘーゲル、フッサール、ハイデガーに対する読解には疑問を提示しながらも、この三人の哲学者を自らに発見させたのがサルトルであったことは隠そうとはしない。しかもその疑問さえ、もはや単純なものではない。

サルトルこそは、彼が哲学について述べていることをはるかに超えて、そしてますます自分で言っていることに反して、ほとんど五〇年も昔に、ヘーゲルやフッサールやハイデガーを、そして当然他の哲学者たちをわたしに発見させてくれたのです。……サルトルを読み返してみたい、すべて別の仕方で読み返したいとわたしは思っています。そこから計り知れない負債 dette が由来するのです……。[(7)] [C : 44=58]

またM・ブランショ、G・バタイユ、F・ポンジュ、C・ボードレール、S・マラルメ、G・フローベール、F・カフカそしてG・ジュネといった「不可能性」の作家たち。デリダは「哲学」における場合と同様にサルトルによるこれらの作家に対する読みには留保を設けながらも、彼らとの関わりの発端にサルトルがあることを繰り返し述べている。

喜んで認めますが、私がブランショ、ポンジュ、バタイユの名をはじめて目にしたのは『シチュアシオン』の中でだったのです。カミュの名前さえそうで、サルトルのカミュ論と同時にカミュを読んでいました。[(8)]

そうは言ってもサルトルこそは、彼が文学で言っていることをはるかに超えてもう五〇年近くも前にバタイユやブランショやポンジュやさらに他の作家たちをわたしに発見させてくれたのです……。〔C：44-57〕

「アンガジュマン」

そしてサルトルもデリダもこうした「哲学」と「文学」の攪乱という「政治」性を帯びた「物書き」として――時には一八世紀における「フィロゾーフ philosophe」たちを彷彿とさせる身振りとともに――「政治」に批判的に介入する。しかも「不可能性」のエクリチュールに取り憑かれた「物書き」として「政治」の「不可能性」にもまた取り憑かれつつ。

サルトルと「政治」。そう聞いてわれわれは二一世紀に何を想起し得るだろうか？ まずなによりもマルクス主義と共産党という軸を中心とした「階級」と「貧困」の「政治」だろうか？ それともF・ファノンやA・セゼールの名と結びついた植民地主義批判か？ しかしこの植民地主義批判や「階級」の「政治」が『嘔吐』や『恭しき娼婦』に鮮烈に見受けられる国民国家への批判と連動していることも見逃されてはなるまい[9]。そして「本質主義」的発想を脱構築しながら遂行された反ユダヤ主義批判やイスラエルとパレスチナ双方の「左翼」の対話への試み。

すでにデリダは「いかなる哲学討議会（コロック）も必然的に政治的な意味合いをもつ」の一文で開始される一九六八年の「人間の目的＝終末」のなかで、「民主主義の形式」、ベトナム和平交渉、マーチン・ルーサー・キング暗殺、さらにパリでの五月革命における学生と機動隊のせめぎあいといった複数の「政治」に言及しているが、サルトルの記憶と結びつく時、「政治」に関わる「物書き」としてのデリダはより明確になる。

サルトルの雅量の広い参加の仕方には、大いに共感と賞賛の念を抱いています。……知識人は政治的責任を引受けなければならないのです。……ヴォルテールやゾラへと遡るフランス知識人の伝統の中で、サルトルは偉大な形象だと思います。この点で私はいささかも否定的見解を持っていません。(10)

デリダは一九九四年にCISIA（アルジェリア知識人支援委員会）と人権擁護連盟の提唱によって開かれた集会で読みあげたテクスト、「アルジェリアにとっての／に対する様々な態度決定(11)」を『レ・タン・モデルヌ』に寄稿しているが、一九九六年の同誌でのサルトル論においては、かつて「アンガージュマン engagement」と呼ばれもした「物書き」と「政治」との関係は一層前景化している。

「アンガージュマン」という言葉を是が非でも保ち続けていく必要性。この美しい言葉はいまだ真新しく（抵当 gage、のるかそるかの企て gageure、そして言語 langage、「状況」、無限の責任、すべての機構に対する批判的自由、などなど）、若干別のところに引き寄せてみるならば、この言葉はわれわれが自分が居る側に向き直り、自分を今日「われわれを」見出そうと努めること、を意味する。「アンガージュマン」の内容と戦略を変えながら、その形態を保ち、再活性化させること。……今日多くの知識人は「アンガージュマン」という概念や言葉を前にして嫌な顔をするのがなにか品格のあることだと思っている。馬鹿げており、疑わしいことだ。というのも、戦後のアンガージュマンについてのいくつかの定義を読み返してわたしが思うに、この言葉はその言葉そのままで、しばしば今日の「知識人」たちにとってこの上なく正当なスローガンとなりうるものだからである。[12]

〔C：40-53 強調原文〕

サルトルのエクリチュールにおいてフランス国民国家への批判が一貫して一つの重要な賭金であることは言うまでもないが、われわれはデリダにおいても「声 voix」の形而上学への批判が、現象学的な意味での自己同一性である「自己への現前」への批判であると同時に、フランス国民国家の自己同一性或いは、その「代表＝表象 représentation」の論理を「共和主義」的に保証する「投票 voix」への批判としても機能し得ることを見逃してはなるまい。この国民国家をも含めた政治共同体の自己同一性への問いは一九九四年の『友愛の政治学』で大掛かりに反復される。

「国際冷戦レジーム」に抗して

さらにまた「政治」に批判的に介入する「物書き」としてのサルトルとデリダの類似性として注目すべきは、フランスにおけるマルクス主義及び共産党との距離の採り方である。

周知のようにサルトルは資本の論理や植民地主義に汚染された保守勢力を批判し、ある程度——とりわけある時期においては——フランス共産党及びマルクス主義との連携を試みたが、その場合でもあくまで批判的距離を保ち、決して入党することはなかった。[13]

というのも、サルトルの思考自体は原則的に「アナーキズム」によって導かれており、[14]従って思想内在的な水準ではマルクス主義や共産党とは折り合いがつかないからである。このようなサルトルの立場は大戦直後の革命的民主連合（Rassemblement démocratique révolutionnaire）に参加した頃の言説に典型的に現れている。たとえばサルトルは『文学とはなにか』においてブルジョアジーと共産党、ソ連とアメリカという二者選択の問いの立て方を拒否して次のように言う。

もし、二者選択の二つの限界がブルジョアジーと共産党であるならば、その時は選択は不可能である。［QL：288］

一方（ソ連）の勝利は国家主義と国際的官僚政治の到来となる。他方（アメリカ）の勝利は抽象的資本主義の勝利となる。すべての者が官吏となるか、すべての者が使用人となるか。［QL：272］

仮にソ連が勝利すれば、われわれはもう一度死ぬまで、見過ごされてしまうだろう。仮にアメリカが勝利すれば、われわれの内の最良の者たちも文学史に罐詰にされ、もはやそこから出られなくなるだろう。(15)［QL：289］

とは言え、現に資本主義側のフランスの「物書き」であるサルトルはフランスにおける両者の権力関係の非対称性を前提とすれば、自らのマルクス主義や共産党への批判が、保守勢力に利用されることは回避すべきであると判断する。そしてそのことは植民地主義の正当化や「人権」の発祥地フランス礼讃の言説に動員されないようなかたちでソ連の強制収容所や共産党の集権性への批判を展開するという戦略を要請する。

デリダの戦略もこれと別のものではない。デリダはさきの『レ・タン・モデルヌ』におけるサルトル論で「左右」の「全体主義」をともに批判するサルトルの戦略を「二律背反」と呼び、この戦略への加担を表明している（「この点においても、どれほどわたしは自分をサルトルの後継者だと喜んで感じることだろう」［C：14=19］）が、例えば一九九三年の「政治と友愛と」においても『グラマトロジーについて』を執筆していた時期の前後に感じていた共産党やマルクス主義との距離について次のように述べられている。

私は反スターリン主義者でした。フランス共産党や、とりわけソ連には、すでに一つのイメージを抱いていました。そしてそれは、私がずっと忠実でありたいと願っている、いうなれば民主主義的左翼とは相い容れないものと思われたのです[16]。

またデリダが「人権」や「人間」というフランス「共和主義」の理念を絶えず宙吊りにする作業を遂行していることはよく知られているが、彼もまた共産党やマルクス主義への批判の言説のコンテクストには常に留意している。

こうした政治的な反対意見を公言することで、それが保守的な回避と混同されるような危険は避けたかったのです。それはどうしても避けたかったのです[17]。

反マルクス主義的と見えるような反論を掲げたくはなかったのです。フランスの政治史の中で当時のことを考えなくてはなりません。あの状況の中で反共の政治的な印と見られるような反論をなすことは私のいた環境ではきわめて深刻な問題を意味したのです[18]。

しかもサルトルの「幽霊」性はこうした「物書き écrivain」としてのポジションの次元にとどまるものではない。

二 「差延」と「時間」

初期のデリダにおいて「差延 la différance」がきわめて重要な概念（デリダ的に言えば概念ならざる概念）であることはよく知られている。しかしそれにしても「差延」とはなにか？

「差延」を決定的な語として構成されている一九六七年の『グラマトロジーについて』では、「差延」とは「現前性」と「現前性」を自らの形式とする「知 savoir」の「可能性の条件 la condition de la possibilité」として捉えられている。

そして「知」の「可能性の条件」である「差延」自らは「現前性」と「知」の形式のなかには姿を現さない。この書物の第一部「文字以前のエクリチュール」第二章「言語学とグラマトロジー」において「言語学」という「知」について論じながらデリダは「差延」と「原―エクリチュール」という概念を近似的に使用しつつ、次のように言う。

差延作用の運動、還元不可能な原‐総合である原—エクリチュールが、唯一の同じ可能性のなかで同時に時間化、他者への関係、言語を開始し自身があらゆる言語学体系の条件である限り、言語学体系そのものの一部分とはなり得ず、言語学の領域における一対象として位置づけることは不可能である。〔G：88=120–121 上〕

この原—エクリチュールは、その概念が「記号の恣意性」や差異の主題によって要請されているけれども、一つの科学の対象とは認められないし、決して将来もそうならないであろう。それはまさしく現前性という形式に還元され得ないものである。ところで現前性は、対象のあらゆる対象性、知のあらゆる関係をつかさどる。〔G：83=115 上〕

この場合問題なのは構成された差異ではなく、あらゆる内容規定に先立って差異を生む純粋な運動である。（純粋な）痕跡は差延作用である。……それは現実存在しないけれども（n'existe pas）、またそれはあらゆる充溢の外にある〈現前的‐存在者〉（un étant-présent）ではないけれども、その可能性は、記号（〈シニフィエ〉／〈シニフィアン〉、内容／表現など）、概念あるいは活動（発動的であれ感覚的であれ）とよばれているものに権利上先立つ。……意味作用の実証科学は、差延作用の結果と事実を、つまり自身が生じしめた特定の差異と現前を、記述することしかできない。活動中の差延作用自身についての学はあり得ず、まして現前自身の根源についての学、つまりある非=根源についての学はあり得ないのである。(19)〔G：92=124–125 上〕

「差延」は単に「知」の可能性の条件であるだけではない。それは「知」をも含めた「経験一般の条件」としての「自己―触発」の可能性の条件でもある。或いは「差延」は「自己―触発」を「経験一般の条件」として作動させるための「分裂」と「遅れ」を導入するとでも言おうか。そのようなものとして「差延」は現象学的ないわゆる「超越論的主観」にさえ先立つものとしてある。

> 差延のこの動きは、超越論的主観にあとから到来するのではない。差延のこの動きが超越論的主観を生じさせるのである。自己―触発とはすでに自分自身（autos）であるような存在者を特徴づける経験様態であるのではない。自己―触発は、自己との差異における〈自己への関係〉としての同じものを、非同一的なものとして同じものを、生み出すのである。[20]　［VP：92=156］

デリダにおいて「差延」は「時間」論の脱構築と密接な関係があるものとして捉えられている。[21] すなわち「現在 présent」を基点として「過去」と「未来」を結集する「時間」ではなく、「現在」が常に、すでに過去と未来に分割され、「現在」が「現在」としては「現前 présent」不可能な「時間」として。『グラマトロジーについて』でも「差延作用としての時間から出発して現在を考える必然性」［G：237=49 下］についての言及があるが、一九七二年の『余白――哲学の／について』に収められた「差延 la différance」ではより直截に、――デリダとしてはむしろ稀とも言えるほどの定義的な仕方で――「差延」と「時間」との関係が論じられている。

> 痕跡なるものは、過去と呼ばれるものに関連をもつばかりでなく、未来と呼ばれるものにも同様に関連をもち、そしておのれでないものへのまさにこのような関連によって、現在と呼ばれるものを

構成する。……現在が現在それ自身であるためには、ある間隔が現在を現在でないものから分離するのでなければならない。けれども、現在を現在として構成するこの間隔は、同時に現在をそれ自体において分割するのでなければならず……このような〈現在の構成〉、すなわち……もろもろの過去把持および未来志向のしるしたちの、痕跡たちの、「始源的な」、手の施しようもなく非—単一的な、したがって厳密な意味では非—始源的な総合としてのこのような〈現在の構成〉、これをこそ私は、原—エクリチュール、原—痕跡、ないしは差延と呼ぶことを提案しているのである。
［D：13–14=51–52］

三　「非人称的」な意識——「超越論的場」

ところでサルトルもまたある歩みを辿って「経験の可能性の条件」としての「場」であり、また「時間」でもある「対自」は「現在」は「存在しない」というかたちで差異を生成させることを結論している。次にその歩みを見てみよう。

ドゥルーズは「内在：一つの生」のなかで「非人称的」でありながらも「特異性」を帯びる「超越論的場」について語りながら、サルトルの『自我の超越』に言及しているが、確かにこの書物においては「超越論的場」から「超越論的自我」は追放されている。

超越論的場は非人称的となるか、あるいはこう言った方がよければ〈前人称的〉となり、それは〈我〉なしにあるということとなる。［TE：19　強調原文］

この「超越論的場」は自らに対して絶対的な差異を刻む「途方もない自発性」である。それ故「超越論的場」としての「意識」に対するあらゆる定義は「意識」が「他でもあり得る」という偶有性を廃滅することができない。

ここで「自我 ego」とは差異や偶有性をもたらす「意識」を抑圧するための装置であるという見解が導入される。そして「意志」もまた「自我」に所属するものと見做される。つまりサルトルにおいては「意志」は通常の超越論哲学においてのように「意識」の権能としてではなく、「意識」に由来する「差異」を抑圧するものとして捉えられている。「意志」を自らの権能とするフッサールの「超越論的自我」を批判するこうしたサルトルの身振りは、『声と現象』においてフッサールにおける「超越論的現象学全体を支配している明白な目的論」としての「超越論的主意主義」、「主意主義的形而上学」［VP：37=68］を批判するデリダの戦略ともおそらくは無縁ではあるまい。

『存在と無』における「対自」――「現在 présent」は「存在」しない

前期の主著『存在と無』ではこの差異を産出する「超越論的場」は「認識論」から「存在論」へという文脈とも交差しつつ、「対自 être-pour-soi」として論じられることになる。

サルトルにとって批判の対象であった新カント派の哲学にとっての第一課題は「如何にして普遍妥当的な認識は可能であるか」であった。それに対し、『存在と無』は「認識」=「知」をもその内に含む「世界」が「あるということ」の可能性の条件を問う。

「対自」とはそこにおいて「世界」が開ける「超越論的場」であるが、この「場」をサルトルは再び

「自己への差異」の運動として捉える。すなわち、その「存在」は「完全な同等性において自己自身と一致することがない」〔EN：116〕。この「自己への差異」としての「対自」の在り方は次のようにも表現される。

> 自己は、主語と主語自身との内在における理想的距離をあらわしている。自己とはそれ自身との一致であらぬ一つのありかたであり、「同」を「一」として立てることによって「同」から逃れ出る一つのありかたであり、要するに、いささかの差別もない絶対的凝集としての「同」と、多様の総合としての「一」とのあいだの、つねに安定することのない、平衡状態にある一つのありかたである。〔EN：119 強調原文〕

そしてサルトルにおいて「世界」の開けとしての「超越論的場」としての「対自」、差異の産出の場としての「対自」は「時間」である。

「時間」は「過去」・「現在」・「未来」という三つの契機によって構成されるが、サルトルは「現在」の「瞬間」という「確実な所与」に依拠して「時間」を導出しようとする議論を退ける。彼はデカルトの「コギト」を一面では高く評価しながらも、「コギト」が「現在」という確実性に基づいた「時間」の構成に動員される点は批判する。

むしろ「過去」と「未来」の結集としての「現在」から出発することは「時間」を不可能にする。というのも、まず最初に「瞬間」という確実性として「現在」が与えられるならば、如何なる「未来志向」も「過去志向」も「現在」という「窓ガラス」を突き破ることはできないからだ。必要なのは、

「現在」は「存在しない」というかたちで「時間」を構想すること、これである。

「現在」が「存在しない」のは「差延」と同様に[22]「対自」が「存在しない」からである。「自己への差異」として性起する「対自」は自己自身によっては自己を構成し得ない。「対自」は絶えず「外」との関係によって辛うじて自己を出現させる。というよりも、「対自」はそれ自身「外」との関係そのものであり、自律した「内」というものをもたない。「対自」は「滑走」であり、「脱走」である。すなわち、「対自」は「出来事 évémement」である。

もはや意識の内には己を逃れる運動（un mouvement pour se fuir）、己の外への滑り出し（un glissement horsdesoi）以外のなにものもない。……けだし意識には〈内部〉というものはないからだ。意識はそれ自身の外部以外のなにものでもなく、意識を一つの意識として構成するのは、この絶対的な脱走であり、実体であることのこの拒絶だからだ。〔FH：30〕

「現在」もまた常にすでに「過去」と「未来」という「外」によって構成される。しかもその「内」というものが不可能な様態において。或いは「内」からの「逃亡」という様態において。

現在を瞬間というかたちで捉えるのは不可能である。なぜなら瞬間は、現在が存在する時の間であるであろうからである。しかるに、現在は存在しない。現在は逃亡というかたちで自己を現在化するのである。〔EN：168　強調原文〕

四　「意味」――我有化の「不可能性」

ところでサルトルにおいて「逃走」という形式によって構成されるのは「時間」ばかりではない。「言語」によって「私」が表現しようとする「意味」もまた、「常に私から逃れ去る」〔EN：441〕。ここでわれわれは先程述べたような超越論的主意主義と連携しつつ「意味の現前の〈自己を言うことを意志する〉〔un vouloir-se-dire〕にほかならないような意義作用〔un vouloir dire〕においてしか自己を表現しない」〔VP：37-38〕という方向に「意味」を純化していこうとするフッサールの歩み、つまりは「現前の太陽へ向かって上昇するもの」としての「イカロスの道」を批判的に記述する『声と現象』におけるデリダを再び想起することもできよう。

『存在と無』における次の一節は「私」が表現の「意味」を我有化することの不可能性を端的に指し示している。

> 私は私の意味しようとしていることを私が意味しているのかどうか、正確に知ることができないし、はたして私が有意味的であるかどうかということさえも正確に知ることができない。〔EN：441 強調原文〕

「表現」の「意味」は「言語」によって可能になるのだが、サルトルは「私」の「言語」自体が常にすでに「私の外への逃亡」というかたちでしか現象し得ないと言う。それ故原理的には「私」は「私の言語が何であるかを知ら」ず、「私は私が語っているのを聞くことはできない」〔EN：442〕。或いは「私」が「言語」の「意味」を我有化することの不可能性が「私の言語」の可能性の条件である。

「言語」と「他者」

「言語」が「私の外への逃亡」として現象するのは、「言語」の可能性の条件である「他者」が「私の外への逃亡」として存在するからである。

『存在と無』においては「他者」の問題はとりあえず「独我論」批判という形式を纏って展開される。その際のサルトルの手続きは、超越論的な「世界」の開けとしての「対自」の可能性の条件として「他者」を見出そうとするものである。「単独性」を到来させる「対自」の経験の可能性の条件は「他者との関係」である。

ただし「対自」の可能性の条件としての「他者」は原理的には「現前」しないものとして与えられるとサルトルは言う。

とは言え、「他者」は原理的には「現前」しないということは「他者」が如何なる意味でも「経験」されないということではない。「現前」という形式では捕捉されない存在として「他者」は与えられるということである。それでは「現前」という形式では捕捉されないとはどういうことか？

この問いに対してとりあえずわれわれは、「他者」を主語として立てた場合、如何なる述語も「他であり得る」偶有性を廃滅できないようなかたちで「他者」が存在してしまう時、「他者」が「現前」という形式では捕捉されないと呼んでみよう。

「他者」を「主語」として立て得るからには、確かに「他者」は「経験」されてはいる。しかし「他者」は如何なる述語に対してもある過剰を孕むかたちでしか「主語」たり得ない。「他者」は「主語」と「述語」という「文」によって記述される「私」の「世界」からの過剰として、或いは逃走として存在する。「他者」は常に「幽霊」としての次元をもっている。というのも、「幽霊」はどんな厳重な「文」と「意味」による監禁からも脱走するから。

五　「痕跡」と「他者」

デリダは「他者」について「他者論」という形式的なかたちで語ることは決して多いとは言えない（しかしもちろんそれはデリダのテクストにおいて「他者」のモティーフが稀であるということではない。むしろ「他者」はデリダのあらゆるテクストに取り憑いている）が、ジャン＝リュック・ナンシーとの対話『「正しく食べなければならない」』あるいは主体の計算」では「現前」し得ない「他者」についての記述がある（ここでは「他我 alter ego」という語が用いられてはいるが）。

他我というものは、自我に対して、おのれを現前として提示すること、根源的に現前となることはあり得ない。他我には類推的な疑似現前化があるだけだ。他我が「それ自身として」与えられていることは決してないのであり、それは現象学の原理中の原理に抵抗する、すなわち根源的現前の直観的所与に。［F：37=68］

また『エクリチュールと差異』に収められた「暴力と形而上学」でも「他者それ自体は主題化されな

いという不可能性」[ED：278=156]、つまり還元不可能な「他者性」を示すものとしての「他者」の「現前不可能性」について語られている。

そしてデリダにおいてもまたこの「現前」しない「他者」、「痕跡」として出現しない「他者」は「世界」の開けとしての「自己への関係」の可能性の条件である。

自己への関係は差延のそれでしかあり得ない、つまり他者性、あるいは痕跡のそれでしか[F：275=153]

サルトルは「現前」し得ない「他者」、「幽霊」としての「他者」がわれわれに与えられる経験を「眼差されること」と呼ぶが、デリダもまた『マルクスの亡霊たち』においてわれわれに「見られる」ことなしに「眼差し」を差し向けてくる「亡霊」について語っている。

とは言えこのものはわれわれに眼差しを差し向けており、たとえこのものがそこにいるとしても、われわれがそれを見ることがないということを見ている。……われわれにはわれわれを眼差しているものが見えない。(23)[SM：26]

それにしても、「現前」不可能なままにとどまりつつ、「世界」の開けとしての「自己への関係」の可能性の条件でもある「他者」、そのような「他者」と「自己」とは如何なる関係を取り結ぶことができるのだろうか？

「他者」と「超越論的暴力」

『グラマトロジーについて』や「暴力と形而上学」におけるデリダは「現前」し得ない「他者」との関係は常にすでに「暴力」に巻き込まれていると考えているように見える。「現前」し得ない「他者」は「世界」の可能性の条件でもあった。とすれば、「世界」が開ける時、常にすでに「世界」は「暴力」に汚染されているということにもなる。

しかしデリダはこうしたいわば「超越論的暴力」とも言うべき「他者」との非対称的な関係を「超克」するという選択肢を斥ける。「倫理」によってであれ、またなんらかの社会科学的な「知」に基づいた「政策」によってであれ、或いは従来の社会秩序を根底から覆す「革命」によってであれ、この「他者」との非対称的な関係自体を廃滅し得る可能性は否定される。

この「超越論的暴力」を廃滅せんと試みることは、おそらくはより破滅的な「暴力」を招き寄せることになろう。というのも、「超越論的暴力」自体が「現前」しない「他者」、「痕跡」としての「他者」に由来している以上、この「暴力」を廃滅しようとする欲望は、「現前」しない「他者」、「痕跡」としての「他者」を廃滅しようとする欲望と決して無縁のものとは言えないからである。そしてこの欲望こそはデリダにとって「他者」=「他性」を「自己」=「同一」の「現前」の地平へと取り集めようとする「現前の形而上学」をつき動かしているものに他ならない。

六　「他者」への「倫理」――「応答」と「贈与」

とは言え、デリダはここから「倫理」の不可能を直ちに導くわけではない。むしろこの「他者」との非対称的な関係の超克不可能性こそが、「倫理」の可能性の条件である。或いは「不可能性」の隠蔽に抵抗することが「倫理」の地平を構成する。

デリダにとって「倫理」とは「現前」し得ない「他者」、「痕跡」としての「他者」の「呼びかけ」に応答することとである。「現前」し得ない「他者」、「痕跡」としての「他者」の「呼びかけ」は従来の「私」の「世界」の組織化の在り方を根底から揺るがす。「応答」としての「倫理」は「私」の「世界」の変容を伴いつつ遂行される。

もし、ここで「現前」としての「他者」、「痕跡」としての「他者」、すなわち「他者」との非対称的な関係が消去されたとしたら？　その時、「他者」とは「私」の「世界」の分節化に沿って埋め込まれたパーツに過ぎなくなり、「呼びかけ」もまた「私」の予期する範囲内でしか聞き取ることはできず、もはや「私」を不意打ちし、脅かすものではなくなるだろう。

「現前」しない「他者」、「痕跡」としての「他者」との非対称的な関係は「倫理」の場面であるとともに「贈与」の場面でもある。デリダにおいては「倫理」が不可能性の経験であるような仕方で「贈与」もまた不可能性の経験である。

というのも、「贈与」という言葉が「交換」と区別されて使用される以上、そこでは「見返り」或いは「返済」を要求しない「他者」への無償の関係がもくろまれているにも関わらず、実際のところは

「贈与」が「贈与」として認知された時点でもはや「他者」との無償の関係は消滅しているからである。「贈与」は「贈与」として認知されるや否や「負債」を発生させ、「返済」の循環を作動させる。

> 他者が贈与を認知する［perçoive le don（贈与を受け取る）］だけで、しかも単に、フランス語で言うような意味で、人が一つの財、金ないしは報酬を受け取る［perçoit］という意味で受け取る［perçoive］ばかりでなく、贈与の贈与性格を認知［perçoive］するだけで、或いは贈与の意味＝方向ないしは意図、贈与の意図的な意味＝方向を認知するだけで、この贈与に対する贈与としての単なる認知［reconnaissance］は、それがまだ感謝の念としてのルコネッサンス［reconnaissance（感謝）］になりさえしないうちに、贈与を贈与としては廃棄してしまう。……極限においては、贈与としての贈与は贈り手の側にも受け手の側にも贈与として現れてはならないだろう。それは贈与として現前しないことによってしか、贈与としての贈与ではありえないのである。[24]［DT：26–27　強調原文］

つまりは「贈与」もまたその不可能性を自らの可能性の条件として成立する。或いは「贈与」の可能性の条件は同時にその不可能性の条件でもある。「贈与」は「贈与」としては「現前」しない限りで「贈与」として性起するチャンスを辛うじて持ちうる「出来事」に過ぎず、「贈与」の不可能性が隠蔽される時、「贈与」は消滅する。

『存在と無』第三部第三章――「他者との具体的な諸関係」

ところでサルトルにおいてもまた「倫理」と「贈与」は密接な関係にあるものとして構想されている。『存在と無』第三部「対他存在」第三章「他者との具体的な諸関係」はこの書物のなかでも、やや不自然とも言える程に頻繁に言及される箇所である。従来この部分は自律した実体である「近代的エゴ」相互の「眼差し」の相剋の諸相を描いているものとして、言い換えればサルトルの典型的に「近代主義」的な側面が現れているものとして扱われることが多かった。

しかし今やわれわれは、この箇所を「世界」の超越論的な開けとしての「対自」の可能性の条件としての「他者」、すなわち「現前」しない「他者」、「痕跡」としての「他者」との非対称的な関係についての克明な記述として再読しなければならない。

ここでサルトルは「他者」の「痕跡」性、非「現前」性を消去しようとする試みとして二つの態度を挙げている。第一のものは「愛、言語、マゾヒズム」であり、第二のものは「無関心、欲望、憎悪、サディズム」である。その際、とくに重要な役割を果たすのが「眼差し」と「言語」である。

「眼差し」は「他者」を自らが繰り広げる「光」の場へと、すなわち「現前」の場へと引きずり出そうとする。しかし「光」の場へと引きずり出された「他者」はあくまで「光」の場で分節化された限りでの「他者」に過ぎず、如何に輝かしい「眼差し」と言えども決してその「痕跡」性を廃滅することはなし得ない。

「眼差し」と同様に「言語」も「現前」から逃走する「他者」を「自己」が展開する「意味」の光のうちに捕捉しようとする。サルトルはこの「言語」による「他者」の捕捉の試みを「誘惑」と名づける。われわれは「言語」をとりもちのように使用することで「痕跡」としての「他者」を罠にかけ、取り込み、我有化しようとする。しかしここでもまた如何に華麗な「言語」を散りばめようとも、ついに「他者」は「現前」の地平からは逃走する。というのも、すでに述べたようにサルトルにおいて「言語」の可能性の条件は「痕跡」としての「他者」、非「現前」としての「他者」、或いは「逃走」としての「他者」なのであり、つまりは「言語」の「意味」自体が「私」ではなく「他者」に握られている以上――「私は私の声を聞くことができない」――この試みも常にすでに挫折を宿命づけられているからに他ならない。

こうして「他者」の「痕跡」性、「逃走」性を廃滅することは不可能である。にもかかわらず、われわれは「眼差し」と「言語」によって「他者」と交渉しながら絶えず「他者」の「痕跡」性、「逃走」性を抑圧し、「我有化 s'approprier」しようとする。サルトルにおける「倫理」とは「他者」の「痕跡」性、「逃走」性に対するこの抑圧を脱構築する場面に出現する「出来事」である。

『道徳論のための草稿』

『存在と無』の最後に予告された「倫理」に関する著作はサルトルの生前には刊行されることはなかったが、その試みの一部は現在「道徳論のための草稿 Cahiers pour unemorale」というかたちでわれわれに残されている。

この草稿のモティーフの一つは「歴史」、「理念」、「他者」の周辺に組織されている。サルトルは古代以来歴史上、「逃走」する「他者」を抑圧するためにさまざまな「理念」が考案されてきたことを指摘する。

「都市、神、権利、国民、階級」〔CM : 103〕などの「理念」は「逃走」し合う「他者」相互の非対称性を隠蔽し、複数の「他者」たちを一つの集合主体へと囲いこんで来た。しかも「女性、先行の或いは後続の世代、別の国民、別の階級」〔CM：53〕あるいは「オリエント Orient」〔CM：56〕という別の「他者」たちを排除しつつ。しかし如何なる「理念」の「統一の夢」も「他者たちが反対する」故に決して果たされることはない〔CM：31〕。

またサルトルは複数の「行為」によって織りあげられる「歴史」にも「他者」性の刻印を見る。「意味」が「私」から逃走するように「行為」の結果も「私」から逃走する。「私」は「私」の「行為」の結果を制御することはできない。というのも、「行為」の結果を判断するのもまた「他者」たちであり、「私」はあらかじめ「他者」たちにとっての「行為」の意味を予測し切ることはできないからだ。

> 歴史は他者 *autre* である。人がどうしようと、またそこで何をしようと、人間の企図は他者となる。それはその他者性によって働きかけるのであり、その結果は人が期待していた結果とは別のもの *autres* である。〔CM：51　強調原文〕

「歴史」の「他者」性を否定すること、すなわち「歴史」を一つの「意図」、一つの「物語」、一つの「理念」によって構成しようとすることは「歴史」における「他者」たちを否認することへと連なる。たとえその「意図」、その「物語」、その「理念」が「人類」であるにしても。サルトルは「人類」へと「現前」しない「他者」たちの還元不可能性を主張する。[25]

> もし人類が一つの全体であるとすれば、その発展の各々の契機は、中名辞、媒介、などなどとして、

他の契機に関係していることになろう。かくて全体的な発展の契機としての苦悩は正当化され、全体のなかに溶け込むだろう。だが意識の分離は必然的に、犠牲者の苦悩が回収不可能であることを含んでいる。〔CM：95〕

「他者」の「痕跡」性を消去する「全体」を志向する「人類」への欲望はサルトルにおいてはファシズムへの欲望であると見做される。

われわれはオーギュスト・コントのように、それに礼拝を捧げるような人類があると信じてはならない。人類への礼拝はコント流の自己閉鎖的なヒューマニズムに、はっきり言ってしまえばファシズムに帰着する。〔EH：92〕

「倫理」はこの「全体」への「欲望」、「融合」への固執を切断した場面に到来する。それは「逃走」する「他者」との非対称的な関係を引き受けることでもある。

倫理性とは諸意識の「唯一の主体 un seul sujet」への融合ではなく、全体分解的な全体を引き受けることであり、この承認された不均衡において具体的な各々の意識をその具体的な単独性のうちに目的として扱おうと決意することである。〔CM：95〕

サルトルにおける「倫理」と「贈与」

さて、サルトルにおいても「逃走」する「他者」との関係は「倫理」の場面であるとともに「贈与」の場面でもある。サルトルは「贈与」を「他者」との間の非対称的な関係を開示するものとして、『存在と無』から『倫理学のための草稿』を経て『弁証法的理性批判』に至るまで繰り返し論じている。『存在と無』では「ポトラッチ」の例を挙げつつ、「贈与」が一見無償性を装った「気前のよさgénérosité」に映るにしても、実のところそれが「他者」へ「負債」を与えることでもあることが指摘されている。そしてこの「負債」を与えるという行為を支えているのは「他者」を束縛し、屈従させようという欲望、すなわち「他者」を「我有化」しようとする欲望であるとサルトルは言う。

ポトラッチは、莫大な量の物品の破壊を伴う。それらの破壊は、他人に対する挑戦であり、他人を束縛する。……贈与は激しくて短い、ほとんど性的な、一つの享受である。……贈与は、与えられる相手を呪縛する。……与えるとは屈従させることである。〔EN：684–685〕

「歴史」の可能性の条件をカント的に問うた書物『批判』第一部B「物質性のさまざまな分域間の媒体としての人間関係について」でも、デリダと同様にマルセル・モースの研究に言及しながら、「相互性」が制度化された「交換」と区別された「贈与」について語られている。

贈与もその破壊的形態のもとでは、交換の初歩的形態を構成するよりもむしろ一方の人間の他方の人間に対する抵当を構成するものだ、ということには注意する必要がある。つまり、二つの儀式を隔てる時間の持続がどんなに最小限に縮められても、それはやはり二つの儀式の可逆性を覆ってしまっており、実際にここには最初の贈与者がつぎの番の贈与者に挑戦を行うという関係が成立するのだ。……実際、その最も単純な形態のもとでの贈与行為は、〈絶対他者〉を債務者にまで転形することを目的とした物質的な供儀である。(26)(27)［CRD：187］

『道徳論のための草稿』においても、同様に「ポトラッチ」における「他者」との非対称的な関係に絡めて「贈与」がしばしば論じられているが、ここでは「贈与」の別の意味論的次元も出現している。というのも、サルトルはこの草稿では「他者」の「痕跡」性を抑圧しないこと、或いは「他者」の「逃走」性に積極的に賭けることを「贈与」として捉えようとしているからである。サルトルにおいては「私」の「意味」、「私」の「行為」は逃走する「他者」をその可能性の条件とする故に、常にすでに「私」から逃走する。しかしこの「逃走」はまた「多元性」や「複数性」を到来させるものであることにサルトルは注意を促す。すなわち、

統一の理念としての閉じられた、そして主観的な全体性を開かれた逃走の多元性によって置き換えること［CM：292］

が「贈与」として要請される。「私」の「意味」や「私」の「行為」に対する我有化の不可能性を転倒させ、「逃走」を「贈与」として捉え返すこと。

「贈与」と「創造」

そしてこの「逃走」としての「贈与」は「創造 création」としても論じられる。「創造」が扱われる際、しばしば誤って「創造」の「主体」である「作者」との関係のみが特権的に焦点化されてきたとサルトルは考える。「創造」はネオ・プラトニズムにおいて万物が一者から流出する如く「作者」から流出 émanation するものではない。「創造」の可能性の条件は「創造」の宛先である「他者」である。或いは「創造」とはある存在から別の存在の間に架けられた「出来事」である。

> 創造は根源的に他者との関係であり……創造された存在は必然的に他者である。〔CM：158 強調原文〕

それ故、

> 創造された存在はその存在のすべてにおいて作者の意図から逃走する。〔CM：157〕

またこの草稿が執筆された一九四七―一九四八年頃の書物、デリダが『レ・タン・モデルヌ』に寄せた論考のなかで「贈与論である」〔C：52=65 強調原文〕と述べている『文学とは何か』においては「創造」としての「書くこと」と「贈与」の関係が記述されている[28]。

ここでサルトルは「創造」としての「書くこと」、つまりは「文学」は「書かれたもの」を読む「他者」、すなわち「読者」をその可能性の条件とすると主張する。「書かれた」ものは「他者」によって

「読まれる」ことによってはじめて、或いは「読まれている」さなかにおいてのみ、「テクスト」として世界に出現する。そして「他者」が読む時、読まれる「テクスト」は「作者」の意図から逃走する過剰な様相をあらわにする。というよりも、この過剰な逃走こそが「書かれたもの」を「テクスト」たらしめるものなのだ。

この場合に芸術とは贈与の儀式であり、贈与するだけで、変貌が果たされる。［QL：103］

サルトルにとって「文学」とはこの変貌をもたらす「他者」の逃走の「力」、すなわち「他者」の「自由」の炸裂に向かって「書く」ことに他ならない。ここに「文学」と「倫理」が遭遇する場面がある。(29)(30)

たとえ文学と倫理とはまったく別のものであるにしても、美的命令の奥には、倫理的命令が見出される。［QL：111］

そして、今、まさにサルトルのテクストはわれわれに贈られている。われわれは果たして「出来事」としての「贈与」を到来させるようなかたちでこのテクストを読むことができるだろうか？

第Ⅱ部

文学の可能性

第六章　竹内好における「近代」と「近代主義」
——丸山眞男との比較を中心に——

はじめに

敗戦直後から今日に至るまで日本の戦後思想においては、「近代」や「近代主義」という言葉がある種異様なまでの磁場を形成して来たように見える。

「個人」という現象をどうみるか、「個人」相互の関係はどのようなものなのか、そしてどのようなものであるべきなのかといった戦後さまざまな形で反芻された問いは、この磁場と決して無縁のものではあり得なかったと言っても過言ではないだろう。

また集団と個人、集団と国民・国家、個人と国民・国家といったより公共的と呼び得る問題群に関しても、二つの言葉は深く影を落として来た。

こうした問題群に対するある問いの構えを「近代主義」として括り出し、それに対立する立場を「近代主義」批判として定立するといった図式はこの磁場の作用の一典型例であろう。このような図式は、本来一義的な答えをそう簡単に出せる筈もない問題群に対して、明解な見取図を提供してくれるような効果を与えるかもしれない。しかし逆にこのような図式によって見えなくなっているものもまた存在するのではないか？

本章はこの疑いを出発点として、敗戦直後において「近代主義」という言葉の形成に少なからず関わった竹内好の言説を検討したものである。

一 「近代主義」という記号

「近代主義と民族の問題」といった挑発的な題名を持つ論文や「近代の超克」を戦後早い段階で再検討の俎上にのせようとした姿勢もあって竹内好における「近代」と「近代主義」の位置はいささか不分明なままにとどまっている。

上に挙げた二つの論文だけではなく、竹内のテクストには執拗に「近代主義」批判というモティーフが反復する。この「近代主義」という曖昧でありながらも、流布するには好都合な標語によって竹内は、しばしば丸山を代表とする戦後啓蒙的な言説＝「近代」的な言説の有力な対極と見做されもした。

しかし実のところ、竹内がいかなる視点から「近代主義」批判を語っているのか、或いは竹内において「近代主義」と「近代」は果たして等置され得る概念なのかという点に関してはそれ程問われてきたようには見えない。そのことはおそらく先程述べたように「近代」と「近代主義」という二つの概念が、その内包と外延を曖昧にしたまま戦後思想史において過剰とも言える負荷を帯びさせられて来たことと無関係ではあるまい。

それ故竹内における二つの概念の関係を問い直すことは、戦後思想史における自明の前提の一つを問い直すことにも連なる作業となる筈である。そのような文脈を踏まえつつ、まず一九五〇年代前半の

「国民文学」論争周辺の一連の彼のテクストを再検討してみよう。

二　「ナショナリズム」と「国民文学」論争

第二次大戦後五年程の間は戦中の「超国家主義」への反動も手伝って、「ナショナリズム」についての論議は一部を除いて言説の表面へは浮上していなかった。しかし一九五〇年の朝鮮戦争勃発、五〇年から五一年にかけてのサンフランシスコ講和条約をめぐる論争、さらに中国をはじめとするアジア・アフリカ諸国の反帝国主義・反植民地主義闘争としての「民族自決」の動きは、急速に知識人の空間に「ナショナリズム」への問いを巻き起こすことになる。

この動きには世界規模での米ソ冷戦に対応した狭い意味での「マルクス主義」の言説が大きな役割を果たしている。というのも、アメリカとの対決姿勢を強めたコミンフォルムによる一九五〇年一月の日本共産党批判が、マルクス主義の言説において「対米独立闘争」と連動した「民族自決」を一層前景化させたからである。

その端的な現れが、共産党主流派が主導権を握った五一年の新綱領草案である。ここでは「人民」という言葉が「国民」に置き換えられていた。そしてこの方向に沿うかのように、当時マルクス主義史観の強い影響下にあった「歴史学研究会」は同年の大会のテーマに「歴史における民族の問題」を取り上げ、「日本文学協会」も「日本における民族と文学」を総会テーマに選ぶ(1)。

マルクス主義の立場に立つ当時の代表的な歴史家である石母田正の『歴史と民族の発見』(一九五二)及び『続　歴史と民族の発見』(一九五三)もそのようなコンテクストにおいて読むことができよう。

例えば前者に収められた「危機における歴史学の課題」(一九五一年一〇月)において、石母田は敗戦直後の「解放」によって「幻想」に囚われ、その結果「民族」の問題を一時忘却していたことを自己批判しつつ、サンフランシスコ講和条約を「日本民族に新しい屈辱の歴史をひらいた」[石母田 一九五二:三]ものとして位置づける。その上で石母田は、アジア諸国、とりわけ「中国民族」と「ロシア民族」を反帝国主義闘争の規範的な先行者として捉え、「日本民族」の自覚の必要性を訴えるのである。(2)

とは言え、この時期「ナショナリズム」を主題化したのは狭い意味でのマルクス主義者だけではなかった。一九五一年一月には『中央公論』が「アジアのナショナリズム」特集を行い、同号には丸山眞男や蠟山政道、清水幾太郎等が寄稿している。(3)同誌は一九五四年四月にも「日本の民族主義の方向」特集を企画している。

「国民文学」論争はこのような状況で出現した。この論争は『新日本文学』や『人民文学』などのマルクス主義の言説だけでなく、臼井吉見や伊藤整などの「一般論壇」の作家や国文学者によって構成される「日本文学協会」をも巻き込みながら展開していった。論者の各々によってアプローチは異なるが、いずれにしても「国民」と「文学」を如何に媒介するかということが焦点になっていたと言うことはできる。そしてこの議論の中心となったのが「近代主義と民族の問題」(一九五一年九月)、「国民文学の提唱」(一九五二年五月)、「国民文学の問題点」(一九五二年八月)等の竹内好の一連の論文である。

この論争には二つの側面がある。一つはコミンフォルム批判後の共産党内部の「主流派」と「国際派」の内部紛争と『人民文学』と『新日本文学』の抗争とが複雑に絡みあって、流れ込んで来た側面。今一つはマルクス主義内部の事情に還元できない、より広い言説空間における「ナショナリズム」への問いが「文学」界にも浮上したという側面。

臼井や伊藤は後者に属し、野間宏は後者と無関係なわけではないが、前者の文脈に強く拘束されていたと言えよう。竹内の位置は基本的には後者にあると言えるが、前者にも「日本共産党批判」という形で自らの立場から積極的に介入を試みたところに特色がある。論争自体ははっきりとした決着をみないまま急速に消滅したが、この論争の過程を通じて竹内好はある特異な相貌とともに戦後思想史に登場することになる。

三 「近代主義」批判としての「近代」

一九五一年九月『文学』に発表された「近代主義と民族の問題」は「近代主義」批判の代表者としての竹内のイメージを造りあげるのに大きな役割を果たしたテクストである。ここでまず竹内は戦後の「啓蒙の機運に乗じて」出現した思想傾向を一括して、「民族」という要素を捨象している「近代主義」として批判する。「近代主義とは、いいかえれば、民族を思考の通路に含まぬ、あるいは排除する、ということだ」[Ⅰ:32]。

しかし同時に彼は「戦後啓蒙」を「近代主義」の名の下に批判していたマルクス主義をもその「民族」概念は「先験的に」構成されたものであるとして退ける。というのも、日本のマルクス主義における「民族」とは所詮ソ連や中国からの輸入品に過ぎず、自らの問題として主体的に引き受けられたものとは到底言い得ないからだ。その意味で竹内に従えばマルクス主義もまた「一種の近代主義」に他ならない。(4)

このように定義された「近代主義のアンチ・テーゼ」[Ⅰ:32]として近代日本思想における最も有力

なものが「日本ロマン派」であり、この系譜を遡れば、啄木、天心、子規、透谷、そして福沢諭吉へと連なるとされる。それに対して白樺派から顕著になった「近代主義」はそれを受け継いだプロレタリア文学へと流れ込む。プロレタリア文学は「階級」という新しい要素を「輸入」することには成功したが、そのことによって「民族」を抑圧した。当然「抑圧」されたものは「不気味な」様相とともに回帰する。極端な民族主義者がマルクス主義の転向者から続出したのは偶然ではない。竹内によれば「マルクス主義者を含めての近代主義者は血ぬられた民族主義をよけて通った」[I：31] のであり、そのことが近代日本思想のアポリアを形成している。

「近代日本思想のアポリア」とは竹内に従えば「正しいナショナリズム」[I：34] を立ち上げることに失敗し続けたということである。もちろん、竹内においては「民族」或いは「ナショナリズム」は無条件に賞揚されているわけではない。彼の中では「正しいナショナリズム」とそうでない「ナショナリズム」の区別が存在する。昭和期における「ウルトラ・ナショナリズム」はもちろん「正しくないナショナリズム」である。

しかし近代日本において「ナショナリズム」が歪められた大きな要因は「近代主義」が「民族」或いは「ナショナリズム」との対決を避けたことにあると竹内は主張する。というのも、「近代主義」が「民族」を抑圧したのに乗じて「ウルトラ・ナショナリズム」と権力機構としての国家が「民族感情」を巧妙に回収したと彼は考えるからである。

ナショナリズムと社会革命

竹内がここで「正しいナショナリズム」と見做すのは「社会革命」と結合した「ナショナリズム」で

ある。この「正しいナショナリズム」を実現しているのは中国をはじめとしたアジア諸国であると見做される。この論点は同じく一九五一年七月に『人間』に掲載された「ナショナリズムと社会革命」においても反復されている。ここで竹内は『中央公論』「日本のナショナリズム」特集に発表された丸山眞男の論文を引用しつつ、「ナショナリズムと社会革命の結合」の必要性について論じている。

> ナショナリズムには、革命に結びついたそれと、反革命に結びついたそれとの二種類があり、前者のみが正しいナショナリズムである。［VII：15］

またここでも啄木が近代日本思想史における分水嶺であり、彼において思想的賭金であった「民族」と「階級」の連関という課題がプロレタリア文学では失われ、それが「日本ロマン派」からの復讐の導因となったという見解が示されている。

彼が自らの言う「ナショナリズムと社会革命の結合」の内実をどのように考えていたかについては、翌年八月『改造』に発表された「国民文学の問題点」においてもう少し明瞭に窺うことができる。ここで竹内は『近代文学』派が「自我の確立」や「近代的市民の解放」といういわば抽象的な個人主義的思想にのみ依拠していたことを批判し、個人の独立と「民族」＝「国民」の創出とが相互連関させられるべきであることを主張する。

> 個人の解放と国民（民族といってもいい）意識の発生とは、多くの場合に同時である。そしてそれは、封建制との戦いの過程に生じる。東洋の後進国の場合は、中国に典型的に現れているように、

さらに植民地からの独立という要素がそれに加わるわけだが、独立と統一は不可分の関係にあって、封建的分裂をそのままにしておいて独立はできないし、独立を目指すことは当然内部の封建制の排除につながってくる。個人の独立は、国民的連帯の意識と離れては実現しないし、その逆も真である。個人だけを抽象して取り出すのは、文学における身分制との戦いを避けたために生じた、それ自体が特権的な意識の産物だと見るべきであろう。これは何も『近代文学』だけがそうなのではなく、『新日本文学』まで含めた、日本の文壇文学が然らしめたものである。［竹内 VII：48–49］

またこの論文においては「近代主義」に関して、「民族」＝「国民」を排除するという論点とは独立して、ある規定が与えられている。

近代主義は、前近代社会、つまり身分制が解放されていない社会に、近代が外から持ち込まれた場合に発生する意識現象である。［竹内 VII：54］

「近代主義」と「封建制」

ここでの竹内によれば、「近代主義」とは「封建制」が根本的に残存している社会において、「知識人」が「国民」のシンボルの下に「封建制」と闘争するという課題を放棄し、ただ意識の上でのみ「近代」を達成したと錯視しつつ欧米先進諸国の「輸入」にのみ従事する現象のことである[5]。「近代主義」を「前近代」的社会における「知識人」の形態として捉える姿勢は一九五一年の「インテリ」論にもはっきり現れている。ここで彼は近代日本の知識人を論じながら「日本のインテリ」が

「全体社会において特殊な機能的役割を果たすのではなくて、実体的な部分社会に固定している観がある。つまり封建時代の身分制が形を変えて、色濃く残っているのである。インテリと民衆とは、職能的にでなく、身分的にへだてられている。そればかりでなく、それぞれのインテリ部分社会がまた、閉鎖的な、自足的な、ギルドに分裂している」［VI：90］ことを批判している(6)。

「近代主義」と「封建制」とを親和的に使用するこの竹内独特の概念装置は日本共産党批判を行う際にも機能している。彼は共産党をしばしば「近代主義」の一典型として批判する一方で共産党内部の精神形態を「封建的根性」と形容する。「私が封建制からの脱却を強調するのは、ほかならぬ共産党のなかにある封建的ドレイ根性から人間を救いだすことをもあわせて強調するのだ」［竹内 VII：99］。

ここまで竹内の所論を見てきた我々は、彼の「近代主義」批判と「近代」との関係がいささか入りくんだものであることに気付く。というのも、まず（1）彼の言う「近代主義」とは単に「民族」の要素を捨象する態度の他に、「身分制」或いは「封建制」との対決を回避するという姿勢を含むからであり、それ故（2）「近代主義」との闘争とは「身分制」或いは「封建制」との闘争を本質的に含意し、しかも（3）その際彼が規範的に主張する「個人」と「民族」＝「国民」の両極析出という思想は、ある意味で「近代」に典型的なモデルの一つであるからである。

実際竹内は「近代主義」を批判する一方で、「封建制」との闘争を通じて「個人意識」或いは「近代的自我」を確立することの必要性については繰り返し確認している。例えば彼は先程の「国民文学の問題点」において「文学」を「政治」の手段化する傾向を批判しながら、次のように述べる。

そのような文学は『自我の確立の文学』を含みえず、封建制との戦いを回避している――そのよう

なものは、そもそも文学と称しえない。〔竹内 VII：50〕

また「国民文学」論争を扱った一九五四年の岩波講座『文学』に掲載された「文学における独立とはなにか」においても、「コスモポリタン」的な個人主義は批判されながらも、「近代的な自我の確立」〔竹内 VII：91〕は擁護されている。

さらに一九四八年の有名な「中国の近代と日本の近代」でも竹内が「日本文化」との比較において「中国文化」＝「魯迅」において規範的に見出したのは「抵抗」と連動した「主体性」であったことをここで付け加えてもよいだろう。

（日本文化における）こうした主体性の欠如は自己が自己自身でないことからきている。自己が自己自身でないのは、自己自身であることを放棄したからだ。つまり抵抗を放棄したからだ。(7)〔竹内 IV：159〕

とすれば、我々は次のように問い直してみることができる。すなわち「竹内の『近代主義』批判とはむしろあるべき『近代』からの逸脱として遂行されていたのではないだろうか？」と。この問いを戦後ある時期において規範的な「近代」のプロジェクトを提示し、しばしば典型的な「近代主義」者と見做されもした丸山眞男を補助線として検討してみよう。

四　丸山眞男における「ナショナリズム」

敗戦直後の丸山眞男には抽象的な個人主義を批判しつつ、規範的な「近代」像を提出しているテクストが複数存在する。とりあえず「ジャコバン」モデルと命名し得る丸山の「近代」像を簡単に要約すれば以下のようになる。(8)

(1)「封建的」とされるギルドや村落共同体等の中間集団が解体され、そこから唯一不可分の主権を有した「国家」と中間集団の属性を剝奪された「個人」が両極に析出される。

(2) 唯一不可分の主権を有した「国家」の正統性は、中間集団から析出され、その意味で中間集団から自立した「個人」相互の社会契約、拡大すればそうした諸「個人」が参加する「国民」という政治的共同体に由来する。

(3) 中間集団から析出された「個人主義」の正統性は「国民」という政治的共同体に媒介される限りで認められる。この政治的共同体から離脱する「個人主義」はあるべき「近代」からの逸脱として位置づけられる。

(1) に関しては「ラッセル『西洋哲学史』を読む」(一九四六) において「近代国家はご承知のように、中世の位階的秩序の否定体であり、教会とかギルドとか荘園とかのいわゆる仲介的勢力 (pouvoir intermédiaires) を一方、唯一最高の国家主権、他方自由平等な個人という両極に解消する過程として現れる」[丸山 III : 72] と記述されている。

また (2) については「ジョン・ロックと近代政治原理」(一九四九) においてロックとルソーの

『社会契約論』の関係を示唆しながら、「一切の政治権力を究極的に人民のトラストに基礎」づける「いわゆる人民主権」の思想が擁護されている［丸山 IV：199］。

さらに「ラッセル『西洋哲学史』を読む」には、ヘレニズムの「非政治的個人主義」を「近代」的ではないものとして批判するという（3）の論点も示されている。この姿勢は「近代的な個人主義とは異なった、非政治的な個人主義、政治的なものから逃避する、或いは国家的なものから逃避する個人主義的思潮」を「政治的な自由主義ではなく、むしろ『頽廃』を内に蔵したような個人主義」［丸山 III：79］として位置づける「明治国家の思想」（一九四六）においてさらに典型的に現れている。

竹内好と丸山眞男の親和性

以上のように丸山の「近代」像を整理してみると、竹内の規範的な「国民」像との距離が予想外に近いことに気付く。

例えば（1）、（2）の論点には、竹内が「封建制」や「身分制」との闘争を通じた「近代的自我の確立」を提唱していること、及び国民と個人の相互媒介性を強調していることがほぼそのまま重なってくる。例えば先に指摘した箇所以外でも、一九五二年の「危機と統一」において竹内は「個人が身分制から解放されて、独立の人格とならなければ、国民の構成単位になることはできないが、同時に国民という全体に従属することなしに個人の解放はありえない」［VI：325］ことを強調している。

また竹内が「国民」に媒介されない「個人主義」を絶えず抽象的な「コスモポリタニズム」として批判していることと、（3）の論点との類似も明らかである。

それ故ウルトラ・ナショナリズムと区別された「健全な」ナショナリズムの必要性という竹内が「近

代主義と民族の問題」において行った主張とほぼ同趣旨の文章が丸山のテクストに発見されたとしても、それはもはや驚くべきことではあるまい。

> 長きにわたるウルトラ・ナショナリズムの支配を脱した現在こそ、正しい意味でのナショナリズム、正しい国民主義運動が民主主義革命と結合しなければならない。［丸山 III：105 強調原文］

竹内と丸山の思想装置の類似性はここにとどまらない。「国内の民主化」と「対外独立」との相互連関というモティーフもまた両者の双方に容易に見出すことができる。竹内にとって国内における「封建制との闘争」＝「民主化」と植民地状態からの独立との連関は、彼の初期からの歩みにおいて終始一貫して重要な課題であったことは言うまでもない。例えば「ナショナリズムと社会革命」では竹内は中国を例に採りながら、「ナショナリズム」と「民主化」の連関の必要性を強調しつつ「国家的独立と国民的統一への祈念」［竹内 VII：17］へと議論を接合している。

また一九四九年の「新中国の精神」でも同様の論点が展開されている。ここでは中国革命における「共産主義」の側面よりも、むしろ「対外的には民族の完全独立、対内的には封建的諸関係からの完全な脱却」［IV：92］、つまり「新民主主義」の側面が強調されている[9]。

さらに前節で扱った「文学における独立とはなにか」でも竹内は「文学における独立は、文学における封建制および植民地性の排除と同義だから、当然、国民文学の形をとる」［VII：101］ことを総括的に述べ、「文学」もまたこの課題とは無関係ではあり得ないことを確認している。

そして丸山もまた一九四七年の「陸羯南——人と思想」において「後進民族の近代化運動が外国勢力に対する国民的独立と内における国民的自由の確立という二重の課題を負うことによって、デモクラシーとナショナリズムの結合を必然ならしめる歴史的論理を正確に把握」［丸山 III：95］することの重要性を説いている。

このように見て来ると「近代主義」批判を遂行する竹内の視点が、——嘗て一見相対立するように見える「欧化」派の福沢諭吉と「国粋」派の陸羯南がある親和性を備えていたように——丸山のある種の「近代」像と親和的であることは否定し難いように思われる。

日本思想史への視点

しかもこの両者の親和性は、単に規範的なレベルだけでなく、日本思想史を俯瞰する仕方にまで及んでいる。

まず第一に両者とも個人と国民との媒介の緊張関係があった時期として明治初期を捉え、明治中期以降から大正にかけてを国民という政治的公共性との媒介を喪失した抽象的個人主義が前景化した時期として批判的に記述すること。

竹内が「福沢、漱石、荷風」(10)或いは「透谷、独歩、啄木」等の明治の思想家に「よきナショナリズム」の可能性を読み［VII：17–18］、自然主義末期以降、とりわけ白樺派を分水嶺として、「コスモポリタン」的個人主義が「民族」＝「国民」を抑圧したという見取図を提示していることは上に示した通りである。

丸山もまた一九四九年の「明治国家の思想」において「国民的な独立と個人的な自主性ということが

不可分の課題として提起」〔丸山 IV：61〕されていた時期として明治初期の思想を位置づけ、明治中期以降をそうした個人と国民との媒介が失われていった時代として捉えている。

一九六〇年の『忠誠と反逆』でも同様の視点が提出されている。ここで丸山は日露戦争以降、「裸の感性的な自我の『解放』」〔丸山 VIII：256〕と「アパシー」を相伴った「個人主義」、すなわち政治的公共性との緊張関係を喪失した「個人主義」が支配的になったことを指摘している(11)。

第二にそれが妥当性を有するか否かは別にして、「日本文化」を「主体性」を備えた「個人」の実現を阻む構造として主題化しようと試みること。丸山が中期以降『日本の思想』その他で「日本文化分析」を試みたことは周知の事実であるが、竹内も「中国の近代と日本の近代」（一九四八）以来同様の問題意識を自らに課している。

例えば竹内は中国と比較して日本が「ヨーロッパ」に対し、「抵抗」と結びついた「主体性」を示し得なかったのは、「日本文化」の「構造」に由来しているのではないかと問いかける。

日本文化がヨーロッパに抵抗を示さなかったのは、日本文化の構造的な性質からくるのではないかと思う。日本文化は、外に向かってはいつも新しいものを待っている。文化はいつも西からくる。〔竹内 IV：167〕

また「日本文化のなかでは新しいものは必ず古くなる。古いものが新しくなることはない。日本文化は構造的に生産的ではない」〔竹内 IV：163〕という一節も、「思想が伝統として蓄積されない」〔丸山 VII：199〕或いは「色々な『思想』が歴史的に構造化されない」〔丸山 VII：194〕という『日本の思想』

の記述を想起させないだろうか？

しかし以上のような親和性にも関わらず尚、「西欧」派の丸山と「アジア」派の竹内との差異は消去できないのではないか、そして竹内は「アジア」派であることによって丸山的「近代」との還元不可能な偏差を示しているのではないかという異議はあり得よう。

この異議が「竹内の『近代主義批判』とは規範的『近代』の擁護とともに遂行されていたのではないか？」という本章の仮説を無効にするものかどうかを次に見てみよう。

五　「方法」としての「アジア」

確かに竹内が「近代主義」を批判する際に採用する語りは一見丸山的「近代」との差異を際立たせているかのような「印象」を与える。その「印象」は、主に次の三点に由来する。

まず第一に竹内が規範的に言及する対象が中国を代表とする「アジア」であること。このことはしばしば「西欧」における「近代」を規範的に語る丸山とは、はっきり対称をなしている。

第二に竹内が「民衆」という概念に依拠しながら、「知識人」や「指導者意識」の「近代主義」性を批判していること。丸山においては「民衆」というシンボルが竹内ほど肯定的に語られることは少ない。

第三に「日本ロマン派」のなかにあるべき「ナショナリズム」の契機を見出そうとする竹内の姿勢は明らかに丸山とは異質なように見える。

これらの三点が複合されれば、一方で「西欧」＝「近代」を規範モデルとして提出しつつ、日本の現実をそこからの距離によって批判し、その結果「啓蒙」的＝「知識人」的な身振りを纏わざるを得ない

「近代主義」者丸山が浮かび上がり、他方竹内はその批判者として存在しているようでもある。しかし一見明白なように見える両者の差異も、今少し検討してみるとその自明な様相を失う。

まず第一の点に関しては、竹内にとって「アジア」とはあくまで「方法」であるということが指摘され得る。

毛沢東に指導された中国革命が如何に魅惑的に映ろうとも、中国の経験をそのまま日本に適用することはできないということを竹内は強調する。日本国内のことは日本国民のイニシアティヴに委ねられており、そのことを忘れ中国の事例を直輸入しようとする態度は、彼によればそれこそ「近代主義」に他ならない。

この視点に基づいてこそ、竹内はコミンフォルムによる批判に従属して展開されたマルクス主義陣営の「民族」論を「日本の現実」から遊離したまま「アジアのナショナリズム、とくに中国のそれをモデルにして、日本へ適合させようとする」[VII：30] 試みとして、『人民文学』のそれをも含めて「近代主義」と批判し得たのである。(12)

しかもこの「方法」を通じて追求される「理念」が「個人」と「国民」の両極析出、言い換えれば「デモクラシー」と「ナショナリズム」の結合――このモデルが極めて「近代」的なものであることは言うまでもない――ということになれば両者の距離は再び近くなる。(13)

実際竹内は「方法としてのアジア」の典型例としてしばしば中国に言及するが、その際中国を「近代」、日本を「前近代」と位置づける。中国革命とは「制度と思想の両面からする、封建性への反逆の運動」であり、そのモラルは「自由の内面律」[竹内 IV：101] であるとされる。それに対して彼に従えば日本にとっての課題は「近代意識の過剰ではなく、その欠如」[IV：107] である。

竹内好と石母田正

この点に関しては竹内と同じく「アジア」に依拠しながら、「近代主義」を批判した石母田正との比較においてより明確になる。『歴史と民族の発見』に収められた「歴史学における民族の問題」における石母田の主張をここでの論点に引きつけながら整理すれば以下のようになる。

まず第一に石母田は「民族」が「近代資本主義システム」による構成体であることをマルクス主義の公式によって確認しながらも、むしろ「民族」が「近代以前との連関と統一」［石母田 一九五二：一一二］であることを強調する。彼においては「民族」は「歴史」によって支えられなければならない。

第二に石母田は、ソ連における「フォルクロール」的な要素を伴った政治指導者の「神格化」を批判する言説を「近代主義」的な知識人の見解と位置づける［石母田 一九五二：一二九］。これに対して彼はそのような「ブルジョア的偏見」［石母田 一九五二：一二九］から自由に「フォルクロール」を再発見したゴーリキーを評価する。

このような石母田の姿勢と竹内の立場とは、「近代主義」を「西欧」による植民地主義へと接合させて批判し、「アジア」を規範的なシンボルとして使用するという点では一見類似しているように見えるとしても、根本的に相容れないものである。

まず第一の論点に関しては竹内においては、「民族」＝「国民」の出現は「封建制」の廃棄及び「個人」の析出と原理的に関連させられており、近代以前の歴史との連続性という契機は極めて希薄であるということが指摘し得る。

第二の点についても、竹内は政治指導者の「神格化」を繰り返し激しく批判している。竹内が「中国革命」の可能性として捉えているのは、「主人持ち」＝「ドレイ」であることから身を引き剝がす独立独歩の「自由人」〔V：258〕の実現である。一九四七年の「魯迅と毛沢東」でも「指導者を求める」〔V：255〕こと及び「偶像」〔V：258〕に依存することは明確に斥けられている。

このような竹内の思想は、石母田の視点からすれば「近代主義者」に分類されざるを得ないだろう。

「民衆」というシンボル

また「民衆」というシンボルをめぐる論点に関しても、竹内の行論を丹念に追えば彼が「民衆」を即自的に肯定しているわけではないことが明瞭に読み取れる。

例えば「日本の民衆」（一九五三）では「日本の民衆は、歴史的に見てとくに官僚主義には弱い」〔1VI：250〕ことが指摘されているし、「権力と芸術」（一九五八）でも、「天皇制権力」が制度としてだけではなく、「固体ではなくて気体であり、自他を包む場のようなもの」〔竹内 VII：156〕として「一木一草」に浸透しているという見解が示されている。(14) そして官僚主義や「天皇制」が竹内にとって徹底的に闘争すべき対象である以上は、彼の「闘争」は必然的に「民衆」との「闘争」を含意せざるを得ない。

また「中国の近代と日本の近代」においても、日本では「人民の運動さえ、士官学校と帝国大学のふたつの上へ向かって開かれた管から吸い上げて枯ら」〔IV：167〕された結果、あくまで「主体性」にこだわり「優等生に反対」する少数者がいたとしても、彼らは「優等生からやっつけられるだけでなく、劣等生からも閉め出されてしまう」〔IV：153〕ことがペシミスティックに語られている。竹内に従えば、それ故近代日本においては「ダラクしなかった少数の詩人」は「敗北」する宿命を背負わされていたのである。

「主体性」の確立を掘り崩す傾向が単に「インテリ」＝「優等生」[15]だけではなく「劣等生」或いは「民衆」にも深く根づいているという竹内のこの論点は執拗に反復される。すでに一九四八年の「指導者意識について」[16]において、彼は共産党の「指導者意識」を批判しつつも、根本的には「指導者を要求する」のは「民衆」であり、「指導者意識の根は民衆にある」ことをはからずも指摘している［VI：114］。

民衆は、民衆であるために官僚化される。「人民は常にその血で権力者の手を洗う」と魯迅はいった。「暴君の臣民は暴君よりも暴である」ともいった[17]。［VI：109］

ここでの竹内の論によれば、「指導されるか、指導されるのがいやなら自分が指導者になるよりほかに生きられない」ように「日本文化は構造されている」［竹内 VI：111］。「日本の社会にはあらゆるものを枯らす毒気がある」［竹内 VIII：113］。

竹内の「日本ロマン派」評価

第三の「日本ロマン派」評価をめぐっては、丸山が極めてネガティブなこともあり[18]、確かに両者の差異は明瞭なように思える。しかしここでも性急に結論を下す前にまず竹内が「日本ロマン派」をどのような視点で論じたかを想起してみよう。

橋川文三の『日本浪漫派批判序説』と比較すると、竹内の「日本ロマン派」論では、内在的な記述を試みるというよりは、自らの問題設定の枠内で対象を位置づける傾向が強いことが特徴である。

例えば「近代主義と民族の問題」では高見順の言葉を引きながら、「民族意識」と接合された「健全な倫理意識」へと「ロマン派」を引き寄せる読みが提示されており、「ロマン派」を論じる際には通常重視される「イロニー」の側面は完全に脱色されている。

また「近代の超克」でも、保田与重郎に言及しながらも、「イロニー」をそれ自体として評価するというよりも、保田の「あらゆるカテゴリーを破壊することによって思想を絶滅する」［VIII：61］起爆力を「文明開化」＝「近代日本の全部」の否定へと結びつけ、そのことによって「日本近代史のアポリア」を抉り出すことに可能性の中心を読むという方向が示唆されている。実際ここで竹内は「保田のもつ破壊力を意味転換に利用」する「強い思想主体」を要請している［VIII：65 強調引用者］。

そしてこの場合、彼の言う「日本近代史のアポリア」を見据えた「強い思想主体」が——竹内にとって「近代日本のアポリア」が「正しいナショナリズム」を立ちあげることに失敗しつづけたことを意味することはすでに確認した通りである——「個人」と「国民」の交差点に出現する極めて「近代」的な概念であることは言うまでもない。

してみれば竹内にとって「日本ロマン派」とは、むしろあるべき「近代」をラディカルに実現する可能性を秘めた「爆発」［竹内 VIII：64］であったということになる。そして彼の規範的な「近代」が丸山の「近代」とさほど異なるものではなかったことは上で見た通りである(19)。

丸山における逆説の論理

しかも論理の形式だけを抽出してみれば、「一見反動的な（反近代的な）思想の内に近代的思惟の可能性を読む」という逆説は丸山がしばしば用いたものだとは言えないだろうか？

そもそも一九四〇年の「近世儒教の発展における徂徠学の特質並びにその国学との関連」における徂徠の位置づけがそのようなものとしてあった。この論文において丸山は徂徠を「封建権力に対する意識的な反抗という点」から見るならば、「竹内式部或いは山鹿素行よりすらも封建的」であるとしながらも、一貫した思惟構造の観点からすれば典型的に「近代意識」の萌芽と見做すことができる思想家であるとする［丸山 I：300］。

一九六〇年の『忠誠と反逆』においても「封建的主従関係」のなかに政治的公共性との緊張関係を保った「近代的自我」の可能性を読み解こうとする丸山の視線が垣間見える。

例えば丸山は、福沢諭吉を「単純に『封建的』に代わって『近代的』なものをすげかえる」［丸山 VIII：206］のではなくて、むしろ抽象的な水準では矛盾する両者を具体的状況において結合させた思想家として論じている。

またここで丸山は「民権運動」における「抵抗」の一つの、しかし重要な契機を「封建的なもの」の内に見出し、その上で、このモメントは「主体性」を備えた「個人」を孕んでいたという点で彼にとっての規範的な「近代」たり得たことを示唆している[20]。

以上論じて来たことを踏まえると、「アジア」派の竹内と「西欧」派の丸山という対比も、「竹内において『近代主義』批判が規範的な「近代」からの逸脱という視点から遂行されたものであり、しかもその「近代」とはしばしば「近代主義者」に分類される丸山眞男のそれと原理的には矛盾するものではなかったのではないか？」という本章の仮説を覆すには不十分なようである。

おわりに

おそらく今日、竹内（＝丸山）的「近代」の陥穽を指摘することはそれほど難しいことではあるまい。[21]実際、戦後思想に孕まれていた「ナショナリズム」の契機は今日さまざまな形で批判されつつある。

しかしここでも我々は「ナショナリズム」という言葉の内実を具体的に検討しなければならない。例えば「ナショナリズム」という基準だけで見れば、戦前戦中の「超国家主義」の言説も、戦後のマルクス主義的な言説も、竹内（＝丸山）的な言説もすべて等価となる。むしろ必要なのは、竹内（＝丸山）的な言説が前二者とはある水準では異なる方向を目指しながらも、また別のアポリアへと落ち込んでいった事態を冷静に見据えることであろう。

そしてこのことは次のような問いを招き寄せる。なぜ彼らは中間集団からの個人の自立を唱えながら、国民国家という単位への帰属を自明視せざるを得なかったのか？　中間集団からの「個人」の自立という発想そのものが誤りだったのか？　そして彼らの考えたものとは別の仕方で個人と個人、個人と集団の関係を構想することはできないのだろうか？　といった問いを。[22]

とは言え従来過剰な負荷を背負わされて来た「近代」や「近代主義」という符牒を脱構築しつつ、こうした問いに応答することは決して容易な作業ではない。本章ではその手掛かりの一つを提出しようと試みたに過ぎない。

第七章 「鉄の殻」への問い

――武田泰淳における「民族」への眼差し――

武田泰淳は一九五一年に発表された『女の国籍』という小説の末尾で語り手に次のように語らせている。

女の国籍が、烙印か手枷足枷のように重苦しく感じられてくることがあります。人種とか民族とか国家とか、人間を区別する鉄の殻が、無気味な金属性の光沢をおびて、非情な怪物のようにギラギラと浮び上がる。その毛深い甲殻類の手脚の冷たさが、ザラザラと肌に触れるようで、ゾッとします。その殻に守られているうちは、誰もその殻の強靭さ、とげとげしさは気づかないのですが、その外部に生身をさらすと、はじめてその恐ろしさが身にしみるのではないでしょうか。
　日本人か中国人か詰問されないですむ時代、それはいつ来るのでしょうか。[I：313-314 強調原文]

国民国家の自明性が疑われ、その「鉄の殻」が持つ暴力性がさまざまな角度から論じられている今日から見れば、それほど違和感を引き起こさないであろうこの文章も発表された一九五一年当時の言説の布置においてはかなり特異な位置を占めていたことは間違いあるまい。
というのも、一九五一年という時期にはこのテクストの周囲ではかなり広い範囲でナショナリズムを規範的に語る言説が前景化していたからである。まずこのことを確認することからはじめよう。

一　「冷戦」・「逆コース」と「民族」の前景化

一九四五年に第二次世界大戦が終結した後の数年間はドイツ、イタリア、日本などの枢軸国を倒した米ソの冷戦の構図が次第に世界規模で浮かび上がってくる時期であった。西欧では一九四七年にマーシャル・プランとコミンフォルム設置公表という応酬の後、四八年のベルリン封鎖で緊張は一気に高まる。東アジアでは一九四九年に中国における内戦が共産党の勝利に終わり、中華人民共和国が成立する。そして翌五〇年には朝鮮戦争が勃発、同年中には中国人民義勇軍が戦線に介入し、遂に「冷戦」は「熱い戦争」へと移行する。

こうした情勢に呼応して、日本でも占領軍は方針の重点を当初の戦前の体制を標的とした民主化と非軍事化から「日本の反共産主義化」へと転換してくる。いわゆる「逆コース」である。

これに対し、五〇年のコミンフォルムによる批判を境に日本共産党も、「アメリカ帝国主義」に対する「民族解放」闘争を正面に押し出すようになる(1)。「主流派」が主導権を取った五一年の新綱領はその傾向を典型的に表している。そこでは従来それほど使用されなかった「国民」という言葉が頻繁に登場している。この動きに呼応して、マルクス主義の影響下にある知識人の空間では同年歴史学研究会が「歴史における民族の問題」、日本文学協会が「日本における民族と文学の問題」をそれぞれ大会テーマに取り上げる[2]。

さらに五一年九月にはサンフランシスコ条約において日本政府はソ連などを排除した講和を結ぶと同時に日米安全保障条約に調印する。両条約調印の過程はマルクス主義者に限定されない多くの知識人に、日本がアメリカの軍事基地化することによって米ソ冷戦に巻き込まれ兼ねないという危機感を引き起こした[3]。

この空間では現在の地点から整理すると主に次の二つの点が課題になっていたと言えるだろう。

第一に日本国憲法の「平和主義」の理念に依拠しながら、米ソ冷戦から距離を取ること。その際、具体的状況からしてアメリカからの自立が主題化される。すなわち「片面講和」と日米安保の見直しである。

第二に、アメリカからの「自立」という課題と戦前型のナショナリズムからの切断という課題を交差させることによって「民主主義型ナショナリズム」を如何に立ちあげるかということ。そしてこれらの動きは、次第にアジア・アフリカ諸国の反植民地闘争としてのナショナリズムと連携して、いわゆる「第三世界」への期待へと連なっていく[4]。

一九五一年一月の『中央公論』の「アジアのナショナリズム」特集もこうしたコンテクストの一例として位置づけることができよう。そこでは蠟山正道が「二つの世界とアジアの課題」を寄稿し、中国、インド、東南アジアの「ナショナリズム」がそれぞれの論者に扱われている。丸山の有名な「日本におけるナショナリズム」が発表されたのも同特集においてである。また一九五〇年の『愛国心』において民主主義とナショナリズムの結合を説いた清水幾太郎も同誌に登場している。『中央公論』は一九五四年四月にも「日本の民族主義の方向」を特集している。

さらに文学「界」でも竹内好を中心に「国民文学」論争が展開されていた。[5]この論争には『新日本文学』や『人民文学』、そして国文学者によって構成される「日本文学協会」といったマルクス主義の言説と臼井吉見や伊藤整、福田恆存、亀井勝一郎などの一般文壇の言説が共に参加している。「国民文学」論争には共産党内部の「主流派」と「国際派」の内部紛争や『人民文学』と『新日本文学』の内部抗争がかなり流入しており不透明な部分も存在するが、大枠では「国民」と「文学」をどのように媒介するかということが論点になっていたと言うことができる。とりわけ中国文学者であり泰淳の「盟友」でもある竹内好はこの論争において「ナショナリズムと社会革命」(一九五一年七月)、「近代主義と民族の問題」(同年九月)、「国民文学の提唱」(一九五二年五月)、「国民文学の問題点」(同年八月)等の一連の論文によって、中国を代表とする「アジア」を参照点としつつ欧米帝国主義に対する「国民」の自立と「文学」の結びつきを強く示唆していた。

ここでの竹内の議論には外国に対する「自立」と国内における「封建制」の廃棄の二つの課題の連関としての「民主主義型ナショナリズム」という先程指摘した論点が明確に現れている。[6]例えば『改造』に発表された「国民文学の問題点」で竹内は次のように述べている。

個人の解放と国民(民族と言ってもいい)意識との発生とは、多くの場合に同時である。そしてそれは、封建制との戦いの過程に生じる。東洋の後進国の場合は、中国に典型的に現れているように、さらに植民地からの独立という要素がそれに加わるわけだが、独立と統一は不可分な関係にあって、封建的分裂をそのままにしておいて独立はできないし、独立を目指すことは当然内部の封建制の排除につながってくる。個人の独立は、国民的連帯の意識と離れては実現しないし、その逆も真であ

る。［VII：48–49］

こうしたコンテクストに置き直す時、冒頭の泰淳のテクストが持つ特異さは――それがたとえ「小説」という特殊な言説形式であったとしても――際立たざるを得ない。このテクストが発表された一九五一年一〇月と言えばまさに「国民文学論争」のさなかである。その渦中の「盟友」を眺めながら、まさにその時に「国民」の廃棄を夢想する言葉を書きつける泰淳は何を考えていたのだろうか？

本章はこの問いを携えつつ、従来さほど重視されてきたとも思われないこのテクストの再読を目指すものであるが、まずは戦前の泰淳のある論考を検討するという迂回路を採ることにする。というのも、実は「国民」や「民族」への問い――「鉄の殻」への問い――は泰淳においては戦後突然浮上したものではないからである。

二　資本主議と「民族」――若き日の武田泰淳

泰淳は一九三四年、二二歳の時に大島覚の名で「民族文化について」という文章を発表している。[7] この論考はマルクス主義のきわめて強い影響力――教条的と言えるまでの――の下にあるが、それまでの彼の歩みをマルクス主義との関係で最低限押さえておけば次のようになる。

男子普通選挙がはじめて実施された一九二八年に旧制浦和高校に入学。この年はマルクス主義運動関連の事件としては二月に「赤旗」創刊、続いて三・一五、そして翌年四・一六と相次いで弾圧が行われている。こうした状況において泰淳（当時はまだ武田覚）は非合法の左翼活動に従事するようになる。

具体的には浦和市内にある男女二つの師範学校のオルグ活動を行っていたとされている。

一九三一年に東京帝国大学支那文学科に入学しても活動は継続される。その年の五月に中央郵便局にゼネスト呼び掛けのビラ撒きに赴いた（ビラの内容は、近日予期される軍事動員に対して軍事郵便物の配達拒否を訴えたものだったと言われている）際、逮捕され、一ヶ月程拘留される。釈放後、一応父親の意見に従って左翼運動の第一線からは退くが、その後も「第二無産者新聞」の配付などで計三回逮捕されている。翌年泰淳と改名し僧侶の資格を取得するが、マルクス主義の刻印はさまざまな形で残り続ける。

ここでとりあげる論文も基本的にマルクス主義の論理に沿って組み立てられている。まず冒頭で彼は当時の公式を引用しつつ、「民族」なるものが超歴史的に妥当する概念ではなく、あくまで近代資本主義の相関物であることを指摘する。

民族は単に歴史的範疇ではなくて、ある特定の時代、即ち上昇する資本主義の時代の歴史的範疇である。封建制度の精算及び資本主義発達の過程は、同時に民族形成の過程である。［X：379］

ここで主張されているのは、具体的には近代における「資本主義国家」の「国内市場の確立と国外市場への進出」という目的を背景にして「民族」が出現するということである。この視点からすれば「民族」とは単に「氏族、部族、種族、及びその連合体が量的に大きく」なったものではない。それ故「神代以来の大和民族」という言明自体も無意味なものになる。「民族」とはあくまで近代資本主義という「歴史」の刻印を帯びた存在なのだから。

実際泰淳はその当時「非常な勢力を占め」ていた「歴史性を無視せる民族理論」を繰り返し批判して

いる。泰淳によれば歴史性を消去した民族理論は意図的に「民族の殻」を「なにか運命的」なものとして位置づけることによって「殻の中」の「内部結合」を強固なものにしようとしている。こうした言説の帰結を彼は次のように表現している。

人々は神から下されたこの焼印（民族のこと——註引用者）をつけて、世界の隅々から立ち現れてきて、永久に争闘せねばならない。この焼印こそ、名誉の印として、万代変わることなく、子孫代々に伝えねばならない。［X：382］

続いて、この「民族の殻」をより早く作り上げた国家、すなわちより早く「国民国家」の建設に成功した資本主義国が周囲の「小民族」をその支配下に置くという現象が指摘される。その場合には支配側の国家の「中枢をなす民族の言語、宗教、風習が絶対的な優位」を形成する。というのも、

資本主義国家の発展にとっては運輸、通信機関、教育制度の統一的確立による一民族の強固な内部的結成が欠くべからざる必要であったが、限られた国内市場から進出し、広範囲の市場、廉価な労働力、原料の獲得をなすためにその支配下にある諸民族を同一文化の下に吸収する文化的統一の強制が必要になる［X：384］

からである。「日本内地並びにその勢力範囲の労働市場における異民族の労働者、農民の日本語使用の猛烈な流行」や「アメリカ大陸の資本主義社会における欧州諸民族の実に漠大な民族文化の統一融合」

はその一例であると泰淳は言う。

このようにして資本主義は支配的民族のヘゲモニーの下にある意味で「世界貨幣」とともに「世界文化」をつくりだしつつあるが、それは決して弱小諸民族の政治的自治独立の問題を過去のものとすることはできない。

大略以上のような見取図を描き出した後に、泰淳は東洋における資本主義発達の過程で「二つの民族文化論」が発生したと言う。

第一のものは、もちろん支配的資本主義国日本におけるそれである。

第二のものは現在の資本主義システムの下で被圧迫的地位にある人々によって唱えられるもので、同じく民族文化論でありながらも相対的に第一のものと区別される。というのも、植民地或いは半植民地状態にある地域の人々によって担われる民族文化論は支配的地位にある側の民族文化論が正当化している構造を崩壊させる可能性があるからである。

しかし泰淳が被支配地域の民族文化論を評価するのはその限りにおいてであって、それが自らの民族文化の賞揚にとどまる傾向は批判する。つまり被支配地域の民族文化論は資本主義と植民地主義の連携という構造を批判する機能的側面において評価されているにすぎない。

その例として泰淳は孫文の「三民主義」の内の民族主義に関する議論をとりあげる。[8] 彼は孫文が欧米及び日本といった資本主義列強から中国の独立を確保しようとして民族主義に訴えたことを確認しながらも、民族主義の原理的矛盾を指摘する。

まず民族主義とは資本主義国家における階級支配を隠蔽する装置であること。それ故労農ロシアとの接近を志向していた孫文はまずその点で早晩行き詰まったであろうと泰淳は主張する。

また民族主義は、ここでの泰淳に従えば、民族主義相互のルールを確立することが根本的にできない。彼は中国を侵略する列強もまた同じ民族主義を掲げている皮肉を指摘する。

（孫文は）同じ民族主義の旗を振りかざして大砲や爆弾をもって押し寄せてくる他民族の支配者のもの凄い形相をむかえねばならぬ破目になったに相違ない。［X：386］

こうした被抑圧地域の民族主義に対して、泰淳が対比するのは反帝国主義・反植民地闘争としての「民族独立」の運動が国際的なレベルでの資本主義批判の運動と連結することである。この課題を彼は「民族の完全な政治的自治独立を前提とする民主的な政治経済闘争がこの民族文化の問題を前面に押し出して民族文化の問題を古い排外的なぬかるみから引きあげて、諸民族の革命的連契という国際的な進歩思想の光に照らし」［X：386 強調原文］だすこと、として定式化している。ここでの「国際的進歩思想」がマルクス主義を指すことはもはや言うまでもあるまい。(9)

この論文は二二歳の時のものであるということもあるが、議論の道具立てはほとんど当時のマルクス主義の公式に依拠している。論旨もいささか図式的であるという印象はまぬがれない。また文体も——僅かな例外はあるが——後年の泰淳のものとはおよそ異質なものである。しかし我々としてはここにすでに「民族の殻」への問い——この「殻」という言葉はまさに『女の国籍』において反復されている——が泰淳において芽生えていたことを確認するにとどめよう。

三　『司馬遷』――「不可能性」と「書くこと」

ここでその後の泰淳の歩みを簡単に追っておこう。この論文を発表した一九三四年には竹内好、岡崎俊夫、増田渉、松枝茂夫等と共に「中国文学研究会」を結成する。翌三五年には中国の作家謝冰瑩に宿舎を斡旋、及び語学の交換教授をしたことから、満州国皇帝溥儀の来日の際に目黒署に一ヶ月半程拘留されている。そして一九三七年には日中戦争が勃発し泰淳は召集、中国中部に派遣され、二年間従軍することとなる。この二年間に泰淳が変貌したことを竹内好をはじめとする周囲のものが一致して証言しているが[10]、エクリチュールの次元でもその変貌は明瞭に読み取れる。

もはや彼はあるべき政治的展望を一般論として語ることをやめ、「世界」に充満する止揚不可能なさまざまな「事件」をただ「書く」ことへと向かっていく。一九四三年の『司馬遷』はそうした変貌後の泰淳の重要な姿の一つであろう。

ここでは司馬遷を論じながらひたすら「書くこと」の意味が問われている。司馬遷＝泰淳にとって「書くこと」とは「政治」と「倫理」の「不可能性」を「記録」することである。

如何なる政治理論も倫理学も、かつて起こり、これからも起こるであろう、そしてなによりも現在今、起こっている、「悪」に満ちた「事件」を媒介し止揚することは出来ない。出来ることはもろもろの「事件」をただ、「記録」し、「書く」ことである。

ただ一つ、記録すること、他は忘れはてた。〔XI：11〕

司馬遷の場合は考えると言っても、書くことであり、書くといっても「記録」することである。［XI：5］

我々はこの文の冒頭を「泰淳の場合は」と読みかえることもできる。そして「政治」と「倫理」の「不可能性」を見つめ続けることとは、言うまでもなく「政治」や「倫理」を消去することではない。

政治を棄て去り、倫理をあきらめたように見えて、実はこの期間ほど司馬遷が、政治と倫理の本質をきびしく考えつづけたことはなかったと思われる。［XI：6］

記録というとごく簡単に考える人がいるが、私は記録は実におそろしいと思う。［XI：6］

このような場所から徐々に「小説家」武田泰淳が現れてくるのだが、本章では一九五一年に『小説新潮』に連載された短編小説『女の国籍』における「民族への眼差し」に限定して議論を進めることにする。(11)

四　再び「女の国籍」へ

この小説は、中国人を父とし日本人を母とする、いわゆる「混血」の女性の語り手の視点から一貫して綴られている。父親は世を去り、語り手は現在母親とともに東京に在住している。物語はこの現在の地点から回顧的に構成されている。

物語の主な舞台は上海。この舞台自体がすでに「純血」の場所ではあり得ないものとして位置づけられている。「中国的な中国を見物したい」という日本からの来訪者に対して語り手はこう反応する。

> (上海のような)半植民地的な近代都市では、純粋な民族文化などに接触できるわけがありません。すべては混血文化。強い雑草のように、雑種文化だけが栄えるのです。[I：304]

そして「上海にはロクなものはない」と感じ「もっと生粋な物」を求める日本人に対しては、

> 生粋生粋って生粋のどこが良いの、混血だって、雑種だって存在する権利はあるんですからね。
> [I：304]

と反発する。

語り手の父親は日本留学中に母親と知り合い、結婚して上海に連れ帰った。従って語り手は上海で生まれ育てられ、日本語と北京語が同じ程度、上海語と広東語もなんとか話すことができる。しかし複数の言語に通じている語り手は、その分だけ言語をめぐる軋轢に敏感にならざるを得ない。というのも、「もしも世界が平和なら、何国人が何国の言葉で話そうと、何ら差し支えないはず」なのだが、「一たん戦争が開始され、血潮で染まった憎しみの壁が屹立してしまうと、うっかり話される言葉の種類一つで、異様な反響が撥ね返って」来るということを否応なく認めさせられているからだ。

そして語り手はまた「陸淑華」という中国名と「大和淑子」という日本名の二つを持っている。日本名は日本の美術芸術を好み、日華親善の希望を捨て切れなかった頃の父親に与えられたものだ。

しかし語り手が一六歳の時に、日本軍の上海占領とともに彼女達の住んでいた家は焼失する。父親は愛するものに裏切られたように――語り手は「日本の美に差し延べた指先を噛みつかれた」と形容している――陰鬱な状態に陥る。しかも彼は日本の暴力を通じて日本そのものを憎悪しきることができない。「荒々しく租界を行進する日本兵のムッとするような汗の香りは、また母の体臭と同質のものなのです」［I：299］。

その後住み慣れた家を失った語り手は家族とともに租界に移住する。租界は上海の「雑種」性をもっともあらわに示している場所だ。彼女はその場所を次のように描写する。

汚い廊下や階段や窓からは朝鮮語、ロシア語、英語、フランス語、南北の中国語の悪口雑言や嬉笑の声が聞こえてくる。建物の各階では各民族の歌謡、国歌、レコード、そして赤い髪、黒い髪、金髪、白い皮膚、黄色い皮膚、黒い皮膚が雑然と入り乱れている。あちらこちらで国籍不明の男と女がユダヤ教、イスラム教、キリスト各宗派のそれぞれの祈りの言葉を吐き散らしている。

そこではフランス人とドイツ夫婦の子供が英語を喋り、朝鮮人とロシア人の間に生まれた子供が中国人だったりする。午前中はポーランド人だったはずの老婆が午後にはユダヤ人の証明書を入手している。国語のとりかえっこ、国籍のすりかえは彼らの間では少しも稀なことではない。まさにアパート全体が「混血児の溶鉱炉」なのだ。

このような状況で語り手は一家の生計を支えるために「大和淑子」の名と語学能力を利用して軍需物資を扱う日本側機関に秘書として就職する。(12) しかし「中国人」としての自分、「陸淑華」としての自分を忘れることはできない。勤め先で知り合った日本人の青年が召集された際の母親の「出征」という言葉に彼女は敏感に反応する。

私はその時ほど、母は日本人だな、と感じたことはありません。「出征」と母はうっかり口をすべらしました。征するとは、誰を征服するのか。中国の民衆をです。父の同民族をです。軍服を着けた周作は、中国の軍人を殺すのが本分です。［I : 305］

しかしその母親も、国籍が中国側である限り、避難民であり、被征服者であることには変わりがない。当然日本への憎悪に満ちた中国人の住民のなかで暮らさねばならない。そればかりではなく「胸を叩けばゴボンと朽木の空洞の音が出そう」な程まで憔悴した夫への気配りも必要である。語り手は親しい集まりで日本の遺り口を痛烈に非難するのはいつも母だったことを報告している。

父親は終戦直前に死亡し、日本の敗戦とともに語り手が日本側の機関で働いていたこともあって新聞は亡父に「売国奴」のレッテルを貼る非難記事を書き立てる。さらには日本軍占領下では母親を利用して儲けを図っていた（母親はそれには応じなかったとされている）商人たちが自らを免責するために、母親を人身御供にしようとする。錯乱した母親は中国人恐怖症に陥る。いわば周囲の重圧によって母親は「日本人に逆戻り」させられたのだ。

淑華だけは引き取ってもよいという中国人の親類の申し出に逆上した母親に罵られた語り手は自殺を図るまでに追い詰められる。しかし結局母親に懇願された彼女は共に日本に渡ることを決意する。

不法渡航の最中、白人士官に招待されて語り手は船内のパーティに出席し、「大和淑子」と名乗りながらも英語や北京語を話し、つい日本や中国の歌を大声で歌う。神経を逆撫でされた日本の引き揚げ兵たちは「恥知らず」と叫びながら制裁とリンチを要求する。騒然とした状況のなかで海に投げ込まれることを覚悟した彼女は「死」の前では民族の意味など消失していくことを感じる。

「死の海」には日本も中国も、東京も上海もない。偉大な沈黙が、そこに待っています。［I：311］

ようやくのことでその場の難を逃れた語り手は東京で上海時代に知り合った前述の青年に再会し結婚するが、そこでも「日本人」か「中国人」かという詰問から解放されることはない。通りで彼女を呼び止めた駐日代表部の衛兵は、「中国人とも日本人ともつかぬ、雑種みたいな女さ」と吐き捨てる。現在身を寄せている夫の姉からは「中国の女は日本の家庭に向くはずがないよ。とんでもない嫁をもらっちゃって」などと悪態をつかれる。その様子を見兼ねた母親からも「あなたは一体、日本人なの、中国人なの」と詰め寄られる。

けれども「日本人とともに泣く」つもりで帰国したはずのその母親も、もはや「日本人」には戻れない。日本人から同胞として扱われない彼女は今度は日本人恐怖症に陥り、中国の服を身につけ、語り手の親族を上海語で罵る。その結果「あの女は一体日本人なのか、中国人なのか」などと、自分が娘に吐く台詞そのままに非難される。実際母親は外国人に対する特別の配給を受ける資格のために外務省や区役所の帳簿の上では「華僑」の一員として登録されている。しかし生活の必要から結局は日本人から金を借りて歩かねばならない。そして今や腎臓病に罹っている母親は罵倒する際にも途中で息切れがする有り様である。

このような状況に置かれて疲れ果てた語り手は自分の子供に語りかける。

坊や。お前のお母ちゃんとお祖母ちゃんはほんとうに、よその国に住んでいるのかしら。それとも自分の国に住んでいるのかしらね。お母ちゃんとお祖母ちゃんはちがう国のひとどうしなのかしら。坊やは外国人でちゅか。お母ちゃまにはまったくわからなくなってしまうのよ。坊やにだって、こんなむずかしい問題はわかりゃしないわね。［I：296］

郵送された「エクリチュール」

泰淳はこの小説においては、かつてのように「諸民族の革命的連契という進歩思想」を提示しようとする身振りを示してさえいない。中国と日本の双方が「民族の殻」を形成している状況であり得た、そして今まさにあり得る出来事を「書いて」いるだけである。ただ語り手の父の次のような独白は冒頭の一節とともに作者の夢想として読むこともできるだろう。

今にきっと、混血児があいまいな存在でなくなる時代が来るよ。ね、混血児たちが、新しい時代を作るかも知れないよ。混血児であることを、誇るような世界ができるかもしれないいんだからね――。

〔Ｉ：303〕

この小説が書かれた一九五一年には、このつぶやきは応答する声にほとんど恵まれることなく、発せられたまま消え失せるしかなかった[13]。しかし「書かれた」ことによってこのつぶやきはエクリチュールに封印され、時を超えて「郵送」されることが可能になった。そして、今、時代はようやくこの郵送された手紙を読もうとしている。

第八章 「政治」の不可能性と不可能性の「政治」
——荒正人と『近代文学』——

はじめに

一九四六年四月の雑誌『人間』において『近代文学』の同人たちは「文学者の責務」と題される座談会を行っている。文学者の戦争責任に関する問いの戦後もっとも早いものの一つとされるこの場所で、埴谷雄高は「人間」と「国民」の関係について次のように発言している。

今までのわれわれは国民は解ったが、人間なんて殆どわからなかった。ヒューマニズムといってもピンとこやしない。——非国民といわれると怒るが、非人道的といわれたって身に感じやしない(1)

ここでの埴谷はあたかも「人間」と「国民」の差異に着目し、その限りで「人間」という「理念」を支持しているように見える。この印象は『近代文学』全体に与えられているイメージでもあるだろう。また彼らは「国民」に対して「人間」を擁護しただけではなく、「主体性」論争、「文学者の戦争責任」をめぐる論争、「政治と文学」論争といった相互に関係する複数の論争において教条的なマルクス主義に「ヒューマニズム」を対置しているようにも見える。(2)

しかし『死霊』をはじめとする「書くこと」の「実践」の場においては「人間」の「不可能性」を一つの主題とした埴谷は言うまでもなく、上に挙げた論争においても『近代文学』が提出したのはむしろ「人間」を含めた「理念」の批判であったと今日言うこともできる。このことを念頭におきながら、当時の彼らの言説を再検討してみよう。

一　「主体性」論争と『近代文学』

「主体性」論争、「政治と文学」論争、「文学者の戦争責任」をめぐる論争――これらの論争を広義の「主体性」論争と呼ぶこともある――は、敗戦直後の一九四〇年代後半にマルクス主義及びそれに隣接する言説界を席巻した事件である。この事件は文学、哲学、社会科学、自然科学といった多領域にその波を及ぼした。

哲学の分野での参加者としては「主体性」派に分類される者として、梅本克己、高桑純夫、真下信一等が、それに対するマルクス主義の側の批判者として松村一人、山田坂仁等が挙げられる。また社会科学の領域では丸山眞男や高島善哉が「主体性」を肯定的に評価し、甘粕石介が批判的なスタンスをとったとされている。さらに宮城音弥や清水幾太郎もマルクス主義とは異なる視点から論争に介入している。自然科学の分野では渡辺慧や武谷三男などの名がこの論争に関連して言及されることが多い。(3)

本章はこうした広義の「主体性」論争の包括的網羅的な見取図作成を目指すものではなく、「文学」

の領域におけるその担い手であったとされる敗戦直後の『近代文学』の言説を荒正人を中心に検討するものである(4)。

荒を中心にするのは、(1)通常ともに挙げられる本多秋五、平野謙と比較して彼の言説がより多くの論点と交差し、(2)先に挙げた「理念」批判という側面が明瞭に現れているという理由に基づく(5)。

二　荒正人における「不可能性」の思想

荒正人は一九四六年の二月、四月、六月にそれぞれ「第二の青春」、「民衆とは誰か」、「終末の日」という後に論議を呼ぶ一連の文章を発表している。またその後も、五年の間に『第二の青春』、『負け犬』、『戦後』、『赤い手帳』という四冊の単行本に収められる評論を矢継ぎ早に書いている(6)。これらの単行本に収められなかったエッセイや座談会の類も少なくないことを考慮すればやや異様なまでの仕事ぶりと言えるだろう。

今日これらの文章を読み返してまず気づくことは、「戦後思想」を語る際には漠然と援用されることの多い「進歩や合理主義やヒューマニズム」［I：51］といった「理念」が主要な批判の対象となっているということである。ここでの「ヒューマニズム」は言うまでもなくマルクス主義と結合したそれであり、従ってある意味で荒が批判しているのは「人間主義的マルクス主義」である。

荒が批判する「理念 Idee」の内容を今日の視点から整理すれば以下のようになる。

第一に、日付けと場所を持つ、従って有限性と可死性を帯びた具体的経験的な「個人」とは明確に区別された超越的な「理念」としての「人間」――「理念」であるが故に「人間」は有限性に拘束されず、不死である——の価値を定立すること。

第二に、そのように定立された「人間」という「理念」との関係において個人の「自己」は構成されること。且つそのように各個人が「理念」との関係において「自己」を定義することによって、個人相互の関係は「理念」を媒介として成立すること。そして「理念」を媒介とすることで個人相互の通約不可能性は原理的に止揚される。

第三に、「理念」は「理論」＝「知」によって基礎づけられていること。この場合の「理論」＝「知」とは具体的には戦前のマルクス主義の知的体系を意味する。

第四に、進歩主義の刻印を帯びたマルクス主義という「知」に基礎づけられることで、「理念」もまた歴史の進歩のなかで実現されるとされる。

荒がこのようなある種の「ヒューマニズム」と「マルクス主義」の結合としての「理念」の不可能性を導き出す主要な根拠は「個人」と「人間」の通約不可能性である(7)。先にも述べたように「個人」はある日付けと場所に拘束された、有限で可死的な存在であるが、「理念」としての「人間」は無限であり、決して死ぬことはない。それ故「人間」は「エゴイズム」を知らない(8)。

荒によれば「個人」と「人間」とのあいだの通約不可能性とともに「理念」の不可能性が大規模に露呈したのは昭和一〇年前後の左翼運動の崩壊期とそれに続く敗戦までの時期においてである(9)。

こうした弾圧期においても「抽象的イデオロギーとして」のファシズム批判の論理を「胸底ふかく蔵すること」、「世界史の観点に立って、いつの日か日本ファシズム崩潰の時あるべきこと」［I：18］を想定することはできた。その水準での「転向」は荒にはなかった。

実際荒は戦時中の一九四四年四月に佐々木基一や小田切秀雄との研究会が治安維持法違反の疑いに触

れて身柄を拘束された際も、研究会が「マルクス主義に基づくものではない」という事前の申し合わせを強硬に主張し——もしそうでなければ治安維持法に抵触する恐れがあった——その結果八ヶ月にわたり神楽坂署に留置されている。しかしそのことについて「自己を抑圧する強権から脱したというほこりはなかった」[I：19]。

というのも、ファシズムの進行に対してあまりに無力であったということとは別に、「理論」の「正しさ」によっては、(1)ファシズム崩壊以前に有限で可死的な「この私」が——「赤紙」(徴兵)によってか、「白紙」(治安維持法)によってか——消滅するのではないかという恐怖も、(2)同様の理論を奉じながら「この私」に固執する個人相互の通約不可能性も解消されなかったからである。(1)の点については「第二の青春」における「観念＝理念 Idee」の「無力さ」という言葉の執拗な反復によっても窺えるが、同じく四六年に発表された「三十代の眼」により直截な表現が見られる。

もはやファシズム必敗の観念などなんのたしになるものか。わが日、わが夢、それを一瞬にして抹殺するあの招待状の呪わしさ。[I：118]

観念主義者は、世界史の動向についてこそ雄弁であったが、わたくし個人の運命について、なにをなすべきかという実践についてはひたすらに沈黙を護っていただけであった。[I：119]

理論やそれに基礎づけられた「理念」との関係で「自己」を定義し得なくなった個人に残されるのは「この私」の感覚のみである。理論や「理念」がいわば現象学的に還元された後の「この私」の在り方は次の言葉に要約される。

> 俺はどんな思想も世界観も信じはしない。ただ俺の苦痛だけを信じるのだ。[I：219]

そして「理念」との関係を喪失し、「この私」の「苦痛」だけを信じる「俺」を発見することは、また「この私」の「苦痛」だけを信じる別の「俺」である「他人」を発見することでもある。前者の「俺」と後者の「俺」との間を架橋するものは原理的に存在しない。荒はこの事態を「同情、共感、観察などの絶対におよばぬ最後の一線」[I：60]と表現する。

以上が「理念」の最初の三点に関する荒の基本的な姿勢であるが、第四の「進歩主義」については「終末の日」を「人間の歴史が永遠の進歩、発展なりとする」歴史観に対する「アンチ・テーゼ」[I：71]として読むことができる。ここでは「人類の、地球の、宇宙の終焉について」の「偏執の妄想」[I：69]が語られている。荒は銀河系、太陽系、地球、そして生命の誕生を辿りながら、この経過が宇宙のなかで起こり得る可能性が稀有中の稀有であり、殆ど偶然であるとした上で、次のように述べる。

> こんな偶然があったほうがよかったか、なかったほうがよかったか。言下に答える、なかったほうがよかった。宇宙進化の道行のなかで、生命などという厄介な代物を、孕まねばならなかった地球などという異例中の異例に属する天体が出現しなかった方が、どれだけ大宇宙のためにさばさばしていたことであろう。[I：73]

無論こうした言葉は荒自身述べているようにあくまで「妄想」であり「奇矯の言」［I：73］ではあるが、ここに「人間」の「理念」に対置された「ノーマンズ・ランド」、「無の極北」［I：99］への荒の欲望を垣間見ることはできよう。(10)

また荒はこうしたある種思考実験的な記述とは別に、具体的な「進歩主義」批判も行っている。例えば『負け犬』所収の「文学的人間像」では「目的のための犠牲」という問題について、歴史の「進歩」を前提とした、未来において犠牲は償われるという発想に対し「文学」の名の下に「明日の償い」が否定されている。ここでの荒に従えば「文学」とは「一回かぎりのもの」であり、「それだけで完結している」ものである［III：243］故に現在の苦悩を「歴史」に積分する「進歩主義」とは相容れない思考である。

また一九四八年の「目的と手段」においても「人類進歩」という「善」のために「闇から闇に葬られた犠牲者の亡霊」［V：37］の救済への問いが提起されている。

三　近代日本思想史における「理念」

我々はここで一度立ち止まって「理念」の不可能性という主題を執拗に提出させるまでに「理念」の拘束力をマルクス主義が与えていたことに注意を払う必要がある。

藤田省三は『共同研究　転向　上』の「昭和八年を中心とする転向の状況」において福本イズムを扱いながら、「福本イズムだけに特殊なものでは決してない」(11)近代日本思想史に与えたマルクス主義の衝撃について言及している。

藤田によれば、その衝撃は（1）革命の「理念」を抽象的な理論＝「知」によって基礎づけ、（2）その抽象的な理論に準拠することで具体的個別的な状況から「超越」するという点にある[12]。

この論点は先に整理した荒が批判の対象とする論理ともある程度重なるものである。実際一九一三年に生まれ、三〇年代前半にマルクス主義の洗礼を受けた荒が一度そうした風土を通過していると見做すのはそれほど不自然なことではなかろう。この文脈を踏まえながら彼の戦前戦中の軌跡を辿ってみよう。

キリスト教と「超越」性

荒がマルクス主義運動に関わったのは、一九三〇年旧制山口高等学校に入学してからであるが、それ以前に彼がキリスト教に入信していたのは注目してよい事実である。

近代日本における超越的「理念」の思想の系譜を探る藤田は、マルクス主義以外では内村鑑三におけるキリスト教に着目している。

例えば「大正デモクラシー精神の一側面」において彼は「経験的人間を超えた抽象的理念を相手に生活する状況をもたない日本」［藤田 一九六七：九二］の思想風土に対して「普遍者の形成と個別的実体の自覚」［藤田 一九六七：六七］、「超越的普遍的者との内面交流」［藤田 一九六七：一〇五］の視座に立ち得た内村を対置し、その後継者として昭和初期のマルクス主義を示唆している。藤田は内村に内在した可能性の大正思想史における挫折を跡づけた上で、この論文の末尾で次のように結論する。

新しい「権利」と新しい「主体」に対して普遍的価値と方向と規範とを与えることは、マルクス主義の到来と咀嚼を待たねばならなかったのである。……そうして「日本資本主義発達史講座」の成立が初めて大正の思想的課程を根底から克服して再び確固たる普遍者を発見し、それを知的に基礎づけ、そのことによって日本の社会的現実に対して体系的に働きかける思想を生み出したのであった。［藤田 一九六七：一〇七］

また藤田は『岩波講座・現代12 競争的共存と民主主義』所収の「プロレタリア民主主義の原型」（一九六四）でもレーニンを論じつつ、彼の「終末論」的発想と「普遍的イデー」への献身を「ユダヤ的構造」や「原始キリスト教」或いは「宗教改革」の精神と構造的に親和性を有しているものとの見解を示している。

事実問題として広い意味でのユダヤ・キリスト教的な思想構造とマルクス主義の思想構造との間にどれだけの親和性があるかはおそらく検討の余地はあるだろうが、興味深いのは荒正人自身、かなり藤田が記述しているような線でキリスト教とマルクス主義を重ね合わせて理解しているという点である。

彼の回想によれば、キリスト教との関係は小学校二年の際に再臨派の教会に通い始めたことに端を発するが、そのことを記述しつつ終末論的な発想という点で両者が類似していることが指摘される。

キリストは再臨する。そして千年至福が始まる。その期日は切迫している。この思想は、プロレタリア革命により、共産主義社会が出現するという、マルクスの命題と重なりあっている。［II：15］

また彼は一六歳の時に「組合教会」において洗礼を受けている。荒は「組合教会」が、エリザベス朝時代に国教会から分離した急進的改革派の流れを汲むニュー・イングランドのピューリタン（藤田がキリスト教の系譜のなかでもとりわけ「普遍的イデー」と「個」を直接対決させるプロテスタンティズムを評価していることに注意[13]に連なることを述べながら、ここでもマルクス主義との類似に言及する。

教会は、契約により、神のもとで結ばれている。契約というのは神との契約と人びと相互の契約である。一教会は他の教会にたいしなんらの権威をもたないのである。(これは、社会主義諸国家の関係にも応用できる。神の代わりに、マルクス・レーニン主義をもってくればよい)。[II：15]

こうした彼の文章には、超越的な「理念」との関係において「自己」を定義(「神との契約」)し、且つ「理念」を媒介にして「自己」と「他者」との関係を形成する(「人びと相互の契約」)という先程挙げた論点が明確に現れている。

当時の「組合教会」にはサッコ・ヴァンゼッティの助命運動を行っているアメリカ人女性の宣教師がおり、荒もマルクス主義に関心を抱く前にアナーキズムに惹かれた時期もあったらしいが、高等学校入学とともに急速にマルクス主義へと傾斜していく[14]。

マルクス主義との出会いと挫折

この一九三〇―一九三五年という荒の高等学校時代は満州事変から五・一五事件、国際連盟脱退といった一五年戦争の前半期という状況を背景とした左翼運動の短い高揚期から崩壊期に相当している。

満州事変の勃発した一九三一年には日本プロレタリア文化連盟(KOPF コップ)が組織され、日本帝国主義に対する闘争という建前の下、従来以上に文化諸団体が共産党の中央集権的指導下に入る。しかし体制側の弾圧は厳しく、一九三二年には中野重治、窪川鶴次郎、壺井繁治等のコップ中央部をはじめとする約四〇〇名が検挙され、宮本顕治、小林多喜二等は非合法生活を余儀無くされる。翌三三年二月二〇日には小林は築地警察署において拷問、虐殺されている。

そして同年六月八日には佐野学と鍋山貞親の共同署名によるいわゆる「転向」声明が発表され、マルクス主義運動はさらに大きな打撃を受ける。三四、三五年までには検挙者の九〇%が「転向」したとされている。

入学後の荒は朝鮮人を指導者とするグループに所属し[15]、「みみ」と呼ばれる日本鉱山労働組合の幹部と接触するなどの活動に従事しながら学内の政治運動に専念するが、一九三二年に一ヶ月近く警察に拘留されたのちに無期停学処分を受ける（その際、グループの指導者の任沢宰という朝鮮人は朝鮮に強制送還されたらしい）。一九三三年には停学処分が解除され、復学するが同年六月佐野・鍋山の声明が発表され、衝撃を受ける。

「暗い谷間」

一九三五年に東京帝国大学英文科に入学してから一九四五年の敗戦までは、思想的なレベルで「転向」もせず、かといって積極的な時局批判も治安維持法によって封じられていた荒にとっては自ら命名した「暗い谷間」の時代であった。

この時期、荒は小田切秀雄、佐々木基一らとマルクス主義の方法論に基づいた「文芸学」をつくりあげるための研究会を行うとともに、埴谷が初期の作品を発表した『構想』[16]や大井広介が主催した『現代文学』[17]に関係している。

そして戦後に大掛かりなかたちで現れる「理念」への疑惑はすでにこの当時の文章に現れている。例えば一九四三年二月に『現代文学』に掲載された「白鳥的人間観」では正宗白鳥にことよせながら[18]、個人と個人、個人と社会の間に横たわる通約不可能性が語られている。

深淵をどのように規定するか。それは個人と個人、きびしく言えば、個人と社会、これら二つの間に介在する越えがたい深い溝渠なのだ[19]。

人間と人間をただちに暖かくつなぎうる靭帯の欠如を骨身に徹したひとりの作家の魂[20]

また同じく『現代文学』の四二年九月号では戦後も論じることになる[21]レールモントフの『現代の英雄』をとりあげながら、「調和の文学」が「苦悶」を回収する傾向について批判的に言及している。これらの評論が書かれる少し以前に、左翼運動敗退後のジャーナリズムではシェストフが流行していた。荒はその流行には抵抗しつつも、「ヒューマニズム」の不可能性を反復するあいだに次第に「シェストフ的立場」に接近していたことを認めている。

そのころ、シェストフがはやった。わたくしは歯をくいしばるような気持ち、眼に両手をあてるような身構えで、その影響をうけまいとした。しかし、舞台が一回転したこんにち、心静かにすぎし日を顧るとき、いかに知らず識らずのうちに自分はシェストフ的足場に立っていたことか、と驚く。

[II：23]

このように一〇年以上にもわたる「暗い谷間」を潜り続ける過程において、「理念」が不可能となる地点にまで追い込まれ、且つその不可能性を彼なりの言葉へと翻訳していた荒にとって、戦後の「進歩的民主的」な「ヒューマニズム」は「理念」の不可能性を隠蔽する危険があるものとして映ったようである。

『赤い手帳』に収められた「現代の課題」では「戦争中の後退と敗北を目して無視すべき空白となして、戦後と戦前をきわめて容易な仕方で直結するといふ現象」［V：83］という表現でそうした傾向が批判されている。

四　「不可能性」と「文学」

荒の言う「文学」の一つの意味は「理念」の不可能性である。このことを彼は「実存」とも表現するが、戦後の「ヒューマニズム」の波に乗じて「実存」の契機を否定するのは「ことばの暴力」でしかない[22]。

そして「理念」が不可能になることで「理念」に支えられていた「政治」も不可能になる。「理念」の不可能性は「政治」の不可能性へと連なっている。その意味で荒（及び『近代文学』）の枠組みを「政治と文学」として把握することに一定の正当性はある。

しかし、一部にはいささか誤解があるようだが、荒は「政治一般」に対して実体としての「文学」を対置しているわけではない。例えば彼は次のように言っている。

ある文学がある政治にたいし反抗し、そのことから、自分は政治から自由であるし、独立していると考えるのは錯覚である。〔IV：123〕

「政治と文学再論」という評論でも「政治か文学か、という二者択一の態度」を「いちばん避けねばならぬ」〔V：97〕と述べている。またすでに「第二の青春」においても「政治」の不可能性を隠蔽する態度を「非文学的」であるだけでなく「あまりに非政治的」〔I：34〕であると批判している。

実際荒をはじめとする『近代文学』は今日から見れば過剰と思えるまでに「政治」と関わったグループであり、「政治」とりわけマルクス主義との緊張関係なしにはその軌跡の意味をあとづけることは困難である。しかも荒自身は一九四六年の春には共産党に入党しており、少なくともその時点では積極的に戦後の「政治」との接点を探っていたと見做すことができる。(23)

おそらく荒が主張していたのは、もし今日「政治」が可能であるなら、それは「政治」の不可能性を抑圧したものであってはならないということ、これである。(24)

それ故、従来のマルクス主義運動が前提としていた「政治」概念にまつわる不都合を弾圧という不利な状況に還元する姿勢は批判されねばならなかった。

「第二の青春」の「第二の」という但し書きは「政治」概念の組み換えを示唆する。我々はこの接頭辞に、とりあえず軍国主義ファシズムが瓦解した戦後において「政治」=「青春」が反復されるとしても、それは戦前戦中の「政治」=「青春」との差異においてでなければならないという荒の戦略を読み取るべきだろう。

そして荒自身は、「政治」の不可能性とは相対的に独立したものとして、戦前戦中の「政治」概念の転換を招き寄せる論点をさぐりつつあった。彼の言う「文学」の第二の意味は他なる仕方での「政治」である。次にその点を見てみよう。

五 「ミクロ・ポリティックス」の発見

平野謙とともに荒が発見した他なる仕方の「政治」の一つは、言うまでもなくマルクス主義運動内部での「ミクロ・ポリティックス」の問題である。そしてその際彼らは特に運動内部での女性の位置に着目して議論を開始した。

周知のように平野謙は一九四六年の三月の「ひとつの反措定」において杉本良吉と岡田嘉子の亡命事件に言及しながら「ハウス・キイパー」制度を取り上げた。この評論で平野はこの制度に象徴されるような「目的のためには手段を選ばぬ」という従来の「政治」概念への批判なしに「かつてのマルクス主義文学運動をいわばそっくりそのまま蘇らそうとする機運」〔平野 一九七五a：一八四〕に疑念を表明した。

続く同年九月の「政治と文学（二）」でも平野は「マルクス主義芸術運動全体につらなる一病根を確認」〔一九七五a：二一〇〕すると断じながら、再びその論点に触れた。さらにこの評論では当時の左翼言説界での「正典」とも言える小林多喜二の『党生活者』における「笠原」という女性の扱われ方に注意が促される。

平野によれば、この「笠原」という女性に対する「侮蔑的な」扱いの背景にあるものは「ハウス・キイパー」制度を採用した「不感症」と同根のものである。そしてそれは決して小林多喜二個人の問題ではなく、「当時のマルクス主義芸術運動全体」〔一九七五a：二一〇〕の頽廃を映し出しているものとされる。さらに四七年の一月の「愛情の問題」でも平野は同様の問題を論じている。

それほど言及はされないが、荒もこの問題には執拗なこだわりをみせている。渡辺一民が指摘しているように、一九四六年六月の「自分の蠟燭」では平野にさきがけて小林多喜二の『党生活者』における「笠原」という女性の描かれ方を批判的に取り上げている。(25)

そして荒も平野と同様にこの問題は「作者ひとりの責に帰せられるべき」性質のものではなく、「当時の解放運動が全体として脱れることができなかった」〔I：222〕ものとして捉えられるべきことを主張している。また同年八月の「晴れた時間」においても同じ作品の同じ箇所について「功利主義的な女性蔑視観」〔I：140〕が指摘されている。

さらに続いて同年一二月の「文学的人間像」ではそうした「党生活者」の記述に含まれる「個人生活をもたぬ主人公の犠牲になることは、階級の犠牲になることだ」〔III：239〕という「合理化」の論理を抉りだしている。荒によれば「さういうもの一切を根底から批判する」必要を「見てみぬふりをしようとする」態度が「非文学的精神」である〔III：240〕。

ここでの荒は「文学」の名のもとに従来の「政治」概念で言えば「プライベート」に属するとされる領域に「政治」を発見しているとも言える。「おおやけごとではなくわたくしごとこそ、文学の母胎なのだ」〔I：226〕。例えば「横のつながり」においては戦時中の日本の軍隊の残虐に象徴されるような「大きい野蛮」とともに、「先輩には丁寧だが、後輩には粗野だといった小さな野蛮」、「女房を対等の人間として遇しえぬ小さな野蛮」〔V：17〕との闘争の必要が唱えられている。また「息子の拒否権」でも彼は『『家』のなかでは天皇制を護っていながら、そとで天皇制を攻撃」[IV：84] しているような態度を批判している。

このような視点が「文学」と呼ばれるかある仕方での「政治」と呼ばれるかは荒にとっておそらく二義的な問題であっただろう。彼自身、場合によっては「文学などどうだっていいではないか」[IV：60] と断言している。

六 「民衆」概念への問い

当時のマルクス主義の言説においては「民衆」は「人民」や「プロレタリアート」とともにある実定性を帯びた概念であった。またマルクス主義に限定せずとも、戦後の「民主主義革命」を志向する言説群にあって「民衆」が魔術的な効果を伴った言葉であったことは想像に難くない。いずれの場合においても「民衆」を「代表」=「表象」することの正当性は自明のこととされる。問題は「民衆のなかへ」というスローガンの下で、如何にその「代表」=「表象」装置をそれらしく機能させるかということにある。荒の「政治」への問いはこの「民衆」概念をめぐる「代表」=「表象」装置へも差し向けられる。

「民衆とはたれか」、「民衆はどこにいる」という評論の表題は荒の関心の所在をある仕方で表している。というのも、どちらの文においても「民衆」概念のエポケーが遂行されていると見做すことができるからである。

前者において彼は啄木とロシアのナロードニキを論じながら、左翼運動の唱える「民衆」とのいわゆる「連帯」という観念の危うさを指摘する。「民衆」との「連帯」という言説の発話者は実際は「インテリ」なわけだが、彼らは一方で「民衆」の「教師、指導者、啓蒙活動家」〔I：45〕を任じている。このように「インテリ」が「民衆」との間に一方で非対称的な関係を取り結びつつ、他方で同化を装うことによって、「民衆」をめぐる「代表」＝「表象」装置は作動する。

それに対して荒は「魏晋の風度および文章と薬および酒の関係」における魯迅[26]、「宣言一つ」において「民衆」との懸隔の感覚への固執を示した有島武郎、「灰色の月」の志賀直哉などと対比しながら、「民衆」と安易に同化する「インテリ」の姿勢に疑念を表明する。餓死一歩手前の栄養失調に陥った少年工を目前にした志賀の「暗澹」を「民衆のなかへを呼号する小市民インテリゲンチャ」〔I：63〕は決して自分のものとすることはできないだろうと荒は言う。


わたくしはなによりも自分自身がプロレタリアートの観点に立ったり、移行したりしていたのではなく、じつに小市民インテリゲンチャの他のなにものでもないことを、自覚し、思い知らされてきたのであった。これは戦争から学んだかけがえのない教訓である。〔I：104〕

また彼は魔術化しているこの「民衆」概念が「かつての挙国一致、一億一心などという合言葉の裏返し」〔I：57〕になりかねないのではないかとも危惧する。こうした「民衆」概念をとりあえず括弧に括ろうとする荒の言説に我々は「代表」＝「表象」装置の機能障害への触覚を読むこともできよう。

そしてこの「民衆」＝「人民」概念への異和感は荒においてはより具体的な従来の「政治」概念への疑問と連動している。その疑問は主に二つの点に整理される。

第一に「政治」の主体が「プロレタリアート」という単一の集合主体の概念に限定されていること。従って「プロレタリアート」以外の層に属しながら資本主義に批判的な者は「プロレタリアート」の「観点」に同化し、ついで「プロレタリアート」へと「移行」することでしか「政治」に対する有意味な参加はあり得ないとされる。

荒はそれに対し「サラリーマンや、中以下の官公吏、自身で百姓する小地主、中農」及び「中小の商工業者」［I：105］といった層を従来の「プロレタリアート」という概念からははみ出すものとして捉え、そうした層を「政治」の主体として認定すること、すなわち「政治」の主体の複数化を要請する[28]。そのためには「プロレタリアート」以外の層が自己を否定して「プロレタリアート」へと同化する政治理論は一度批判されねばならない。

第二に「プロレタリアート」の「独裁」と「暴力革命」が否定される。荒によれば戦前のマルクス主義を特色づけていたこの理論は現在の観点においては採用され得ない。この「独裁」と「暴力革命」という「集権化」を導く理論は「政治」の主体の複数化を妨げるものでしかない。「ヘゲモニーという独裁主義の発想法は、そのままではまったく通用しない[29]」［I：105］。

しかしこうした「政治」概念の転換に向けた荒の提起は、当時のマルクス主義陣営から「近代主義」のレッテル貼りによる集中攻撃を受ける[30]。そして続く朝鮮戦争、コミンフォルムによる日本共産党批判、日本共産党による武装闘争路線の採用といった冷戦構造の激化によってこの「政治」への問いに含まれていた問題は当面完全に凍結されていった。

七　「文学者の戦争責任」について

荒は一九四七年の「戦後」という評論で「文学者の戦争責任」の問題を取り上げている。ここで彼はマルクス主義者がファシズムを「理論的には」批判し得たとして高い評価を独占する当時の風潮を批判している。

まず第一に戦後になってファシズムに対するもっともラディカルな批判の論理としてのマルクス主義を背景に再登場した左翼知識人の多くが、実際には戦時中なんらかのかたちで戦時体制に協力していたことが指摘される（ただし荒は少数の所謂「獄中非転向」の事実の倫理的価値は評価している）。とは言え、批判の力点は左翼知識人の戦争協力の事実の追及自体にはない。戦中の現実政治の水準での「無抵抗を忘れ、外的圧力による解放を自分のちからと誤解し、他を性急に反動、反革命、デマゴーグ」〔I：293〕と切って捨てたりする傾向やあたかも「十年の空白を忘れたかのような表情で、自分こそ勝利者であると錯覚しているような雰囲気」〔I：285〕が俎上にのせられるのである。

第二に戦時体制への抵抗はマルクス主義者だけのものではなかったこと。「唯物論にだけ戦闘的という修飾語を附するのは旧い感覚であろう」〔I：285〕。荒は「戦闘的な」リベラリストもまた「戦争への戦争をたたかった」〔I：285〕という点に注意を喚起する。

第三の論点は戦時中、ファシズム批判の論理自体を知る機会がなかった若い世代との関係である。荒は若い世代がファシズム批判の論理を知ることができなかったことは、「時代の責任」であり、「そういう時代を現出せしめた旧世代の責任である」〔I：285〕という側面を指摘する。

従って戦争批判、ファシズム批判の理論を知らなかった二〇代や一〇代を旧世代が「空白の世代とひとしなみに軽蔑すること」は許されない。むしろ「かれらは敗北者として、新世代からその責任を問われていることを知らなければならない」〔I：285〕。

荒は一七歳で日米開戦を迎え、敗戦の翌年二二歳で栄養失調で斃れた少女の日記を引用する。

東京頻々と空襲さる。このような時に当たって私が真実感じることとは、（このことは此のノート以外には滅多に言えない秘密であるが）正直なところ、敵愾心などというものよりは、お互いにありとあらゆる精力を傾けて、殺戮し合わねばならないという悲しい運命がどうしてあるのだらうかといふこと、ただそれのみである。〔I：286〕

彼はここに「観念的支柱すらなく、ほとんど素手で行われた」〔I：287〕抵抗を見出す。荒によればこの少女の記述に現れているのは「力を尽くしてたたかわれた戦争への戦争」〔I：286-287〕なのである。荒は戦時下の弾圧をちらつかせた言論統制への左翼知識人の「協力」や「無抵抗」自体を「責めようとは思わない」〔I：286〕が、彼らが戦後こうしたある種素朴な抵抗に対して「自分の方がただしかったのだ、という表情をする」時、「自分が狂暴になり、執拗になることを制止しえない」〔I：286〕と述べる。

続いて戦後における一〇代、二〇代の「若い世代」と旧世代との軋轢が取り上げられる。荒によればこの軋轢の責任の一端は、ファシズム批判、戦争批判の理論を性急に「外部から督促」するように注入しようとする「啓蒙イデオローグの一群」〔I：291〕の姿勢にある。こうした「善意の公式主義者の啓蒙」［Ⅰ：293］の「教師根性」［Ⅰ：292］に対して若い世代は反撥した。

荒の視点からすればこの若い世代の反撥には次のような背景がある。まず第一に先に述べたように、戦後にファシズムを理論的に批判している旧世代の「啓蒙イデオローグ」の少なくない部分が戦時中には戦争協力的な言説に携わっていたことを若い世代が知っていること。

第二にこれもすでに触れたことであるが、若い世代の一部には戦争批判の「理論」こそ知らなかったとしても「素手での抵抗」感覚を身に着けている層もあったにも関わらず、そのことにはあまり注意が払われていないこと（或いはそうした「感覚」は「理論」や「世界観」に媒介されていない故に評価が低いこと）。

第三に若い世代は旧世代に比してより深く戦争から傷を受けることが多かったこともあり、「理論」や「理念」に対する不信感が強いこと。そして荒はそうした事情に基づいた反撥を「反動、反革命、デマゴーグ」［Ⅰ：292］といった「言葉の暴力」によって抑圧する傾向を批判し、その反撥の背景にまで遡行して議論を深めることの必要性を示唆する。

荒の議論は「文学者の戦争責任」を巡る微妙な点について重要な問題を提起する可能性を孕んだものであった。しかしこの論点もまた「政治」概念の問い直しへ向けた提起と同様に曖昧にされたまま終わった。そして再び「知識人の戦争責任」問題が浮上するには、吉本隆明等「若い世代」の登場を待たねばならなかったのである。(31)

我々はここまで荒正人の軌跡を中心として敗戦直後の『近代文学』の思想を追跡して来た。確かに彼（及び彼ら）の言葉は現在からすれば時折いささかプリミティヴにも見えるかもしれない。しかしそこで賭けられていたこと、すなわち「理念」に支えられた「政治」の不可能性が露呈した後に尚、――その不可能性にも関わらず「政治」が消去できないとすれば――如何にその不可能性を隠蔽することなく「政治」が可能となるかという問いに対する答えを我々もいまだ持ってはいないのである。

第九章　外の思考
――ジャン＝ポール・サルトルと花田清輝――

呪われたるディング・アン・ジッヒよ！　物自体よ！　批評家の運命とはつねにかくのごときものであろうか！――花田清輝「批評精神とはなにか」

はじめに

ジャン＝ポール・サルトルの名が日本の文献に登場するのは意外に早い。すでに第二次世界大戦以前、サルトルがフランスにおいてもまだそれほど知られていない一九三七年に三木清は『思想』に掲載された「『構想力の論理』神話（中）」のなかで「イマージュ」についての分析を繰り広げながらサルトルの『想像力 L'Imagination』（一九三六）に言及している（『嘔吐』は一九三八年、『存在と無』は一九四三年公刊）。

そして戦後「実存主義」の世界的なレベルでの爆発的な流行とともにフランス文学科を中心とした大学と文芸批評・小説を中心とした「現場」の創作の双方の「界」（ブルデュー的な意味での）において「ジャン＝ポール・サルトル」の名は一気に前景化することになる。(1)

現象としての「サルトル」をめぐる言説のなかには、今日から振り返って「サルトル」に言及することの必然性が必ずしも明らかとは言い難い性質のものも、もちろん存在してはいるが、しかしそうした流行とはまた別の、より本質的な次元でサルトルの思考とある共振を示す運動もほぼ同時代的に日本に存在していたこともまた確かである。

例えば「哲学」の分野では、さきに言及したように三木清や戸坂潤、中井正一といった「京都学派」左派的なポジションの哲学者たちの仕事や九鬼周造の偶然性論などのように、新カント派から現象学を経て存在論へという二〇世紀前半の哲学の大きな流れのなかでサルトルとある部分（この点は強調しておかなければならない。「哲学」の分野では彼我のあいだには無視できない重要な差異も存在する）、重なるような方向が観察できる。

また埴谷雄高、武田泰淳、椎名麟三、初期の野間宏といった所謂「戦後文学」に連なる小説家たちもサルトルのテクストを読む以前から、サルトルの世界を想起させるような、ある種の「不可能性」の地平へと足を踏み入れつつあった（「戦後文学」についても今までのような漠然とした「ヒューマニズム」の文学という紋切り型の把握は再考されるべき時期にさしかかっている）。

とは言え、本章が目指すのは残念ながら、日本における包括的な「サルトル」問題の考察ではない。ここでもくろまれるのは、花田清輝というある特異な「物書き écrivain」とサルトル、そして「物それ自身」＝「オブジェ」を巡る一つの論考である。願わくは、従来それほど着目されて来たとは言えない花田とサルトルとの遭遇を浮かび上がらせることで、来るべき「二〇世紀思想史」への試みに一つの寄与とならんことを。

一　「物　オブジェ」に取り憑かれて

花田清輝は一九四九年一〇月に雑誌『近代文学』に掲載された「革命とプリズム――サルトルとマルクス主義者」において自らと同じく「物　オブジェ」に取り憑かれた思考の持ち主としてサルトルを次のように論じている。

サルトルの特色は、わたしの場合と同様、人間は、おのれを客体化される場合にのみ、おのれの主体性を確立すると考え、まず人間を物としてとらえ、人間の物からの脱出の過程と、物への転落の過程を描いている点にあり、しかも『復興期の精神』のなかでわたしの強調したように、物からの脱出を許されている人間は、プロレタリアートのみであると考えている点においても、ほとんど似ている。［III：280–281］

「プロレタリアート」の特権化については花田の側の誤読ではあるが、[2] サルトルの「物　オブジェ」へのこだわりを「人間」の自明性の崩壊と関連づけて抉り出す手付きは紛れもなく二〇世紀における「外の思考」という地平の同時代人であることを感じさせるものである。

われわれはここで花田が自ら言及している『復興期の精神』のあの有名な一節を想起してもよいだろう。

緑色の毒蛇の皮のついている小さなナイフを魔女から貰わなくとも、すでに魂は関係それ自身になり、肉体は物それ自身になり、心臓は犬にくれてやった私ではないか。（否、もはや「私」という「人間」はいないのである。[3]）［II：316］

注意しなければならないのは花田が言う「物それ自身」とは近代哲学の基本枠組みである「主観」―「客観」図式を前提としたものではなく、むしろその図式自体を破壊するような「もの」＝「オブジェ」として出現しているということだ。

近代哲学における「主観」―「客観」はあくまで「認識の普遍妥当性を如何に基礎づけるか」という認識論的要請とともに構成されるシェーマである。この図式の下では、「認識」へと動員されるために、「もの」はつねにすでに「意味」の装いを纏って現象する。「客観」とは「物それ自身」が「意味」によって抑圧された影である。それに対し、花田は「もの」＝「オブジェ」によってこうした「意味」の臨界を指し示そうとする。

「悪」と「ナンセンス」

一九五〇年に『群像』に発表された「マザー・グース・メロディ」の中で花田はポーの『盗まれた手紙』やヴァン・ダインの『僧正殺人事件』を引きながら「悪」について論じ、「ボン・サンス」を破壊することで「本当の悪」が露呈する「ナンセンス」について次のように述べている。

おそらく本当の悪人が、好んでマザー・グースの童謡をとりあげるのは、それがナンセンスであるからであろう。ナンセンスというのはセンスの否定であり、「無意味」というよりも、ボン・サンス（またはグッド・センス）によってがんじがらめに縛られない前のわれわれの心の状態を指す言葉だ。［IV：112］

とは言え、「本当の悪」が開示する「ナンセンス」とは「意味 sens」に媒介される以前のいわば仮想された「直接性」のユートピアではなく、むしろ「意味」の廃墟の上に繰り広げられる目も眩むばかりの「ものそれ自身」の閃光である。花田は「マザー・グース」の「ナンセンス」から「極度に先鋭な理知も、その前に立つと、たちまち眩暈をおぼえはじめるような、物それ自体のすがたを示す、われわれの外部の現実」［IV：112］を読み解こうとする。

マザー・グースの童謡は、心の故郷ではなく、物の故郷を——とうてい、ボン・サンスではとらえかねるような、物質的現実のすがたを、あるがままに、表現しているのである。［IV：113］

花田は二〇世紀芸術の「もの」＝「オブジェ」への志向をこのような「物の故郷」への探究と見做している。一九四九年八月に『人間』に掲載された「物体主義」では直截に「もの」への唯物論的な加担とアヴァンギャルドの遭遇が語られている。

わたしのいわゆる物体は、いささかも抽象的なものではなく、むしろ抽象的なものを否定する極度のなまなましさを具えている。ピカソの画面に貼りつけた物体、エルンストの動く物体、ダリの象徴機能の物体、等々をあげるまでもなく、二〇世紀の芸術家はあくまで具象的であろうとするがゆえに、物体にたいする異常な執着を示すのである。

周知のようにこの種の物体はオブジェと呼ばれる。オブジェはシュジェにたいする言葉であり、主体に対する客体の意味もある。思うに、わたしたちのあいだで、主体性に関する論争ばかり盛んであって、いっこうそれとともに客体性に関する論争がおこらないのは、わたしたちがまだ一九世紀の段階にさまよっており、二〇世紀的な観点から、おのれ自身を、客体として、オブジェとして、物体として、はっきりととらえていないためではなかろうか。（それは単なる自然科学的把握を意味しない。）［III：270-271］

二 「物の故郷」への旅——『嘔吐』

われわれはサルトルの一九三八年の小説『嘔吐』をこうした「物の故郷」への旅と帰還の証言として読むこともできる。ロカンタンが公園で〈経験〉（それはもはや「通常」の意味での「経験」とさえ言うことができない）するあのシーンを読みかえしてみよう。

ここではまず複数の事物を「数えること」、上下左右という「位置を決めること」、他の事物と「比較すること」といった「カテゴリー」的な操作によって「もの」を把握することが不可能になる様が提示されている。

マロニエの樹の数を〈計算し〉たり、ウェレダとの関係において〈位置を決め〉たり、その高さをすずかけの樹と〈比べ〉たりしても無駄だった。それらのものはそれぞれ、私がそこに閉じ込めようとした関係から逃げ去り、孤立し、はみでていた。（人間世界の消滅を遅らせようとして、寸法、量、方向などを保存しようと私が執拗に試みた）これらの関係は、任意のものであるように感じられた。もはやこれらの関係は事物の上に重ならなかった。［N：152］

「数えること」、「位置を決めること」、「比較すること」という操作が機能不全に陥れば、もはや「もの」を「人間」の「認識」に動員することは不可能になるが、ロカンタンは続いて「色」や「音」、「匂い」や「味」といった「質的」な知覚の自明性の崩壊にも直面することになる。伝統的な哲学の語彙に従えば、「判断」の崩壊に「知覚」、さらには「感覚」の崩壊が重なるということになろうか。

黒い、とは。私はこの言葉が収縮し、驚くべき速さでその意味を失ってゆくのを感じた。黒い、とは。根は黒く〈なかった〉、その木片の上にあったのは少しも黒ではなかった。――それは……別のものだった。……それは〈黒以上のもの〉だったか、それとも〈おおよそ〉黒だったのか、やがて私は自らに問うのをやめた。なぜなら自分が認識の国にいるような印象をもったからだ。そうだ、私は名づけようもないものを不安な気持ちですでに詮索した、……胡散臭い。そうだ、音、匂い、味など、それらはみな胡散臭かった。……色彩も味覚も匂いも決してほんとうではなかった。［N：154］

そして最後には「判断」、「知覚」、「感覚」といったさまざまな「経験」そのものが可能になる「場」

としての世界の開けを保証する「時間」もついに崩壊する。「時間」の流れは止まり、もはや「前」と「後」という継起さえも了解不能なものへと転落する。

> 時の流れが止まった。足元にできた小さな黒い水溜り。この瞬間〈以後に〉なにかがおこることは不可能だった。……黒い根は〈通過しなかった〉。[N : 156]

このような状況においては本来「物自体」を記述すること自体が不可能となる。「記述すること」はつねにすでに「世界」の成立を前提としている。言葉は「物自体」に対してその不能を露呈する。それ故このテクストで報告される「物自体」の様相は、「物の故郷」という狂気への旅から辛うじて生還したロカンタンによる近似的な隠喩として受け取らねばならない。

とは言いながらも、『嘔吐』における「物自体」の姿態が、ある魅惑を放ち続けていることもまた否定できない。

> 一挙にそれはそこに、きわめて明瞭にそこにあった。存在はふいにヴェールを剝がれた。それは抽象的範疇に属する無害な様態を失った。存在とは事物の捏粉そのものであって、この樹の根は存在のなかで捏ねられていた。と言うか、あるいはむしろ、根も、公園の柵も、ベンチも、芝生の貧弱な芝草も、すべてが消え失せた。事物の多様性、その個性は単なる仮象、単なる漆にすぎなかった。その漆が溶けて怪物染みた、軟らかくて無秩序の塊が——恐ろしい淫猥な裸形の塊だけが残った。
> [N : 151]

それは私の足下にあった死んだ長い蛇、あの木の蛇だった。蛇というか、爪というか、樹根というか、または禿鷹の足というか、なんと呼ぼうと構いはしない。……でこぼこしたこの巨大な足を前にしては、無知も知識も問題ではなかった。説明とか理屈の世界は存在の世界ではないのだから。……「これは樹の根だ」と繰り返したところで無駄だった——もはやその手は効かなかった。私は、吸い上げポンプに似た根の機能から、〈あれ〉*celle-ci* に、海豹のように硬くて目の詰まった皮膚に、油質の、たこのできたあの姿に、考えを移すことは不可能だということがよくわかった。機能はなんの説明にもならなかった。機能は、だいたい根がどういうものかを理解させるだけで、少しも〈あれ〉*celle-ci* の説明にはならなかった。[N : 153]

三 「物自体 Ding an sich」と「対自存在 être pour soi」

先に引用した花田の『復興期の精神』の一節のなかでは「物それ自身」の露呈と「魂」の「関係それ自身」への還元は分かち難く絡み合っている(4)(5)が、サルトルにおいても事情は同断である。

このことはサルトルにおける「対自存在」=「意識」と「物それ自身 Ding an sich」=「即自存在 être en soi」の関係に係わっている。サルトルは「対自存在 être pour soi」をそれ自身独立した実体ではなく、「外」との関係によって構成される「出来事 événement」と見做す。その際、フッサールの「志向性」という着想が唯物論的視点から動員される。というのも、もし「意識」の構造が「なにものかについての」という形式を必然的に要請するならば、それは「意識」がみずからの「外」との関係として出現するということを意味するからだ[6]。

サルトルは『存在と無』の序論のなかで伝統的な哲学における独立した実体としての「主観性」、あるいは「対象」を構成する「主観性」という概念を批判しつつ次のように述べる。

> 意識はなにものかについての意識である。ということは、超越が意識の構成的構造だという意味である。……内在は一つの超越的なものの把握においてしか定義し得ない。……意識とは、その存在がそれとは別の一つの存在を巻き添えにする限りにおいて、それにとってはその存在においてその存在が問題であるような一つの存在である。［EN：28–29 強調原文］

一九三九年に発表された「フッサール現象学の根本的理念―志向性」という論文には「外」を「意識」＝「主観性」によって構成する近代哲学の図式を「同化」＝「消化」の思想として批判し、「超越」と「外」に加担しようとするサルトルの姿勢が明瞭に現れている[7]。

> もはや意識のうちには己を逃れる運動（un mouvement pour se fuir）、己の外への滑り出し（un glissement hors de soi）以外には何もない。……けだし意識には「内部」というものはないからだ。意識は、それ自身の外部以外のなにものでもなく、意識を意識として構成するのは、この絶対的な脱走であり、実体であることのこの拒絶だからだ。……内在の哲学を終焉させるためには、これ以上の発見は必要ではない。超越の哲学（la philosophie de la transcendance）はわれわれを、大道の上に、脅威のさなかに、目もくらむような光のもとに、投げ出すのである。［FH：30］

「不可能性」としての「外」

サルトルは『存在と無』序論の「即自存在」の部分ではこうした「外」としての「もの自身」に、より精緻ににじりよろうとする。[8] とは言え、すでに述べたように「もの自身」を言葉によって「記述する」ということ自体が畢竟近似的なものでしかあり得ない故に、ここでのサルトルの筆致はきわめて逆説的なレトリックの様相を帯びることになる。まず第一に「存在はそれ自体においてある l'être est en soi」。

　この命題は「もの自身」に対して「能動」や「受動」、あるいは「否定」や「肯定」という述語を帰属させることの不可能性を指し示す。というのも、「能動」や「受動」、「否定」や「肯定」はつねにすでに「世界」という「場」が成立していることを前提としているから。

　サルトルにおいて「即自存在」とは「世界」ではない。「世界」の崩壊の「後に」（この「後に」という継起を示す副詞もまた「世界」を前提としている故にあくまで隠喩としての機能しかもち得ないのではあるが）、出来《しゅつらい》する廃墟である。

　第二に「存在はそれがあるところのものである l'être est ce qu'il est」。

　「即自存在」は「他性 l'altérité」を知らない。すなわち「差異」を知らず、「それ」に対しては「外」とか「内」とかといった記述は意味をなさない。「それ」は他の「それ」と「関係」をもつことはできない。というよりも、「それ」を他の「それ」と「区別する」ことはできない。

　第三に「即自存在はある l'être en soi est」。

　サルトルは「即自存在」は「可能性」によっても「必然性」によっても定義できないと主張する。彼に従えば、「必然性」とは「世界」における「意味」の成立を前提とした上での命題相互の関係に所属するカテゴリーであり、また「可能性」とは「対自存在」によってはじめて到来する出来事である故に、ともに「即自存在」に肉薄するために役に立たない概念である。

「即自存在」が「ある *est*」という命題におけるこのイタリックは「あること」がどのようにしても根拠づけることができず、正当化できないことを示す。「存在」は「余計なもの de trop」である。この事態をサルトルは「即自存在」の「偶然性 contingence」と呼ぶ。ここでは「偶然性」は「必然性」と対をなすようなものではなくなっている。

すなわちサルトルにおいては「偶然性」の従来の論理学的カテゴリーから存在論的隠喩への意味論的転換が敢行されている。

「オブジェ」としての言語

こうしたサルトル＝花田的な「物自体」＝「オブジェ」への加担は言うなれば「言葉」の不可能性を「言葉」によって指し示そうとする投企であるが故に、つねにアポリアを抱えこんではいる。畢竟「物自体」が「あること」とは言葉を用いて表記しようとするならば、デリダ的に「~~ある~~」としか言い得ないような事態であろう。

とは言え、この不可能性の次元を抑圧＝隠蔽して、「すべては言葉である」という命題へと自足することはヘーゲル主義への回帰であることもわれわれはまた忘れてはならない。（ヘーゲル的「精神」＝「言葉」は自己分裂を段階を踏んで反復することで「すべて」を媒介する。そこでは「精神」＝「言葉」の不可能性への固執は「不幸な意識」として排除される。）

「言語」の「意味」ではなく、むしろ「もの」としての「言語」を露呈させたサルトルをはじめとした「(反)文学」の領域の実践をも含めて、二〇世紀における「外の思考」とはいわばヘーゲル主義をも含めた「同化」と「内在」の哲学の「外」への冒険であったのであり、「もの」=「オブジェ」とはその冒険の痕跡=記録なのである。

第Ⅲ部

政治の構想力

第十章　丸山眞男における「主体」と「ナショナリズム」

はじめに――二つの焦点

丸山眞男が「近代主義」者であるかどうかはともかくとして、最初期からすでに彼の思想の中核には「主体」の問題があることとそれ自体はとりあえず衆目の一致するところであるとしておいてよいだろう。また「主体」程は従来言及されなかったけれども、彼の初期のテクストの内では「ナショナリズム」という軸も又非常な重みを有している。いわば初期の丸山のテクストは「主体」と「ナショナリズム」という二つの焦点を持った楕円をなしている。

しかし彼のテクストの中で「主体」と「ナショナリズム」を繋ぐ論理は必ずしも一義的なものではない。このことは主に「主体」概念のブレによってもたらされているのであるが、実際丸山のテクストにおいては少なくとも価値的には根本的に矛盾しかねないような内容が、同じ「主体」の名の下で語られている。

この事態を説明するのにおそらく二通りの仮説があり得るだろう。

（A）丸山個人の思想の内的構造は基本的には変化しておらず、状況に応じて、彼の多様な思想の一面が表面に現れただけであるとする仮説。[1] この仮説には状況による思想の使い分けという「プラグマティズム」と「相互に異なり、緊張関係にある立場を絶えず弁証法的に統合する強靭な主体」という評価が多くの場合伴われることになるだろう。

（B）丸山という「作者」とそのテクストの構造を一応独立したものと見做す仮説。つまり作者が少なくとも完全には自らの使用する思想の概念装置を統御し得ていないと見做す仮説。ここではテクストは一つの原理によって構成された均質なものとはされず、むしろ複数の断絶を抱え込んだ言説の集積として扱われる。

丸山のテクストに見受けられる相互に異なる立場は、（1）何らかのメタ・モデルを想定することで統一できるものではなく、（2）また「プラグマティズム」や「弁証法」という概念を使用することで調停できるものではないと見做されるため、本章では（A）の仮説は採用せず、主に（B）の枠組みに依拠して記述されることとなる。

ここで急いで付け加えておけば、筆者は思想の一定の変化やある程度の矛盾を説明する仮説としての「プラグマティズム」や比喩としての「弁証法」を一般論として退けるものではない。しかしその説明仮説が有効であるのは、思想の変化や矛盾が一定の範囲に収まる場合であり、丸山の場合にはそれにあてはまらないとここでは判断する。[2]

例えば後に詳述することではあるが、ここで簡単に触れておけば、丸山はほぼ同時期に福沢諭吉という同じ対象を扱った論文、「福沢に於ける秩序と人間」（一九四三）と「福沢諭吉の哲学」（一九四七）を発表しているが、この両者では福沢の評価の仕方も、そこから窺われる丸山が依拠する思想も相当に異なり、その異なり具合は（A）の仮説で説明できる程度を越えてしまっていると思われる。

このことを前提にした上で、本章では初期（一九三六—一九五一）においての丸山のテクストにおいて「主体」という概念が如何に様々に異なる仕方で語られていたかということ、及びそれにも関わらず、その複数の「主体」概念が「ナショナリズム」という秩序の在り方と如何に相関させられていたかということについて分析することをその目的とする。一九五二年以降、丸山のテクストは大きな転回を示すことになるが、そのことの意味については、第十二章「『近代』から『現代』へ——丸山眞男と松下圭一」において扱われる。

一 「個人」と「国家」の同時析出

1 「ジャコバン」モデル

この時期に丸山が個人を位置づける際に頻繁に使用する概念装置の一つとして、「ジャコバン」モデルと呼ぶことができるものがある。「ジャコバン」モデルとはフランスの国民国家形成のイデオロギーを参考にして理念化されたもので、ここでその内容を簡単にまとめれば次のようになる[3]。

（1）「封建的」とされる中間集団が解体され、そこから唯一の「主権」を有した「国家」と中間集団の属性を剝奪された抽象的な「個人」が両極に析出されるべきであるとする。

（2a）唯一の「主権」を有した国家の正統性は、中間集団から析出され、その意味で中間集団から自立した個人相互の社会契約、拡大すればそうした個人が参加する、政治的公共空間に由来する。

（2b）政治的公共空間はイデオロギー的には対面コミュニケーションが可能な空間として表象されるが、近代国民国家の規模では実際には代議制として機能する[4]。

（3）そのようにして形成された政治共同体においては、個人は「主権」に服従する限りでは「臣下」であるが、「主権」の正当性の創出に参加しているという意味では、自ら「主権」者である。「主体」とは個人がこうした「主権」との二重の関係を引き受けるところに成立する概念である。その意味で厳密には「個人」は即時的には「主体」ではない。

（4）当該政治共同体に参加する「主体」には「国民」の資格が与えられ、共同体外部の者と境界線が引かれる。

例えば子どもや女性は少なくとも歴史的には準「国民」であり、外国人や兵役拒否者は非「国民」である。「国民」と準「国民」或いは非「国民」の間には国家から与えられる待遇に大きな差がある。

（5）「国民」内部では平等性、言葉を換えれば均質性が少なくともイデオロギー的には強調される。このイデオロギー装置は身分制を批判する際ばかりでなく、階級格差を批判する社会主義的な言説に象徴として利用されることもあるが[5]、逆に実際に存在する階級格差を隠蔽し、「国民」内部の一体性を強調する目的に使用されることも多い[6]。

上のように要約できるイデオロギーは、ある立場から狭義に再定義された「民主主義」に近いととりあえずは言うことができようが、「民主主義」という概念にはあまりに多様な負荷がすでに担わされすぎているということ、及びこの概念装置の形成に果たしているフランス近代国民国家の役割の大きさを考慮して、ここでは暫定的に「ジャコバン」モデルと呼ぶことにする。

さて以上のような思想構造によって、「ジャコバン」モデルのイデオロギーは国家主権の絶対性と個人の自由の確立を媒介していると主張するわけであるが、丸山が規範的にコミットしていると思われる概念装置の一つは明らかにこれにあたる。

たとえば一九四三年の「福沢における秩序と人間」を見てみよう。ここで丸山は福沢の思想的意義を「国家を個人の内面的自由に媒介せしめたこと」に求めている。丸山は「近代国家として正常な発展をすべきならば」、国民は政治的秩序に対して受動的服従にとどまっていてはならず、「国家構成員としての主体的能動的地位」を自覚し、「秩序に能動的に参与」しなければならないとし、その課題を思想的に表現したのが福沢であると言う。

すなわち丸山によれば福沢は「単に個人主義者でもなければ単に国家主義者でも」なく、また「一面個人主義者であるが他面国家主義者という如き」でもなく、「個人主義者たることに於いてまさに国家主義者だった」[丸山 II：219 強調原文] のである。(7)

敗戦直後に書かれた「ラッセル『西洋哲学史』を読む」(一九四六) にも同様な思想が明瞭に現れている。ここで丸山はラッセルが個人主義と自由の系譜を「ギリシア末期の非政治的な個人主義」に求めていること、及びそのような個人主義観に基づいてルソーやヘーゲルを全体主義的であると規定している点を批判し、近代的個人主義が依拠すべき自由とは本質的に「政治的自由」であることを強調する。近代的な自由意識とは「遠心的非社会的」なものではなく、絶えず政治的秩序に働きかけるものとされる。彼は近代的な自由の担い手としての「個人」の発生を歴史的に次のように定式化する。

近代国家は御承知のように、中世の位階的秩序の否定体であり、教会とかギルドとか荘園とかのいわゆる仲介的勢力 (pouvoirs intermédiaires) を一方、唯一最高の国家主権、他方自由平等な個人という両極に解消する過程として現れる。[丸山 II：72]

さらに丸山は、「個人が『公民』として主権に一体化した極限状況」を想定し、ルソーの一般意志の理論はこの極限状況を図式化したものとした上で、「国民が主権を完全に掌握している限り、国家主権の万能は理論的には、なんら国民的自由の制限にはならない筈だ」と続けている［丸山 II：73］。「拘束の欠如」としての自由ではなく、政治的公共空間に参加する、「積極的自由」を近代的自由として位置づけ、それを肯定的に評価するという姿勢は一九四九年「ジョン・ロックと近代政治原理」にも貫かれている。

ここで丸山はロックを「「自由」の概念を自己立法――人間が自己に規範を課する主体的自由――という積極的＝構成的な概念に高めることによって、政治的自由主義の原則を体系的に確立した最も早い思想家の一人」［丸山 IV：189］として評価する。そしてロックからバークへ至る流れが存在することは認めながらも、むしろロックにおける公的意思（public will）がルソーの普遍意思（volonté générale）に発展していくことを重視する。彼によれば、たとえロックの著書のなかで主権（sovereignty）という言葉が殆ど使われていないにしても、「一切の政治権力を究極的に人民のトラストに基礎づける彼の立場」が「いわゆる人民主権」を意味することは明瞭なのである［丸山 IV：199］。

このような「ジャコバン」モデルに親和的な丸山のテクストでは、このモデルが持つ抑圧性への問いは少なくとも表面には現れてこない。個人の自由という前提がもたらす筈の「複数性」と丸山が支持する主権の「集権性」との間のアポリアという論理的な水準の問いは言うまでもない。(8)

この問いは彼においては「主体」と「個人」の同一視によって簡単に回避されてしまっている。というのも、「主体」とは「複数性」と「集権性」の間のアポリアをアポリアとして認知しないところに出現する概念である以上（このアポリアを「内面的媒介」あるいは「否定的媒介」という言葉によって乗り越えてしまうのは、この問いに答えているのではなく、単に抑圧しているだけである）、「個人」＝「主体」とされた時点でこの問いは消滅してしまうのだから(9)。

またそれだけではなく、「国民」という政治共同体から排除された「他者たち」が投げかける問いにも、ここでの丸山は決して敏感とは言えない。しかしここではこれ以上丸山を性急に論難するのは避け、ある部分では「ジャコバン」モデルに重なりながら、ある部分ではそこからはみ出てしまうような性質をもったテクストの検討に移ることにしよう。

2 「市民社会」批判——「政治学における国家の概念」

丸山の一九三六年の懸賞論文「政治学における国家の概念」は上述のような典型的な「ジャコバン」モデルの系列のテクストと比較した場合、奇妙な位置を占めている。ここでも彼は近代における「個人主義」が「国家主権」の絶対性の確立とともに成立したという見解は維持しているが、重要な部分で上記の論文との差異が存在する。

この論文で丸山は、まず「市民社会」という概念を「自立した市民の形成する公共空間」といった古典的な意味での政治学的なものとしてではなく、ヘーゲルを援用しながら「欲望の体系」という経済学的なものとして規定している。「市民社会とはなによりもまず経済社会である」［丸山 I：10］。

その上で彼は近代の「個人主義的国家観」をこの「市民社会」と関連づけて説明する。「商品生産社会」である「市民社会」の基本的特質は私有財産と分業である。従って生産は一応「私的」なものとして現れるのだが、それは必然的に交換を要請するために「社会性」を招き寄せざるを得ない。

しかし「私的」な原理によって構成されている「市民社会」は自らその「社会性」を基礎づけることができないために、国家権力がそれを代行するために登場する。「個人主義的国家観」の二律背反、すなわち「個人の自然権」と「国家主義の絶対性」はここに由来すると丸山は指摘する。

一方には法、他方にはその前に「平等な」個人という法治国の理念自体が、上述した商品生産社会の構造のいわば図式化にほかならない。〔丸山 I：13〕

この「ヂレンマ」は究極的には、「自主独立」な個人の私的生産が実は社会的生産であるという市民社会の忠実な反映にほかならぬのである。〔丸山 I：15〕

さらに丸山はフランスの場合をこのような意味での「個人主義的国家観」の典型であるとした上で、イギリスとドイツの例に及び、「国家」に重点がかかるドイツは当然のことながら、一見「国家主権」に批判的なイギリスにおいてさえも「市民社会一般と等しく国家権力に究極的に依存する」と断ずる。彼によれば「ただイギリス市民社会の発展の特異性がその国家観に個人主義的色彩を濃厚ならしめたにすぎない」〔丸山 I：16〕のである。(10)

この立場からすれば、全体乃至権力国家観は決して単純に「個人主義的国家観」を否定して登場したものではなく、むしろそれに内在したものであるということになる。丸山は「示唆」という言葉を使いながら次のように言う。

全体乃至権力国家というモメントは個人主義的国家観と如何に表面的にことなろうとも実は後者の発展したものにほかならぬ。［丸山 I：18］

続いて丸山は金融資本と独占との関係に触れながら、市民層が次第に全体国家を要請していく過程を説明しているが、その詳細はここでは扱わない。しかし以上の記述だけからも、ここで丸山が依拠している概念装置が「ジャコバン」モデルに収まりきらないのは明らかであると思われる。まず第一に方法的に「国家主権」―「個人」という「ジャコバン」モデルが「商品生産社会」としての「市民社会」との関係で捉えられていること。第二にその結果、「ジャコバン」モデルとしての「個人主義的国家観」の中に「全体主義」が孕まれていたといういわば「啓蒙の弁証法」的な論理が展開される故に、「ジャコバン」モデルへのコミットはとりあえず棚上げされざるを得ないということである。

しかしそれにもかかわらず、この論文の結論部分ではいささか唐突な形で、ある種の「国家主義」の必要性が説かれている。

個人は国家を媒介としてのみ具体的定立を得つつ、しかも絶えず国家に対して否定的独立を保持するごとき関係に立たねばならぬ。しかもそうした関係は市民社会の制約を受けている国家構造からは到底生じえないのである。そこに弁証法的な全体主義を今日の全体主義から区別する必要が生じてくる。［丸山 I：31 強調原文］

丸山が前半で明確に「個人主義的国家観」を批判していること、及びここでも「市民社会」が批判されていることを考慮に入れたとしても、ここで主張されていることがかなりの程度「ジャコバン」モデルに接近することは否めない。

おそらくこの部分での「市民社会」批判と「弁証法的全体主義」に関しては、丸山自身が概念装置を使いこなせていないと見るのが妥当な解釈ではないかと思われるが、それにしてもこの論文が、ある部分で「ジャコバン」モデルからの過剰を孕みつつも、最終的には「個人―国家」というモデルの外部には立っていないということ、及び「ナショナリズム」の論理のトータルな相対化の視点には至っていないということは確かである。

ところが、前期の主著といえる『日本政治思想史研究』に収められた諸論文においては基本的には「ナショナリズム」を肯定するモティーフに貫かれながらも、「個人―国家」モデルを超えた「主体」の概念がある時点で出現する。そしてそのことは、「主体」と「ナショナリズム」を繋ぐ論理にもある偏差をもたらすことになる。

二 「作為」する主体の「転移」と「翻訳」

本章では、『日本政治思想史研究』の日本思想史及び西欧政治思想史の記述或いは解釈としての妥当性はさしあたり問わない。ここで目指されるのは、同書、特に第二論文の「作為」・「主体」・「近代」という主要概念と前節において扱った「主体」・「近代」の概念の比較、及び「作為」する「主体」のもたらす筈の「秩序問題」のアポリアを同書の三論文が回避する過程の分析である。

丸山はここで、「天地自然に存在する先験的な『理』に道の本質を求める朱子学的な論理」に「先王という実在的人格が原初的にいわば『無』から道を作為したとなす徂徠学的なそれ」を対置させ、前者を「イデー」の論理、後者を「ペルゾーン」の論理と呼ぶ［丸山 II：26–27］。「イデー」の論理とは宇宙と価値の秩序が予め合理的な体系の下に存在し、各個人はその中で自ずから定められた位置を有するというものであり、「ペルゾーン」の論理とはそれとは逆に「主体」の「作為」以前には、その「作為」を導くいかなる価値体系をも認めず、いわば「無」から価値体系そのものを創出するようなものである。そして「イデー」に対する「ペルゾーン」の優位という朱子学から徂徠学への旋回が、いわば「近代的主体」の出現の萌芽と見做される。

しかしすぐ気付くように、ここまで「主体」の「作為」の論理を極大化すれば、それはもはや、事実問題とは別に少なくとも論理構造としては「ジャコバン」モデルで焦点化されるような国家との両極析出という枠組みに収まるものではなくなってしまっている。

というのも、あらゆる価値体系を宙吊りにし、絶えず「無」から世界秩序を創出する可能性を保有した「主体」とは、権利的には国家という枠をも乗り越えてしまう地点に位置するからである。

また丸山がここで提出しているような「主体」概念が他のテクストにおける「主体」概念と整合性を持たないということとは別に、「主体」の「作為」にかくの如き権限を付与することは、秩序形成の論理に深刻なアポリアを招き寄せることになる。

丸山が想定するような「主体」が世界に唯一人しか存在しないとしたら、――ここで丸山は事実上「聖人の作為」や「絶対君主の作為」に依存することでかかる「主体」が一人しか存在しない状況しか語っていない――アポリアはない。そこには「作為」する他の「主体」は存在せず、それ故秩序問題もあり得ないからだ。

しかしすべての価値秩序を宙吊りにするような「主体」が複数存在するとしたら？　それぞれの「主体」は他の「主体」の「作為」を互いに宙吊りにし合い、安定した秩序を基礎づける論理は導出されないのではないか？

しかし丸山自身には、「主体」の複数化はいわば自明のこととして価値的に要請されているにもかかわらず、このアポリアはそれ程重大なものとは考えられていないように見える。

彼は「ペルゾーン」の「優位」という概念によって性格づけた、すべての価値体系を宙吊りにするような「主体」の「作為」を「社会契約」、及び「ゲゼルシャフト」という概念に翻訳していく。例えば「社会契約」については「作為的秩序思想の完成形態」と位置づけたり、「作為」思想の理論的展開は、「作為」主体の複数化と「人作説（＝社会契約説）」を意味するという記述がある［丸山 II：42, 107–108］。また「ゲゼルシャフト」については「彼［徂徠］の立場には他ならぬゲゼルシャフトの論理が内包されていたのである」［丸山 II：42］、或いは「徂徠学とゲゼルシャフト的思惟の照応関係」［丸山 II：42］と叙述している。

秩序問題における「アポリア」の回避

しかしすでに指摘されているように[11]、現存する世界をまるごと宙吊りにし、新たな世界を無から一挙に創造してしまうような「作為」と政治的秩序創出の論理である「社会契約」の概念、そして商取引をその典型とする経済的な行為の概念である「ゲゼルシャフト」はそれぞれ水準を異にする。

従って丸山はここで三つの異なる水準の「主体」の概念を並存させている訳であるが、実はこの「主体」概念の「ゲゼルシャフト」や「社会契約」への翻訳、及び「社会契約」と「ゲゼルシャフト」の混同が「主体」の複数化がもたらす筈のアポリアの回避に決定的な役割を果たしている。

まず「社会契約」への翻訳によって、自立した複数の「主体」相互による政治的秩序形成への道筋と「主体」の「作為」の絶対性が共に保証される。さらにそれを「ゲゼルシャフト」と交換可能な概念として使用することで、「社会契約」からホッブス的な解決の可能性、つまり「主体」の自由の国家への全面譲渡による秩序保障という論理の可能性を除去しながら、政治的秩序形成の論理が担保されるのである。

というのも、商取引に見られるような「ゲゼルシャフト」的な行為及びそれに基づく秩序が「主体」の自由を放棄することなしに成立することは、経験的に自明なものとして想定されるからである。

この視点を採れば、丸山の第二論文終わりの奇妙な記述も理解可能なものになる。

> このようにして維新の身分的拘束の排除によって新たに秩序に対する主体的自由を確保するように見えた人間は、やがて再び巨大なる国家（リヴァイアサン）の中に呑み盡されようとする。［丸山 II：124］

ここで彼は論理的な問題としては、親和的であったとしても不思議ではない「社会契約」とホッブス的解決を明らかに対決させており、しかもそのことに関する何の説明もしていない。それはおそらく、上で述べたような「社会契約」と「ゲゼルシャフト」の交換によって丸山自身にはいわば無意識のうちに当然のこととされているためなのである。

そして「主体」の「作為」が「社会契約」及び「ゲゼルシャフト」へと翻訳されることで一度「主体」の複数化のアポリアが回避されてしまえば、「1　『ジャコバン』モデル」で分析したような「ジャコバン」モデルに基づいた国民主義、すなわち「ナショナリズム」[12]への接続も容易になる。実際同書の第三章では「国民主義の『前期的』形成」の叙述分析が当然のように行われている。

おそらくこの三つの「主体」概念の翻訳は、『日本政治思想史研究』というテクストの「作者」としての丸山自身には意識されて行われている訳ではない。しかしこのテクストが「近代的主体」と「ナショナリズム」というその政治的秩序の創出（の可能性）という物語として「読者」にそして「作者」にも受け入れられてきたのは、その効果によってこそであると思われる。

三　「多元性」と自由の「複数性」

ここまで、叙述してきた丸山の理論モデルにおいては、それぞれ差異を孕みながらも、ともに「集権化」への方向がかなり肯定的に語られていた、少なくとも「集権化」への否定的な問いかけはなされていなかったということができよう。

しかし一九四七年の論文「福沢諭吉の哲学」においては、右の諸モデルで前提とされていたものとはかなり異なる、「集権化」に批判的な「主体」像が提出されている。

ここで彼はまず福沢の「価値判断の相対性」について述べる。福沢にとっては「時代と場所というsituationを離れて」は一般に価値決定をなし得ない［丸山 III：169］。

しかもこの「価値判断の相対性」は単なる「機会主義」ではなく、「人間精神の主体性能動性の尊重とコロラリー」をなしているとされる［丸山 III：177］。つまり「主体性」とは一つの固定した価値を内面化すること（「惑溺」）ではなく、「価値判断を不断に流動化する心構え」［丸山 III：179］のことなのである。

次に丸山は、「判断の絶対主義は政治的絶対主義を相伴う」ことを指摘した後に、「他の極として人間相互の関係が一刻も固定していずに不断に流動化する社会」を肯定的に語る［丸山 III：181 強調原文］。そこでは「政治権力も価値基準を独占することが不可能になり、みずからを相対化して価値の多元性を承認する」［丸山 III：181–182］。

福沢の「相対主義」とはこのような「開かれた社会」への信念と結びついており、そのことが、福沢と無立場でご都合主義的な相対主義との間の明確な一線となっていると丸山は言う。

また福沢は多くの啓蒙主義者と同じく人間の自由の意識を重んじたが、それは単に「専制の原理に対する自由の原理の直線排他的な勝利ではありえない」。すなわち「自由と専制との抵抗闘争そのもののうちに自由があるのであって、自由の単一支配はもはや自由ではない」のである［丸山 III：184 強調原文］。

こうした「自由の弁証法」を無視し、「自己のイデオロギーによる画一的支配」を目指す思想は、「その内容の進歩的たると反動的たるとを問わず」福沢の敵であったと丸山は断言する。

ここで彼は、興味深いことに福沢は、「ルソーに反し、『自由は強制されえない』ということを確信」していたという表現を用いながら福沢とルソーとの比較を行っている［丸山 III：186］。

続いて福沢と「民権論者」との差異として、「政治」に対する態度が挙げられる。福沢においては集権化された公共空間としての「政治」への参加は相対化される、というのを通り越してここではむしろ批判の対象となる。

その（民権論者の）政治万能主義と中央権力への凝集傾向それ自体、福沢においては「権力偏重」の倒錯的表現であり、政治的権力に一切の社会的価値が集中している社会における必然的な随伴現象であった。とすれば、こうした社会における開化と進歩への方向はそうした民権論における「政治主義」を煽りたてることではなくして、むしろ政治的権力の価値独占を排除してこれを広汎な社会分野に分散させ、国民的エネルギーをこの多面的な価値の実現に向かわせることにあるのは明白であろう。［丸山 III：190］

このような「価値の分散を通じての国民精神の流動化」［丸山 III：191］というモデルは、「多元性」を強調する「自由主義」とある部分で重なるものであり、とりあえず先に定式化したような「ジャコバン」モデルとはそのままの形では折り合うものではないと思われる。丸山自身、「ジャコバン」モデルを擁護する際には、B・ラッセルのような「自由主義者」の「ジャコバン」批判を反批判してさえいるのである。

また逆に「多元性」を一見強調する「イギリス型自由主義」をも射程に収めた、いささか図式的ではあるがラディカルな「政治学における国家の概念」における「市民社会」批判と、ここでの議論の間にも簡単には架橋できない溝が存在する。

というのも、「政治学における国家の概念」で展開されているような図式に従えば、「多元性」が「商品生産社会」としての「市民社会」に媒介されている限り、原理的には「国家主権」を招き寄せざるを得ないはずだからである。

さらにC・シュミットを想起させるような、世界を一挙に創造し、しかも「他者」を持たないような「主体」モデルもここでのモデルとは、一応は別のものである。なぜなら「多元化」のモデルは「主体」の複数性を積極的に主題化し、しかもそれを肯定する時に生まれるのだから。

しかし、これらの差異にもかかわらず、「国民精神」や「国民的エネルギー」という表現から窺えるように、この論文で丸山が「国民」という概念に対していささかナイーブであることは否定できない。(13)

実際論理的な問題としては、おそらく、この「多元化」モデルと「ジャコバン」モデルと結びついた「ナショナリズム」との間にはある緊張関係が出現し得たであろうにも関わらず、その問いは結局浮上しないのである。

四　国際関係における「ナショナリズム」と「デモクラシー」

以上の分析が示したように、丸山のテクストにおいては、初期においてすでに相当に相異なる概念装置が並存している。

とは言え、この相異なる概念装置は、それぞれ同じ比重をテクスト群において占めているのではない。この時期に主に前景化するのは「ジャコバン」モデルであり、世界を一挙に創造するようなシュミット的「主体」モデルや福沢を参照した「多元化」モデルは後方に退いている。

その際、特徴的なことは、しばしば欧米列強に対する後進国（とりわけ日本）の反応という主題に

「ジャコバン」モデルが交差させられている、という点である。

つまりこれらのテクストにおいては、「欧米」という「他者」に対して「日本」という「主体」を如何に立ち上げていくかという課題と、その「日本」という「主体」を「ジャコバン」モデルに従って構成するという課題が密接不可分なものとして構想されていると言うことができる。

例えば「明治国家の思想」（一九四九）では、丸山は明治初期の思想においては「国民的な独立と個人的な自主性ということが不可分の課題として提起されていること」を指摘し、そこに「民権論と国権論との内面的連関」［丸山 IV：61–62］を見出している。

それに対して明治中期以降現れてきた「非政治的個人主義」には、「ラッセル『西洋哲学史』を読む」における のと同様な批判が加えられる。

近代的な個人主義とは異なった、非政治的な個人主義、政治的なものから逃避する、或いは国家的なものから逃避する個人主義的思潮が、つまり政治的な自由主義ではなく、むしろ「頽廃」を内に蔵したような個人主義が日清戦争以後急速に蔓延してきたということは、非常に興味深いのであります。［丸山 IV：79 強調原文］

また「陸羯南――人と思想」（一九四七）でもその限界点は指摘しながらも、陸が「後進民族の近代化運動が外国勢力に対する国民的独立と内における国民的自由の確立という二重の課題を負うことによって、デモクラシーとナショナリズムの結合を必然ならしめる歴史的論理を正確に把握していた」［丸山 III：95］ことを丸山は高く評価する。

この視点から「福沢諭吉から陸羯南へと連なる国民主義」［丸山 III：105 強調原文］という記述も可能になる。[14] ここで丸山は、「国際的な立ち遅れのために植民地ないし半植民地化の危機に晒されている民族の活路はいつもこの方向以外にはない」［丸山 IV：105 強調原文］と断言した上で、「戦前型ナショナリズム」と対抗した「民主主義的ナショナリズム」について明言している。

長きにわたるウルトラ・ナショナリズムの支配を脱した現在こそ、正しい意味でのナショナリズム、正しい国民主義運動が民主主義革命と結合しなければならない。[15]［丸山 III：105 強調原文］

また、初期の福沢においては「内の解放と外に対する独立とは一本の問題であり、個人主義と国家主義、国家主義と国際主義とは見事なバランスを得ていた」［丸山 IV：24］という「近代日本思想史における国家理性の問題」（一九四九）の末尾の言葉が、基本的に同系列に属するものであることは言うまでもない。

丸山はこの論文のすぐ前の箇所で、「自由にして相互に平等な人民によって下から支えられた国家こそ、もっともよく国家平等の原理に忠実であり、そうした国家こそ理のためには弱小国にも服し、道のためには強大国の威嚇にも屈せずに、自国の自由と独立を守りぬく国家である」［丸山 IV：24 強調原文］と福沢は考えていたと記述しているが、この文章はこの時期の彼自身の思想をかなりの程度表していると判断してもそれほど誤りではあるまい。[16]

その後丸山のテクスト群においては、一九五二年の「政治の世界」と「福沢諭吉選集第四巻解題」を境にして、「大衆社会」批判を射程に入れながら「多元化」モデルが急速に浮上してくるが、[17] 最初に述べたように本章はその問題に関しては立ち入らない。ここでは「戦後啓蒙」の代表的な思想家とされる丸山眞男の初期のテクストにおいて、「主体」の論理と「ナショナリズム」の論理が密接に連関させられていたということを確認するにとどめる。

確かに丸山の初期のテクストは、「ジャコバン」モデルによって「ナショナリズム」を規範的に基礎づけようとする試みから距離を置く時期的な早さ[18]、及び「ジャコバン」モデルの支配的なその最初期においてさえも「ジャコバン」モデルからの逸脱という過剰さにおいて、特異な様相を呈すると評価することはできよう。

しかしその特異さも、「主体」と「ナショナリズム」をめぐるアポリアを積極的に主題化し、個人と秩序をめぐる在り方を別様に思考するには至らなかった[19]。その課題はいまだ解かれずに我々に残されている。

第十一章　丸山眞男における「自由」と「社会主義」

はじめに

丸山眞男はその晩年——つまり冷戦終焉後ということであるが——、「社会主義」についてしばしば言及している。

例えば一九九二年のインタヴューでは、次のように述べている。

社会主義といわれると、広い意味では賛成でしたね。それは今でもそうです。だからこのころ腹が立ってしょうがない、社会主義崩壊とかいわれると。……「どこが資本主義万歳なのか」ってね。日本というのはひどいね、極端で。二重三重のおかしさですね。第一にソ連的共産主義だけが社会主義じゃないということ、第二にマルクス・レーニン主義は社会主義思想のうちの一つだということ。それからたとえマルクス・レーニン主義が正しいとしても、それを基準にしてソ連の現実を批判できるわけでしょ、それもしていない。ソ連や東欧の現実が崩壊したことが、即、マルクス・レーニン主義全部がダメになったということ、それから今度はそれとも違う社会主義まで全部ダメに

なったということって短絡ぶり、ひどいな。日本だけですよ、こんなの。〔XV：166–167〕

また、死の直前、一九九五年に『図書』に掲載された鼎談でも「社会主義」について同趣旨の発言がなされている。

この頃、いよいよ本当の社会主義を擁護する時代になったなあ、という気がしているんですよ。ソ連崩壊後、社会主義そのものまでがダメといった風潮が出てきていますね。ボルシェヴィキだけが社会主義じゃないし、第一、ある時期以降のソ連型社会主義はむしろ国家主義の変種というべきですね。〔『丸山眞男座談』IX：284〕

この鼎談において、丸山は市場経済とのみ結びついた自由主義が寛容という政治的自由主義の要を破壊する、という点に注意を喚起している。ここでの丸山によれば、「市場原理主義」は「他者」の尊重を基盤とした多元性の原理、あるいは、その多元性の原理を保証・機能させるための寛容というルールを解体するものとして位置づけられる。

つまり冷戦終焉後の支配的なイデオロギーである新自由主義とは異なり、経済自由主義は政治的自由主義を何ら基礎づけるものではなく、むしろそれを破壊するものとして把握されている。そして、丸山はむしろ多元性という原則を保証・機能させるシステムとして「社会主義」を提示する。

このような丸山の晩年の自由主義批判と「社会主義」の擁護は、一見奇異に見えるかも知れない。おそらく、ここでの丸山のスタイルは、「思想を思想として評価するのではなく」、「勝てば官軍」という日本の思想的風土への異議申立て、という彼特有の「状況的思考」による表現という側面もあるだろう。しかしそれだけではない。広く定義された「社会主義」への明示的・非明示的な支持と経済自由主義への批判は、丸山のテクストにおいて反復されるライト・モティーフの一つ、とさえ言える。

一　経済自由主義と「全体国家」

一九三六年の「政治学に於ける国家の概念」には、すでに経済自由主義が決して民主主義を基礎づけるものではなく、一見対立するように見える「全体主義」を導くものである、という論点が明瞭に提示されている。

ここで丸山は経済自由主義システムをヘーゲル的「市民社会」と定義している。丸山によれば、「市民社会」は一七、一八世紀の出現の時点においてすでに「国家権力に究極的に依存」［I：16］することによって可能になっている。いわば、「全体国家乃至権力国家」は「市民社会」の「可能性の条件 la condition de la possibilité」である。このことは、一見強権「国家」的契機が希薄に見えるようなイギリス市民社会においても例外ではない。

このような「市民社会」の「全体国家」への依存は一九世紀末の世界資本主義の再編成の過程で一気に前景化することになる。ここで丸山はヒルファディングの『金融資本論』を援用しつつ、金融資本と独占、そして帝国主義システムの確立とともに如何に「市民社会」が国家への依存度を上昇させていったかを記述する。そしてこの流れは二〇世紀最初の世界戦争として爆発する。

凄惨な世界戦争もまたこの構図を解消することなく、世界恐慌は独占資本のヘゲモニー下にある「市民社会」の「全体国家」への傾斜を一層加速する。興味深いのはここで丸山は「民主化」と「市民社会」を対立する概念として使用している、という点である。

独占資本の寡頭支配がどうして政治的・経済的民主化傾向と調和しえよう。……何れの国も、市民社会の存続を犠牲として民主化を押し進めるか、民主化の地盤である立憲機構を破壊して市民社会を救い出すかのヂレンマに次第に押しつめられる。(1)［I：23］

そして「民主化の地盤」の破壊という後者の選択から、ファシズム独裁が出現する。丸山によれば、ファシズムは現象としては中間層の運動として出発しながらも、構造としては国民大衆を均質化しつつ（そのためにファシズムは労働層の自主的組織を恐れ、破壊する）、独占資本の「寡頭支配形態」に帰着する。

この論文の「むすび」で丸山は、こうした「市民社会」のファシズムあるいは全体主義への転化を、「市民社会」に内在する論理によってもたらされた、とするいわば「啓蒙の弁証法」的なシェーマを提示している。

今や全体主義国家の観念は世界を風靡している。しかしその核心を極めればそれはそれが表面上排撃しつつある個人主義国家観の究極の発展形態にほかならない。［I：31］

二　現代資本主義とファシズム

第二次大戦中から戦争直後までの丸山のテクストには「中間集団」を解体して「個人」と「国家」を両極析出させる、「ジャコバン」主義的色彩を色濃く帯びた政治的「近代」を規範的に肯定しつつ、日本ファシズムの「前近代性」を批判的に分析・記述する、というパターンが比較的多く観察できる。規範的な政治的「近代」は、西欧思想を論じる文脈では「ラッセル『西洋哲学史』（近世）を読む」（一九四六）、「ジョン・ロックと近代政治原理」（一九四九）、日本思想を分析する文脈では「福沢における秩序と人間」（一九四三）、「国民主義理論の形成」（一九四四、『政治思想史研究』に収録される際に「国民主義の『前期的』形成」と改題）、「陸羯南——人と思想」（一九四七）、「日本における自由意識の形成と特質」（一九四七）、「明治国家の思想」（一九四九）などに典型的に現れている。

また、一九四六年の「超国家主義の論理と心理」や一九四七年の「日本ファシズムの思想と運動」、一九四九年の「軍国主義者の精神形態」では、ファシズムが独占資本と結びついた世界共通の構造的特徴をもつということは前提とされながらも、むしろ「前近代性」という視角から——とりわけ指導者の精神構造を分析する際には——日本ファシズムの特質が提示されている。[2]

冷戦とマッカーシズム

ところが、米ソ冷戦の激化を背景とした世界空間と国内秩序の再編成とともに、再び一九三六年の「政治学における国家の概念」と同様にファシズムを経済自由主義あるいはより直截に資本主義の構造に結びつけて論じる傾向が浮上してくる。

この視点の転回はファシズムを「前近代」の視角から分析するのではなく、「近代」そしてその延長線上にある「現代」に内在した現象として把握する、という問題設定の移動と密接に結びついている。[3]

具体的にこの系列に属するファシズム論としては、一九五二年の「ファシズムの諸問題」、一九五三年の「ファシズムの現代的状況」、「現代文明と政治の動向」、そして一九五四年の「ナショナリズム・軍国主義・ファシズム」などが挙げられる。

　こうした丸山眞男の転回の背景には、アメリカにおけるマッカーシズムと日本における「逆コース」及びレッド・パージという状況への批判的介入という側面があることは言うまでもない。しかし他方で、展開される理論構造は一九三六年の「政治学における国家の概念」とかなりの程度類似していることもまた否定できない。以下その点を具体的に見てみよう。

　この系列のファシズム論においてまず前提となっているのは、ファシズムが「近代」の否定ではなく、むしろ「近代」の内部から出現した現象である、という点である。例えば「ファシズムの現代的状況」では、そうした「啓蒙の弁証法」的な枠組みが再び明瞭に提示されている。

> ファシズムという現象が、決して近代社会の外部から、その花園を荒らしにきた化け物ではなくて、むしろ近代社会、もっと広くいって近代文明の真只中から、内在的に、そのギリギリの矛盾の顕現として出て来た……。［V：302　強調原文］

また、「啓蒙」近代のファシズムという「野蛮」への転化の背景に一九世紀末から二〇世紀はじめにかけての、独占資本主義あるいは国家独占資本主義の構造があるというマルクス主義的テーゼもまた反復されている。丸山は一九五〇年代はじめのアメリカや日本の状況を著しくファシズムへの傾斜を示していると捉えるが、その把握の基本になっているのはそうした前提である。すなわち「ファシズムは国家資本主義の上部構造的表現であるかぎりにおいて、いかなる先進資本主義国家もそれから免疫されていない」[VI：324]。[4]

この点で、「自由主義者」丸山の「ファシズム」論は、しばしば同じ「全体主義」という概念を使用しながらも、欧米の政治学・政治理論での「全体主義」論とは根本的に異なるものである。

すなわち、欧米では米ソ冷戦の激化を背景にしてファシズムとスターリン主義を「二つの全体主義」として分析・記述する流れが形成されることになるが、丸山はこうした視点を「ある範囲では有効である」[VII：11 強調原文] とするものの、他方『自由世界』におけるファッショ化の問題が見落とされる傾向がある」[VII：11] ことに注意を喚起する（『現代政治の思想と行動』第二部 追記」）。また丸山は「ナショナリズム・軍国主義・ファシズム」においても、状況によっては「ファシズムはまさに『自由』と『民主主義』の擁護を旗印にかかげる」[VI：331] ことを指摘している。[5][6]

ファシズムの政治文化――アトム化と強制的同質化（Gleichschaltung）

こうしたマルクス主義的分析を前提としながらも、丸山はファシズムの「政治文化」への分析を掘り下げようとする。一連のファシズム論のなかで丸山はファシズムの政治的特徴として、労働組合をはじめとしたあらゆる自発的結社の解体によってマス化・アトム化された個人の社会への「強制的同質化」=「グライヒシャルトゥング Gleichschaltung」を焦点化する。[7]

ファシズムは消極的には支配体制に対する抵抗の拠点となりうるような民衆の大小あらゆる自主的集団の形成を威嚇と暴力によって妨害すると同時に、積極的にはマス・メディアを大規模に駆使してファシズムの「正統」とするイデオロギーや生活様式にまで大衆を劃一化するのである。ファッショ化の過程とはつまりこうした異質的なものの排除をつうじての強制的セメント化（ナチのいわゆる Gleichschaltung）の過程に他ならない。［VI：327–328 強調原文］

ここでわれわれは、一九三六年の「政治学における国家の概念」においても、萌芽的な記述ながらも自主的組織の破壊と国民の均質化がファシズムの特質とされていたことを想起しておこう。つまり、戦中のマルクス主義的シェーマに基づくファシズム論は基本的には変更を蒙ることなく、むしろ戦後のマッカーシズムとレッド・パージを伴う「逆コース」の時代のなかで練り上げられたと言える。丸山によれば、ファシズムの前提となるようなマス化は、実は「現代の高度資本主義の諸条件の下で不可避的に進行」する事態であり、ファシズムはその傾向を「急激」かつ「極端」に押し進めたものにすぎない。

大体近代社会はその産業組織にせよ政治体制にせよ、組織化がすすむに従って一方、ピラミッドの尖端がますます鋭角的になり、そこに権力が集中するとともに他方、ピラミッドの底辺はますます末広がりになってそこに原子的な大衆が形成されて行く内在的傾向があります。［V：313］

また「現代」においては、自由と民主主義が「資本」の論理に強く拘束されている、あるいはより直截に「資本」に簒奪されていることが指摘される。さらに、自らの正統性を基礎づけるために自由と民主主義を標榜する「資本主義」体制が決して自由と民主主義を保障するものではなく、むしろその存在様式として民主主義を破壊する権威主義的構造を内在させていることも強調される。

現代においてしばしば自由と民主主義というものが私的企業、自由企業というものと等置されております。しかしながら実は近代資本、企業の内部ほど、非民主的な組織はないといっていいのであります。

……こういう原則は実ははじめから企業体の内部では当然のこととして妥当している。一切は、より多くの利潤を、という絶対の至上命令というものの下に動いている。この至上命令は何人も批判することは出来ない。［VI：30］

一体資本主義体制は自由企業などという名で呼ばれますが、資本主義が今日のように独占段階に達しない前でも、およそ資本制企業の内部構造ほど本来権威主義的なものはありません。(8)［V：314 強調原文］

現代資本主義――ファシズムの可能性の条件

「ファシズムの現代的状況」や「現代文明と政治の動向」では、丸山はアメリカをはじめとした各国の実業界の文書をナチス・ドイツの綱領と比較分析したロバート・ブレイディーの仕事に言及しながら、資本主義とナチス・ドイツの権威主義的な構造の親和性を強く示唆さえする。

ナチの経済体制はすでにワイマール時代に広汎に「自主的」に進行していたこのような企業間のピ

ラミッド的組織化を徹底させこれを法制化させたにすぎません。［V：314］

ブレイディーがアメリカの経済界を、例えば、日経連とか経団連にあたるNAM（ナショナル・アソシエイション・オブ・マニファクチャラーズ）を調べまして……ドイツのナチスの全体主義体制と、企業内部の決定構造という点で、内容と規模において、驚く程類似しているという結論を出したのです。これは決して偶然の結論ではないのであります。［VI：30-31］

このように、組織上の権威主義という側面からナチズム体制と資本主義体制との親和性を示唆する、ある種フランクフルト学派的な視点を導入する丸山は、「ファシズムの現代的状況」において「独占資本の寡頭支配」と「政治的経済的民主化」を原理的に対立させた「政治学における国家の概念」のモティーフを再び反復する。

政治的デモクラシーの進展と経済的寡頭制によって引き裂かれた近代社会の矛盾は、結局デモクラシーの理想を経済組織にまで及ぼすか、それとも、いっそ政治の面でもデモクラシーを切り捨ててしまうかしなければ、縫い合わせられない⑼……。［V：315］

さらに「現代文明と政治の動向」では、資本の利害を優先させ、デモクラシーを犠牲にする道はつまるところ、ファシズムを招き寄せるものとして批判され、それに対してデモクラシーと「社会主義」の結合が明確に対置される。

政治社会の寡頭支配はいわゆるファシズムであり、政治社会における民主主義を逆に経済社会に押し及ぼそうじゃないか、というのが社会主義の根本の考え方に他ならないのであります。［VI：32］

このように資本主義とファシズムとの親和性を指摘し、それに対して民主主義と「社会主義」の結合を対置する丸山の姿勢は、マルクス主義的語彙がやや後退し、「大衆社会」へと焦点を合わせはじめている一九五七年の「政治権力の諸問題」（ただし、ファシズムと大衆社会は決して無縁のものではない。むしろ現代の大衆社会はファシズムの「可能性の条件」を構成する。大衆社会に潜勢化したファシズムは状況に応じていつでも顕在化する可能性がある）[10]でも維持されている。

依然として私的利潤原理に立つ資本の社会的圧力は増大し、しかも独占の時代に入るとともに生産関係の基本的構成はますます寡頭化した。この両方向［民主化と寡頭化の方向のこと――引用者］の緊張と矛盾が今世紀の政治の当面する重大な課題となったのである。その分裂を救う根本の道は結局、民主化を生産関係の内部にまで拡大するか、それとも経済的寡頭支配に見合うように政治権力を再編成するか、の二つしかない。……前者の方向の解決をめざすのが種々の形態の社会主義であり、後者の究極の帰結がファシズムである。[11]［VI：356–357　強調原文］

とは言え、この時期の丸山のテクストにおいてファシズムへの抵抗として明示的に提示されるのは国家権力の暴力による奪取を梃子とした生産関係と所有形態の短期的な変革＝「革命」としての「社会主義」ではない。無論広い意味での「社会主義」は前提とされてはいるものの、むしろ重視されるのは、労働組合を軸とした自発的結社による「強制的同質化」への抵抗である。

こうした抵抗の戦略は一見迂遠に見えながらも、ファシズム、そしてファシズムの「可能性の条件」を構成する現代大衆社会、さらには「社会主義」内部での「画一化」と「同質化」への抵抗をも射程に収めるものであった。当時の「正統的な」マルクス主義からの差異を孕んだこうした抵抗の戦略の構想に、われわれは経済自由主義を根本的に批判しながらも、同時に、自由と「社会主義」の微妙な関係にこだわろうとする丸山の特異性を読み取ることができよう。

三　自発的結社――画一化と同質化に抗して

さきに触れた「ファシズムの現代的状況」の結論部においても、ファシズムの「強制的同質化」に抵抗するための拠点として、公共的問題を討議する労働組合をはじめとする自発的結社の重要性が説かれているが、一九五二年の「政治の世界」ではその主題はより一層明確化される。ここでは、ファシズム及びファシズムの「可能性の条件」を構成する現代社会における「画一化」と「同質化」に抵抗して、批判性と民主主義の拠点となる自発的結社の代表として労働組合が位置づけられている。

そこで何といっても重要な意味を帯びるのが、職場における組合です。労働組合こそは現代社会における大衆の原子的解体に抵抗する最も重要な拠点でなければなりません。随ってまたヒットラーのようなファッショ的独裁者が権力を獲得して真先に手を着けたのが、自主的労働組合の解体であったことも当然といえます。労働組合の使命は単に狭い意味の経済闘争にあるのではなく、むしろ、そこで政治・社会・文化のあらゆる問題が大衆的に討議され、また教育されることによって人間の規劃品化、大量通信報道機関による知識の劃一化、趣味・教養の末梢化の傾向と戦い、大衆の自主的な批判力と積極的な公共精神を不断に喚起するところにあるのだと思います。民主主義の根をしっかりと培うことを真実に欲する人々はなにより、大衆の政治的関心を日常化する場として、組合の強化・発展につとめ、これを不具《ママ》化し矮小化する動向と闘わなければなりません。[V：190–191 強調原文]

「画一化」と「同質化」への抵抗の拠点として自発的結社を構想するこうした視点は、近代日本思想史の構成へも投射される。さきに挙げた「福沢における秩序と人間」（一九四三）、「国民主義理論の形成」（一九四四）、「陸羯南——人と思想」（一九四七）、「日本における自由意識の形成と特質」（一九四七）、「明治国家の思想」（一九四九）などでは、すでに述べたように中間集団を解体して「個人」と「国家」を両極析出させるジャコバン主義的なモデルを肯定することを前提として近代日本思想史が構成されていたわけであるが、この時期から急速に自発的結社を代表とする中間集団的な契機の再評価が浮上することになる(12)。

例えば一九五二年の「福沢諭吉選集第四巻　解題」では、それまで丸山自身によってポジティヴに言及されることの多かった「ルソー＝ジャコバン型民主主義」は明確に退けられ、むしろ「人民の多元的な自発的活動」[V：216 強調原文]を重視する視点から福沢の再評価が行われる。この福沢評価の視点は「人民の自発的かつ多様な結合関係」[VI：387]を強調する一九五八年の「福沢諭吉について」においても継続される。さらに、一九五九年の「開国」においても、「自由討議、自主的集団の多様な形成」［VIII：80 強調原文］の近代日本における可能性として福沢が関わった明六社が評価されている。

われわれはここでも、丸山が近代日本思想史を語りながらも、同時に「閉じた社会」の典型として「二〇世紀の全体主義国家」を挙げていることに注意しておいていいだろう。

一九六〇年の「忠誠と反逆」、一九六五年の「個人析出のさまざまなパターン」でも、「画一化」と「同質化」への抵抗としての自発的結社の可能性が近代日本思想史を描きつつ探られることになるが、ここでは福沢に対する再評価以上に丸山の「社会主義」への傾斜が観察できる。

例えば「忠誠と反逆」では、再び独占資本の登場という契機と「画一化」・「同質化」の関係が論じられる。丸山は、ミルトン・メイヤーが分析するナチス・ドイツ支配下の精神的雰囲気と明治末期の日本の状況とを「それほど遠いものでない」としながら、次のように述べる。

あたかも日本資本主義が明治末年に早熟的に独占化の段階に踏み入ったこととパラレルに、近代日本の精神状況は、メイヤーの書名が象徴しているような「全体主義」下の「自由」な雰囲気に、早熟的に到達したとも言えるのである。［VIII：248］

「社会主義」と自由――アナーキズムへの眼差し

また近代日本の社会・労働運動の限界を指摘しながらも、「自主的な組織と訓練をもったプロレタリアート」［VIII：246］は可能性として担保される構図となっている。

この構図を前提として「例外者」［VIII：259 強調原文］として石川啄木や大杉栄などの「社会主義」

と「自由」の交差点に位置する思想家が評価されることになる。とりわけ、大杉栄に対する評価はきわめて高いものである。

> 蘆花における形式に反逆する主体としての自我あるいは生という側面と、嶺雲における歴史的な社会発展の法則という契機とは、やがてヨリ洗練された形で大杉栄の「反逆の哲学」において合流した。それはまさに大正のアナーキズム運動の基礎づけであった。［VIII：271 強調原文］

ここで丸山は、アナーキズムの退潮と運動内部でのマルクス主義の制覇によって、「反逆」や「自我」といった自由の問題系が消滅していったことを惜しみつつ記述している。

> アナーキズムの思想が社会主義や労働運動の主流的地位を、急速にマルクス主義に譲り渡したことと併行して、大杉の課題を継承する試み、すなわち反逆を自我から出発させて原理化する方向は、「客観的」な歴史的発展法則のうちに吸収されて「革命」の陣営では姿を消してゆく。［VIII：271］

丸山によれば、この自由の問題系の消滅によって、革命運動内部は官僚化・形骸化といった「画一性」と「同質化」に連なるさまざまな弱点を抱え込むことになる。

> 反逆のエートスによって不断に内部から更新されない「革命」は急速に形骸化する。革命「運動」は体制の次元からいえば反逆であるが、「運動」の内部においてはむしろ同調と随順を意味するこ

とが少なくない。［VIII：272　強調原文］

そして、弾圧期の集団「転向」の一因も革命運動が個人の自由によって支えられていなかったことにあると丸山は述べる。

自我の内部における「反逆」を十分濾過しない集団的な「革命運動」は、それ自体官僚化する危険をはらんでいるだけでなく、運動の潮が退きはじめると集団的に「転向」する脆弱さを免れない。［VIII：271　強調原文］

こうした石川啄木や大杉栄に対する高い評価は「個人析出のさまざまなパターン」においても反復される。この論考では、近代化に伴う個人析出のパターンとして、「自立化」、「民主化」、「私化」、「原子化」という四つの理念型が提出され、この視点に基づいて近代日本思想史が描き出される。その際、丸山は現代社会における「画一化」と「同質化」への抵抗という問題意識から「自立化」型と「民主化」型という自発的結社志向の「個人析出」のパターンを肯定的に位置づけることになるが、「私化」型と区別された「自立化」型の個人の可能性を体現していた存在としてまず評価されるのは石川啄木である。

こうして彼（啄木）は「強権の存在に対する没交渉」を主張するたぐいの「個人主義」的傾向の背後に受動的な形をとった大勢順応がひそんでいるのを鋭く見ぬいたのであった……その思想と行動を立ちいって検討すれば、彼の生活態度は、当時の自称「個人」の解放の主唱者よりもはるかに、

開かれた結社形成的な個人主義のエートスに近づいていることが明らかである。[IX：399]

また他方で丸山は、明治末期の「サンジカリズム」や「社会主義」のなかからも片山潜や幸徳秋水のような「民主化」型の個人析出の「曙光」[IX：402]のような試みが出現したことを記述した上で、「社会主義」と自由の交差点として、荒畑寒村や、とりわけ大杉栄の重要性を特筆する。

丸山によれば、大杉は大正期に流行した人格主義や個人主義の非社会性を批判しながらも、同時にボルシェヴィズムの自由の否認と「画一性」と「同質化」への傾斜を抉出し得た希有な思想家であった。

大杉は一方では、白樺派的自己主張とか、阿部次郎の人格主義とかいろいろなヴァリエイションで大正初期を風靡した個性尊重の声のなかに潜む反社会的態度を批判するとともに、他方では台頭するボルシェヴィズム運動にまつわる権威主義的傾向をかぎつけ、労働運動の進路を自己革命と社会革命の同時遂行に向けようと努力した[13]。[IX：402]

石川啄木や大杉栄へのこうした眼差しは、「画一化」と「同質化」への重層的な抵抗の戦略に由来する。さきに述べたように、この時期、丸山は「画一化」や「同質化」を生み出す構造として、二〇世紀前半の「古典的」なファシズムとともに、世界戦争後の経済成長に支えられた現代大衆社会をも主題化しつつあった。石川や大杉に注目しながら、「自立化」型や「民主化」型という自発的結社志向の個人析出を肯定的に位置づける行為は、こうした分析視角と相関するものであることは言うまでもない。

ただ、ここで確認しておくべきは、現代大衆社会と「古典的」なファシズムとは決して無縁なものではなく、むしろ前者は後者の「可能性の条件」を構成するということ、また丸山が石川や大杉に着目することで、いわばパフォーマティヴなかたちで「社会主義」という視点を導入し、さらには「社会主義」内部の「画一化」・「同質化」への抵抗をも射程に収めていた、ということであろう。

四 「個体性」と「複数性」の擁護

石川啄木や大杉栄に対する高い評価に現れているように、丸山の「社会主義」への視点は当時の「正統的な」マルクス主義のそれとは、かなりの程度異なるものである。

その差異は、突き詰めていけば、個人の経験の還元不可能性への丸山自身のこだわりと、それに由来する、複数性の擁護に由来するものであると言えよう。ただし、その差異の表現はさまざまなかたちを採る。

戦後一時期丸山はしばしばイギリスのユダヤ系政治学者H・ラスキを論じているが、その際、常に反復されるライト・モティーフは「社会主義」と個人、あるいは「社会主義」と自由の関係である。

例えば、ラスキの『信仰・理性及び文明』を論じた一九四六年の「西欧文化と共産主義の対決」においては、マルクス主義的方法を採用しているこの書物においても、「『何者にも吸収されざる内面的人格性』と『自主的な判断』こそ人間が死を賭しても守り通すべきものと述べた、あの根深い『個人主義』」[III：60]は決して放棄されていないことが強調されている。

また、一九四八年の「ラスキのロシア革命観とその推移」では、「自由と寛容と個性的独立の生活態度」[IV：40]を保持し、「人格的自我の実現を最高の価値とする」[IV：47 強調原文]ラスキのスタイルとロシア革命への評価の微妙な関係が丸山自身の記述によって浮かび上がるような仕掛けになっている。丸山によれば、ラスキが社会主義に傾斜するのは、「まさに資本主義世界において日々狭まりつつある『個性実現』の機会が、そこで解放される希望を見い出したからであり、その限りにおいてである」[IV：48 強調原文]とされる。

このようなラスキにおける個人と「社会主義」、あるいは自由と「社会主義」の微妙な緊張関係は一九五〇年の「ラスキ『現代革命の考察』」では次のように記述される。

> こうしたラスキの「動揺」をひとは何と批判しようと勝手である。しかし問題は彼が「正統」自由主義者と「正統」共産主義者の両側からの非難を浴びながら、何故最後まで「危ない橋」をわたることを止めなかったかにある。私はそこに却って、現代文明の苦悩を全身で生き抜こうとするラスキの凄烈なまでの意欲を感ぜずにはいられない。[V：5]

ラスキを論じる際のこうしたパセティックな文体は一連のラスキ論が収められた『現代政治の思想と行動』の「第二部　追記」でも反復される。ここで丸山は「西欧民主主義」と「共産主義」双方の脱構築を敢行しようとするラスキについて次のように述べる。

> ここで述べた西欧民主主義と共産主義の「架橋」ということは、往々誤解されるように、両者の安易な折衷でもなければ、両者を予め固定的なものと想定した上で、自ら「第三」の立場に立ってそれを調停しようとしたものでもない。むしろどこまでも西欧民主主義の自己批判を通じて共産主義

を批判し、前者の転換を通じて後者をも転換させようとしたところに彼の本領があったのではあるまいか。〔VII：8 強調原文〕

このように間接話法によって描き出されるラスキ像はいわば話者丸山をも照らしだす効果をもっているが、一九五六年の「断想」では、やはりラスキが登場しながらも、丸山は直接話法の語り手として登場する。丸山はラスキが『グラマー』において展開した「一人一人の経験のかけがえなさ（uniqueness）」に言及しながら、デモクラシーをこの「uniqueness」に基づいて構想しようとする。

> つまり各人の経験は結局彼自身だけのもので、他人によって代弁されたり、簡単に同感されたりできる性質のものでないからこそ、あらゆる人にはユニークな経験を自ら語る権利と、その経験に基づく要求を自ら主張する資格が平等に承認されねばならぬというデモクラシーの要請が本当に意味をもつわけだ[14]。〔VI：152–153 強調原文〕

さらに、ここでの丸山は「経験の個体性」と「素朴な人間性の共通を前提とするヒューマニズム」を対置し、後者は場合によっては「画一的な多数の暴力や啓蒙専制」を招き寄せる危険を孕むという、いわばサルトル的「実存主義」の立場に接近するまでになる。

経験の個体性と多元性を擁護する丸山のこうした姿勢は「構造改革」派に属する佐藤昇との一九六一年の対談「現代における革命の論理」にも現れている。ここで丸山は「社会主義」社会での「画一性」と「同質化」への歯止めとして市民的不服従の重要性を説く。

> 市民的不服従（シヴィル・ディスオビディエンス）という伝統は社会主義社会になっても必要なので、この要素がなければ翼賛体制的になっちゃうんだと思うんです。［『丸山眞男座談』IV：143］

一九六六年に単行本化された『現代日本の革新思想』や一九六八年の『対決の思想』に収められた発言でも、「個」の「拒否」の権利を強調することで、民主主義にさえ発生し得る集団同調圧力や「画一化」への歯止めにしようとする丸山の発想は継続されている。

> いわゆる「世論」や「慣行」の社会的圧力から、あるいは集団的雰囲気の圧力から個人の独立をいかに保障するか、その制度的保障は何かという問題は、国家権力が廃止されても、いやむしろ廃止されれば逆説的に一層鋭く浮かび上がってくるでしょう。［『丸山眞男座談』VI：311］

> of の民主主義プラス、from の個人的自由ということになる。ふつう民主主義という場合は、of もふくめて人民対政府の問題ですけれども、ノーという権利は「人民」と称する集団もふくめた、あらゆる集団のなかでの、集団に対する個という問題ですね。アナーキズムは国家の廃止にすべてを賭けるけれども、こういう個人の拒否権がないと、国家の廃止のあとにくるものは、集団的雰囲気の圧力が万能になる。［『丸山眞男座談』VIII：311　強調原文］

ここで主題化されている「個」の「拒否」の自由はある意味で民主主義と区別された意味でのリベラ

リズムの議論を想起させはするが、丸山が続けてこの自由をローザ・ルクセンブルクと接続させているのは注目に値する。

すなわち、ここで丸山は「自由というのは、結局他人とちがった考えをもつ自由だ」というローザの言葉を引用しつつ、いわば遂行論的に自由と「社会主義」のアポリアとも言える緊張関係を主題化しているとも言えるのではないか(15)。

現存「社会主義」体制への批判

このような視点に基づいて丸山は、現存する「社会主義」諸国において、「社会主義」が「マルクス＝レーニン」主義という「世界観」として基礎づけられ（しかもその「世界観」は「科学的真理」とも排他的に結合しているとされる）、さらにその「世界観」が政党、そして国家と密接不可分に結びつけられている、あるいは場合によっては、「世界観」が政党あるいは国家によって決定されている状況に懸念を表明する。

『現代政治の思想と行動』の「第二部　追記」では、「どのように高い真理性をもった学説もそれが唯一最高の真理として政治的支配と癒着した場合には実質的にドグマの支配に転化し、確定された「真理」への良心の強制をもたらす」［VII：23 強調原文］という新カント派の哲学者ヴィンデルバントのプラトン批判を援用しつつ、政治権力による「真理」の決定という在り方への批判が提出される。

そもそも理論的あるいは認識論的な水準において丸山はマルクス＝レーニン主義の「真理」概念に同意しない（ただしそのことは、「発見的方法」としてマルクス主義の理論及び記述が――とりわけ歴史あるいは「社会科学」の領域において――しばしば説得的であることを認めることと矛盾しない(16)）。

その上で、個人のレベルで「科学」と結びついたそうした「世界観」を支持することはともかくとして、「社会主義」諸国において世界観が政治権力によって正統化されていることが批判される。梅本克己、佐藤昇という二人のマルクス主義者と「社会主義」について討議した『現代日本の革新思想』においても、丸山は次のように述べている。

> 個人が確信するのはいいとして、政党として決めてかかる必要はないんじゃないか。そういう哲学や史観の根本問題は学問的に昔から争われてきた問題で、またそれこそ歴史的長期的な問題として、同じ社会主義者、同じ社会主義政党のなかで学問的にあらそってもいいのじゃないか。むしろそれでなければいけないんじゃないか、そうでないと政党が権力をとった場合、国家権力によってある世界観が「正統」化される……。〔『丸山眞男座談』VI：221　強調原文〕

> 他人の労働を従属させるような所有形態を変革し、生産の社会化と生産手段の私有との間の矛盾をなくしてゆくというかぎりで社会主義政党、あるいは社会主義国家のコンセンサス（基本的一致）があるというだけでなぜいけないのか、どうしてその哲学的根拠まで、政党あるいは国家レヴェルで一致しなければいけないのか。〔『丸山眞男座談』VI：232〕

こうした立場から丸山は、「『現代政治の思想と行動』第二部　追記」でも、『現代日本の革新思想』でも、ラートブルフの「社会主義はある特定の世界観に結びつくものではない。それは種々雑多な世界観からの同質的な結論である」〔VII：22　強調原文〕という言葉を援用しつつ、「社会主義」をマルクス＝レーニン主義の独占物から解き放ち、多元化する道を示唆する。

死後公表された「春曙帖」というノートには「社会主義」について次のように記されている。

> 私はどのような意味で社会主義者であるか、またありたいか。第一に、国家主義——国家が社会と個人を併どん《ママ》するようないかなる傾向にも反対だからである。社会主義は本質的にインターナショナルであり、それはいわゆる社会主義国家をもこえた原理でなければならない。……第二に、現代のテクノロジーと組織の肥大化及びその社会的相互連関の複雑化はもはやブルジョア個人主義によって処理できなくなったからである。生産の社会化という現実を無責任なまた根本的な利潤追求原理に委ねないためには、生産と分配の計画化を欠くことはできない。ブルジョア個人主義は国家（官僚）のフォーマルな組織悪には敏感であるが、社会の中に成長する組織悪には鈍感である。
>
> 　近代巨大産業はまさに全体主義的で、指導者原理に依拠している。それは組織内部において全く権威主義的でありながら、他の社会に対しては無責任な自由を要求する。けれども第二の要求は第一の要求に従属する。したがって、この立場からは国家＝社会主義は個人主義よりなお危険である。どこまでも個人＝社会主義でなければならない。計画化は個人個人の尊厳に奉仕する限りにおいてのみ是認される。（『自己内対話』：二四七—二四八　強調原文）

ここにもまた、近代資本主義が権威主義あるいは「全体主義」を招き寄せることを批判しつつ、あくまで自由と個人を擁護するシステムとして「社会主義」を構想しようとする丸山のスタイルが明瞭に観察できよう。

とは言え、「社会主義」の多元化、あるいは自由と「社会主義」の現代におけるあり得べき関係について丸山自身も決してこれ以上に多くを語っているわけではない。

一般論として民主主義と「社会主義」の組み合わせを明確に支持している[17][18]以外は、佐藤昇との対談「現代における革命の論理」において、E・P・トムソンやイギリスの「ニューレフト」の議論を参照しつつ、暴力による国家権力の奪取を軸とした「動乱モデル」を相対化し、「国家」と「社会」が相互浸透する現代における「社会主義」の戦略を探っている部分が、比較的まとまったものと言えるに過ぎない。

さらに、ネオ・リベラリズム原理に基づく資本主義の再編成は、丸山が直面したのとはまた別の次元の「現代」、いわば二〇世紀的「現代」とある面では連続しながらも、また別の面では根本的な断絶を含んだ二一世紀的「現在」を現出させつつある。

この「現在」との交渉のなかで、われわれはおそらく二〇世紀とはまた別のかたちで自由と「社会主義」の引き起こす問いへと誘われることとなろう。とは言え、二〇世紀におけるこの問いを振り返ること、そしてこの問いの視角から丸山眞男を読み直すことは、決して無駄ではない筈である。

二〇世紀のある詩人が言ったように、歴史のなかをわれわれは後ずさりをしながら未来に入っていくのだから。

第十二章　「近代」から「現代」へ
――丸山眞男と松下圭一――

はじめに

よく知られているように、第二世界大戦後数年間、日本の言説空間のなかでは「近代」と「前近代」という解読格子が前景化していたと言ってよいだろう。その解読格子には、多くの場合、規範的な「近代」から「前近代」を批判するという姿勢が伴っていた。その際、しばしば「近代」には欧米の民主主義が、「前近代」には日本（場合によっては日本ファシズム）がそれぞれ割り振られる傾向が観察できる。

ところが、戦後数年を経て、主に二つの契機によってある転回が引き起こされる。

第一は米ソ冷戦の激化に伴う世界空間と国内秩序の再編成である。すなわちヨーロッパでは一九四七年から一九四八年にかけてマーシャル・プランとコミンフォルムの設置、ベルリン封鎖、NATO設立、東アジアでは一九四九年の内戦での中国共産党の勝利に伴う中華人民共和国の成立、一九五〇年の朝鮮戦争勃発、というかたちで米ソ対決の構図が浮かび上がってくる。この動きに伴い、日本国内では占領軍が戦前の体制を主な標的とした民主化と非軍事化から日本の反共産主義化へと方針を転換してくる。いわゆる「逆コース」である。ここでは「自由と民主主義」の西側諸国対「全体主義・共産主義」の東側諸国という枠組みが動員されつつ、レッド・パージが遂行される。

このような状況において逆コースとレッド・パージに批判的な言説空間のなかでは「欧米」近代の「自由と民主主義」の論理への距離が表明されるようになってくる。

第二の契機は朝鮮戦争を特需として開始された経済成長の進展である。特にGNPや国民所得が戦前を上回った一九五五年、『経済白書』が「もはや「戦後」ではない」という標語を用いた一九五六年あたりから本格的に展開する高度経済成長とそれに伴う社会の根本的な変動はもはや「現代」日本を「前近代」を主な解読格子として描き出すことを不可能にしていく。

ここでは丸山眞男から松下圭一への流れのなかにこうした「現代」への転回を読み取ることを試みることになる。この行為は、両者の言説における近代市民社会への批判の契機をクローズ・アップすることで、戦後思想の二つの焦点としての「市民社会派」と「マルクス主義」との関係を問い直すことに連なることともなろう。

一　丸山眞男の転回――「現代」の浮上

「ジャコバン」モデルと日本ファシズムの「前近代性」

戦中から戦後数年間までの丸山のテクストにおいては、日本の「前近代性」を示唆しつつ、「ジャコバン」モデルと命名できる規範的な「近代」を提示するパターンを多く観察することができる。このモデルの特徴は、西欧思想を語る文脈では「ラッセル『西洋哲学史』(近世)を読む」(一九四六)や「ジョン・ロックと近代政治原理」(一九四九)、日本思想を分析する文脈では「福沢に於ける秩序と人間」

（一九四三）、「国民主義の『前期的』形成」（一九四四）、「陸羯南――人と思想」（一九四七）、「日本における自由意識の形成と特質」（一九四七）、「明治国家の思想」（一九四九）などに典型的に窺えるものであり、ここでごく簡単に整理すると相互に関連する次のような論点を含む(1)。

第一に、「封建的」という概念で形容される「前近代」的秩序の克服が意図される。具体的にはギルドや村落共同体などの「中間集団」を解体し、唯一不可分の「主権」を有する国家と「中間集団」の属性を剝奪された個人という二極を析出することが目指される。

第二に、唯一不可分の「主権」を独占する国家の正統性は、上記のように「中間集団」から析出された個人相互の社会契約によって基礎づけられる。同時に、社会契約によって「主権国家」が創出される過程で「国民」という政治的公共空間が立ち上げられることになる。ここで「主体」という言葉に触れておけば、「国民」に媒介されることで単なる個人は「主体」へと変貌することになる(2)。

前者の論点については、例えば一九四六年の「ラッセル『西洋哲学史』（近世）を読む」に次のような明快な記述がある。

> 近代国家は御承知のように、中世の位階的秩序の否定体であり、教会とかギルドとか荘園とかのいわゆる仲介的勢力（pouvoirs intermédiaires）を、一方、唯一最高の国家主権、他方、自由平等な個人という両極に解消する過程として現われる。だから、この両極がいかに関係し合うかということが、近代政治思想の一貫した課題になっているわけだ。［III：72］

「仲介」的・「中間」的部分の解体を「近代」の指標とするという姿勢は『日本政治思想史研究』に収

められた「国民主義の『前期的』形成」においても貫かれている。ここでは「仲介的勢力の自立的存在」を「国家と国民の内面的結合の桎梏」と位置づけた上で、権力の「最高主体」たる国家への凝集とそれを支える「国民」の誕生へ向けて「中間勢力の解体」というプロジェクトが「国民主義理念」として提示される。

後者の論点については、唯一不可分の「主権」概念と絡んで当然ルソーの『社会契約論』の論理が影を落とすわけであるが、「ラッセル『西洋哲学史』（近世）を読む」においても「ジョン・ロックと近代政治原理」においても、「一般意志」と結合したルソー型民主主義理論への丸山の評価は高い。

例えば前者では「個人が『公民』として主権に一体化した極限状況」を設定しつつ、「国民主権」に基づく民主主義国家の理念型として「個人の自由と主権の完全性」との「一致」が指摘される。ここでは「理論的には」（強調原文）、「国民が主権を完全に掌握している限り、国家主権の万能」は「なんら国民的自由の制限にならない筈だ」とまで述べられている。

また後者の論文では「人間が自己に規範を課する主体的自由」という概念を基礎としながら、「社会契約」による国家秩序の創出とそれへの服従という「近代政治原理」の論理がロックからルソーへの系譜として辿られている。ここでの丸山はロックからバークへという流れにも一応言及はするが、「一切の政治権力を究極的に人民のトラストに基礎づける」ロックの思想がたとえ「主権（sovereignty）」という言葉を用いていないにしても、「いわゆる人民主権」の理論であることは「明瞭である」として、むしろルソーの『社会契約論』の「一般意志 volonté générale」との親和性を浮かび上がらせようとしている。

このモデルにおいては、論理上、民主主義と国民主義の結合が導き出されることになるが、「陸羯南

――人と思想」ではこの両者の結合が近代日本思想史の課題として提示される。この視点から丸山は福沢諭吉と陸羯南、民権論と国権論の対立を相対化した上で、「現在」の地点での要請として次のように述べる。

> 長きにわたるウルトラ・ナショナリズムの支配を脱した現在こそ、正しい意味でのナショナリズム、正しい国民主義運動が民主主義革命と結合しなければならない。それは羯南らの課題を継承しつつ、その中道にして止まった不徹底を排除することにほかならぬ。〔III：105 強調原文〕

また「ジャコバン」モデルが前景化する時期のファシズム論においては、一方でファシズムが独占資本と関係した世界共通の現象であることは前提とされながらも、むしろ「欧米」とりわけナチス・ドイツとの比較において「日本ファシズム」の特殊な様相を考察するという視点が多く採用されている。その場合、――とりわけファシズムの指導者の精神構造を分析する際には――「日本ファシズム」の「前近代性」が焦点化される結果になる傾向が見受けられることになる。

例えば一九四六年の『世界』五月号に掲載された「超国家主義の論理と心理」では、丸山はカール・シュミットを引きながらヨーロッパ近代国家を、「真理」あるいは「道徳」の内容的価値に関しては中立的立場を採用し、あくまで国家主権の基礎を「純粋に形式的な法機構の上」に置く「中性国家（Ein neutraler Staat）」であると規定した上で、近代日本の政治体制としての「国体」をそれとの差異の相において描き出そうとする。すなわち丸山によればヨーロッパ「近代」では、思想・信仰・道徳の問題が「私事」とされることによって「主観的内面性」が「公」の国家秩序から独立して保証されるのに対し、日本の「国体」においては「近代的人格の道徳の内面化」が確立されず、その結果国家が社会のあらゆる領域に遍在することになる。

「内面的に自由であり、主観のうちにその定在《ダーザイン》をもっているものは法のなかに入ってきてはならない」（ヘーゲル）という主観的内面性の尊重とは反対に、国法は絶対的価値たる「国体」より流出する限り、自らの妥当根拠を内容的正当性に基礎づけることによっていかなる精神領域にも自在に浸透しうるのである。〔III：22 強調原文〕

この道徳・倫理と国家・権力の未分化という視点は日本ファシズムの担い手のパーソナリティの分析にも導入される。ここでも倫理と権力の分化を前提としたナチス・ドイツの指導者と比較しての日本側の「主体」の欠如という論点がクローズ・アップされてくる。丸山はこの論考において、「虐待」と「被虐待」の関係を例にとってナチス側の場合では「『自由なる』主体ともの（Sache）」というかたちで「主体」が出現しているのに対し、日本側の場合には「自由なる主体意識」を欠いた「究極的価値たる天皇への相対的な近接の意識」しかなかったと記述している。その結果、ナチス・ドイツの精神構造においては、とにかく行為の責任を帰属させ得る「主体」は確立されているのに対し、「日本ファシズム」の場合、責任を引き受ける「主体」自体が欠如しているという論旨が展開されることになる。いわゆる「日本ファシズム」における「無責任の体系」である。一九四九年五月の『潮流』に「日本ファシズム共同研究」の一環として掲載された「軍国主義者の精神形態」にも同様の論点が現れている。

マッカーシズムと「現代」におけるファシズム

ところが、一九五〇年代に入ると、[3]むしろ「現代」における「ファシズム」という視点が強く導入されるようになる。しかもこの「現代」における「ファシズム」は「自由と民主主義」を標榜する「欧米」とも決して無縁ではないことが強調される。ここで特に意識されているのは当時のアメリカにおけるマッカーシズムである。このことと関連して「ファシズム」における「前近代性」という契機への注目は大きく後ろに退き、また「欧米」近代の規範的な吸引力も低下することになる。

このようなファシズム論の系列に属するものとしては、一九五二年の「ファシズムの諸問題」、一九五三年の「ファシズムの現代的状況」、「現代文明と政治の動向」などを挙げることができる。ここでは「ファシズム」のもっとも基本的な特徴として、あらゆる自発的結社の解体とその解体によってマス化・アトム化された個人の社会への「強制的同質化」＝「グライヒシャルトゥング（Gleichschaltung）」が挙げられるが、この「強制的同質化」をもたらす要因として「現代」における高度資本主義の構造が指摘される。

例えば丸山は「ファシズムの現代的状況」において、「ファシズム」は「現代の高度資本主義の諸条件」に内在している傾向が「急激」、かつ「極端」なかたちで顕在化したものにすぎないと述べている。ここでの丸山によれば「強制的同質化」の前提となる、「アトム化された大衆とそれを操作する権力」という構図は「近代」資本主義そのものが生み出したものである。[4]

近代社会はその産業組織にせよ政治体制にせよ、組織化がすすむに従って一方、ピラミッドの尖端がますます鋭角的になり、そこに権力が集中するとともに他方、ピラミッドの底辺はますます末広がりになってそこに原子的な大衆が形成されていく内在的傾向があります。よくいわれる資本の集中と集積に伴う階級の両極分解はその最も大規模な表現です……［V：313］

また丸山は「現代」における「自由と民主主義」という「理念」が「資本」という「現実」に強く拘束されていることを指摘する。あるいは「自由と民主主義」という「理念」を「資本」という「現実」が裏切っていることを批判する。

現代においてしばしば自由と民主主義というものが、私的企業、自由企業というものと等置されております。しかしながら実は近代資本、企業の内部ほど、非民主的な組織はないといっていいのであります。……一切は、より多くの利潤を、という絶対の至上命令の下に動いている。この至上命令というものは何人も批判することは出来ない。［VI：30］

一体資本主義体制は自由企業などという名で呼ばれますが、資本主義が今日のように独占段階に達しない前でも、およそ資本制企業の内部構造ほど本来権威主義的なものはありません。［V：314 強調原文］

丸山はこのような現代資本主義の構造の基礎の上に、（1）代議政治における官僚主義の進行、（2）専門分化と機械化に伴う専門家主義とその裏返しとしてのテクノロジカル・ニヒリズム、（3）マス・コミュニケーションの発達による知性の断片化と画一化、などが加わることによって、「ファシズム」

への危険度は上昇していくと考える。
この「現代」における「ファシズム」化への抵抗の戦略として丸山が構想するのは、もはや個人と国家という二極構造に支えられた「ジャコバン」モデルではなく、むしろこの「ジャコバン」モデルにおいてはネガティヴな役割を与えられるさまざまな自発的結社のネットワークである（言うまでもなく結社は中間集団の形態の一つである）。[5][6]
その際、「現代」における「資本」の位置と対応して、自発的結社のなかで、とりわけ労働組合の重要性が強調される。「ファシズムの現代的状況」では「近代社会なり近代文明なりの諸条件や傾向のなかに内在」している「ファシズムの強制的同質化」に抵抗するためのミクロな公共性の担い手として「労働組合を先頭とする自発的結社」が要請されているが、一九五二年の「政治の世界」においては、より直截に組合の役割について述べられている。

何といっても重要な意味を帯びるのが、職場における組合です。労働組合こそは現代社会における大衆の原子的解体に抵抗する最も重要な拠点でなければなりません。随ってまたヒットラーのようなファッショ的独裁者が権力を獲得して真先に手を着けたのが、自主的労働組合の解体であったことも当然といえます。労働組合の使命は単に狭い意味の経済闘争にあるのではなく、むしろ、そこで政治・社会・文化のあらゆる問題が大衆的に討議され、また教育されることによって人間の規劃品化、大量通信報道機関による知識の劃一化、趣味・教養の末梢化の傾向と戦い、大衆の自主的な批判力と積極的な公共精神を不断に喚起するところにあるのだと思います。民主主義の根をしっかりと培うことを真実に欲する人々はなにより、大衆の政治的関心を日常化する場として、組合の強

化発展につとめ、これを不具化《マ》し矮小化《マ》する動向と戦わなければなりません。[7]［V：190–191 強調原文］

こうした丸山の「現代」への問いをより大がかりな仕方で引き受けることになるのが、初期の松下圭一である。[8] この時期の松下は丸山以上にマルクス主義的な視点を導入しつつ、「現代」の位相とそこにおける抵抗の戦略をより詳細に分析しようとする。

ここではたんに戦後日本社会の変化を捉えるというのではなく、世界史レベルで一九世紀末から二〇世紀初頭にかけて起こった大規模なシステムの地殻変動を理論化する試みがなされることになる。その際、特に注目されるのが、世界戦争における総力戦を契機とした独占資本と福祉国家（福祉国家は同時に行政国家、経済国家でもある）・ナショナリズムの結合である。松下の言う大衆社会とはこの独占資本と福祉国家・ナショナリズムという構造によって構成された「二〇世紀システム」に他ならない。そして、松下のこの「二〇世紀システム」としての「現代」への眼差しは、当然のこととして、「前近代」と「近代」という近代主義・啓蒙主義的な枠組みを問い直すことへと連なっていくのである。

二 「戦後啓蒙」と「近代主義」からの離脱

松下圭一は一九五六年一一月の『思想』「大衆社会特集」に掲載された「大衆国家の成立とその問題性」の末尾において戦後のある時期までの「近代」主義的枠組みへの距離感を次のように表現している。

日本においても、その特殊性をもちながらも、独占段階における社会形態の変化という一般的状況が進行しているのであり、「封建」対「近代」のみならず、さらにするどく「近代」自体の問題が提起されなければならない。そしてこの「近代」自体が内部にはらんだ問題を欧米において追求するのが、本稿のモティフであったわけである。［IV：34］

また一九六〇年の『思想』一〇月号掲載の「社会科学の今日的状況」（初出時のタイトルは「大衆社会論の今日的位置」）でも、「民主主義」対「ファシズム」という二項対立を相対化しようとする自らの問題意識について述べられている。

天皇制からデモクラシーへという戦後啓蒙主義にみられた近代主義的発想にたいする批判があった。すなわちファシズムですらデモクラシーというタテマエをもって登場しうるという現代デモクラシーのはらんでいる矛盾を鋭くえぐりださないかぎり、戦後政治過程への有効な視角形成が不可能である。それゆえどうしてもデモクラシーの今日的状況を戦後啓蒙主義のワクをこえて理論化する必要があった。大衆社会論というかたちで、封建対近代、天皇制対デモクラシーという敗戦直後の近代一段階論に対決する、近代・現代二段階論が提起されたのである。［IV：252］

さらに一九五九年に公刊された『現代政治の条件』の後記においても、「封建対近代」という枠組みから日本における近代的自我や市民社会の欠如を問題にするという「啓蒙主義・近代主義」への批判として、理論を練り上げていったことが記述されている。ここでの松下によれば、戦後の「啓蒙主義・近

代主義」が規範化・理想化している「欧米近代」はすでに全く別のシステムである「現代」へと転回しているのである。(9)

このような視点に基づいて、松下は一九五二年から五四年にかけて『法学志林』や『一橋論叢』に発表し、後に『市民政治理論の形成』にまとめられるジョン・ロック論において「近代」政治思想の論理構造を分析すると同時に、一九五四年から一九五五年には同じく『法学志林』に連載された「集団観念の形成と市民政治理論の構造転換」において「近代」から「現代」への転回を主題化している。さきの「大衆国家の成立とその問題性」は松下によれば、元来この論考の第二章の序として執筆されたものである。

ここでは戦後の「啓蒙主義」が規範化して来た近代「市民社会」概念がある種マルクス主義的な視点から歴史的文脈に置き直されている。

すなわち一九世紀における市民社会の主体は個人一般ではなく、「「資本主義的私的所有」つまり資本の成立を基礎とする産業資本」の担い手であるブルジョアジーに限定されていたことが指摘される。資本主義がその論理的前提として要請した「本源的蓄積」によって創出された労働者階級は自由・平等・独立という原理によって構成されている筈の市民社会から排除されている。(10)そして産業資本を中心としたブルジョアジーは旧支配層の一部とも連携しつつ、名望家グループを形成する。一九世紀における「公共圏」や世論は基本的に名望家グループの構成する空間内部での問題であり、且つこのグループは選挙権の制限を前提にしながら議会を掌握する。松下は一九世紀における議会をバジョットを引きながら「上流一万 upper ten thousands」の支配として位置づけている。

ところが株式会社制度による資本の集中・集積は銀行資本との結合を伴いつつ、「生産の社会化

Vergesellschaftung」を促す。生産の社会化という流れのなかで、資本主義は産業資本段階から独占資本段階へと移行し始める。そしてこの独占資本主義への移行によって、一九世紀の近代市民社会は決定的に崩壊し二〇世紀型の「現代」が誕生すると松下は考えるのである。

　それでは、松下は「二〇世紀システム」としての「現代」をどのように描きだそうとするのか、次にその点を見てみよう。

三　「二〇世紀システム」としての「大衆社会」

　先に触れた「大衆国家の成立とその問題性」は「近代」から「現代」へという松下の視角を集約している論考である。ここでは「現代」の出現の最も基礎的な条件として、すでに述べたように一九世紀末から二〇世紀初頭にかけての産業資本主義から独占資本主義への移行がレーニンの『帝国主義論』を援用しつつ指摘されている。生産力の飛躍的上昇と資本の集積・集中、第二次産業革命による石油・電気エネルギーの新開発、さらにテクノロジーの果たす機能の全社会過程への拡大などがそのメルク・マールである。

> 生産の社会化を基礎とする資本主義の産業資本段階より独占資本段階への移行は、資本と労働との基本矛盾を止揚することなく、石炭にたいする石油・電気という新しいエネルギー源の開発とあいまって、大量生産 mass production ならびに大量伝達 mass communication をうみだし、これまでおもに生産過程の内部において発達をみていたテクノロジーを社会過程の内部にまで進出せし

め、社会の組織技術に革命的変革をもたらした。[IV：10 強調原文]

この「現代」への移行を松下はまず、(1) 大規模工場制の成立とそこでの機械的組織化、(2) 未熟練労働者の圧倒的増大、という「生産過程」での変化として押さえようとする。そしてこの傾向は「フォード・システムにおける大量機械生産と労働の質の量化」において決定的になるとされる。いわば松下は二〇世紀の独占資本主義の「生産過程」での特徴を「フォード・システム」に見て取っているとも言えよう。

そしてこの「生産過程」での変化は必然的に社会形態の変化を引き起こす。伝統的な生産手段と共同体から引き離されたプロレタリアは一方で原子化され、他方で新たに編成される集団に組織化される。テクノロジーの飛躍的発達はこの原子化と組織化の両極を「官僚制」という媒介によって結合することを可能にし、この方向に沿って社会は全面的に再編成される。

同時に伝統的な小共同体内部で循環していた「感情」もそうした共同体の崩壊に伴って外部に排出された上で、メディア＝コミュニケーション技術によってコントロールされる。二〇世紀におけるこの「技術」と「感情」の結合が典型的な形で露呈するのは「戦争」時においてであると松下は言う。

この「技術化」と「情緒化」の過程は、現段階の「全体戦争」においてもっとも明確にとらえることができる。国家は戦争機械として技術化されていくとともに、〝いけにえ〟をともなった原始宗教にも似たナショナリズムが爆発する。[IV：15]

とは言え、松下によれば「現代」における人口の圧倒的部分の「プロレタリア化」は無条件にここで素描されたような「二〇世紀システム」への統合を帰結しない。プロレタリアが「二〇世紀システム」に統合された「大衆」として出現するためには経済的社会的条件を前提にして、どのような政治統合が遂行されたかを考察する必要がある。

「社会主義」の拡大と福祉国家

一九世紀末からの独占資本主義への移行は労働者階級の形態にも質的な変化をもたらす。さきにも述べたように生産過程での未熟練労働者の圧倒的な増大と大工場制への組織化は、産業資本段階での職人層と熟練労働者を基礎とした運動の形態を決定的に転換させる。

独占段階は、厖大な労働者を新たに蓄積するが、この労働者層は、産業資本段階までの職人層、特権的熟練労働者層とは異なる未熟練労働者として特徴づけられるものであるが、この層が独占段階において新たに労働組合へと組織されるのである。したがって、労働組合の政治への登場は、従来理解されているように労働者階級とともに古いのではない。むしろ、産業資本段階においては、労働組合は闘争組織であるよりも、少数の特権的熟練労働者の同業的株式会社だったのである。

[IV：21]

このように大量の工場労働者を組織化した労働組合と社会主義勢力は選挙権の拡大を前提にしつつ、議会に進出してゆく。このことは社会政策を中心とする福祉国家の出現を促す主要な圧力となる。松下は世紀末のトマス・ヒル・グリーンの理想主義国家哲学からチェンバレンを経て、ロイド・ジョージの「人民予算」に至るイギリスの流れに福祉国家化の典型的な兆候を指摘する。

この潮流に寄り添うように、社会主義のなかでも国家の位置が急速にクローズ・アップされてくる。すなわち普通平等選挙権と議会制度を通じて国家権力に接近、あるいは権力そのものを獲得することによって社会主義を実現しようとする「社会民主主義」的プログラムの影響力の増大である。こうした事態の推移はかつて名望家体制と産業資本という背景の下で一九世紀的国家から排除され、その排除を捉え返すことによって国家に対立していた社会主義の分裂を招き寄せることになる。

> 上からの国家の福祉国家化は、下からの労働者階級の自己馴化と対応してくる。普通平等選挙権を前提として、これまで国家に対立していた社会主義は、国家によって実現されうる社会主義に転化する。すなわち社会主義は修正されなければならない。労働者階級は、議会主義的形態をとりつつ、社会政策を漸進的に拡大することによって「解放」されるであろう。漸進主義的「運動がすべてである」。ここに社会主義は修正され、レーニンのいわゆる「近代社会主義」、その後の「社会民主主義」が成立する。これに対立しつつあらたにサンジカリズム、スパルタクシズム、ボリシェヴィズムなどが登場する。社会主義は「分裂」した。［IV：22 強調原文］

この二〇世紀初頭の「社会民主主義」と福祉国家の結合において、労働者階級は国家の受益者となることによってかつてのような「危険な階級」ではなくなり、国家への帰属意識を濃厚に持った「大衆」へと変貌する。「ナショナリズム」への労働者階級の統合である。デモクラシーもここでは社会国家への統合のチャンネルとして機能する。

> 労働者階級は、政治的支配をかちとることなく、大衆デモクラシーを前提として、資本主義国家の「国民」に転化し、ここで「祖国」をもつことになった。労働者階級は国家の内部に〈大衆〉として解放されるとともに馴化される。労働者階級は、本来の組織を強化しながらも、なお国家の内部に受動化されることによって国家の疑似主体となった。［IV：24 強調原文］

かつてマルクスは『共産党宣言』において「労働者は祖国をもたない」と述べたが、今や労働者階級と社会主義政党の「祖国」への統合によって「プロレタリア・インターナショナリズム」は崩壊する。一九五七年の「マルクス主義の二〇世紀的転換」では、議会主義を媒介にした労働者階級と社会主義のナショナリズムへの統合について次のように記述されている。

> 『共産党宣言』に見られる国家に対立する古典的社会主義は、国家において実現されうる社会主義へと転化し、社会主義は議会主義化すると同時に愛国主義化してしまう。［IV：87 強調原文］

「大衆」へと変貌した労働者階級と社会主義政党の国家への帰属・統合は戦争の際に決定的なかたちであらわになる。第一次世界大戦の勃発に直面した時、ほとんどの「社会民主主義」勢力は雪崩をうって総動員体制に協力した。

第一次世界大戦の勃発はおおくの社会主義者が体制の忠兵であることを証明した。「今後朕はいかなる党派をもみとめない。朕はただドイツ国民の一致団結せる姿をのみみとめる」という言葉はカイザーによって発せられたが、またこれはこの段階における社会民主主義者の言葉でもあった。
[IV：31]

そして世界戦争への総動員を通じて福祉国家とナショナリズムの結合としての「二〇世紀システム」への「大衆」の統合は完成される。以下の分析は、松下のそのような視点を端的に表している。

> Ⅰ 戦線・工場への動員による加速化された人口量のプロレタリア化、Ⅱ 国家総動員のための政治的テクノロジーの発達と官僚によるその熟練、Ⅲ 戦後における政治的平等化の拡大の約束（イギリス、ドイツなど）とあいまって、戦争自体は社会形態の革命の完成としても機能するとともに、体制の論理を貫徹していき、「大衆国家」は、ここに完成する。そして、この大衆国家は、全体戦争を原型とし、大衆デモクラシーと大衆ナショナリズムを前提とする「全体国家」として、実現したことに注目しなければならない。[11] [IV：23 強調原文]

「宗教」としての大衆ナショナリズム

「二〇世紀システム」における大衆ナショナリズムの段階では国家はかつて宗教が持っていたような形而上学的な審級をも独占するようになる。宗教と国家を切り離したかのように見えた「啓蒙近代」のプロジェクトは「現代」国家によって反転させられる。岩波講座『現代思想』Ⅲ巻に収められた一九五六年の「国家的利益——階級および集団との関係」では、こうした「国家宗教」としての大衆ナショナリズムについて考察されている。

現在における大衆ナショナリズムは、「国家」を「地上の神」たらしめることによって、新しい大衆的国家宗教として機能することになる。大衆ナショナリズムは、聖書（国史書）、讃美歌（国家）、聖物（国旗）、聖者（民族的英雄）、奇績（戦勝）を完全に具備してさえいる。［IV：140］

松下はこうした「二〇世紀システム」の極限的な様態として「ファシズム」を位置づける。ここでは「ファシズム」が政治的自由を完全に弾圧しながらも、治者と被治者との一致という意味での「デモクラシー」と対立したわけではなかったことが指摘される。むしろ「ファシズム」は二〇世紀における大衆デモクラシーとテクノロジーによる「感情の技術化」を梃子にして自らを現出させる。H・アレントは『全体主義の起源』のなかで、終わることのない「運動」を「大衆」とともに「全体主義」を分析する際の鍵として注目しているが、松下もまた「ファシズム」における演出された「永久革命」に言及している。松下によればこの「永久革命」はテロと戦争といった「政治祭典」と結合した「街頭のデモクラシー」によって支えられているのである。

ここまでの記述からも明らかなように松下は「二〇世紀システム」としての「大衆社会」を、ナチス・ドイツやイタリアなどの所謂「ファシズム」諸国家の社会体制だけでなく、アメリカ、イギリスをはじめとする第二次世界大戦において「民主主義」を標榜した連合国側の社会形態をも規定する概念として構想している（さらに言えば、「ソビエト権力プラス電化」という理念のもとに工業化を遂行したソビエト・ロシアもまたこの問題と無縁ではないとされる)。

ファシズムの「可能性の条件」としての大衆社会

それ故、松下においていわば「ファシズム」とは「二〇世紀システム」そのものに内在している可能性が顕在化した現象に他ならない。従って、「ファシズム」の危険は「西欧デモクラシー」にも「現代日本」にも無縁のものではない。実際、松下は冷戦下のアメリカにおけるマッカーシズムを相当程度「ファシズム」に接近したものとして捉えている。

とは言え、松下は他方で身体の自由、良心・言論の自由、結社の自由など基本的人権の保障手続きとしての市民的自由の確保という点における「大衆社会」一般と狭義の「ファシズム」との差異も指摘する。

「ファシズム」は大衆社会を「可能性の条件」として出現しはするが、「大衆社会」は論理必然的に「ファシズム」を生み出すわけではない。むしろ大衆社会という構造そのものは二〇世紀における与件であり、「ファシズム」への抵抗の「可能性の条件」をも構成していると松下は考える(12)。ここに「可能性の技術」としての「政治」という発想が介入する(13)。

実に政治の論理におけるファシズムの可能性は同時に反ファシズムの可能性であり、可能性のあるところ責任が存在するであろう。[IV：99]

では、松下は「ファシズム」というリスクをも抱え込んだ「二〇世紀システム」としての大衆社会への戦略を一体どのように構想するのだろうか。

四 「自由」と「社会主義」——抵抗の戦略

松下が大衆社会統合への対抗戦略の中心に位置づけるのは「抵抗権」と結びつき得る「自由」の観念である。

ここでは松下は「治者」と「被治者」の一致というある種の「民主主義」理論が「全体主義」の正当化に陥る危険を指摘し、むしろリベラリズム的な市民的自由の「現代」的可能性を読みこもうとする。例えば一九五七年の「現代政治における自由の条件」では、いわゆる「積極的自由」と「消極的自由」の対立に触れて、後者により肯定的な評価が与えられる。というのも、「消極的自由」は政治権力への統合のベクトルを絶えず相対化する視点を提供し得ると見做されるからである。そして松下はこの「消極的自由」が「少数派」の権利の制度的な保障になるというメリットを強調する。あるいは、大衆社会段階のデモクラシーは常に「少数派」の権利を保障する「消極的自由」というチェック機能を要請される。

デモクラシーにおける「からの自由」とは結局、多数にたいしてどれだけ少数の権利を保障しているかということを実質的に意味している。この少数の自由は論理上究極には個人自由に帰着する。かつては少数の特権的支配者に対して「多数の自由」がデモクラシーとして要求されたが、現在、多数の支配としてのデモクラシー内部において逆に「少数の自由」が、自由にとって基幹的意味を

もつようになる。〔IV：183〕

一九五八年の「忘れられた抵抗権」においてはこのような「自由」と「抵抗権」との関係が論じられている。「抵抗権」と連携することで「自由」は「ルソー＝ジャコバン」的な「一般意志」による「全体」への統合とは別の論理を構成する。

すなわち「抵抗権観念は、人民の全体意志へと個人を解消することなく、つねに全体意志を表示する政府にたいする個人の判断・評価を留保せしめうる。」〔IV：193〕

こうした松下の姿勢は、ある意味で民主主義を批判するリベラリズムの論旨を想起させはするが、ここで注目しておく必要があるのは彼の理論が「近代」的なリベラリズムが一度「現代」において崩壊したという前提において展開されている点である。

近代的市民社会の崩壊こそが松下が「現代」の位相として提起した主要な論点の一つであったことを確認しておこう。またこの時期の松下の理論が基本的に「社会主義」の視点から構成されていることにも注意を払わなければならない。ここで目指されているのは、あくまでリベラリズム的契機の「現代」的文脈での可能性の追求であり、「社会主義」と連動した「自由」の模索である。

岩波講座『現代思想』Ⅵ巻に収められた一九五七年の「民主主義の歴史的形成」末尾の次のような文章はそうした松下の「社会主義」と「自由」という問題構成を象徴しているとも言えよう。

もし現代が民主主義の展開に寄与しうるものをもつとするならば、大衆民主主義の機構的解決とともに、さらに近代的個人自由の資本主義的性格の批判から出発しながらも、同時に個人自由の経済

的基礎を確保せんとしている社会主義をあげなければならない。［IV：82 強調原文］

また一九六四年の「民主主義の現代状況」でも民主主義を構成する民主的参加・権利の法的保障・個人自発性の尊重という三つの要素を析出しながらも[14]、それらの要素を「社会主義」と関連させる必要性が説かれている。

たしかに民主主義は現代の課題である。だが民主主義は、古代のポリスの民主的参加、中世における権利の法的保障、近代の市民的な個人自発性の伝統の継承のうえに普遍的理念として成立したのであるが、民主主義が今日的であるためには、この三つの問題を社会主義との連関において具体的に解決しなければならないのである[15]。［III：53］

「自由」とアソシエーション

さて、松下は「リベラリズムの極限」が「アナーキズム」へと連なることを認めながらも、個人の次元での自由が二〇世紀の現代社会において実効性をもつには、自由な個人が自主的な集団としての「アソシエーション」と関わることが必要であると考える。と言うのも、独占資本段階の大衆社会において、生産手段からも共同体からもたんに疎外され、マスとして原子化された個人はしばしば容易に国家によって操作の対象となるからである。松下の理論においては、国家官僚機構やマス・コミュニケーションによってコントロールされた大衆動員への「抵抗」の防波堤として自主的な「アソシエーション」が構想されている。

一九五七年の「『巨大社会』における集団理論」では主にH・ラスキの理論を分析しながら、「自主的な集団」＝「アソシエーション」による動員への抵抗の可能性が論じられている[16][17]。そしてここで留意すべき点は松下がアソシエーションの核にサンディカリズム的労働組合を位置づけていることである。念のため付け加えておけば、ここでの「サンディカリズム」とは「二〇世紀システム」としての「現代」の成立にあたってその統合の外部にとどまった社会主義グループの象徴である[18]。松下は、世紀末から世紀初頭にかけてのサンディカリズムによる大衆国家統合への抵抗を「人民の主体性＝自由の再構成」［IV：152 強調原文］として捉えている。この論考ではプルードンの「自由」と「連合」の理論に接近した時期のラスキについて、次のように述べられている。

ラスキによれば、〈集団〉こそが、大衆的主権〈国家〉の内部へと吸収されていく労働者階級の〈個人〉に、ふたたび主体的自由を確保するであろう。議会を通じて〈国家〉によって再び獲得されんとした自由に対立して（新自由主義、それに対応するフェビアニズムを想起せよ）、あたらしく〈集団〉による自由が提起されている。自由な〈個人〉の自発的〈集団〉としての「目的団体《アソセイション》」による「共同社会《コミュニティ》」のフェデラルな構成という理論がこれである。［IV：155 強調原文］

ここで「大衆」と「主権」の双方に強調符が加えられていることに注意しよう。松下によれば、「二〇世紀システム」としての「現代」は「主権」モデルと「集団の噴出」を前提とした大衆統合モデルの結合であるが故に、「抵抗」の側もその双方への戦略が要請される。この抵抗の二重性を松下は「古典的市民政治理論における個人対国家の連関をとった「主権国家」と、二〇世紀的問題状況としての「大衆国家」という論理的に区別されなければならない国家への二重の抵抗」［IV：153］と呼ぶ。

また松下はラスキに即しつつ、サンディカリズムに象徴される労働組合を重視しながらも、個人の自由の保障として集団自体の複数化という視点を導入する。すなわち、個人は複数の集団に同時に所属することによって、ある特定の集団にのみ絶対的に拘束されることから免れることになる。ここには集団による個人の統合、抑圧というリスクへの政治理論的配慮を見ることができよう。

> ラスキにおける集団の個人自由の実現の可能性は、また集団の多元性を前提として、多元的コースによって現実化していくべきものであった。……個人は単一集団に吸収されるのではない。単一集団においては、個人の「特定の目的」difinite《ママ》 purpose（Grammar, p. 67）のみを充足するだけであって、けっして全目的を充足するのではない。複数集団が、自由実現の多元的コースを可能にするのである。［IV：157］

このように「現代」における「抵抗」の理論を構想しつつ、松下は同時に「現代日本」における「抵抗」の現実をも分析しようとする。その際、まず焦点化されるのは「抵抗」のための中心的な「アソシエーション」になる筈の労働組合運動の構造である。次にその点に関する松下の記述を追跡してみよう。

五　「労働運動」と「地域民主主義」——企業統合に抗して

松下はこの時期、現代日本における社会主義と労働運動についてさまざまなかたちで論じているが、さしあたり一九五九年の「労働組合の日本型政治活動」と一九六三年の「労組政治活動の論理」はそのなかでもっともまとまったものである。しかしそこで窺えるのは「抵抗」の可能性への期待というよりも、むしろ労働組合の圧力団体化への危機感であると言ってよい。

もちろんこの二つの論考でも、総評を中心とした労働組合運動が護憲と平和主義に象徴される「戦後民主主義」の中心に位置して来たことが確認され、肯定的な面も言及されてはいる。すなわちサンフランシスコ講和会議時の全面講和運動から、破防法反対運動をへて警職法反対、安保条約改定を巡る闘争に至るまで、社会党をはじめとする批判政党が弱体な状態において新憲法の理念である「人権」と「平和」を擁護し、改憲を阻止する上で「総評」の果たした役割がきわめて重要であったことは評価される。しかし、松下の視線はむしろそうした功績の影にある総評をはじめとする労働組合の現時点での問題点に差し向けられている。ここでの松下の論旨を再構成してみよう。

企業別組合と労働運動の「圧力団体」化

まず、高度経済成長開始後数年をへて、日本資本主義の主なエネルギー源が石炭から石油へと転換されたことに伴う国内石炭産業の斜陽化と「炭労」の弱体化が指摘される。三池争議の敗北はその象徴である。そして総評の戦闘性の主要な機能を担っていた「炭労」の弱体化は、戦後の経済成長の中心を担った自動車、化学、電気などの民間基幹産業労組の総評からの離脱とともに、労働組合運動の変質を促進する。

次に、日本においては労働組合が大企業を中心として全労働者のうち、上層三分の一を組織しているに過ぎないことに注意が払われる。しかもその組合の組織形態が基本的に企業別組合であることはさらに以下のような問題を引き起こすとされる。

第一に企業と労働組合の相互乗り入れによって企業意識が労働組合内部に持ち込まれること。この場合しばしば組合機構と職制機構の癒着が引き起こされる。このことは労働組合内部に官僚主義と出世主義を発生させる。

第二に、大企業組合の運動が企業福祉の枠内に収まるものになりつつあること。しかも高度経済成長の開始と技術革新によって、労働者上層三分の一のリアリティーと下層三分の二の間のリアリティーの齟齬はさらに拡大し始める。消費革命をも視野に収めた「新中間層」というかたちで再編成されつつ上層三分の一に対して、それ以外の層は、賃金、労働条件、保険というさまざまな面で劣悪な状態に置かれたままである(19)。

この労働市場の二重構造に対して春闘に代表される大企業中心の企業別労働組合の運動はほとんど対応できていない。このような労働組合の現状を松下は高度経済成長への「対決」というよりも「依存」として性格づける。こうした状況は本来「自由」のための「抵抗」団体であった筈の労働組合の圧力団体化を急激に押し進める。この労働組合の圧力団体化はすでに護憲・平和の運動にも影を落とし始めていると松下は見る。

現在、日本の労働組合は、総評を中心に、護憲・平和から、さらに警職法・安保などの国民課題に積極的にとりくみ、その政治的尖鋭性を内外に瞠目せしめているが、単組レベルでは実質的に企業別のカラの中にとじこもったトレード・ユニオンとして定着しつつあるといっても過言ではない。この矛盾が国民運動にも明確にあらわれる。警職法・安保国民運動は「地域」に画期的な〈地域共闘会議〉を成立させながらも、実質的に「職場」を素通りして、単位組合よりも地区労、県評によって精力的にとりくまれる。「職場闘争論」は不可能なるがゆえに崇拝されるにすぎない。〔V：110〕

以上のような労働組合の現状分析を前提にしつつ、ついで社会党と総評を中心とした労働組合のブロックの形成とその問題点が考察される。松下によれば、社会党は労働組合の支持をベースとしながら護憲・平和を志向する浮動票をも吸収して衆議院の三分の一の議席を占め、とりあえず改憲を阻止する政党にまで成長した。

しかしこのいわゆる総評＝社会党ブロックの形成は、他方で党組織の極端な弱体性と連動して社会党の議員人材と資金の双方での労組依存をもたらす。そしてこの労組出身の議員の活動は松下の見るところ、出身労組のロビイスト的なものにとどまっている。しかも出身労組が企業別組合であることによって企業意識に統合されている場合、その議員の活動は事実上「企業エゴイズム」の圧力として機能することになる。

「抵抗」の戦略

こうした見取り図に従って大企業中心の企業別労働組合に依存した運動は「現代」における「抵抗」の契機というよりは、もはや大衆国家への圧力団体的なものに変貌しつつあるという診断が下されることになる。それに対して松下は「抵抗」の戦略として次のような論点を提出する。

第一に労働組合の基本的な形態である大企業を中心とした企業別組合を克服するための「地域組織」

を重視すること。

その際、「(1)組合の企業意識の克服、(2)中小零細企業の組織化、(3)地域での広汎な政治共闘」を課題とする「地区労」の役割が注目される。また「地区労」とは別に労働者の個人参加を原則とする「地域居住組織」の可能性を追求するという課題が提示される。

第二にこうした「地域居住組織」の担い手である無党派活動家と連携しつつ、自治体レベルでの政治を焦点化することが提起される。

地域と自治体レベルでの政治の重要性は一九六一年に『思想』五月号に掲載された「地域民主主義の課題と展望」と『戦後民主主義の展望』に収められた複数の論考において集中的に扱われている。

ここでも地域への着目は日本資本主義と労働市場の二重構造への批判的視線と連動している。護憲・人権を柱とする「戦後民主主義」は新中間層と組織労働者によって支持されるにとどまり、残りの旧中間層と中小零細・農村部分は町内会・部落会というかたちで保守・自民党側に囲い込まれている。革新側が安保闘争の高揚のあとでさえも、総選挙で三分の一の壁を突破できないのはこの状況に対応している。

これは、「技術革新」「消費革命」をかかげて高成長を誇る大企業の裏面に、旧中間層が掌握する零細企業や農村など、低賃金、劣悪労働条件の職場が広汎に存在するという経済の日本的二重構造に対応する政治的問題状況である。[II:217]

また日常生活の空間である「地域」が町内会・部落会というかたちで保守側に組織化されているとい

う構造は、革新側が国会で三分の一を占めながらも、地方選挙では圧倒的な保守側の優位に甘んじる要因ともなっている。東京においてさえ、区議会選挙では革新側は国会選挙での得票率の三分の一以下を獲得するに過ぎない。

さらに工場進出やコンビナートに象徴される「地域構造開発」に伴う独占資本の地方進出は、自治体機構を大企業のエージェント化する危険を生み出している。ゴミ問題や交通問題、あるいは公害などの「都市」問題も自治体の政治を前景化させる。というのも、こうした具体的な生活の問題の窓口になるのはまず自治体であるからである。

ところが日本の従来の左派的思想は、保守側と同じく中央集権的発想の枠内にあるため、「地域」と「自治体」の政治の賭金を正確に把握できないでいる。さまざまな運動も基本的に各団体のタテ割りの系列に沿って動員されるため、地域内部での横のつながりは分断された状態となっている。こうした状況に対し、松下は「地域民主主義」の理念を提示することで「抵抗」の戦略を練り上げようとする。

「自治民主主義」理念の提示

ここでもやはり「地域」の場において大企業中心の企業別労働組合の枠を超えたネットワークの重要性が説かれるが、その際、地域最低賃金制を踏まえた「職種別地域労働組合」という観点の導入が強調される。

また「地域居住組織」によって、「地域」のさまざまな要求を地元有力者による町内会政治的なルートを通さずに具体化していくことが求められる。このことは従来の保守支配の温床となっている地域有力者と国家官僚・保守議員の三位一体の利益分配政治を解体することにつながるとされる。

企業別組合を背景とした資本と日常的生活空間としての「地域」における保守支配の結合によるヘゲモニーを揺るがすこの「地域民主主義」のコアとして松下が重視するのが、地域の労働者を個人参加というかたちでネットワーク化する「勤労者協議会」である。松下はいわば現代日本における「自由」の組織化としての「勤労者協議会」の課題を次のように提示する。

1　地域の底辺に労働者階級の政治活動の拠点をつくるとともに、他の国民層との日常的交流を組織化するのみならず

2　個人参加であるため、労働者の企業意識を日常活動において克服する組織論的条件となり、ついで

3　労働組合、地区労の活動を地域で支援し

4　零細企業などの未組織労働者を組織し訓練する場ともなる

5　今後の可能性としては他の階層の人々、婦人や青年をも個人として参加させることによって居住地単位の民主的住民組織に転化する[20][21]［II：241］

「企業福祉」から「自治体福祉」へ

さらに、年金・保険・住宅などの福祉の基盤を「企業」ではなく「自治体」へと移行させることによって大企業を中心とする企業別組合の岩盤をゆるがすことが目指される。というのも、企業福祉という仕組みこそが日本社会の大企業における企業統合の要であるからである。その後の歴史の経過が明らかにするように、企業福祉によって統合された大企業の労働組合は典型的に圧力団体化して、「地域」や

「環境」というイッシューに対しては、むしろ企業側の立場に寄り添うことが多くなる。それ故、福祉をめぐる自治体の政治は独占資本に対抗するための「民主主義」を機能させる場として焦点化されることになる。

自治体改革は反独占民主主義の土台としての意味をになっているといわなければならない。だが大企業労働者は、これまで、企業内保障を労務政策の一環として与えられてきたため、自治体問題を自覚的にふまえることはほとんどなかった。たとえば、老齢年金・健康保険あるいは住宅、リクリエイション施設は企業によってではなく、自治体を窓口とした国民的統一基準によって実現されてこそ国民の普遍的権利として保障されるのではないか。企業別組合の克服は産別統一行動のみならず、ナショナル・ミニマムの要請をふまえた自治体改革を必要としている。[III：143–144]

こうしたプログラムにおいてはいわば市民運動的な契機と労働運動的な契機との遭遇が地域と自治体という場においてもくろまれていると言えるだろう。松下も「労働組合の日本型政治活動」を『昭和後期の争点と政治』に収録するにあたって、前述の「地域居住組織」や「無党派活動家」がのちの市民運動や市民活動家の基盤となったことを指摘している[22][23]。

しかしながら、その後の日本社会は企業別組合の資本への統合を軸とした企業社会・企業国家への道を歩むことになり、労働組合の大部分は「抵抗」の契機としての側面を喪失し、圧力団体としてのみ機能することで辛うじて自らの存在意義を維持することになる。

そして、今、ネオ・リベラリズム的再編のなかで「終身雇用」と「年功序列」に象徴される「日本的経営」を廃棄した新たな資本蓄積の様式の出現とともに、組合は圧力団体としての機能さえ果たさなくなりつつある。

松下自身もその後、次第に労働運動的なものから市民運動的なものへと重点を移行させていき、マルクス主義的な語彙はそのテクストのなかから徐々にその姿を消すことになる[24]。この松下圭一の変貌はそれ自体「戦後思想」のまた別の転回の象徴とも言えよう。しかしそのことの意味を問うのは、また別の機会に譲ることになる。

注

【序　章　二つの戦後思想】

（1）一九四〇年のクリスマスに捕虜収容所にて上演された聖史劇「バリオナ」は除く。この演劇のテクストは長く失われており、一九六二年になって「再発見」された。

（2）当時、「サルトルは私にとってすべて」であり、「驚異的な現象でした」と語るG・ドゥルーズは『蠅』の上演を「レジスタンス」の行為として熱狂的に歓迎したことを証言している。『批評空間』Ⅱ-9、六―七頁、一九九六。

（3）とは言え「少数の友人」の間でだけ、「反ファシズム」の合意を共有することは、当時においては決して容易なことではなかった。まずその合意に達するだけの「知的枠組み」を調達する必要があり――数年後に生まれた世代にとってはそのこと自体ほぼ不可能になった――、また日本の官憲による治安維持法違反容疑の逮捕は、「罪刑法定主義」によるものではなく、たんなる「友人」関係によって引き起こされることも稀ではなかったからである。いわゆる「予防拘禁」である。

（4）この文書を作成するために行ったヒアリングの際、当時の外務省ソ連課長を含めた複数の人間に「逮捕または召集令状による戦地への配置」の危険について日高は「忠告」されている。

（5）「解職」のみで終わり、逮捕まで進まなかったのは、たんなる偶然の重畳にすぎない。のちに本文で述べるように、三木清は四五年三月二八日に検挙、八月一五日以降も釈放されることなく、九月二六日に獄死している。

（6）尚、日高六郎の戦時中の「抵抗」については、拙稿「東アジアの思想家としての日高六郎」（二〇一八）を参照していただければ幸いである。

（7）メルロー＝ポンティは『弁証法の冒険』において「西欧マルクス主義」について長く論じる程度には、当時「正統派」からは「異端」とされたマルクス主義に理論的関心を有していた。サルトルの哲学・理論は一般のイメージとは異なり、マルクス主義との接点はほとんどない。この点に関しては拙著『知識人と社会――J＝P・サルトルにおける政治と実存』を参照していただければ幸いである。

（8）ただし、それは一九四一年六月の独ソ開戦以降である。一九三八年八月の独ソ不可侵条約によってフランス共産党は、モスクワからドイツに対する「中立」的立場を採ることを指令された。サルトルの少年時代からの親友、P・ニザンはこの方針に従わず脱党、ドイツ軍との戦闘中、ダンケルクにて戦死した。

（9）本書は「国際冷戦レジーム」はソ連とアメリカの「力の非対称性」を前提にして、「帝国」志向の米国主導によって構築された、とする一連の研究に与する。すなわちA・ウィリアムズによる『アメリカ外交の悲劇』、B・カミングスの朝鮮戦争に関する諸研究、J・ダワーの『アメリカ　暴力の世紀』、また後述のトマス・J・マコーマックの『パクス・アメリカーナの五〇年』、そしてO・A・ウェスタッドの『グローバル冷戦史』などである。決して「左派」の歴史家ではないM・マゾワーも二〇一二年に上梓された『国際協調の先駆者たち』において、「国際冷戦レジーム」についても、同様な見方を提示している。「全体主義」体制ソ連の脅威から「自由主義」体制を防衛するために、トルーマン・ドクトリンが防衛的に発動されたとする、いわゆる「冷戦リベラリズム」の歴史像は学界レベルでは、現在ほぼ否定されたと言ってよい。サルトルもまた、すでに一九五二年の「共産主義と平和」において、米ソの力の「非対称性」を指摘し、ア・プリオリにソ連が「膨張主義」を採用しているとする「冷戦リベラリズム」を批判していた。逆に、レーモン・アロンは「全体主義」体制ソ連の「膨張主義」に警鐘を打ち鳴らす、フランスにおける「冷戦自由主義」の代表的論客であった。

（10）この点については、チャーチルとスターリンの間ですでに大戦中に合意があったことが明らかになっている。すなわちスターリンは英軍による「左派」の掃討を黙認し、「生き残り」の亡命だけを認めることを選択したのである。「冷戦」において、基本的にソ連側は劣勢であり、第二次大戦後のイランをめぐる対立においても最終的に英米に譲歩した。その結果、アゼルバイジャン及びクルディスタンの両自治共和国はソ連に「見捨てられる」かたちとなり、当初の「取り決め」を破棄したイラン政府に弾圧され、崩壊した。ドイツ問題でも、重要な局面ではつねにソ連側が譲歩した。米ソ双方とも、「力」の非対称性を認識していたからである。冷戦初期の米ソの「駆け引き」については、トマス・J・

マコーミック『パクス・アメリカーナの五〇年』参照。

(11) 長期にわたる軍事政権支配を逃れて多くのギリシア人「左派」がフランスに亡命した。音楽家のI・クセナキス(一九二二―二〇〇一)、政治理論家のN・プーランツァス(一九三六―一九七九)などは著名な例である。またT・アンゲロプロスの多くの映画は、『旅芸人の記録』をはじめとして、「内戦」から軍事政権へ至るギリシア現代史を背景としている。

(12) ただし、共産党が政権に入る、あるいは担うことは米・英ともに許容する意思はなかった。

(13) レーモン・アロンはNATO軍事ブロックを支持する立場を選択したため、当初自身編集メンバーでもあった『現代』を離れることになる。戦後フランス思想における「大西洋主義」の基礎を築いたのはレーモン・アロンと言えよう。二〇世紀後半からポパー、ハイエクなど英語圏の「自由主義」思想を導入し、現代政治に対する枠組みとしても「フランス型新自由主義」を提唱する空間は、アロンが築き上げた「知的大西洋主義」の延長上にある。この空間に、『デバ débat』、ある時期以降の『エスプリ esprit』などに結集するメンバーが合流することで、一九八〇年代以降フランスの知的風景は激変した。具体的には、F・フュレ、P・ノラなどの歴史家、あるいはP・マナン、P・ロザンヴァロン、M・ゴーシェなどの思想史家・社会学者などの名前を挙げることができる。

(14) フランス共産党は、――当然のことながら――日本共産党と同じくソ連を支持していた。

(15) ただし、当初フランスは軍を派遣して独立を阻止しようとした。これに対し、現地の民衆の抗議「暴動」が起こり、米英ソの三大国も圧力をかけたために、フランスは孤立、最終的に独立承認へと追い込まれた。

(16) インドシナに関しては、一九五四年のディエン・ビエン・フー要塞の陥落によって、フランスは撤退を余儀なくされる。しかし「ドミノ理論」、つまり「国際冷戦レジーム」の論理に従って米国が介入を継続し、この戦争は一九七五年まで継続する。

(17) この時期のサルトル、カミュ、メルロー＝ポンティの「論争」については拙著『知識人と社会』第二部第五章第三節「カミュ、メルローポンティとの論争」を参照していただければ幸いである。

(18) このプロブレマティークについては、J・デリダが一九九六年のサルトル論において、「回帰する亡霊 un reve-

nantがわれわれの前を走り、その後を追いかけてわれわれが息を切らす」という表現において主題化したサルトルの、後続の世代に対する「幽霊」性は、明白である。デリダ、ドゥルーズを含めた世代へのより広い範囲にわたるサルトルの影響については、第五章「来るべき幽霊、或いはデリダとサルトル」を参照。

(19) サルトルの人種主義・植民地主義批判の詳細については、拙著『知識人と社会』第二部第四章第三節「人種主義・植民地主義批判」を参照していただければ幸いである。

(20) いわゆる「移民」問題に関しても、一九七〇年の「資本主義諸国とその国内植民地」(『シチュアシオン』に収録される際に「第三世界は郊外にはじまる」と改題)において、サルトルは郊外の「移民労働者」の劣悪な労働環境を批判し、フランス資本主義は法的には「国内」とされる地域に再び「植民地」を構築しようとしていると分析している。サルトルのこの指摘は「移民」問題が広くジャーナリズム・アカデミズムにおいて前景化する時期に大きく先行している。サ「第三世界は郊外にはじまる」は、「反ユダヤ主義」と「クセノフォビア」を批判する一九三九年の『一指導者の幼年時代』から、第二次大戦後のインドシナ、チュニジア、ブラック・アフリカ、そしてアルジェリアの脱植民地化に「宗主国」側の知識人として、持続的に関与を続けてきたサルトルの軌跡を考える上でも重要なテクストである。

(21) 本書の定義する「戦後思想」の空間において重要な位置を占める堀田善衛(一九一八年生)も、出発点は慶應義塾大学仏文科のグループにある。後、演劇の世界に入った芥川比呂志、加藤道夫、フランス文学研究者となった白井浩司などが同世代である。この慶應と東大の双方の仏文科のグループは相互に横のネットワークで――鮎川信夫、田村隆一など『荒地』の詩人たちも含め――繋がっていた。このネットワークを後年堀田善衛は『若き日の詩人たちの肖像』として小説化している。ただし、後述するように、堀田善衛は一九四五年に上海に渡り、敗戦をその地で迎え、四七年まで複雑かつ深刻な経験をくぐることで、これらの「フランス文学」系の知識人たちとは、異なる葛藤を抱え込む作家となる。例えば、当時所謂「内地」にいた東大・慶應の仏文系の知識人たちには、――ニューギニアに派遣された加藤道夫を除いて――侵略戦争あるいは植民地支配の前線の当事者となる経験はなく、「帝国」のエリートとして――むろんファシズムには反対ではあったものの――国家としての「加害」の責任を自覚するのは、少なくとも後年になってからである。

(22) 一九二〇年代初頭以降に生まれた知識人にとっては、鶴見俊輔のように、まったくの「例外」的な家族的背景を持たない限り、日本ファシズムについて批判的な見解を持つ、あるいは社会科学的な言語によって分析・批判すること自体が、ほぼ不可能な状態になる。丸山眞男の弟子として知られている石田雄(一九二三年生)、藤田省三(一九二七年生)、あるいは篠原一(一九二五年生)なども戦時中は当局及びその宣伝者たちの言説を受容する他はなかった。坂本義和(一九二七年生)のように、父親が東亜同文学院の教授であり、満州事変以降の日本の中国侵略を全面否定していた場合でさえ、本人の回想によれば、一九四四年に一高に入学して以降、和辻の『古寺巡礼』などを耽読しつつ「日本文化」を守らなければならない、という「自己暗示的な正当化」に逃避せざるを得なかった[坂本 二〇一一:六八―七二]。

(23) 渡辺一夫の同世代の文学者としては、A・ジッド『法王庁の抜け穴』の翻訳から出発し、一九三六年の『普賢』、一九三七年「マルスの歌」、一九三九年の『白猫』などの小説において、加速する軍国主義化に対する批判、あるいは非協力の姿勢を示した石川淳(一八九九年生)などが、「非大勢順応主義者」として位置づけられる。その意味で、加藤周一は先行する世代からは、渡辺一夫、林達夫、石川淳という三人の系譜を引く、ということになるだろう。

(24) 加藤周一に対する戦時中の「講座派マルクス主義」の影響については、自伝『羊の歌』など参照。

(25) 『林達夫とその時代』第一章「同伴者」など参照。

(26) この反「スターリン主義」的ブロックは、フルシチョフによる「スターリン批判」に一〇年前後、あるいは「昭和十年前後」(平野謙)における当事者たちの問題意識の発生から数えれば、二〇年前後先行している。林達夫の前述の「アミエルと革命」(一九三五)、「社会主義者アミエル」(一九三六)も個人史的背景は若干異なるものの、同様のプロブレマティークに属するとするのが、本書の視点である。「スターリン主義」(批判)に対して、表面的には錯綜していた印象を与える花田清輝も、基本的にこの問題構成を共有している。花田清輝と『近代文学』、とりわけ平野・荒の「政治と文学」論争との関係については、第八章注(24)を参照。

(27) 当時の言葉の使用法的にはソ連を中心とするブロックを「社会主義体制」と呼ぶことも可能であるが、本書では「正統派マルクス主義」と「戦後思想」との距離を示すために、「共産主義」という概念を採用する。

(28) ただし、敗戦直後の知識人の空間と運動の双方における共産党とマルクス主義の高い「象徴資本」=威信という与件の下では、久野収とて「昭和十年前後」の問題意識を十分に展開できたわけではない。たとえば、一九三〇年代にはすでに関心をもっていた「フランクフルト学派」や久野にとっての師兄にあたる中井正一の「委員会の論理」を公的空間に提示するのは、「機が熟するのをまつほかなかった」としている〔文学的立場 一九七六:二八八―二八九〕。

また久野自身がこのインタヴューで位置づけているように、ここでの非共産主義「左派」にとってのプロブレマティークは、荒・平野の「政治と文学」論争とも重複するものであった。

(29) このグループは戦後『中国文学』に再集結する。荒正人の旧制山口高校の先輩にあたる千田九一が『中国文学』に参加しており、そこから武田泰淳、竹内好と埴谷雄高などの『近代文学』の交流が出発する。泰淳は『近代文学』の第三次同人になっている。のち、泰淳、竹内、埴谷に加えて丸山眞男の四人が吉祥寺という住居の近接性もあり、ある意味知的な「四人組」を構成したのはよく知られている。丸山眞男は、『近代文学』の同人となった日高六郎と並んで「戦後文学」と深い次元で交差した稀な社会科学者と言えるだろう。

(30) ただし、一九二〇年代後半からのコミンテルンの「一国一党の原則」、あるいはプロフィンテルン(国際赤色労働組合)の方針によって、日本在住の朝鮮人の運動が、日本共産党や「全協」に従属させられていった、という文脈もあることは忘れてはならないだろう。この点については、〔朴 一九七九:二一五―二二四〕、〔高 一九八五:五九―六七、七八―八六〕、〔黒川 二〇一四:二八五―二八六〕など参照。

(31) 「裂け目の発見――文学的小伝」一九六八(埴谷〔一九八〇〕)、『大岡昇平・埴谷雄高 二つの同時代史』など。前者において埴谷は「朝鮮でもそうだったと思いますが、植民地に育った人間は……精神の二重構造を持つようになる」と語っている。この「精神の二重構造」は青島出身の日高六郎が語っている「二重人格」と重なりあうものだろう。

『埴谷雄高作品集I』の月報において、荒正人は『死霊』について、埴谷が「幼少年時代を植民地で過し」たこと、「昭和初年の革命運動のなかで、農民運動の中にいたこと」を無視しては「理解」できない、と「断言」している。

(32) 荒正人が坂口安吾、平野謙、本多秋五、大井広介などと発行した『現代文学』というメディア自体を戦時下における、数少ない知識人の「抵抗」とも位置づけられるだろう。『現代文学』は一九三九年一月に創刊され、一九四四年一一月まで刊行された。本多秋五は「『戦争と平和』論」を、坂口安吾は「日本文化私観」を掲載、花田清輝は「虚実入り乱れて」、「太刀先の見切り」などの文章を寄稿している。他方埴谷雄高は佐々木基一などとともに雑誌『構想』において同様の抵抗を試みている。ただし『構想』は一九四一年一二月五日をもって同人雑誌統合に抵抗して「自爆」（埴谷自身の表現）廃刊、埴谷自身は日米開戦翌日の一二月九日に検挙された。戦後の『近代文学』を『現代文学』と『構想』の二つのブロックの合流として見ることもできる。実際『近代文学』創刊号には坂口安吾が「わが血を追う人々」、花田清輝は「変形譚　ゲーテ」を寄稿している。花田清輝は大西巨人、加藤周一、中村真一郎などとともに『近代文学』第二次同人に名を連ねている。また「戦後民主主義」を代表する思想家である日高六郎が社会科学者としてほぼただ一人第三次同人となっていることは注目される。

（33）ただし、上海では八月一一日には日本のポツダム宣言受諾が号外にて報じられた。

（34）『丸山眞男集　第十一巻』「明石博隆君のこと」。ただし、実際に組織運動に関わっていたのは三人だけであったとされている。

（35）通常「世代」は二〇年から三〇年の時間の幅をもつ概念であるが、一九三〇―一九四五年の日本ファシズムのような特殊な環境においては、数年単位で環境が激変するため、本書では丸山と日高、堀田、加藤のような三年から五年程度の差の場合でも「世代」という概念を使用することとする。

（36）「唯物論研究会」は「合法的」な学術・啓蒙団体として出発しており、長谷川如是閑自身も、――当然ながら――「マルクス主義者」ではない。

（37）後年丸山は宮沢俊義のある意味「最後の授業」を、末弘厳太郎の民法第一部の講義とともに、「法律学についていだいていた悪い先入見を一掃するに十分」［XV：24］に刺激的なものであったと振り返っている。東大法学部への攻撃に関しては、当時『原理日本』の蓑田胸喜から「治安維持法」違反及び「不敬罪」容疑によって告発された末弘厳太郎の講義に右翼団体が押し掛け、当時学部長であった末弘に辞職を要求する、という事態にまでエスカレートしていた。

（38）一九一七年生まれの日高六郎は一九三九年に宮沢俊義の「憲法」科目を選択し、その折の開講の辞を後年次のように記している。「（宮沢は）聞き取りやすい声で、口を開いた。『今日から大日本帝国憲法の講義をします。ただし、憲法第一条から第四条までについては、講義を省略します。なぜか。それは学生諸君の理解にまかせます』」［日高　二〇一〇：八〇］。

（39）宮沢俊義は、当時の学部長である末弘厳太郎から、「万一、憲法に関する問題が法学部全体に波及することがあれば、個人として善処してほしい」、つまり「辞職してもらいたい」と伝えられた。末弘厳太郎としては、法学部全体を巻き込むような事態、つまり一九三三年の京大「滝川事件」のような展開を恐れたのである。この申し渡しの件は、一九五九年に宮沢が東大を退官する際に、教授会挨拶においてはじめて公にされた。自ら『原理日本』に攻撃されていた末弘にして、「法学部」を守るためには憲法担当の宮沢俊義を「切る」方針だったのである。もっとも末弘厳太郎自身は、次第に時局に迎合的な言動に舵を切っていったとされる。この点については『丸山眞男回顧談　上』一二二―一二三頁など参照。ただし、丸山は自身の回顧談や『聞き書き　南原繁回想録』において、件の申し渡しの際の学部長を穂積重遠としているが、これは丸山の記憶の誤りと思われる。宮沢は一九六八年に『昭和思想史への証言』に収められたインタヴューにおいて、当該学部長を末弘厳太郎としてかなり詳細に当時のやりとりを語っている。

（40）平泉澄は当時の陸海軍上層部に強い影響力をもっており、海軍技術研究所にて日高が「所見」の発表をした際も同席していた。日高によれば、平泉澄は日高の報告＝提言を「皇国思想の否定以外のなにものでもない。君の思想は日本の国体を危うくするものである」と叱責した。日高はその上で「所見」を文書にて提出することを「選択」した。

（41）この新設の「東洋政治思想史」講座の一年目の講義を早稲田大学から出講して担当――南原繁の強い要請により――したのが津田左右吉であり、これが「津田事件」に繋がるのである。津田事件と丸山との関わりについては一九六三年の「ある日の津田博士と私」など参照。

（42）もちろん、「帝国の解体」も「天皇制」の廃止も当時の状況では、公的空間において主張することはそもそも不可能ではあった。ただし、ここで確認しておきたいのは帝大法学部「自由主義」からは、そもそも理論的に上記の主張が導かれる可能性はなかった、ということである。

（43）『丸山眞男座談9』二三八頁、あるいは『丸山眞男回顧談　上』一二九頁、など参照。

（44）これらの人々は敗戦後の一九四八年に「左派」言説に対抗して、雑誌『心』に結集する。本文に挙げた学者の他に、白樺派系の作家、芸術家、田中耕太郎、仁科芳雄、柳田國男、小泉信三などが同人に連なっている。
(45) 美濃部達吉「憲法改正問題」東京朝日新聞一九四五年一〇月二〇―二二日。
(46) 人文系の学者である和辻や津田は日本における天皇制と「民主主義」・「人民主権」の両立を場合によっては千年単位の幅によって論じる傾向があるが、さすがに法学者の観点からはこの議論は受け入れ難い。当初、「主権在民」的な新憲法は「無理」と考えていたが、GHQの草案を提示され、新憲法支持者となった宮沢俊義は「天皇」の位置について和辻と後述の東大憲法研究会で激しく論争した、とされている(『丸山眞男座談8』三六―三七頁)。
(47) 戦争直後の津田・和辻の「象徴天皇制」をめぐる言説については、[道場 二〇〇五]第七章「天皇制の再定義」を参照。
(48) 同じく「講座派マルクス主義」に強い影響を受けた加藤周一は一九四六年三月の「天皇制を論ず」において可及的速やかな天皇制の廃止を――後年の加藤の文章と比較すると「感情的」と形容できる程の激しいトーンで――主張している。加藤周一の場合、――現存する資料で判断する限り――丸山眞男の場合のような「立憲主義的天皇制」をめぐる心理的葛藤を抱え込んでいたとは思われない。この加藤と丸山の差は、出身階層の差というよりは(両者とも上層中産階級出身であるが、加藤の方が親族ネットワークを見るとやや支配階級に近い)、やはり「立憲主義的自由主義」の論理と解釈を専門的に扱う東京帝国大学「法学部」に丸山が所属し、かつ「帝大リベラリズム」によって逮捕歴がある丸山が庇護された、という個人史に由来すると思われる。丸山自身は、ジャーナリストであった父丸山幹治が牧野伸顕と繋がりがあることから時局に関する情報を得ており、自身「重臣リベラリズム」の支持者であった父からも強い影響を受けていたと回顧している。『丸山眞男回顧談　上』二〇二頁、『同　下』九―一一頁。
(49) 『丸山眞男座談9』二六九頁。また「重臣リベラリズム」に関しても、晩年の回顧では「ぼく自身も含めて深くコミットしていた」としている(『丸山眞男回顧談　上』二〇二頁)。
(50) 「昭和天皇をめぐるきれぎれの回想」[XV：35]
(51) たとえば「立憲主義」・「自由主義」体制の規範モデルとされるイギリスは、「憲法制定議会」をつうじて「憲法」を成文化しているわけではない。

(52) D・トランボは偽名によって脚本家の仕事を続け、『ローマの休日』、『黒い牡牛』などの作品を手掛けた。「赤狩り」はマッカッシー本人がアメリカ陸軍を攻撃したため、失脚、死亡したのちも、一九五〇年代を通じて社会的効力をもったため、「追放」された人々が再び公にかつての仕事に戻れるのは、六〇年代になってからである。

(53) 宮沢俊義は松本蒸治を委員長とする「憲法問題調査会」(七名)のメンバーにも入っている。宮沢は当時東大法学部の憲法主任教授であった。

(54) 政治思想史上でもあるいは歴史的にも「デモクラシー」と「リベラリズム」は元来異なる思想装置である。この点については、拙稿「『自由主義』―『民主主義』体制の終焉?――新自由主義グローバリズムの文脈において」を参照していただけば幸いである。

(55) 丸山眞男によれば、後に最高裁長官となった横田喜三郎さえ、東大の憲法研究会において、天皇制は「いずれ消滅する」[XV : 64]と主張していた。横田は一九四九年の『天皇制』において、「民主主義」と「天皇制」は両立不可能として、中長期的には「国民の総意」に基づいた天皇制の廃止を主張している。ただし、敗戦直後の民間も含めた憲法草案では、共産党を除けば「共和制」を提示していたのは、高野岩三郎の「私案」のみであった。

(56) [道場 二〇〇五 : 三六]、あるいは同書序章全体を参照。

(57) 故にベトナム戦争期に一九六八年以降、スウェーデンは公式にベトナム戦争従軍忌避者の「亡命」を受け入れたのである。このような政治的行為はNATO加盟国である北西ヨーロッパの社会民主主義政権には不可能である。日本の「べ平連」も初期の活動においては「脱走兵」をスウェーデンへと亡命させることを選択した。

(58) ヨーロッパ、とりわけフランスにおいて「大西洋」主義の理論的主導者となったのはレーモン・アロンであり、中立「欧州連合」を主張したのが、サルトルを中心とした『現代』である。またインドシナ、チュニジア、アルジェリア、そしてブラック・アフリカといった仏帝国の植民地独立運動を明確に支持したのも、サルトルと『現代』である。久野収、丸山眞男、日高六郎、堀田善衛、加藤周一といった戦後民主主義の思想家たちが、サルトルにきわめて好意的であり、またしばしば参照・引用するのは、「国際冷戦レジーム」を批判し「中立」を志向すると同時に植民地独立運動を明瞭に支持(当時いまだ広大な海外植民地帝国の宗主国であったフランスではきわめて稀な位置)する、ユーラシアの両端における「非共産主義」左派としての親近性に拠るとしておいていいだろう。一九五一年に発表された堀田善衛の『広場の孤独』は、サルトルをはじめとしたフランス知識人を頻繁に引用しながら、東アジアにおける「非共産主義」左派の「孤独」を描いた作品である。国際政治の舞台ではこの「孤独」は「中立」に、そして「第三世界」との連帯につながっていく。

(59) この時期の平和問題談話会の位置、メディアとしての『世界』の役割、オルガナイザーとしての吉野源三郎のイニシアティヴ、そして久野収の理論的貢献については、前掲道場『占領と平和』二七二―二七八頁、及び三〇五―三一二頁に簡にして要を得た記述がある。

(60) 「緩衝地帯」ではなく、「前線基地」である韓国ではより条件は厳しく、李承晩政権を打倒した「四月革命」以後の短い混乱期を経て、朴正熙軍事政権による「開発独裁」へと移行する。トルコも同様に軍部による独裁時代が続くことになる。

(61) タシュケントでの第一回会議には加藤周一が参加している。その経験は自伝『続羊の歌』において語られているが、また一九五九年に『ウズベック、クロアチア、ケララ紀行』にもまとめられた。

(62) カイロで開催された第二回会議には木下順二、武田泰淳も参加し、茅盾、巴金といった中国の作家とも交流した。

(63) 堀田善衛の「アジア・アフリカ作家会議」を通じた「第三世界」との関わりの詳細については、水溜真由美『堀田善衛　乱世を生きる』の第三部「アジア・アフリカ作家会議へのコミットメント」参照。

(64) 一般には「ヨーロッパ人文学」派と見られている林達夫は久野収との大部の対談『思想のドラマツゥルギー』において、堀田のこの「第三世界の栄光と悲惨について」をきわめて高く評価している［林・久野 一九九三：二〇二―二〇三］。林達夫を「戦後思想」第一世代に含める本書の視座にとっては重要な傍証である。

(65) 近年の新自由主義が、分子生物学の進展を意図的に誤用した「優生学」的言説（「DNA」という言葉の氾濫！）と「人工知能」（AI）によるリストラの正当化という明確な特徴を示していることに鑑みると、「疑似科学主義」を英米型（新自由主義グローバリズム）の「反動」の主要な特徴とした加藤の予言は不幸にも的中したと言えるだろう。

【第一章　三木清における「主体」と「系譜学」】

（1）三木がもっとも頻繁に言及する新カント派の哲学者はハイデルベルグでの留学時代に自ら師事したリッケルトである。他に同じ西南学派に属するヴィンデルバント、ラスク、マールブルク学派のコーヘンなどもしばしば論じられる。尚、この時期の三木のもう一つの主要な批判の対象はヘーゲルに含まれる「内在」と「連続」への傾向である。これはヘーゲルにおける「汎神論」と「有機体」論、そしてそれに結びついた「観想」を「存在のモデル」とする「理性」の「形而上学」の結果として現れるとされる。三木はヘーゲルの「弁証法」を高く評価しながらも、ヘーゲルにおいては上記のような傾向がその可能性を抑圧していると判断する。さらに彼は「真無限」の立場に立つヘーゲルに「悪無限」を擁護するキルケゴールを対置させつつ、「弁証法」における「矛盾」の側面を強調する。ここには「否定弁証法」への契機が垣間見えるとも言えるだろう。三木における新カント派批判とヘーゲル批判はとりあえず区別されるが、両者とも「理性」の「形而上学」の地平に属するとされる点では共通している。

（2）ただし三木はカントと新カント派を区別して論じている。例えば三木はカントにおいては（1）「認識」する「主観」が「主観」の「外部」の「存在」と関係すること、（2）「認識」の「普遍性と必然性 die Allgemeinheit und die Notwendigkeit」、の二つの意味を有していた「対象性」の概念のうち、新カント派においては前者が消去されていったことを指摘している（「歴史主義と歴史」一九二九年、「認識論」一九三〇年）。また現代における「唯物論」哲学を構想する三木にとって「主観」の「外部」の存在を認めるカントの「物自体」の概念は重要な示唆を与えるものであった。三木は「哲学的範疇」としての「物質」と「自然科学的範疇」としての「物質」を区別した「唯物論と経験批判論」のレーニンをカントに引きつけて解釈しようとする。そしてそれは同時にカントを存在論的に解釈することでもあった。「物質についてのレーニンのこれらの規定を見るとき、興味あることには、それがカントに於ける『物自体』の規定と甚だ類似していることが思い出されるであろう。カントにあっても物自体は我々の意識の外部に存在するものであり、感覚を触発するものであった。現代の新カント派がつとめて抹殺しようと試みているこの物自体に積極的な意味を認めてカントを新しく解釈し直すことが出来るようである。しかるにそのためにはカントの全哲学がこれまでのように認識論的にでなく、寧ろ存在論的に解釈されることが必要であろう」［III：521］。そして三木はハイデガーのカント論に触発されつつ、後に『構想力の論理』においてカントの存在論的解釈に取り組むのである。

（3） にも関わらず、「意識」概念は「意識一般」ではなく「コギト」として解釈される危険性を有している。三木はカントを論理主義的に解釈する新カント派が次第に「認識の普遍妥当性」の基礎付けに不安定要因を持ち込み兼ねない「意識」概念を消去して行く方向を辿ったことを指摘している。

（4） 一九二九年の「現象学序説」においても「純粋意識」が「認識された認識への関心」に導かれて発見されたという論旨が展開されている。「このようにして純粋意識と純粋論理学とは本質的につながり合う。純粋意識が絶対的にあってそしてあらゆる認識と同じく純粋論理学にも基礎を与えるのではなく、却って純粋論理学、一般に形式的演繹諸科学への妥当性に対する関心が初めて純粋意識をば絶対的なる原領域として開示するに到るのである、と見られねばならぬ」［X：43 強調原文］。それに対して三木は「認識」の基礎としての「コギト」ではなく、「存在」としての「コギト」においては論理学も数学ももはや「確実性」を保証されないと言う。この三木の視点にはデカルト的「コギト」のアウグスティヌス的＝存在論的解釈への方向さえ見受けられる。「論理や数学も絶対的な確実性をもたぬ。『純粋意識』の現象学はアウグスティヌス的な『精神生活』の現象学にかわる」［X：52‒53］。尚、本文中で述べた点の他に三木は新カント派とフッサールの差異として前者が「認識」における「判断」の契機を重視し、「現実存在」の領域における「真理」の基礎づけを目指したのに対し、後者が「認識」においてはより「知覚」の契機に注目し、且つ「本質存在」における永遠の「真理」の問題へと傾いているということを指摘している。

（5） 三木は「認識論」的な「主観」概念においては「思惟」や「表象」という機能のみが特に重視されるが、「主体」概念においては「意志」や「感情」という要素を考察することも不可欠になってくると言う。というよりも、それらの機能を分離して分析するのではなく、「世界」との「関係」という「統一的」な視点から問題を捉え返すことを三木は提起している。「歴史的社会的存在界を構成するものとして、そしてそれと同時にそれと交渉するものとして、人間は単に精神ではなくてむしろ精神的物理的統一であり、単に思惟する主観でなく却って意志、感情、表象のあらゆる方面に自己を表現する統一的主体である」［III：14］。さらに三木は一九三二年の『歴史哲学』や「危機意識の哲学的解明」では行為論的に「主体」概念を論じようとする。ここでは「内在」や「連続」を「切断」し、「超越」する行為として

「主体」が位置づけられ、そうしたものとして「主体」は「意識」ではなく「事実」と名付けられる。「歴史の基礎であるところの行為に於いては行為が直ちに物の意味をもち、行為が即ち事実であるのである」[VI：34]、「われそのものを作り、意識そのものを生むところのものこそまさしく我々が事実と呼ぶものである。われは事実に於いて絶えず新たにつくられつつある。そして意識を生むものは固より意識に内在的なものであることが出来ない。事実はむしろ意識を絶えず破るところのものである。事実はまこと超越的なものである」[VI：71]、「主体と称するものは意識と同じではない。私の言う事実は意識よりも更に内なるもの、従って真に外なるものである——主体は内において意識を超越する」[V：5]。また同じく一九三二年に出版された『社会科学概論』でも同様の論旨が展開されている。「主体は単に観念的であり得ず、却って『もの』と考えられなければならぬ」[VI：353]、「主体とは行為するものであり、行為ということを離れて主体の概念はあり得ない」[VI：414]。これらの論文は一九三〇年の検挙後に書かれたものであるが、行為としての「主体」を「もの」であり、「事実」であるとする三木の姿勢には検挙以前と同様の「唯物論」へのこだわりが見て取れる。

(6) 三木は「存在のモデル」として「本質存在」と「現実存在」のどちらに優位を置くかによって哲学の性格は決定されると言う。「本質存在」の優位は「観想」と「理性」の哲学、そして「光の形而上学」へと導かれるとされる。三木によればこの「光の形而上学」はプラトン以来西欧哲学において一つの有力な系譜をなしている。「我々は、古来、本質存在の哲学がその認識理論の根底に何等かのいはゆる『光の形而上学(Lichtmetaphysik)』をもっていたことの深い意義を見出し得るであろう。既にプラトンは『ポリテイア』に於いて善のイデアを太陽に比較している。善は認識される対象に真理を付与し、認識する主観に認識する能力を付与する。光の形而上学はその後宗教思想の影響のもとに大なる発展を遂げたが、ひとはそれを後にはアウグスティヌスの照明説(Illuminationtheorie)に於いて、更に降ってデカルトの『自然的光』(lumen naturale)において見出し、現代に於けるフッセルなどの現象学のうちにさえひとは光の形而上学の痕跡を認めることができるであろう」[VI：342-343]。三木にとって「唯物論」は「光の形而上学」の批判として在り、それ故それは「存在のモデル」として「現実存在」を「本質存在」よりも重視する。そしてこのような意味での「唯物論」の地平を切り開いたのはマルクスとともに、ニーチェ、キルケゴールであったとされる。

(7) 三木においては「感情」といった現象も広義の「ロゴス」に媒介されて出現するとされる。それ故「感情」は超歴史的に同一のものではなく、歴史とともに変化するものとして捉えられる。「我々は感情とは何かと問わなければならず、かくの如く問うことによって、我々は感情の『歴史性』そのものに思い当たるのである」[XI:22]。「イデオロギーばかりが歴史的であって、感情や意志は超歴史的であるとは考えられぬ」[XI:23]。従って「ロゴス」の系譜学には「感情」の系譜学もまた含まれる。

(8) このように定義される三木の「ロゴス」はほとんどフーコー的な意味での「エピステーメー」として在る。『言葉と物』の序文においてフーコーはこの書物の意図を学問的知を可能にするア・プリオリな条件としての「認識論的な場」を明らかにすることであると述べているが、この「認識論的な場」という概念は「経験」を先験的に構成するカント的「カテゴリー」を歴史化したものとして捉え得る。実際フーコーはこの作業を「合理性」や「客観性」といった「認識の普遍妥当性」という理念そのものを宙吊りにした上での「知」の「可能性の条件の歴史」の試みと呼んでいる。「いかなるところから出発してさまざまな認識や理論が可能になったか、どのような秩序の空間に従って知が構成されたか、或いはほどなく解体し、消え去ることになったかもしれないが、どのような歴史的《ア・プリオリ》を背景にし、どのような実定性の原理の内に、観念があらわれ、学問が構成され、経験が哲学において反省され、合理性が形成されるということが可能だったのか、そのようなことを改めて見極めようとする研究なのである。だからここでは認識というものを結局のところ今日のわれわれの学問の姿がそこに認められるであろうような、『客観性』というものへの進歩の過程として描き出すことは問題とはならないだろう。明らかにしようと試みられるのは、認識論的な場、すなわち、合理的価値や客観的形態に依拠するすべての規準の外で考察されたさまざまな認識が、そこにおのれの実定性の根をおろし、そうやってひとつの歴史、みずからの漸次的完成化の歴史ではなく、むしろみずからの可能性の条件の歴史と言える、ひとつの歴史を明確化する、そうした場としての《エピステーメー》なのである」[Foucault 1974:20](ただし部分的に改訳)。また後述するように「知」の歴史を「連続的」発展の面からではなく「認識論的断絶」の位相から記述しようとする点にも両者に共通する部分がある。

(9) 一九二八年の「理論　歴史　政策」においても新カント派の論理主義と対比して存在論、歴史及び系譜学が語られている。「歴史の問題は、第一次的には、論理的なる（logisch）問題ではなくて、存在論的なる（ontologisch）問題である。――論理学者リッカートは、歴史を論じながら、存在の歴史性については何事も知らないのである。――彼には存在から科学への系譜学（Genealogie）が欠けている」[III：268 強調原文]。

(10) 三木のニーチェに対する評価はきわめて高く、ヘーゲルの「内在」論的な傾向に対する切断の指標としても――キルケゴールとともに――しばしば挙げられる。「（ヘーゲルの）時代の連続が断絶されるのは、文学の上ではハインリッヒ・フォン・クライストに於いてであり、哲学の上ではニーチェに於いてである。……ヘーゲルに於いては存在と存在の意味は分たれずにあった、そしてそのことが彼をして普遍的体系家であることを可能にした。今や存在と意味とは分離している。……ニーチェはこの後の道を辿ったのである」[X：133-142]。三木が圧倒的な影響を蒙ったハイデガーでさえ「現代的意義」としてはニーチェに還元されると述べられる。「彼（ハイデガー）の哲学の専門学術的価値はともかくも、現代というものに対する関係について云えば、彼の意義は殆ど凡てニーチェにおいて既に尽くされていると云っても誇張ではないと思う」[X：311]。

(11) この時点の三木においては「主体」という言葉自体はそれ程前景化していない。「主体」という言葉が頻繁に論じられるようになるのは、主要な著作としては一九三二年の『歴史哲学』以降である。とは言え、註（5）で引用したようにこの時期においても「主体」という言葉が登場しないわけではなく、理論枠組みとしては明らかに連続性は存在する。その後の『哲学的人間学』、『構想力の論理』をも射程に入れた三木における「主体」概念の変遷については、第二章「三木清における『系譜学』と『存在論』」において考察されている。

(12) この流れは、フランスではベルクソン、サルトル、ドイツではハイデガー、或いは後期フッサールのように「経験」の「超越論的地平」としての「時間」を軸にして認識論から存在論への組み換えを図るものとして位置づけられ得る。ただしこの存在論的な思考は広い意味での「媒介」の体系へと収斂する――三木もその危険と無縁とは言えない――ことで新カント派とは別のアポリアに直面することになる。存在論と政治的「全体主義」、或いは「存在論」と「総力戦体制」という問題群もこの「媒介」論理の側面から考察する必要があるだろう。とは言え存在論的思考が論理必然的に「媒介」の論理に落ち込むとは断定できない。その点についてはサルトルの『存在と無』における精密な記述を参照。

（13）あえて言えば三木の方向は（1）ヘーゲル批判、（2）「知」の問題としての「問い」の重視、（3）イデオロギー論における「重層的決定」、「認識論的切断」などの疑念の導入、（4）にもかかわらず最終的な審級における「経済的諸関係」が重視されること、等の点で通常「主体」の批判者であるとされるアルチュセールに近いと見なし得る。尚、やや文脈を異にしながらも、個々の思想家から独立した「思惟範疇」、「視座構造」を思想史において分析の対象としようとした丸山眞男の初期の試みを三木の「イデオロギー」論と比較してみることも興味深い作業となる筈である。丸山自身が新カント派とマルクス主義の方法論の間で逡巡しつつ、決定的な影響を受けたとしているマンハイムの『イデオロギーとユートピア』に三木も批判的にではあるが、言及している。丸山については『日本政治思想史研究』の他に「思想史の方法を模索して」『丸山眞男集　第十巻』、「『日本政治思想史研究』英語版への著者序文」『同第十二巻』、三木に関しては『観念形態論』序文、『社会科学概論』第二章など参照。

（14）本章で言う「認識論」も「エピステモロジー」もフランス語では épistémologie であるが、バシュラール以降、とりわけフーコーにおいては épistémologie は系譜学的な色彩を濃くしている。

（15）同じく一九三〇年に『プロレタリア科学』に発表された「近代科学と唯物弁証法」においても近代自然科学といえども或る認識論的な場を前提として可能になっており、「科学」的知はその場を超えて連続的に「進歩」するものではないという論旨が展開されている。「一定の科学的意識は社会の一定の形態に相応せるものとして、この社会の内部に於いて生産され、且つそれの発展形態はこの社会の形態の許す範囲内に於いてのみ可能である。——その社会の構造がその世界観の構造を規定し、このものがその時代の科学を土台づけると共にそれの運動の限界を画している——このことは自然科学にとっても、社会科学にとっても原理的には同じことである。このことを承認することなく、例えば自然科学の如きにあっては、近代のブルジョア社会に於ける自然科学の成立と共に、それの不変不動なる基礎が確立せられ、かくてその後はもはや同一の基礎の上に於いて永久の未来に向かって絶えざる発展が可能であるばかりであると考えるということは許されない」［X：114］。

（16）三木に限らず、二〇世紀の哲学的思考には「問い」を重視する傾向が存在する。三木がしばしば参照するハイデガーは言うまでもなく、サルトルもまた『存在と無』において「無」の考察の出発点として「判断」以前の「問いかけ」を取り挙げている。

(17) 三木は初期の「プラグマティズムとマルキシズムの哲学」から晩年の「構想力の論理」に至るまでしばしばソレルに言及している。前者などでは最終的にはマルクス主義の立場から批判的に記述されたりもするが、別の箇所ではニーチェ、キルケゴールと並べてパスカルの系譜に所属させてもおり(「現代思潮」、III：302–303 この系譜は三木にとってきわめて重要な意味を持つ流れである)、「気になる」存在ではあったらしいが、その評価はやや不透明である。

(18) ここで問題になっているのは、とりあえず三木の説明が歴史的記述として妥当なものであるかどうかではなく、彼が異なる「イデオロギー」相互の「転移」現象をどのように捉えていたかを示すことである。ただしフランスの「エピステモロジー」の系譜において重要な位置を占めるG・カンギレームは一九五九年の「一八五八年における『生存闘争』と『自然淘汰』の概念――チャールズ・ダーウィンとアルフレッド・ウォレス」の中で三木の発想と近い記述を行っている。「(ダーウィンと同様に)ウォレスもまたマルサスの法則の中に、生物学一般の視点から、生存闘争の概念を形成する場や可能性を見ていたのである。生物学は社会科学にしばしばモデルを提供するし、そのモデルが間違っているということもよくあるが、ここでは社会科学のほうが生物学にモデルを与えているというとくに有名な事例をわれわれは目にしていることになる」[Canguilhem 1991：123–124]。

(19) ドクサと結びついた「科学」、「ドクサ的科学」は「ドグマ」と定義される。さらに三木は「社会システム」の矛盾に対応した「社会的知識」として「ミュートス」と「ユートピア」を論じているが、この部分は本章では省略する。

(20)『社会科学概論』では一八八三―八四年のメンガーとシュモーラーの論争やそれに関連してシュンペーターやウェーバーの理論が取り上げられてはいるが、系譜学の具体的な記述として成功しているとまでは言えない。

【第二章 三木清における「系譜学」と「存在論」】

(1) 政治社会システムの正統性の動揺のなかでの、新カント主義的認識論から存在論への転回は、同時に、ドイツの文脈では、ワイマール体制の否定としての政治的「全体主義」の前景化とも結びついたものであった。ハイデガーとシュミットのナチズムとの関わりはその端的な例である。それに対し、ナチズム時代にドイツ語圏から英語圏へ亡命し、戦後広い意味での「分析哲学」の源流となったようなグループは、むしろ哲学上はカント主義的な理念を擁護しつつ、政治的には自由主義を支持する、といった傾向性を示す、と言うことができるだろう。また、このグループの構成員が多くユダヤ系であったことにも注意を払う必要がある。と言うのも、ドイツ民族主義と結合した存在論は、控えめにいっても、反ユダヤ主義への障壁とはなり得なかったからである。フランクフルト学派やハンナ・アレントなどの例外的な存在を除けば、「同化」の度合いの強い多くのユダヤ系の思想家・哲学者にとっては、たとえ国民国家という枠内であるにしても、「普遍主義」と結合した政治的自由主義が「反ユダヤ主義」と結合した「全体主義」より望ましい選択であったことは、想像に難くない。前者のシステムにおいては、「ユダヤ系」であっても国民になることは少なくとも建前上は可能であったからである（他のユダヤ系知識人の選択は、「ブント」を除けば、大枠で「マルクス主義」と「シオニズム」に分岐していく）。ただし、存在論への転回は論理内在的に政治的「全体主義」と「反ユダヤ主義」を導くものではない。例えば、サルトルの場合、存在論は政治思想としての「アナーキズム」と結合し、しかも「存在論」の理論を援用しつつ「反ユダヤ主義」を批判することができた（しかも同時に「同化」型「普遍主義」を退けながら）。この点に関しては、拙著『知識人と社会』第二部第四章第三節「人種主義・植民地主義批判」を参照していただければ幸いである。

(2) それ故、(1) 日常的な「経験」や、とりわけ「認識」のパターンを規定する「深層」の「ア・プリオリ」な「構造」に着目し、且つ、(2)「歴史性」よりはむしろ「普遍主義」的なパラダイムに親和性をもつ、という点で「構造主義」的方法とカント主義の類縁性を指摘することもできよう。実際、しばしば「構造主義」が「超越論的主観なきカント主義」として位置づけられるのは、この側面に由来する。

(3) 丸山眞男の思想史における方法論もここでの文脈と無縁なものではない。丸山の方法論は、一方で「認識」の成立において「主観」の介入という契機を重視する点において「カント主義」的でありつつ、他方でその「介入」には必ず特定の視角というバイアスがかかり、「上空飛翔的」な「普遍妥当性」を伴った「認識」は不可能である、とする点でマルクス主義的な「イデオロギー」論を強く意識したものでもある。丸山の思想史方法論におけるカール・マンハイムへの強い関心は、このような事情に由来する。「カント主義」的方法とマルクス主義的「イデオロギー」論との関係について丸山は一九七八年の「思想史の方法を模索して」の中で次のように述べている。「大学に入って、マルクス経済学理論や日本近代史の勉強……が進んだ頃には、新カント派とマルクス主義とは魅力と不満の在り場所がちょうど裏腹の関係にたって私の精神のなかに共存していたのですが、マンハイムの知識社会学がまさにカント的認識論とマルクス主義のイデオロギー論との双方にたいする、いわば二正面的な「挑戦」を内包していたために、私の「中ぶらりん」の精神状態との間に一種の共鳴現象が起こったわけです」［丸山 X：323］。三木清自身もハイデルベルクへの留学時代、マンハイムと直接交流をもっている。

（4） 全体としては、三木清は存在論的言説の組織化へと傾斜し、戸坂潤には『科学方法論』（一九二八）、『イデオロギーの論理学』（一九三〇）、『科学論』（一九三五）など、系譜学的方向をもった仕事が目立つと言うことができる。『イデオロギーの論理学』序において、戸坂は三木清の名を「初めてこの方向に向けて呉れた人」として挙げている。ただし、戸坂にも『道徳の観念』（一九三六）における「個人」と「自分」との差異など、存在論への転回と連動した議論も明らかに観察できる。

（5） 「意識一般」と具体的な「日付」と「場所」に拘束された「個人」の「意識」＝「コギト」との差異への三木の眼差しは晩年の『構想力の論理』においても反復されている。ここで三木は、カントの『判断力批判』における「美的主観」に着目することで、「意識一般」から区別された「生ける個人的な具体的な主観」［XIII：400］の問題を浮かび上がらせようとする。この試みは同時に、「「科学」即ち数学的自然科学」［XIII：404］をモデルにした「認識」の「普遍妥当性」の基礎づけという企図にのみ拘束された文脈から「経験」の概念を一度遮断し、より広いパースペクティヴに置き直そうとする作業とも接続するものであった。この点でも、初期からの連続性が明らかに観察できる。

（6） ただし、三木にはカントと新カント派を区別して論じる傾向もある。例えば三木はカントにおいては、（1）「認識」する「主観」が「主観」の「外部」の「存在」と関係すること、（2）「認識」の「普遍性と必然性」（die Allgemeinheit und die Notwendigkeit）、の二つの意味を有していた「対象性」の概念のうち、新カント派においては前者が消去されていったことを指摘している（「歴史主義と歴史」一九二九、「認識論」一九三〇）。認識論から存在論への転回という文脈において、「唯物論」哲学を構想する三木にとって「主観」の「外部」の「存在」を認めるカントの「物自体」の概念は重要な示唆を与えるものであった。三木は「哲学的範疇」としての「物質」と「自然科学的範疇」としての「物質」を区別した「唯物論と経験批判論」のレーニンをカントに引きつけて解釈しようとする。そしてそれは同時にカントを存在論的に解釈することでもあった。「物質についてのレーニンのこれらの規定を見るとき、興味あることには、それがカントに於ける「物自体」の規定と甚だ類似していることが思い出されるであろう。カントにあっても物自体は我々の認識の外部に存在するものであり、感覚を触発するものであった。現代の新カント派がつとめて抹殺しようと試みているこの物自体に積極的な意味を認めてカントを新しく解釈することができるようである。しかるにそのためにはカントの全哲学がこれまでのように認識論的にでなく、寧ろ存在論的に解釈されることが必要であろう」[III：521]。そして、後に三木はハイデガーの『カントと形而上学の問題』に触発されつつ、『構想力の論理』において、ここで予告されたカントの「存在論」的解釈に取り組むことになる。

(7) 三木のニーチェに対する評価はきわめて高く、「内在」論的なヘーゲル主義の枠組みに対する切断としても、キルケゴールとともにしばしばその名を挙げられることになる。「(ヘーゲルの)時代の連続が切断されるのは、文学の上ではハインリッヒ・フォン・クライストに於いてであり、哲学の上ではニーチェに於いてである。……ヘーゲルに於いては存在と存在の意味は分かたれずにあった、そしてそのことが彼をして普遍的な体系家であることを可能にした。今や存在と意味とは分離している。……ニーチェはまたこの後の道を辿ったのである」[X：133-142]。三木が圧倒的な影響を蒙ったハイデガーでさえ、「現代的意義」としてはニーチェに還元されるとまで述べられている。「彼(ハイデガー)の哲学の専門学術的価値はともかくとして、現代というものに対する関係について云えば、彼の意義は殆ど凡てニーチェにおいて既に尽くされていると云っても誇張ではないと思う」[X：311]。

(8) 三木は「存在のモデル」として「本質存在」と「現実存在」のどちらに優位を置くかによって哲学の性格は決定されると言う。「本質存在」の優位は「観想」と「理性」の哲学、そして「光の形而上学」へと連なるとされる。三木によれば、この「光の形而上学」はプラトン以来ヨーロッパ哲学において一つの有力な系譜をかたちづくっている。「我々は、古来、本質存在の哲学がその認識理論の根底に何等かのいわゆる『光の形而上学』(Lichtmentaphysik)をもっていたことの深い意義を見出し得るであろう。既にプラトンは『ポリテイア』に於いて善のイデアを太陽に比較している。善は認識される対象に真理を付与し、認識する主観に認識する能力を付与する。光の形而上学はその後宗教思想の影響のもとに大いなる発展を遂げたが、ひとはそれを後にはアウグスティヌスの照明説（Illuminationstheorie）に於いて、更に降ってデカルトの自然的光（lumen naturale）の思想に於いて見出し、現代に於けるフッセルなどの現象学のうちにさえ、ひとは光の形而上学の痕跡を認めることができるであろう」[VI：342-343]。三木にとって「唯物論」は「光の形而上学」の批判として出現し、それ故、それは「存在のモデル」として「現実存在」を「本質存在」よりも重視する。そして、このような意味での「唯物論」の地平を切り開いたのはマルクスとともに、ニーチェ、キルケゴールであったとされる。

（9）このように捉えられた三木の「ロゴス」は、ほとんどフーコー的な意味での「エピステーメー」を想起させる。この点に関しては、第一章注（8）参照。

（10）三木の理論における系譜学の展開については、第一章「三木清における『主体』と『系譜学』」を参照していただければ幸いである。

（11）『歴史哲学』での時間論は、『構想力の論理』においてさらに展開される。ここではカントの『純粋理性批判』における「構想力」を「時間」という「出来事」の「可能性の条件」として分析する、という作業が遂行されることになる。「時間の問題は何よりも構想力の問題であり、構想力の問題は根本において時間の問題であると云うことができる」[VIII：85]。「かような構想力の移行的傾向性は、構想力の根源的時間性として理解されなければならぬ。構想力における総合は時間の総合である」[VIII：318]。

（12）三木は一九二九年の「現象学序説」においても、アウグスティヌスに言及しつつ、「存在」としての「意識」においては、一般に「認識」の「普遍妥当性」のモデルとされる「論理学」や「数学」も、「確実性」を保証されないことを指摘している。

（13）一九四〇年の『哲学入門』においても「意識」の微妙な位置は継続されている。ここでは三木は「事実」と「意識」ではなく、「主体」と「意識」の関係という枠組みを提示するが、やはり「意識」は「行為」としての「主体」が成立する「場」として設定されている。「主体は単なる意識を意味しないが、しかし意識において主体は主体的になるのである。主体の主体性即ち行為の自発性と意識の発達は伴っている。主体が主体的に表現される所は意識である。行為はもとより客観的に表現される、けれどもそれが主体的に表現される所は意識を措いてないのである。自己意識或いは自覚によって主体は真に主体になるのである」[VII：58]。

(14)『歴史哲学』においてもすでに、萌芽的なかたちながら、「身体」という概念を媒介として「個人」と「社会」の関係が論じられている。ここでも、「行為」を「身体」と結び付けて論じる過程で「社会的身体」という概念が浮上する。「このように身体と見らるべきものは、単に個人的身体であるのではなく、他方に於いて、また社会的身体とも云うべきものである。かような社会的身体を我々は、思想の歴史の伝統に従って種族 Gattung という語をもって表そうと思う。ここに謂う種族は……人間の社会的自然のことであり、……かような社会的身体の概念を除いて如何なる社会概念も基礎付けられることができない」[IV：35]。

(15) 一九二七年の「マルクス主義と唯物論」においても、「自己」の「可能性の条件」としての「他者との関係」は、「他者」との「差異」、つまりは「複数性」への問いと関連して論じられている。「我々にとっては我と汝、主観と客観はどこまでも互いに相異なる他の存在である。もしそうでないならば、相互の間の実践的交渉は不可能であるであろう」[III：51]。

(16) この時期の三木のヘーゲル批判については米谷匡史「三木哲学とマルクス」『現代思想』一九九三年一月号も参照。

(17) 三木は一九三一年の「弁証法の存在論的解明」においても、「無限」論においてヘーゲルの「真無限」に対して「有限性」に由来するキルケゴールの「悪無限」を対置しつつ、「否定弁証法」への志向性を示している。

(18) また三木は『歴史哲学』において、「否定性」としての「事実」によって「弁証法」は「偶然性」へと連なるとする。この「偶然性」と「弁証法」の連携もまた、「弁証法の存在論的解明」以来の三木の一貫した主張である。「かくて偶然性は弁証法の始原であり、その意味で弁証法は偶然性の論理に他ならない」[IV：155]。そしてこの「偶然性」と「弁証法」の連携という視点も、――「存在のモデル」として「現実存在」を重視することと並んで――ヘーゲル及びライプニッツの批判として提出されている。

（19）この視点から三木清を「読む」ならば、三木において「単独性」と「複数性」も「無」としての「弁証法的一般者」の「媒介」によって出現する、つまりは「弁証法的一般者」は「単独性」と「複数性」の「可能性の条件」を構成している、と結論づけることも、おそらくは、不可能ではない。にもかかわらず、ここでは、むしろ二つの相異なる志向性が互いに抗争する場として三木清というテクストを「読む」という態度を採用したことを明示しておきたい。

（20）またこの時期、三木のテクスト群においては、「主体」と「客体」、「主体」と「環境」、あるいは「ロゴス」と「パトス」を「媒介」するものとして「技術」もしくは「道具」の問題系が急速に浮上する。この問題系は『哲学的人間学』、『哲学入門』、『技術哲学』、そして『構想力の論理』において、執拗に反復されることになる。

（21）実際『歴史哲学』においては、「具体的普遍」の概念と結び付いた「表現」の論理が明確に批判されている。ここで「表現」の論理に対置されているのは、「超越」と「非連続」の契機を強調する「行為」の論理としての「弁証法」である。「然るに、事実と存在とを連続的なものとして表はすのはまさに表現ということであるから、具体的普遍の論理はやがて表現の論理である。……それは美的な論理であっても行為の論理ではあり得ない。行為の論理は弁証法である。弁証法が発出論的論理でないのは、それにあっては存在と存在の根拠との非連続もしくは超越の関係が重んぜられるためである」［VI：140］。

（22）ただし、「無」という（非）概念の使用が必ず「媒介」へと連なると結論づけることはできない。例えばサルトルの『存在と無』においては、「無」はヘーゲル主義的「媒介」を脱臼し、還元不可能な「単独性」と「複数性」の「可能性の条件」を構成している。サルトルにおける還元不可能な「単独性」と「複数性」の関係については第四章『主体』・『個人』・『実存』――その差異と関係について」を参照していただければ幸いである。

（23）一九三六年の「西田哲学の性格について」では、ヘーゲル主義を批判しつつ、西田哲学の枠内において再び「媒介」が前景化する、という構図がより明瞭に現れている。この論考でも、やはり「ヘーゲルの弁証法に謂う特殊と一般の関係に於いては、個人の自由、自主性が考えられず、従って働く個物というものが考えられない」［X：416］という前提が提出されながらも、「個物と個物が関係するには媒介者がなければならず、個物と個物を媒介するものは一般者である」［X：422］とされ、「弁証法的一般者」という概念がせり上がってくる。ここでも、「私」や「個物」の「可能性の条件」としての「他者との関係」が性急に「一般者」の「媒介」へと接続されていく論理が見受けられる。実際、本章で特に主題化した「無」としての「弁証法的一般者」といった概念以外にも、三木清の哲学的言説には西田哲学の語彙は、相当な程度浸透しているとも言える。例えば、本文中で扱った概念で言えば、「自覚」や「行為」という語彙は『自覚における直観と反省』(一九一七)、「行為的自己の立場」(一九三三)、「行為的直観」(一九三七)をそれぞれ想起させる。また「我」と「汝」という「他者」論をめぐる重要な概念については、すでに一九二七年の「マルクス主義と唯物論」において提出されてはいるが、一九三三年から稿を起こされた『哲学的人間学』の議論が一九三二年の西田の論文「我と汝」をも意識していることは明らかであると思われる。三木自身も西田の影響について、とりわけ後期においてしばしば言及している。一九三九年の『構想力の論理』の序においては有名な次のような記述がある。「かようにして私は私自身のいわば人間的な問題から出発しながら、現在到達した点において西田哲学へ、私の理解する限りにおいては、接近してきたのを見る。私の研究において西田哲学が絶えず無意識的に或いは意識的に私を導いてきたのである」[VIII:6]。また一九四〇年に出版された『哲学入門』の序においても、この書の前提となっている理論が、「私の理解する限りの西田哲学である」[XIV:3]ことが述べられている。とは言え、西田哲学の語彙の浸透は、必ずしも三木と西田の「差異」を否定するものではない。ただし、本章では西田と三木の「差異」と「反復」についてはこれ以上扱うことはしない。

(24) 『構想力の論理』においても、一方でヘーゲル主義批判というモティーフは明示的に提出されている。すでに「序」において、三木はヘーゲル哲学の前提である「観想」に対して、「構想力」の論理として「行為」の立場を対置する。そこでは、「行為」である「構想力」の論理は、「媒介」の論理と差異化されて提示されさえする。「構想力の論理は単にいわゆる媒介の論理であるのではない。媒介の論理は結局反省の論理に止まって、端的に行為の論理であることができぬ」[VIII:9]。また三木は同書第4章「経験」において、ハイデガーの『カントと形而上学の問題』を参照しつつ、『純粋理性批判』における構想力を分析していくが、そこでもカントの「構想力」とヘーゲルの「直観的悟性」を区別しようとする。三木によればヘーゲルの「直観的悟性」とは畢竟「神」の視点からの「観想」の立場にとどまるものであり、「有限性」と「歴史性」に刻印された「行為」としての「構想力」の論理は、それとは異なるものである、少なくとも異なるもので「あらねばならぬ」とされる。「ヘーゲルの弁証法は、直観的悟性の立場に立つものとして、無時間的な超歴史的な立場に立ち、現実においては観想の立場に止まり、哲学は結局ミネルヴァの梟として過去について思弁し得るに過ぎず、その弁証法も一種形式的なものに堕していくべき運命を担っていた。これに対して構想力の論理は如何にして自己を区別し得るであろうか」[VIII：430-431]。さらに、三木は「直観的悟性」は「具体的普遍」と「全体」へと連結する「有機体」論を背景にしているとする。ここでは本文で扱った初期以来の、「有機体」論と結び付いたヘーゲル弁証法への批判が反復されている。「直観的悟性に関わる総合的普遍或いは具体的普遍の概念は、既に述べた如く、全体と部分の構造において、体系の理念に合致し、かくてまた有機体の構造に合致しているように思われる。直観的悟性の論理は有機体の論理と同様に目的論である。具体的普遍の概念に基づくヘーゲルの弁証法は目的論的な体系であり、その論理は有機体説 Organologie 的であった」[VIII：469-470]。これらのヘーゲル批判にも関わらず、他方で、「構想力」は、本文中で見たような「個物」と「一般者」の「媒介」として機能している。「個物の独立性がどこまでも承認されつつ、しかも個物が自己とは全く異なる一般者において相互に関係づけられているところに構想力の論理が認められなければならぬ」[VIII：44]。

【第三章　留保なき否定性】

※　高山岩男と高坂正顕の著作は次のように表記した。尚、引用文中の旧かなづかいは現行のそれに改めてある。

高山『世界史の哲学』岩波書店、一九四二＝I、『日本の課題と世界史』弘文堂、一九四三＝II

高坂『歴史的世界——現象学的試論』岩波書店、一九三七＝I、『民族の哲学』岩波書店、一九四二＝II

（1）　例えば一九四二年の「新しい支那文化」、一九四三年の「現代支那文学精神について」、「『中国文学』の廃刊と私」などに「世界史の哲学」への言及が見受けられる。竹内は一九四三年一月の『中国文学』の後記に次のように記している。「京都の世界史派を発見したのがこの一年間である。去年の一月号の『中央公論』に四人の座談会が載ったのが最初であった。大東亜戦争の勃発によって昨日の新聞までが太古のように古ぼけてしまった中に、この座談会だけが戦争を理論的に予言していた。僕は驚嘆に近い感動でこの座談会を読んだことを覚えている。それからこの一年はこの四人の著書を力めて漁った。哲学に縁の薄い僕が西田哲学に異常な関心を抱くようになったのもこの座談会が契機である。——僕と武田は一週間に一、二度は必ず会っており、この一年間の話題の中心は主に世界史一派と司馬遷であった。今では二人とも世界史一派にあきたりなくなっている」[XIV：444–445]。

（2） 他方で竹内のテクストのあるものは「個人」と「国民」の両極析出を規範的に志向する「戦後啓蒙」の「民主主義型ナショナリズム」のパラダイムと重なる様相を呈している。例えば竹内は一九五二年の「国民文学の問題点」で次のように言う。「個人の解放と国民（民族といってもいい）意識との発生とは、多くの場合に同時である。そしてそれは、封建制との戦いの過程に生じる。東洋の後進国の場合は、中国に典型的に現れているように、さらに植民地からの独立という要素がそれに加わるわけだが、独立と統一は不可分な関係にあって、封建的分裂をそのままにしておいて独立はできないし、独立を目指すことは当然内部の封建制の排除につながってくる。個人の独立は、国民的連帯の意識と離れては実現しないし、その逆もまた真である」[VII：48–49]。竹内のこの側面については第六章「竹内好における『近代』と『近代主義』——丸山眞男との比較を中心に」を参照していただければ幸いである。従来むしろ対立する面で捉えられている「戦後啓蒙」と「京都学派」（こちらは無論「京都学派」批判というかたちではあるが）という二つのパラダイムが竹内の中で併存していることはそれ自体として分析に値する興味深い現象ではあるが、この点に関しては本章ではこれ以上扱わない。

（3） 例えば先に挙げた「現代支那文学精神について」においても竹内は高山岩男の「支那にはモラリッシュ・エネルギーがない」という主張を取り上げて「世界史派の支那観」に異論を唱えつつも、「大東亜共栄圏」の「近代の超克」へ向けた「世界史的意義」という枠組み自体には賛意を表している。同様の傾向は「新しい支那文化」、「『中国文学』の廃刊と私」にも見受けられる。しばしば「大東亜文学者大会への文学的抵抗」[尾崎 1991：44]と見做される「中国文学研究会」の「大東亜文学者大会」への参加拒否を表明した「大東亜文学者大会について」においてでさえ「文学における十二月八日」[XIV：435]の意義は認められている。一九四二年一月の『中国文学』に無署名で掲載された「大東亜戦争と吾等の決意」はそうした竹内の「危うさ」がもっともナイーヴに現れた一例であろう（尚「世界史の変革の壮挙」に投企するこの文章が前年の一二月に執筆されていることから、竹内は一月に発表された座談会「世界史的立場と日本」を読む以前からある程度「世界史の哲学」的な語彙に馴染んでいたことが推定される）。そして一九五九年の「近代の超克」もまたそうした「危うさ」から完全に免れているとは言えない。

（4）　高山岩男とともに「世界史の哲学」の理論の重要な提出者である高坂正顕も『民族の哲学』において同様の論旨を展開している。「西洋人は時として東洋の秘密について語る。しかし現在、東洋的世界の秘密は却って西洋的世界にあり、しかも過去の『世界』が英国的世界に他ならなかった点に存するのである。大東亜共栄圏の意義は、この秘密が暴露され、『世界』の意義が改めらるべき点に在るであろう。東洋にとって東洋自体よりも西洋が近きに過ぎたのである」［I：107–108］。また高坂はここで「自己」と「他者」の相互媒介の理論を「国家」と「国家」の関係へと接続している。「すべて主体的なるもの、個体的なるものは、他の主体即ち汝に対する我としてのみ成立し得るが故に、一つの国家が我としてその主体性に於いて成立することは、同時に、他の国家を汝としてその主体性に於いて認むることであって……」［I：279］。この「自己」と「他者」との相互媒介という枠組みはほぼ京都学派全体に共通するものである。西田幾多郎は一九三二年の「私と汝」において「私を限定するとともに汝を限定する私と汝との限定原理」［VI：385］について語っている。西田は「汝」とは「唯心論者の考える如き大なる自己という如きものであってはならぬ。それは絶対に他なるとともに私をして私たらしめる意味を有ったものでなければならぬ」とした上で次のように述べる。「私は汝の人格を認めることによって私であり、汝は私の人格を認めることによって汝である。私と汝とは絶対の非連続として、私が汝を限定し汝が私を限定するのである」［VI：415］。また田辺元も一九三四年から一九三五年にかけて発表された「社会存在の原理」で同様の論旨を展開している。「我は汝を認めることに由って我であり、汝は我に対することによって汝であるという交互関係は、個人が孤立するものでなく、本来社会的にのみ存在するものなることを示す限り、単に普遍に対する特殊の限定の極限として個が定立せられるとする論理よりも、一段具体的なる論理を成立せしめること明である」［VI：62］。そして田辺もまたこの枠組みによって「国家」と「国家」の関係を説明しようとする。「種は他の種に対するが故に種であり特殊の内容を有する——世界に於ける国家の対立的統一の成立に伴い、国家内の対立的統一も相関的に成立する」（一九三九年「国家的存在の論理」、VII：54）。さらに三木清も『哲学的人間学』において「自己」の「可能性の条件」としての「絶対」の「他者」＝「汝」について論じている。「汝は単なる他者ではなく、絶対の他者であって、私と汝との間は非連続的でなければならぬ」［XVIII：369］、『私』と『汝』という範疇の意味は、それぞれの人間が独立でありながら、しかもただ他の者に対してのみ自己であることができ、他の者との関係を離れては自己もあり得ないということを現しているところにある」［XVIII：374］。

（5）ここで竹内が「日本の近代と中国の近代」で用いた「抵抗」という概念が出現していることに注意する必要がある。

（6）ここでの高山の論理は明らかに『精神現象学』における「主人」と「奴隷」の関係をめぐる記述を援用したものである。従って「世界史の哲学」の転倒を企てる竹内が後述するようにやはり「主人」と「奴隷」のレトリックを駆使するのもある意味で当然であろう。

（7）こうした視点から高山は日本の「指導的地位」を認めようとしない中国を「現代世界史を貫き来った根本趨勢に深く自覚するところがなかった」［I：442］と批判する。高山によれば「満州事変は、我が国が日露戦役後満州に獲得した権益をば、支那が蹂躪するところから発生した事変であった」［I：439］ということになる。

（8）この論文で竹内は「抵抗」に基づいた「主体」の立ち上げを流産させる要因の一つとして「日本文化の構造」を示唆している。「私は、日本がヨーロッパに抵抗を示さなかったのは、日本文化の構造的な性質からくるのではないかと思う。日本文化は外へ向かっていつも新しいものを待っている。文化はいつも西から来る。儒教も仏教もそうだ。だから待っている」［I：167–168］、「日本文化のなかでは、新しいものはかならず古くなる。古いものが新しくなることはない。日本文化は構造的に生産的でない」［I：163］。こうした「主体」の確立の要請とそれを阻む「日本文化」の構造という枠組みがある時期以降の丸山眞男の言説において前景化していたことはよく知られている。この側面からも「近代主義」の批判者としての竹内好像には再考が必要だろう。

（9）魯迅のテクストに読み込んだものを「現実の」中国へと直接的に繋いで行くこの竹内の論理にもまた「危うさ」は在る。また竹内には同様に魯迅を孫文、毛沢東、そして中国共産党にやや不用意に接続していく傾向も見受けられる。泰淳にはそうした傾向はほとんど存在せず、その点対照的である。この点での竹内と泰淳との差異は一九五〇年代前半の「民主主義型ナショナリズム」への態度にも関わってくる。孫文から毛沢東へと至る中国革命の系譜に「民主主義型ナショナリズム」の規範的なモデルを見出そうとし、「国民文学」を唱える竹内とそれに対して異和を感じる泰淳との関係については第七章『鉄の殻』への問い──武田泰淳における『民族』への眼差し」を参照していただければ幸いであるが、ここでは泰淳が一九六六年の「竹内好『日本とアジア』」において「かれの『国民文学論』には今だに私は承服できない」[XVI:95] と述べていることを指摘しておくにとどめる。

(10) そしてこの「媒介 Vermittlung」は言うまでもなく極めてヘーゲル的な概念である。西田、田辺、三木をも含めた京都学派の言説は「個物」的要素を軽視したという点などでとりあえずヘーゲルを批判はするものの、最終的にはヘーゲルに再接近していることは否定できない(実際ヘーゲルが「個物」的要素を軽視したとは必ずしも言えない。彼は「全体」に媒介される限りでの「個物」は積極的に評価している)。それ故「世界史の哲学」を批判する竹内と泰淳のテクストは当然ヘーゲル批判の様相をも帯びてくる。

(11) 竹内自身は『魯迅』のなかで「二律背反」を「自己矛盾の相互媒介作用」、「矛盾的自己同一」といった京都学派の概念にパラフレーズする場合もあるが、テ、ク、ス、トとしてはこれらの言葉は「媒介」の機能を喪失している。つまり「京都学派」の概念は竹内のテクストにおいて反復されることで元の意味からは「ずらされて」いる。というのも「止揚 aufhebung」は竹内のテクストにおいては存在しないのだから。

(12) 高山岩男も『日本の課題と世界史』に収められた「歴史の推進力と道義的生命力」において第二次世界大戦初期におけるフランスのナチス・ドイツに対する敗北の要因を「道義的生命力」の欠如に求めている。高山は一九四一年の座談会「世界史的立場と日本」でも「戦争の中に道義的エネルギーがある」としながらフランスの敗北の根本原因を「モラリッシュ・エネルギー、道義的生命力の欠乏」であるとしている [高山他 1943:101-102]。そして当然戦争に勝利したナチス・ドイツには「道義」が在ったことになる。「ドイツが勝ったということは、僕はドイツ民族のもつ道義的エネルギーが勝ったということだと思う」(同、一〇四頁)。

(13) そしてここでは「文化理念」が「国家・国民」に結び付けられるべきであること、「文化の主体は国民であること」[I:394] が明確に要求されている。高山は前述の「世界史的立場と日本」でも「文化」と「政治」の媒介を語りつつ、「モラリッシュ・エネルギー」の主体を「国民」に帰している。「モラリッシュ・エネルギーの主体は僕は国民だと思う。──モラリッシュ・エネルギーは個人倫理でもなければ人格倫理でもなく、また血の純潔というようなものでもない。

文化的で政治的な、『国民』というものに集中しているのが、今日のモラリッシュ・エネルギーの中心ではないかと思う」[高山他 1943:101–102]。

(14) 西田もまたランケの「道徳的エネルギー」に言及しながら「文化」と「国家」の相互媒介について語っている。「国家は絶対現在の限定面に於いて、文化的に自己自身を映すことによって自己自身を形成していくのである。此に国家と文化の本質的関係を見なければならない。——両者は自己矛盾的に一でなければならない」[XII:423]。

(15) 実際竹内のこのテクストに「反文学」として「文学」という論旨を読み取ることも不可能ではない。ここで竹内は「政治のための文学」を否定するとともに「文学のための文学」をも否定する。彼の読む魯迅は「政治主義」をも「芸術至上主義」をも批判する。「文学」は「効用」に対置されるとともに「消閑」にも対置される。「『文学は無用だ。』これが魯迅の根本の文学観である。しかし、その無用の文学のために青春の歳月を古典研究に消磨したものは彼である」[I:12]。「魯迅にとって、取りかたづけることは小説を書くことではなくて、小説を『書かぬ』ことであった。あるいは、言葉の素樸な意味で『書けぬ』ことであった」[I:28–29]。そして二葉亭四迷を魯迅に比す竹内はその後、ある種の「近代日本文学」の系譜学を——それが成功したものかどうかは別にして——試みるのである。

(16) 他に明示的に「世界史の哲学」に言及したものとして「司馬遷の精神——記録について」(一九四六)、「私の第一評論集『司馬遷』」(一九六七)、「私の一冊『司馬遷』」(一九六八)などがある。

(17) 無論「現代の批判」としての「記録」が「おそろしい」のは単にこのことに基づくのではない。「記録」が真に「おそろしい」のは「記録」という行為そのものが「異常」・「非常」なものであることに拠るという点に関しては後述参照。

(18) 西田においてもまた「表現」は「媒介」と並んで重要な概念である。このライプニッツから援用された概念を西田はさまざまな水準で駆使するが、ここではとりあえず「個物」と「個物」、「個物」と「世界」の関係を説明する際に「表現」が動員されていることを確認しておこう。「何処までも自己自身を限定する独立の個物として窓を有たないモナドの他との関係、個物と個物の関係を表現と云ったのはライプニッツの卓見だったと思う」[「歴史的世界に於いての個物の立場」IX:90]。「個物と世界との関係を明にするには、先ずライプニッツのモナドロジーの如きものを考えて見るがよい」［「国家理由の問題」X：280–281］。「表現」としての「関係」が「表現」し得ない「他者」を消去してしまうという問題は当然西田にも付きまとっている。

(19) 泰淳の「個別的持続」としての「世家」と「絶対持続」との関係を『歴史的世界』における高坂の「具体的普遍」としての「国家」と「無的普遍」としての「世界」との関係のパロディとして読むこともできる。高坂においては「具体的普遍」である「国家」が歴史的に展開される「場」として「無的普遍」である「世界」が設定されるが、両者は水準を異にしながらも媒介される。「文化及び国家が主体的実践を通じて媒介され、そこに歴史的中心と歴史的主体が現はれ来る基体即主体の実践の場所が、世界であり、且つかかる基体即主体の自己否定運動を通じて世界は歴史的に自己を実現して行くのである。基体、主体、及び中心の相互媒介の場が世界であり、かかる媒介の可能は、世界の無的普遍たる性格に基づく」［I：305 強調原文］。

(20) 泰淳は一九五〇年に『文学』に掲載された「中国の小説と日本の小説」においても戦争下での日本と中国の非対称的な関係について述べている。「侵入し、奪い取り、押しつけ、傷つけ殺す側と、侵入され、奪い取られ、押しつけられ、傷つけられ殺される側、このような日本と中国との政治的関係をそのままに内包したかたちで、その結びつきの上に、両国の文学者は各々その小説を書き続けていた」［XV：157–158］。

【第四章 「主体」・「個人」・「実存」】

(1) ここではヘーゲルとデュルケームというドイツとフランスの例を取り上げたが、元来「個人主義」的傾向が強いとされるイギリスにおいても、一九世紀はハーバート・スペンサーに代表されるような「社会有機体」論の時代であったことを注記しておく。

(2) それ故「普遍妥当的な知識」にとっては「主観性」＝「個人」などというものはノイズでしかなく、むしろそれを消去する方向が目指されたとしても不思議ではない。「記号論理学」の投企が「真理」への欲望に支えられていたと見做すのは牽強附会に過ぎるだろうか？ しかし『啓蒙の弁証法』はそのような見解を採用しているように見える。

(3) 「普遍妥当的な知識」と「超越論的主観性」の相関としての「厳密な学としての哲学」の「理念」への最後の大が

かりな投企は、フッサールのそれであったと言えるだろう。しかしフッサールの歩みは彼自身の意図に反して、両者が必ずしも正の相関関係にあるのではないこと、それ故伝統的な意味での「学」の「理念」が不可能であることを示したと見做すことができる。

(4) サルトルの「実存主義」と「アナーキズム」の関係については拙著『知識人と社会』序論「実存主義のアナーキズム的負荷」を参照していただければ幸いである。

(5) この箇所の記述は『ウィトゲンシュタインのパラドックス』のクリプキを想起させはするが、むしろ我々はここに『省察』におけるデカルトの懐疑の反復を見るべきだろう。

(6) デカルトが神の存在の第二証明の際に垣間見たのはこの「対自」の偶然性であるとサルトルは言う。サルトルによれば第二証明から弁神論的色彩を取り去った時残されるのは、「完全の観念を自己の内に有する存在は、それ自身の根拠ではあり得ない」という命題である。

(7) 時間論と他者論においてサルトルとデリダが相当程度「現前」の批判という問題設定を共有していることについては第五章「来たるべき幽霊、或いはデリダとサルトル」を参照していただければ幸いである。

(8) この箇所に時計の時間とは空間化された時間であるというベルクソンの時間論の反響を聞き取ることは不可能ではない。実際サルトルの時間論にはベルクソンの痕跡ははっきりと読み取れる。その際、ベルクソン、サルトル、ドゥルーズという時間論の系譜を想起することもできる。ただし「無」に関しては、ベルクソンとサルトルの間にはある断絶が存在する。

【第五章　来るべき幽霊、或いはデリダとサルトル】

(1) [Deleuze 1995a=1996a : 6-7]。ドゥルーズは一九七七年にもサルトルについて次のように述べている。「幸いなことにサルトルがいた。サルトルはわれわれの〈戸外〉、まさに裏庭の涼風だった……ソルボンヌのすべての確率の中で、彼こそがわれわれに再び零からやり直す力を与えてくれる唯一の組合せだった。そして、まさにサルトルは絶えずそうあり続けたのだ」[Deleuze 1977=1980 : 22-24]。

（2）　一九八七年の“pourquoi pas Sartre”でも批判的にではあるが、『文学とは何か』に触れられている。ここでデリダは「散文」に「意味」を、「詩」に「言語の物質性」を割りふろうとするサルトルの所作に対して「確かに詩はことばの物質性の前で立ちどまる」けれども、「散文にも同様の現象」があり、逆に「詩」においてさえ「意味作用」の透過が存在すると批判している（『現代思想』一九八七年七月号）。しかしここでデリダがサルトルを批判して述べていることこそは、サルトルが述べたことでもあった。「言うまでもなくどんな詩のなかにも、散文の、即ち成功の何らかの形式が存在する。また逆に最も無味乾燥な散文でも、常にいくらかの詩を、即ち何らかの失敗をふくむ。どんなに明晰な散文家でも、みずから言わんとすることを完全には理解していない。……あらゆる文章は、賭であり、引き受けざるを得ない冒険だ。手探りをすればするほど、言葉の独自性は増す。ヴァレリーも言ったように、誰も一つの語を徹底的に理解することはできない。かくてあらゆる語は、明確で社会的な意味のために用いられると同時に、また若干のあいまいな響きのために、いわばその顔つきのために用いられる。……散文の沈黙は散文の限界を示すが故に詩的である。私が純粋な散文と、純粋な詩という極端な場合について語ったのは、話を明瞭にするためにすぎない」［QL：87 強調原文］。

（3）　たとえばラカンとサルトルの理論装置の間には――「第三者」の位置づけや「秩序」の生成などでの差異（これは無視できない重要な差異ではあるが本章では論じられない）があるにしても――かなりの部分の平行性が観察できる。デリダはラカンに関してはサルトルの影響をしばしば示唆している。例えば“pourquoi pas Sartre”では「私は初期のラカンはサルトルに多くを負っており、それをテクストに沿って示すことができると考えています」と述べられている（前掲『現代思想』七二頁）。ここで言う「初期のラカン」が問題ではあるが、*Résistences, de la psychanalyse* に収められた「ラカンの愛に叶わんとして」では「『エクリ』に至るまでのディスクール」におけるサルトルの影響に言及されている。［R：74=105「ラカンの愛に叶わんとして」守中高明・高木繁光訳、『イマーゴ臨時増刊　ラカン以後』一九九四年二月］

（4）　“pourqoui pas Sartre”前掲『現代思想』六九頁。一九九六年のサルトル論でもデリダにとってサルトルが及ぼしていた魅惑について語られている。「それにまた、強烈な『文学的』同一化の動きもあって、わたしは自問したものだ。

こんな風にどうやって書くのだろう。またどうしてこんな風に書かずにいられよう、と」[C：16-17=23]。

（5）フッサール自身の投企が「普遍妥当性の基礎づけ」としての「学 die Wissenschaft」の再建と見做し得るということは、とりあえずサルトルのフッサール導入の戦略とは独立の問題である。実際サルトルは『自我の超越』において「自然的態度」を非人称的な「超越論的場」と「自我」を同一視しようとする態度と定義した上で、この「自然的態度」の「エポケー」を「学問的操作」によるものではなく、「自然的態度」が不可能であること、つまり「自我」による「超越論的場」のコントロールの不可能であることに由来すると論じている。その際、サルトルはフッサールと自らの差異を明らかに意識している。

（6）「第三共和制」を基礎づける「普遍主義」或いは「人間主義」は『嘔吐』に典型的に見られるようにサルトルの「文学」のエクリチュールにおいてもしばしば批判されている。また一九五六年の「植民地主義は一つの体制である」でも「第三共和制」と植民地主義の歴史上の親和性が指摘された上で、「ブルジョア普遍主義」と「人種差別」の共犯関係が批判されている。尚、サルトルにおけるフランス国民国家批判のコンテクストについては拙著『知識人と社会』序論「実存主義のアナーキズム的負荷」を参照していただければ幸いである。

（7）デリダは“pourqoi pas Sartre”でも自らにとっての「哲学」の発見がサルトルを経由したものであることを述べている。「私はサルトルから始めたのです。私にとっては、その項目の前にあって地平を形成していた、そのような形でサルトルの名が刻まれていない哲学の地平、哲学の空間は存在しません」（前掲『現代思想』六〇頁）。デリダはそうしたサルトルと自分との関係を「私にとってサルトルはこの乗り越え不可能な地平の一部をなしている」と表現する。ここでデリダは同時にサルトルのヘーゲル、フッサール、ハイデガーの読解を批判してはいるが、しかし次のような留保をつけることもまた忘れることはない。「ひとつ指摘しておきましょう。あなたがたを驚かすことになるかもしれませんが、どうしても言っておきたいのです。つまりたった今私が言ったことは間違いかもしれません。いや、つまり私は私の読書の歴史を、そしておそらく私の誤読の歴史を語っているところなのです。なぜ私がサルトルから遠ざかったか、なぜサルトルについてこれこれのことを考えたかをお話しているのであって、自分が正しいと言っているわけではありません。もしも今読み直したら、そして何らかの理由でサルトルを救おうと私が決心したなら、おそらく今述べたのとは別の方向に彼を引っぱるやり方を発見することでしょう」(同六七頁)。またデリダは自分たちの世代がサルトルとは別の仕方でフッサール或いはハイデガーを読むというスタイルで言説を展開したことについても、そこにはある「不当さ」が介在していたことを否定してはいない。「そこで彼らは、サルトルがなおざりにした問いのスタイルを展開しました。おそらくは不当にも。これは哲学者の世代間の関係の不当さという問題の一部をなします。その中には後に訂正されるものもあれば訂正されないものもあります」(同六七頁)。本章はデリダが示唆するこの「訂正」の試みの一部を構成することになろう。

(8) "pourqoui pas Sartre" 前掲『現代思想』六九頁。

(9) サルトルはまたフランスにおける移民労働者の問題(「第三世界は郊外に始まる」一九七〇)や「ジャコバン的中央集権主義」がもたらす陥穽をバスク、ブルターニュ、オクシタニの例に即しながら指摘(「ブルゴス裁判」一九七一)してもいる。サルトルの「政治」は「ミクロ・ポリティックス」と「マクロ・ポリティックス」の二項対立を脱臼させる。

(10) "pourqoui pas Sartre" 前掲『現代思想』八〇頁。

(11) 大西雅一郎訳、『現代思想』一九九五年六月号。他に端的に「政治」との関わりを示すテクストとして南アフリカのアパルトヘイトを批判した「人種主義の最後の言葉」(一九八三)、「ネルソン・マンデラの感嘆あるいは反省の法」(一九八六)(ともに *Psyché* に収められている)、一九九六年にストラスブールのヨーロッパ評議会で開催された第一回避難都市会議で発表された「万国の世界市民たち、もう一努力だ!」=(一九九六)港道隆訳、『世界』一一月号などを参照。

(12) この論考でデリダは「アンガージュマン」という言葉にしばしばたち帰っている。「『アンガージュマン』についてはは『知識人』による責任の取り方の時代遅れの在り方としてじつにしばしばうんざりするぐらい語られてきたにもかかわらず、私が見るに、この語は非常に美しく、正しく、いまだ新しいものであり続けている。しっかりこの語に耳を傾けるならば、いまだに作家あるいは知識人と呼ばれる人がそれに応え、その責任をとる呼び出しがそこに言われている」[C:18=25 強調原文]。

（13）フランス知識人界における共産党の影響力はきわめて大きく、アルチュセール、アンリ・ルフェーブル、エドガール・モラン、マルグリット・デュラス、フランシス・ポンジュ、ピカソ、そしてカミュ、フーコーでさえ党員だった時期がある（シュルレアリズムの詩人という象徴資本を背負ったルイ・アラゴン、ポール・エリュアール、そしてある時期のアンドレ・ブルトンは言うまでもない）。

（14）サルトルにおける「アナーキズム」の問題に関しては拙著『知識人と社会』序論を参照いただければ幸いである。

（15）アメリカの優位のうちに集結した冷戦後の世界は確かにサルトルが予期していたとおり、もっとも「過激な」作家たちでさえ「文学史」のなかの「罐詰」にされつつある時代だとは言えないだろうか？

（16）『批評空間』第Ⅱ期9号、一九九六年、六八頁。

（17）同、六三頁。

（18）同、六三頁。

（19）同様のことは『哲学の余白』に収められた「差延」においても述べられている。「差延は現前的——存在者の現前化を可能ならしめるところのものである（私は「ある」をも抹消する）。とは言え、決してそのものとしてはおのれを現前化させない。……差延は現実存在をも本質存在をももたない。……差延は存在者のいかなるカテゴリーにも属さない」[D：6=38]。尚、デリダはこうした「差延」に対する記述が「時にみまがうばかりに否定神学におけるそれらに似ている」かもしれないが、にも関わらず「差延」は「神学的ではない」し、「否定神学のもっとも否定的な範疇にさえも属さない」と主張する。というのも、「否定神学」は「神」の本質を「現前性」や「現実存在」の形式において定義するのを拒否しつつも、常に最後の言葉、すなわち「神」という「超—本質」を担保しているからである。あたかも否定神学的秩序が秩序の基礎づけの不可能性を一方では指し示しながらも、他方ではその不可能性をも、あるいは不可能性をこそ、秩序の強化に動員するように。「否定神学」とは「否定性」の再属領化である。それに対し「差延」は「否定神学」の二重構造を廃棄するまでに過剰な「否定性」である。「差延」は「否定神学」をも超えて「否定性」を深化させる。

（20）『グラマトロジーについて』の第一部第三章においても、「経験一般」の可能性の条件としての「自己—触発」が

「差延」に常にすでに先立たれているという議論がなされている。さらに一九九一年の『他の岬』においても「自己」という可能性の条件としての「差異」に触れられている。「自己への非同一性でなければあるいはお望みならばこう言ってもよいが、自己にあっての差異［différence *avec soi*］においてでなければ、おのれを同一化しえず、「わたし」あるいは「われわれ」と言えず、主体の形式をとることができない」［AC：16=7 強調原文］。またこの論考では「自己への差異 différence avec soi」がサルトル的概念である「対自存在 l'être-pour-soi」とパラフレーズされてもいる［AC：30=21］。サルトルにおいて「対自存在」が「差異」の産出の場であることについては本文後述参照。

(21) ただし「差延」はデリダにおいて多義的に使用されていることにも注意する必要がある。例えば「非経済と結びつけられた経済というところに差延がある」というとりあえず時間論とはある距離を保った使用のされかたも存在する。

(22) デリダは「差延」のなかで先に述べたような議論の「第一の帰結」は「差延は存在しない、ということである」［D：22=91］と述べている。

(23) また一九九二年の *Donner la mort* でも「他者」と「責任」の関係を論じながら「見られることなしに眼差しを差し向けてくる」他者について言及されている［DM：13］。

(24) *Donner la mort* においても「知」と「確実性」の彼方の「他者」との関係、或いはそうした「他者」の「超越」との関係で「贈与」に触れられている［DM：15］。

(25) われわれは『嘔吐』や『エロストラート』などの初期の小説、或いはしばしば「アンガージュマン」への展開を画すと見做されもする『自由への道』においてさえも「反ヒューマニズム」もしくは「ヒューマニズム」の「外」が重要な主題の一つを形成していることに注意を払う必要がある。デリダは一九六八年の「人間の終末＝目的」においても、一九九六年の『レ・タン・モデルヌ』に寄せた論考においても『嘔吐』における反ヒューマニズムの刻印に着目している。

(26) 『批判』のこの箇所の周辺でサルトルは「時間」に由来する「遅れ」と「贈与」の関係について論じているが、デリダもまた *Donner le temps* のなかで同様の見解を展開している。デリダはモースの『贈与論』を論じながら「ポトラッチ」における「贈与」が「時間」がもたらす「遅れ」に巻き込まれていることを指摘する。「ここで時間という語のもとで問題にされているのは、おそらく、年代記的な等質的な時間的エレメントにおける遅延の、ずれの構造、或いは成熟の、もしくは一段と複雑な、質的に一段と異質的な差延の構造である」[DT : 57]。

(27)『アンチ・オイディプス』におけるドゥルーズ＝ガタリもここでのサルトルと同じくコミュニケーションの非対称性を隠蔽する「交換」よりも、まず「負債」と結びついた「贈与」を考察することの必要性を説いている。

(28) この時期のサルトルは「他者」との関係のあらゆる次元を「贈与」という視点から論じようとしているとも言える。たとえばサルトルによれば、あらゆる「言明」は――デリダも『レ・タン・モデルヌ』でのサルトル論で指摘しているように――言語行為論的な意味での行為遂行的な次元をもつとされるが、この側面が「贈与」として捉えられている。そしてこの場合「贈与」の場面は「責任」の場面でもある。また同じくこの時期に書かれた草稿 *Vérité et existence* では認識論的な「意味」や「命題」も贈与として論じられる。というのも、サルトルにおいて「意味」や「命題」は決してア・プリオリに基礎づけられるものではなく、あくまで「他者」とのコミュニケーションのせめぎあいのなかで生成してくるものであり、それ故ある「意味」、ある「命題」を選択することは、当該の「意味」や「命題」の規則を「己」が――原理的なレベルでは無根拠に――とりあえず選択し、その規則を「他者」へ贈与していると考えられるからである。従って「意味」や「命題」の選択もそれ自身「他者」との権力関係に巻き込まれており、またその「意味」や「命題」は常に「他者」によって拒否される可能性を廃滅できない。

(29) サルトルが「創造」としての「倫理」を語る際のもう一つの狙いはア・プリオリに基礎づけられ、コンテクストを消去する「倫理」に、絶えずコンテクストとわたりあう、具体的、個別的、暫定的な「倫理」を対置することにある。このような「状況 situation」の「倫理」は先行する如何なる規範をも宙吊りにしつつ、コンテクストとの格闘のさなかに「倫理」を「創造」する。

(30) とは言え「創造」としての「贈与」によって「負債」としての「贈与」の側面が消去されるわけではない。サルトルは「毒 Gift」であるとともにしか「贈りもの Gift」であり得ない「贈与」の「両義性 ambiguïté」について「草稿」において執拗に論じている。

【第六章　竹内好における「近代」と「近代主義」】

（1）戦後日本の、特に歴史学者を中心とした「民族」問題への言及については［小熊 一九九六］参照。

（2）石母田も「民族」を「階級対立」を隠蔽する装置として批判する論理を知らなかったわけではない。しかし同書の「歴史学における民族の問題」ではそのような論理を、「機械的」に「階級闘争史観」を適用した「無政府主義」＝「アナーキズム」として排除している。これは興味深い論点を構成しているが、本章ではこれ以上扱わない。「民族」＝「国民」の批判の論理としての「アナーキズム」の位置については［三宅 一九九五］あるいは［三宅 二〇〇〇］序論参照。

（3）清水幾太郎はまた一九五〇年には『愛国心』において「ナショナリズム」の世界史的考察と現在の日本における様相を分析することを試みている。同書において清水は同時期の竹内や丸山と同様に「民主主義」と「ナショナリズム」の結合の必要性を説いている。

（4）当時においてマルクス主義を「近代主義」として批判し去るこの姿勢なくしては竹内のテクストが与えた衝撃も理解し難いであろう。逆説的表現を伴った竹内の共産党批判に関しては丸山眞男は次のように証言している。「ぼく自身、あの論文は感銘したが、日共はなぜだめなのか、それは日共が革命を主題にしていないからだ、というあいう批判には度胆を抜かれた」［丸山 XII：34 強調原文］。

（5）そして竹内は「国民文学の問題点」末尾では「近代主義」の「克服」によって「近代化が実現される」［竹内 VII：54］という見通しを提出している。

（6）一九四八年の「政治と文学の問題」でも竹内は「機能分化」していない「日本文学」を「封建性」と「前近代性」という言葉によって批判している。

（7）ただしここで竹内は単純な「自己同一的な主体」を想定しているわけではない。竹内の言う「主体」は「差異」によって可能になる。それはまず「他」との「差異」によって可能になる。「他」との「差異」を顕示するのが「抵抗」である。「意識が発生するのは抵抗においてである。Aが存在するということは、Aが非Aを排除するということである」［IV：143］。またそれは「自己」との「差異」によって可能になるものでもある。「歩くことは自己が変わることである。自己を固執することで自己は変わる。(変わらないものは自己ではない。)私は私であって私でない。もし私がたんなる私であるなら、それは私であることすらないだろう」[IV:162]。そして竹内においては「ヨオロッパ」と「東洋」という概念もまたそれ自体として独立して存在するものではない。各々は他を鏡とすることではじめて成立する。「ヨオロッパと東洋は対立概念である」[IV:136]。「ヨオロッパ」は「自己」を不断に「東洋」へと拡大することで「ヨオロッパ」になる。「ヨオロッパの前進＝東洋の後退の前進においてでしかヨオロッパはヨオロッパでない」[IV:136]。また「東洋」の場合もしかり。「東洋が可能になるのはヨオロッパにおいてである」[竹内 IVd:137]。このような理論に基づいた竹内の「京都学派」への批判については、第三章「留保なき否定性」を参照されたい。

(8) この時期の丸山眞男のテクストの諸相については第十章「丸山眞男における『主体』と『ナショナリズム』」参照。

(9) 毛沢東と中国革命を論じる際に「民主主義」を強調するのは竹内の特徴である。「中国の民族主義」ではそのことが明確に述べられている。「中国共産党が目ざした革命は、ブルジョア民主主義革命であり、その根幹は民族主義である。ただ革命の主動力が、ブルジョア階級からプロレタリア階級と農民の連合に移ったというだけであり、そのためブルジョア民主主義革命とよばずに新民主主義革命とよび、民族主義の代わりに民族解放闘争ということばを使うだけのことである。」[竹内 V:21]。他に「魯迅と毛沢東」(一九四七)、「新中国の精神」(一九四九)、「新中国を生み出したもの」(一九五三)、「中国の人民革命」(一九五三)、「孫文観の問題点」(一九五七)等参照。

(10) 竹内の福沢に対する態度は両義的であるが、単なる「欧化主義」者とは見做していなかったことは確かである。福沢に批判的な論点が提出されている「日本とアジア」(一九六一)、「日本のアジア主義」(一九六三)でも「可能性の中心」としては高い評価が与えられている。

(11) 竹内がしばしば「近代主義者」の典型例として挙げる中村光夫の近代日本文学史の見取図も奇妙に竹内＝丸山の図式に似通った部分がある。というのも、中村もまた二葉亭四迷には存在していた「個人」と「社会」或いは「個人」と「政治」との緊張関係が、自然主義以降喪失され、それ以来「社会性」を「欠如」した「自我」を描く「文学」が自明視されるようになったと見做しているからである。

(12) 竹内は「国民文学の提唱」においても「雑誌『人民文学』は――近代主義的な人民派に過ぎない」と述べている

［竹内　VII：40–41］。

（13）　竹内自身「ナショナリズムと社会革命」において「ナショナリズム」と「レボリューション」の結合を軸にしてアジアのナショナリズムを分析している丸山の「日本におけるナショナリズム」に言及して、「中国と日本の近代化の型の比較としては、ほとんど私の考えていることと同じ」とコメントしている。竹内の丸山のこの論文に対する評価は極めて高く、一九五一年の「アジアのナショナリズム」でも「その論旨に私はまったく同感だ」［竹内　V：5］と述べている。

（14）　ここでの「天皇制」の権力形態への竹内の視線は「主体」と「責任」の不在として「超国家主義」を捉えようとする丸山のそれと発想の根本の点ではそれほど隔たっていないと言えるだろう。竹内が敗戦直後の日記で丸山の「超国家主義の論理と心理」及び「日本ファシズムの思想と行動」を極めて高く評価している［竹内　XV：436, XVI：30–31］のは偶然ではない。

（15）　ここで竹内はインテリについて「インテリが民衆から孤立しているのはインテリになりきっていないからだ」と述べている［竹内　VI：95］。

（16）　竹内が「主体」の実現を阻害する傾向が「民衆」にも潜んでいることに鈍感でなかった一方で、逆に丸山は近代日本の「インテリ」＝「知識人」界が竹内の言うような「近代主義」性によって侵食されていることを指摘していたとも言える。例えば『日本の思想』では「理論信仰」という名でその問題が扱われている。ここで丸山は日本の「現実」とは無関係に次々と西欧の最新理論を輸入し、それをひたすら崇拝する傾向を批判している。

（17）　戦中の著作『魯迅』でも、「暴君治下の人民は、多く暴君よりもさらに暴である」［竹内　VII：40–41］というほぼ同じ言葉によってある種のペシミズムが表現されている。

（18）　丸山は「日本浪漫派」を主題的に扱うことはないが、『「日本浪漫派序説」以前のこと』（一九八六）において彼の「日本浪漫派」に対する評価の一端が窺える。

（19）　念のため付け加えておけば、ここで主張されているのは竹内と丸山の「日本浪漫派」観に差異がないということではない。

(20) 一九四六年の「近代的思惟」においても丸山は「儒教思想は封建イデオロギーで、蘭学やそれに結びついた自然科学思想が近代的だというような一刀両断の態度」を批判し、「儒教乃至国学思想の展開過程に於いて隠微の裡に湧出しつつある近代性の源泉を探り当てる」必要性を強調している［丸山 III：4］。

(21) 本章では規範的「近代」へあえてコミットする「啓蒙的」竹内像を描いたが、『魯迅』（一九四四）を中心に置いてみればまた別の様相を呈する可能性もあろう。詳しくは第三章「留保なき否定性」参照。ここで竹内が見据えているのは「国民」＝「民族」を含めたあらゆる「啓蒙」と「倫理」が挫折する地平である。彼の言う「文学」とはその地平を言い換えたものである。しかし「文学」はそれ自体として存在せず、「啓蒙」の挫折という出来事として到来するものに過ぎない。その後の竹内の歩みを「啓蒙の挫折の後に如何に身を処するか」という課題への応答として読むことも不可能ではない。竹内の応答の軌跡が今日から見ていくらか不用意な印象を与えるものであったとしても、この最初の課題に対して現在何らかの解答が与えられているわけではない。

(22) 同じ「中国文学研究会」に所属し、しばしば竹内と関連して論じられる武田泰淳は「国民」＝「民族」に関しては竹内とは全く異なる視線を注いでいる。例えば「民族文化について」（一九三四）、『女の国籍』（一九五一）、『風媒花』（一九五二）、『森と湖のまつり』（一九五八）等を参照。この論点に関しては、第七章「『鉄の殻』への問い」を参照していただければ幸いである。

【第七章 「鉄の殻」への問い】

(1) 一九四八年にすでに共産党は「民主民族戦線」を提唱してはいるが、それが全面的に前景化するのはやはりコミンフォルムによる批判の後であると言えるだろう。

(2) マルクス主義者の重要な歴史家である石母田正の『歴史と民族の発見』（一九五二）、『続 歴史と民族の発見』（一九五三）に収められた諸論文や遠山茂樹「二つのナショナリズムの対抗」（『中央公論』一九五一年六月号）もこうしたコンテクストに位置づけられ得る。

(3) 「平和問題談話会」はそうした動きの一例である。ただし当初「平和問題談話会」に参加していた安部能成、天野貞祐、和辻哲郎等はこの会の「左翼」に対する親和性に反撥して次第に距離を取るようになる。彼らは『心』(一九四八創刊)に依りながら戦後の「保守」的言説の一翼を形成する。

(4) ここで整理したような課題を担おうとする言説はかなりの程度、マルクス主義の言説と近接している。マルクス主義の言説と「民主主義型ナショナリズム」を志向する非マルクス主義の言説との連携という戦後ある時点までのパラダイム——ある程度までは「マルクス主義」と「市民社会派」との連携と言い換えられよう——はこの時期周辺に成立したと思われる。

(5) 「国民文学論争」周辺の竹内の言説については第六章「竹内好における『近代』と『近代主義』——丸山眞男との比較を中心に」を参照していただければ幸いである。

(6) ここではとりあえず戦前の日本社会の構造が「封建制」という概念で扱うのが適切かどうかは問わない。当事者において課題を表現するのにこの名称が持った意味を確認するにとどめる。

(7) 武田泰淳は一九一二年、東京市本郷区(現在の東京都文京区)駒込の潮泉寺の住職、大島泰信の次男として生まれている。改名前の名は「覚」であり、「武田」は父の師僧であった武田芳淳から戸籍上継いだものであるから、「大島覚」はある意味では本名である。

(8) 念のため補足しておけば、本章で論じられているのは孫文の「民族主義」の歴史的或いは理論的妥当性ではない。ここでの目的はあくまで当時の泰淳の視点を確認することである。

(9) この論文で泰淳が展開しているような「ナショナリズム」批判の論理を戦後のマルクス主義者たちも知らなかったわけではない。例えば前述の石母田正も『歴史学における民族の問題』(一九五〇、一九五一増補)において同様の論理で「民族」が「資本主義以前」には存在しなかったことを指摘している。ここでの石母田に従えば、「民族」とは「全国的市場の成立、交通機関の発展、諸地方間の社会的分業の発達によって封建的分業の過程が精算される過程でのみはじめて」出現するものであり、歴史を貫通する「日本民族」なる概念は「津田博士や和辻博士に典型的に見られるように」、「明治以後成立した近代的ブルジョア的民族の過去への投影=延長」にすぎない。しかし石母田はこのような理論を「機械的に」適用して「過去の古い歴史遺産」を批判する立場を「無政府主義」=「アナーキズム」として斥け、自らは「民族」の「近代以前」の段階との「統一と連関」を「具体的に」研究することを提唱する。ここから石母田の「ナショナリズム」が派生してくる。マルクス主義における「ナショナリズム」批判と「ナショナリズム」との関係、「ナショナリズム」をめぐるマルクス主義と「アナーキズム」との関係は重要な論点ではあるが、本章ではこれ以上扱わない。フランスにおける「ナショナリズム」批判としての「アナーキズム」の歴史的系譜については拙著『知識人と社会』序論「実存主義のアナーキズム的負荷」参照。

(10) 例えば「座談会　武田泰淳」『近代文学』一九六〇年七月、八月号、全集増補『武田泰淳研究』所収。

(11) 泰淳は「戦争に行かなければ自分は小説家にならなかったであろう」という趣旨のことをしばしば発言している。

(12) 一九四八年『改造』に発表されたやはり上海を舞台とした『夢の裏切り』では同じ日本人を母とした「すばらしく美しい」混血児の女性は別の道を選んでいる。この女性は死の直前の日本人憲兵山田の回想に登場する。彼女は日本軍に協力した「有名なテロリスト」を暗殺するためにその「情婦」となるが、暗殺に失敗し南京郊外で山田に処刑される。山田が後頭部を撃ち抜く前に、彼女は北に向かって「中華民国万歳」と「おどろくほどの大声で」叫んだ。この短編小説で彼女自身が出現するのは、この場面だけであり、名前も明かされないが、彼女の「赤い靴」は小説全体に憑きまとってくる。

(13) 一九五二年に『群像』に連載された『風媒花』においても「混血児」のテーマは反復されている。ここでは『女の国籍』のネガのように、父が日本人、母が中国人の「美少年」三田村が登場する。三田村は自他ともに竹内好がモデルと認められている軍地（もちろんテクストの次元ではモデル関係云々は二義的な問題であるが、このテクストの場合はそのことも全くは無視できない要素ではある。いわばある意味では「パラテクスト」として機能し得る要素とも言えよう）としばしば対決する。軍地に「時に、君は台湾人の子孫かね。それとも偽満州人の子孫かね。日本の華僑の大部分はこの二つだがね」と問いかけられた三田村は「何者かの子孫かと今あなたは僕にたずねましたが、あなた自身、自分の先祖が何者であるか、考えたことがおありですか」と反問する。「ないね」と答える軍地に対して三田村は「ただの一度もないでしょうね。日本人であり、日本国民である、それだけであなたがたは自己を決定できるわけですね。そこにあなたがたの、古風な幸福があるわけですよ」と言う。そして軍地をはじめとする「中国文化研究会」（これも明らかに「中国文学研究会」がモデルである。）が敬愛している「新中国」の文学者Q氏、Q氏の妻である日本人女性、そして二人の間に生まれた息子たちへと話を移行させる。三田村によればQ氏は「確固たる中国の文学者」、「明確な代表的中国人」、「新中国の立派なスポークスマン」であり、「あなたがたと同様、古風純粋な国民的幸福に恵まれている」が、台湾で「国民党のロクを食まねばならなかった」彼の息子たちは「それを失った位置から出発」しなければならない。しかし彼は「幸か不幸か混血児でない」という「中国文化研究会」の同人たちの「安定」の根拠も「ここ三、四代の血液の点」でしかないことを付け加えることも忘れない［IV：156–157］。また別の場面では「責任」を説く軍地に対して三田村は「人間は、万事にまんべんなく責任を持つ」ことはできない、「これはと思う物に対して責任を持つより仕方ない」と主張し、続いて自分としては「誰も責任をもってくれない死」、「哀れな中国婦人の死」、「母の死」にしか「責任」を持つつもりがないことを暗示する。そして二人の会話の背後では、朝鮮人の男や女、老婆や少年がもっこの砂を運んだり、砂を篩い分けたりしている。労働環境は悪く、「さして金になる仕事であるわけはない」。それは「朝鮮人たちが日本列島で職を得ることの困難さを」示している。この情景描写の後、地の文で「他国に住みつこうとする他民族の苦しみを、三田村はよく知っていた。中国研究者軍地より、混血児三田村は、骨身にしみて、生活的にそれを知っていた」という一節が来る。しかし「美少年は、朝鮮人の労苦をチラリとも眺めようとせず、朝鮮人たちも、通行者の方へふり向こうとはしなかった」［IV：219–220］。もはや「安定した自己」を持つことができず、「混血児などおかまいなく着々と発展する中共」にも寄り添うことができない三田村はあたかも泰淳が好んだ『悪霊』のニコライやピョートルのような「ニヒリスティック・エゴイスト」として自己を規定してみせたりもする（実際、最終章において三田村の手記を通して描かれる三田村と少女の対決を『悪霊』のパロディとして読むことも不可能ではないだろう）。無論三田村はあくまでテクストのなかでの登場人物の一人にすぎず、「作者」の思想を十全に体現しているわけではない。ただ泰淳にとってあり得た問いが三田村にある程度託されていることもまた否定できないだろう。従来この小説が論じられる場合、「大衆小説家」峯と「作者」の視点との関係が問題とされることが多かったが、むしろ峯は三田村の問いを浮上させるための「ルアー」として機能しているという側面も無視し得ないと思われる。竹内は「武田泰淳の『風媒花』について」という文章において「作者に近接している主人公峯」の視点を「分身である峯を甘やかしている」という方向で批判しているが、ここでとりあげたような論点とは交差しないままになっている。

【第八章 「政治」の不可能性と不可能性の「政治」】

※ 単行本に収録されている荒の論文からの引用は以下のように本文中に表記した。

Ⅰ＝『荒正人著作集 第一巻』三一書房、一九八三、Ⅱ＝同第二巻、一九八四、Ⅲ＝『第二の青春・負け犬』冨山房百科文庫、一九七八、Ⅳ＝『戦後』近代文学社、一九四八、Ⅴ＝『赤い手帳』河出書房、一九四九

（1） 『戦後日本思想体系13 戦後文学の思想』（筑摩書房、一九六九）一〇三頁。またここで埴谷は「国民」と区別された「人間」に注目する思想を「近代」的なものと理解しているが、欧米を含めた歴史的な「近代」においては「国民」は常に「人間」よりも上位にあったことは言うまでもない（「国民」と「人間」を二重化する「フランス・イデオロギー」のような例もあるが、その場合でもあくまで「人間」は「国民」へと回収されている）。H・アレントは『全体主義の起源』のなかで「人間」の権利である「人権」について次のように述べている。「権利とは具体的には『イギリス人の権利』あるいは、ドイツ人の、あるいはその他いかなる国であろうと或る国民の権利でしか決してあり得ない——自然法も神の戒律ももはや法の源泉たり得ないとすれば、残る唯一の源泉はネイションでしかないと思われる。すなわち権利は『ネイションから』生まれるのであって他のどこからでもなく、ロベスピエールの言う『地球の主権者たる人類』からでは決してない」［1972b：285］。しかし以上のような事情によってここでの埴谷の主張に含まれる一定の妥当性が失われるわけではない。むしろ我々は彼らの「近代」に対するある誤解にもかかわらず、或いはその誤解によって「国民」を相対化する視点の重要性が提起されている点に注意すべきであろう。この「誤解」に関して付け加えておくと、埴谷はこの座談会でシュティルナーと「近代」一般を無造作に連結して語っているが、「国家」・「国民」・「資本」或いは「人間」までもとりあえず宙づりにするようなシュティルナーの「個人主義」と「近代」との関係はそう単純なものではないことは明らかである。

（2） 例えば『戦後日本の思想』において鶴見俊輔は『近代文学』を扱った報告のなかで彼らが「人類という立場に猛烈に固執」し、「民族に対して反撥する」グループであるという見解を示している［一九七六：一九］。もちろんこうした

側面はある水準では妥当する。

（3）「主体性論争」についての見取図的な研究としては『講座　日本社会思想史5　戦後日本の思想対立』所収の山崎昌夫「主体性論争の系譜」、管孝行「主体性論争と戦後マルクス主義」、J. V. Koschmann, *Revolution and Subjectivity in Postwar Japan*, The University of Chicago Press, 1996 など参照。最低限マルクス主義の内在的批判という意味で問題設定の近さを指摘されることの多い梅本克己との比較で言えば、次のような「唯物論と人間」の一節は荒（及び『近代文学』）の立場とはかなり異なるものである。「理論の上では『省略』され、はげしい実践の過程にあってはもっとも重要な位置を占めたもの、報いられることを期待せぬ解放への献身とか、利己心を絶対に去れ、とかいわれたものがそれである」［梅本　一九六一：二〇］。この箇所以外でも梅本は「利己心を去れという要請もそこから来る。絶対的無我が問題となるのはそこにおいてである」［一九六一：三六］などの表現を用いながら、「理念」への「自己」の「献身」という「パトス」を主題化している。そして彼はそのことを「実存」的と理解している節もあるのだが、後に述べるように荒（及び『近代文学』）が批判しているのはそのような「理念」と「自己」との媒介関係そのものである。また梅本は「人間的自由の限界」でも「自由」・「偶然」・「必然」という論点について「偶然を必然に転化したときに自由が生まれた」と述べ、「自由の可能性」を「一つの偶然を必然に系列にくみ入れる」ものとする［一九六一：九］。さらに彼は「真の偶然」は「行為において、必然に転化せられる偶然において」あるとする［一九六一：一三］が、ここでも「歴史」の「必然」を前提とした上で「自由」や「偶然」を媒介していこうとする枠組みが見られる。実際この論文の結論部では「必然への服従が、ここに自己の根源への還帰としてうけとられ、自由即必然、必然即自由として、必然への洞察たる科学そのものは随順に転化され、そこに人間における絶対自由の行が、科学の場所において、行ぜられ行ずるのである」［一九六一：三八］とされている。無論梅本の記述の中には荒及び『近代文学』の問いと重なる部分もあるのだが、まずはこうした差異を押さえておく必要はあるだろう。

（4）平野謙は後年、この当時の論争における荒と自らの関係を振り返って次のように記述している。「無論、私は『ひとつの反措定』以下の文章を自分自身の責任において書いた。誰に相談したわけでもない。しかし、その過程をひっくるめていえば、荒正人の影響というしかない、といまにして思う。戦争体験に濃密に裏づけられた『第二の青春』以下のほとばしるような、あのオリジナルな作品群は、すくなくとも戦後の文学的発声として、優にひとつの文学世代を代表するにたるものだった」［平野 一九七五b：三〇］。また吉本隆明は一九六四年の「『近代文学』派の問題」で次のように述べている。「雑誌『近代文学』を、創刊の昭和二一年から数年にわたって通読してわかることは、この雑誌をささえた主要な文学的イデオローグが意外にも、荒正人であるということである。「第二の青春」、「文学的人間像」、「指南力喪失」、「横のつながり」、「主体的知識人」などは、いずれも力作であり、この雑誌の背骨をなす理念を展開している。そして、わたしのみたところでは、荒正人が、その主要論文の発表をやめてしまったとき、実は文学理念としての「近代文学」は終わっている。平野謙が「新生」論を連載し、本多秋五が「小林秀雄」論や「宮本百合子」論を精力的にかき、埴谷雄高の「死霊」が連載されているにもかかわらず、である。――これは平野謙、本多秋五、埴谷雄高をふくめて惜しむべきことであった。「近代文学」派が、思想的な身を捨てて、かれらの王道をあゆむことができていたら、わたしどもが、いま孤戦を強いられることはなかったであろう」［吉本 一九六九：六四八―六四九］。初期の吉本の荒に対する評価は意外に高く一九五九年の「近代批評の展開」でも荒の評論の特徴を花田清輝の『復興期の精神』などとともに「批評の新しいスタイルを近代批評史に導入したこと」にあるとする。というのも吉本によれば花田や荒のいわば「無対称批評というスタイル」が「導入されたことによって、戦後批評史は、作品論、作家論をはなれた相対的に独立した分野を開かれた」からである［一九六九：二五〇―二五一］。荒自身も一九四七年の「批評の変貌」において吉本が指摘したような批評形式の問題について論じている。ここで彼は花田清輝や福田恆存に言及しながら個々の作家や作品に依存しない「批評の存在形式」［Ⅰ：312］の可能性を語っている。「小説と劇と詩とルポルタージュをふくむような批評をかくひとはいないだろうか。現実と取り組む批評なら当然そうなるべきではないのか。――バルザックの『人間喜劇』に倣って「批評喜劇」をかくひとがそのうちきっとでてくるであろう」［Ⅰ：321］。

（5）『近代文学』の同人のなかで「理念」の不可能性をもっともラディカルに表現しているのは言うまでもなく埴谷雄高であるが、埴谷はこの敗戦直後の論争においては直接介入していないので本章では扱わない。埴谷は一九七六年から七七年に『文藝』に連載された『影絵の世界』でこの論争時のことを次のように回想している。「平野謙の踏み出しの姿勢には、文学の言葉は、人間の弱さと強さをともに内包したところのもので、人間の強さだけ誇示する政治の言葉であってはならないという動かすべからざる人間観、文学観があり、そしてまた、その平野謙の基本姿勢は、荒正人にも、さらにこの『政治と文学』論争ばかりでなくその他の多くの場合においても『隠れた証人』となった本多秋五、佐々木基一、そして私の三人にも共通するところの一つの姿勢なのであった」［埴谷 一九八〇：八一］。

（6） ここで挙げた四冊の他に一九四七年に『世代の告白』（近代文学同人編）真善美社、『葉子・伸子・充子』労働文化社、の二冊が上梓されている。

（7） 坂口安吾もまたこの時期「理念」としての「人間」と「個人」の通約不可能性について指摘している。例えば小林秀雄を論じた一九四六年の「教祖の文学」では次のように言っている。「いつの時代にも常に人間は生きている。然しそんな人間と、自分という人間は別のものだ。自分という人間は、全くたった一人しかいない。そして死んでしまえばなくなってしまう。たったそれだけの人間なんだ。――だから自分というものは、常にたった一つ別な人間で、銘々の人がそうであり、歴史の必然だの、人間の必然だのそんな変テコな物差しではかったり料理のできる人間ではない。人間一般は永遠に存し、そこに永遠という観念はあり得るけれども、自分という人間には永遠なんて観念はミジンといえども有り得ない」［坂口 一九六七：三二九］。また「戦争論」でも「人間というものは、五十年しか生きられないものだ。二度と生まれるわけにはいかない。人間の歴史は尚無限に続き、常に人間は絶えなくとも、五十年しか生きられない人間と歴史的に存在する人間一般とは違う」［一九六七：四九九］と述べられている。さらに安吾はここで「政治」は「人間一般」という観念ではなく、「現実の五十年しか生きられない」個人と交渉すべきものであると主張している。安吾によれば知によって基礎づけられた「真理や理想というものと、政治は、本来違っている」のである［一九六七：四九九―五〇〇］。こうした政治観をもつ安吾にとって共産主義は「事実に於いて進歩的、文化的な思想ではない。なぜなら、個の自覚がないからで、したがって自由の自覚がないのである」［一九六七：五〇三］ということになる。そして彼自身は「大体に、アナーキズムが、やや理想に近い社会形態である」という見解を示している。さらに安吾は「私は誰？」において「自己への関係」と「自己への認識」の差異というほとんどサルトル的な実存観を論じている。ここでは「私が死ねば、私が終わる」［一九六七：二八〇］という単独性は前提とされながらも、むしろ「私は私を知らない」［一九六七：二八〇］という事態が注目されている。「私」とは「行為」そして「書くこと」の効果として産出される現象である。無論「行為」そして「書くこと」の単独性は消去されないにしても、それは「私が私を何者であるか知っているということ」つまり「自己への認識」(「アイデンティティ」と言い換えてもよい)とは明確に区別される。この当時の荒正人も平野謙も安吾のことを高く評価している。安吾と両者の関係は戦中の『現代文学』における関わりにまで遡れるが、安吾は『近代文学』の創刊号にも「わが血を負う人々」を寄稿している。

(8) そして言うまでもなく「神」もまた「エゴイズム」を知らない。というよりも「神」が「エゴイズム」を知らない故に「理念」としての「人間」も「エゴイズム」を知らないのである。なぜなら「理念」としての「人間」は「神」に取って代わったものにすぎないのだから。フーコーは『言葉と物』において「人間と神とがたがいに相互のものとなり、後者の死が前者の消滅の同義語であり、超人の約束がまずなによりも人間の死の切迫を意味する、そのような点」[Foucault 1974 : 365] について語っているが、この一節が示しているのはそうした「理念」としての「人間」と「神」との相補性に他ならない。サルトルの『マラルメ論』にも同様の事態を記述した部分がある。「一八四八年……一挙に〈詩〉は、その伝統的なテーマ、すなわち〈人間〉と〈神〉とを失う。……『神死セリ。ストップ。遺言ナシ』……相続の話がもちあがるや、恐慌状態になった。一体なにを残していったのか、この〈死者〉は? 偶然というやつだ。人間もその一つに他ならぬ。〈神の意志〉が保証してくれていた〈特別待遇〉を奪われた人間は、モーリヤックの『神が自らの徴を印し給うた被造物としてのこの分け前』を、自らのうちに空しく探し求めたのである。〈神の被造物〉よ、さらば、人間はその牧人であったのだが」[M : 15]。「神は死に、言葉は言葉自体の上に舞い戻り、絶望的な唯名論が残る。——人間たちは塵埃であり、彼らの歓びも塵埃にすぎず、すべては〈虚無〉に帰してしまう」[M : 20]。荒はこの両者ほど「神の死」と「人間」の理念の不可能性についての関係について明確な表現を与えているわけではないが、「理想的人間像」に「神の位置に人間を据える」ヒューマニズムを批判する記述がある [III : 262]。

(9) そして平野謙もまた昭和一〇年前後の左翼運動崩壊の過程で露呈した(1)「ハウス・キーパー」制度や「リンチ事件」に象徴されるような左翼運動内部での権力問題、(2)集権的な組織形態の抑圧性、(3)「プロレタリアート」のヘゲモニーを前提とした「プチ・ブル」の解消というスローガンに含まれる多元性の消去、(4)当時の左翼運動指導者の情勢判断の誤り、などのさまざまな問題に生涯執着した。彼がこうした枠組みによって敗戦直後の論争の後も

『文学・昭和十年前後』をはじめとする昭和文学史の記述を繰り返し反復したことはよく知られているが、最晩年になって『「リンチ共産党事件」の思い出』を著していることも忘れてはなるまい。また「形而上学的な」小説と見られがちな埴谷の『死霊』にも上で挙げたような論点が色濃く影を落としている。

(10) 荒はこの「終末の日」と『負け犬』に収められた「火」においてアイスランド神話『旧エッダ』の「ラグナロク・神々の黄昏」に即しつつ「宇宙」の滅亡の感覚を語っている。そしてこの時期武田泰淳もまた「滅亡」について透徹した眼差しを注いでいた(「滅亡について」一九四八年三月『花』)。

(11) 『共同研究 転向 上』平凡社、一九五九、三六頁。

(12) また藤田はその他に(1)「超越」の主体の単位が「個人」ではなく「組織」であること、(2)方法論上の多元主義が欠如していること、(3)分裂主義であることなどを「福本イズム」の特徴として挙げている。

(13) 藤田に限らず、日本において超越的普遍的な「理念」との関係で「自己」を定義する作法を高く評価する論者は一般にプロテスタンティズムに注目する傾向がある(南原繁、矢内原忠雄、大塚久雄などの他、武田清子など)。

(14) 旧制山口高等学校の後輩に佐々木基一、先輩に中国文学研究会のメンバー千田九一がいる。埴谷雄高によれば『中国文学』と『近代文学』の「最初の紐帯」となったのは千田である(その後、武田泰淳が第二次同人拡大によって『近代文学』同人となることは周知の事実である)。「『近代文学』と『中国文学』」[埴谷 一九七一c]。

(15) グループには任沢宰という指導者の他に崔大権という朝鮮人もおり、荒は「二人の朝鮮人から無数に学んだ」と回想している(二人とも朝鮮戦争において死亡したらしい)。また荒は一九四一年五月に『現代文学』において金史良の『光の中に』を書評している。一九六八年の「回想・昭和文学四〇年」では「アイルランド人がロンドンに出てきたならば、こういう体験をするかもしれぬと思わせる点」[II:120]が『光の中』の特色であると述べている。さらに金史良の「脱走」を広い意味では「亡命」と呼べるとした上で、「パリに住み、はじめはイギリス語で、後にフランス語で発表し、自作のあるものは母国語に翻訳し」、「パリではアイルランドから来た作家であり、ダブリンではパリに行った文学者である」[II:120]ベケットの軌跡との近さを示唆している。

(16) 『構想』は一九三九年一〇月創刊、一九四一年一二月五日の第三巻第二号を最後に同人雑誌統合に抵抗して廃刊

（埴谷の表現を使えば「自爆」）。埴谷はこの雑誌に「洞窟」や「不合理ゆえに吾信ず CREDO QUIA ABSURDUM」を発表している。荒もこの雑誌の同人となり、プロレタリア文学の衝撃を「日本における『読者論』の先駆」として捉えようとする「国民文学と読者」（一九四〇年一一月）などを寄稿している。

（17）『現代文学』は一九三九年一二月創刊、杉山英樹「バルザックの世界」、坂口安吾「日本文化私観」、「文学のふるさと」、本多秋五「『戦争と平和』論」などがそこに発表されている。平野謙、佐々木基一、山室静、小田切秀雄等『近代文学』のグループは概ね『現代文学』に関わっていた。荒はこの雑誌でしばしば正宗白鳥について論じているが、その論旨は戦後の「白鳥的ペシミズム」（一九四六年一〇月）に繋がっていく。その他に「作家論」というジャンルと「市民社会」との関係を論じようとした「作家論の性格」（一九四一年六月）、近代日本文学における「余計者」の系譜を二葉亭四迷にまで遡行して分析した「最初の余計者」（一九四一年九月号）などが『現代文学』に掲載されている。

（18）荒が「理念」の不可能性を論じる際に参照する作家・批評家としては（1）坂口安吾、太宰治、石川淳、などのいわゆる「無頼派」（2）「この私」の単独性を抉りだしながらも、同時に「この私」と周囲の家族との非対称的な権力関係を描いたとされる葛西善蔵、嘉村礒多、（3）北条民雄、（4）小林秀雄、（5）梅崎、野間、椎名などの「第一次戦後派」が挙げられる。初期の評論は「第一次戦後派」の登場と同時進行的に書かれたこともあって、主に（1）から（4）のグループが言及されることが多い（一九四七年一二月の「戦後」、一九四八年二月の「暗い三角形」では梅崎、野間、椎名の三人が並べて論じられている）。この特徴は同時期の平野謙の評論にもほぼ当てはまる。また小林秀雄を「実存」的に再解釈し、その視点によってマルクス主義を内在的に批判しようと試みる姿勢も平野と荒に共通する傾向である。その意味で『近代文学』の創刊号で蔵原惟人、第二号で小林秀雄をそれぞれ招いて座談会を行っていることは象徴的である。

（19）『現代文学』一九四三年二月号、三頁。

（20）同、五頁。

（21）「ペチョーリン」一九四六年一〇月『第二の青春』所収。

（22）荒はこの「言葉の暴力」という表現を執拗に反復している［I : 111, 281, 292, V : 25, 240, 250 など］。

（23）従って埴谷が指摘しているように、いわゆる一連の論争は荒にとって「党」内部での路線をめぐる闘争という側面も存在した［埴谷 一九八〇：八三―八五］。

（24）ここでの「政治」の不可能性を抑圧しない「政治」をある程度註の（5）で引用した埴谷の言葉を使って「弱さ」を抑圧しない「政治」と言うこともできよう。このことについて一九五〇年代半ばに埴谷や荒と「モラリスト論争」を交わした花田清輝は太宰治を論じた一九六〇年の「豪傑論」において興味深い見解を示している。ここで花田は「も少し弱くなれ、文学者ならば弱くなれ」という太宰の言葉を引きながら、「弱さ」の「政治」の必要性を説いている。「も少し弱くなれ、文学者ならば弱くなれ、とかれはいった。それはまったくそのとおりである。だが、その忠告が必要なのは、文学者よりも、むしろ政治家のほうではあるまいか。政治家たちが豪傑気どりでいるような国が、永遠に不幸であることはいうまでもない。彼らは、逆に文弱の徒として徹底し、みずからの弱さに、もっと誇りをもつべきではなかろうか。それが民主政治家の本来の在りかたというものではないかとわたしは思う。自殺によって生涯の幕を閉じた太宰治の挫折は、日本における民主革命の挫折と重なりあっているのである」［IX：104］。また花田は太宰の『日本浪漫派』への接近を論じながら、戦時中彼の眼には「豪傑」の手先と映じていた保田与重郎を代表とする『日本浪漫派』もある意味で詩人として「豪傑」の支配に抵抗しようとしていたのかも知れないとした上で、その限りでは「戦争中の『日本浪漫派』も戦後の『近代文学』派も、二つのドングリのように似ているのではなかろうか」と述べる。しかし続けて花田は「詩人とはあくまで支配されるものであって支配するものでは」ない故に「豪傑の支配を、みずからの支配にきりかえたいといったような野望をいだくとすれば、それはすでにその詩人が詩人として失格し、豪傑のひとりになっている」とし、「したがってそういう意味では、太宰治は、同様に「反抗的人間」のグループであるとはいえ、政治的な『日本浪漫派』よりも、非政治的な『近代文学』にヨリ近いと言えるであろう」と結論づけている［IX：101］。さらに花田は武田泰淳の『史記の世界』をそうした「豪傑」への批判の系譜に位置づけている。この文章は花田と『近代文学』の錯綜した関係を考える上でも重要なものである。

（25）荒正人『第二の青春・負け犬』富山房百科文庫一六、一九七八、解題vii。

（26）荒は一九四六年九月の「大インテリ」、一二月の「文学的人間像」でも魯迅を取り上げている。

(27) また荒はいわゆる「小市民」という概念が「プロレタリアート」と「ブルジョア」以外の層の「幅の広さ」を隠蔽してしまう危険にも注意を促している(「古い理想・新しい感覚」『赤い手帳』所収)。

(28) このように荒はある水準では「階層」の分節化によって複数の「政治」の主体を集団のレベルで提示するが、彼にとっては原理的には「政治」の主体は個人である。

(29) 荒のこうした言説は戦後直後の日本共産党の「平和革命」と「民主戦線」路線にある程度対応しているようにも見える。しかしこの当時の共産党の「平和革命」と「民主戦線」はあくまで戦術上のものであり、原理レベルで従来の「政治」概念自体の変容を伴うものではなかった。それ故荒の言説は直ちに共産党の側からの激しい批判に晒されることとなった(次註参照)。

(30) 従来この論争に触れられる場合中野重治の批判が特に注目されることが多いが、『近代文学』への批判は『新日本文学』及び日本共産党の組織としての方針であったという面に注意することが必要である。文学者としては中野の他に蔵原惟人、岩上順一、窪川鶴次郎、菊地章一等が批判に参加した。また四七年の一〇月には宮本顕治を司会者として野坂参三、伊藤律、古在由重、菊地章一、岩上順一らが参加して行われた座談会「近代主義をめぐって」において『近代文学』が「近代主義」の典型として批判されている。さらに四八年八月には『前衛』において「近代主義批判」特集が組まれている。この「近代主義批判」の波は四六年末に入党していた野間宏にも及んでいる。後年中野はこの当時の自らの立場を批判している(『近代文学』終刊号、一九六四、『展望』一九七六年九月の臼井吉見との対談、『中野重治全集第12巻』著者うしろ書き、筑摩書房、一九七九など)。

(31) 吉本の「前世代の詩人たち」(一九五五)、「『民主主義文学』批判」(一九五六)などの「文学者の戦争責任」を論じる視点は相当程度ここでの荒の議論と重なっている。

【第九章　外の思考】

(1) 「サルトル」という場所の拡がりは戦後日本の言説において狭義の「文学」にとどまらない。例えば政治学者の丸山眞男や社会学者の日高六郎などもその議論の参照枠としてしばしばサルトルに言及している。また演劇「界」においても、「新劇」と「アングラ・小劇場」の双方にサルトルは巨大な刻印を残している（福田恆存、安部公房から「状況」の唐十郎まで）。ちなみに福田恆存は当時の文脈では「戦後文学」に対抗する面も多くもってはいたが、その評論などにはサルトルの影響が明瞭に見受けられる。

（2） 政治思想としてはサルトルは「マルクス主義」よりもむしろ「アナーキズム」への明瞭な傾斜を示している。それ故、マルクス主義の政治理論においてしばしば特権的な位置を占めるプロレタリアート、とりわけ「党」に対してはサルトルは常に一定の留保をつける。『文学とは何か』に見受けられる次のような一節はそうしたサルトルの姿勢を端的に示している。「私はプロレタリアートの『使命』も信じてはいないし、プロレタリアートが特別固有の恩恵に浴しているとも信じていない。プロレタリアートは、誤つこともあり、しばしば瞞着されることもある、正しいまたは不正の人間たちからなっている」［QL：277］。またサルトルはアメリカに代表されるような資本主義の論理を拒否しつつも、ソ連における国家社会主義とその路線を忠実に踏襲するフランス共産党に対しても苛烈なまでの批判を行う。「一方の勝利は国家主義と国際的官僚政治の到来となる。他方の勝利は抽象的資本主義の勝利となる。すべてのものが官吏となるか、すべてのものが使用人となるか」［QL：272］。「ナチズムは一つの瞞着であった。ド・ゴール主義はもう一つの瞞着であり、カトリシズムは第三の瞞着であった。フランスのコミュニズムがその第四のものであることには、現在疑いの余地はない」［QL：306］。サルトルが加担を表明するのは「アナルコ・サンディカリズム」の記憶を参照しながら展開される「自主管理」的労働運動と「新しい社会運動」的なネットワークとの連携である。本章ではこれ以上触れることのできないサルトルの政治・社会思想及び「状況」への介入の軌跡については拙著『知識人と社会──J＝P・サルトルにおける政治と実存』を参照して頂ければ幸いである。ただし花田もまた日本においては「アナルコ・サンディカリズム」に注目していた例外的な「物書き écrivain」＝「思想家」であったことをも忘れてはならない。そもそもこの「革命とプリズム」ではソレルに言及しつつ、サルトルと「サンディカリズム」の関係が明確に指摘されている。花田の文章はサルトルと「アナーキズム」との親和性を指摘した数少ない論考の一つとしても記憶されるべきだろう。花田の論考において「アナーキズム」の問題は決して周縁的なものではない。彼は「アヴァンギャルド」と「アナーキズム」の密接な関係を示唆する。「アヴァンギャルド芸術と社会主義リアリズムの関係を政治的にホンヤクすれば、アナルコ・サンジカリズムとボルシェヴィズムの関係になるだろう。そして、その間には、ヒューマニズムというようなアイマイなものの介入する余地は、いささかもないとわたしは思うのだ」[IV：15]。このような「アヴァンギャルド」と「アナーキズム」の連携が「ヒューマニズム」への批判とともに構想されている点に花田の特色があり、それはまたサルトルとの近さでもある。

（3）一九五〇年の「ヒューマニズムと反ヒューマニズム」でも「もの」への接近と「ヒューマニズム」の解体が関連づけて語られている。「ヒューマニズムから脱出するためには、かれらは、一度、自らの内部の現実を、埴谷雄高のように、徹底的に外部の現実として、とらえてみる必要がある。心理や観念を描き出すために、物質にむかって、肉迫してみる必要がある。元来、物質というやつはナンセンスなものだ。非常に冷酷なものだ」[IV：308-309 強調原文]。ここで花田が埴谷雄高のなかに「人間」の「不可能性」と「もの」への欲望を見てとっている点は興味深い。埴谷だけでなく、初期の野間宏、椎名麟三、武田泰淳などの「戦後文学」の実践を従来とは異なって「人間」の解体と「不可能性」の露呈という側面からも再検討する必要があるだろう。実際花田は一九五九年の「二つの絵——戦後文学大批判」のなかで「戦後文学」の可能性を「ヒューマニズム」批判の面から汲み取ろうとしている。

（4）一九四七年の『錯乱の論理』に収められた「眼の鱗」でもワイルドとジイドを論じつつ、花田は「実体概念」ではなく、「関係概念」としての「私」を主題化しようとする。そしてこの「関係」としての「私」とは「他者」との交渉のなかで構成されるという点でもサルトルと花田の発想は軌を一にしている。「傷つけられた人間であるワイルドの悩ましげな眼には、それまでみえなかった、関係としてとらえられた無数の私の姿があざやかにみえはじめていた」[III：23]。またこの文章で花田がワイルドと「アナーキズム」との関係を示唆していることにも注意が必要である。

（5）とは言え花田における「関係」の強調は、必ずしも「単独性」や「個物」の軽視を意味するのではない。一九五七年の評論集『大衆のエネルギー』に収められた「偶然の問題」で花田は映画論というかたちで「偶然」と「個物」を交差させながら論じている。「エイゼンシュタインにとっては、なにより『偶然』の契機を生かすことが——『本質』や『普遍的意味』よりも、『個物』そのものに注目することが大事だったのである。いや、むしろ『個物』に触発されることを待望していたといったほうがいいかもしれない」[VI：373]。この文章で花田は「普遍的意味」と「個物」・「偶然」の対立をヘーゲルとサルトルの対立として表現している。そして「個物」や「偶然」を煌めかせるのはサルトル的な意味での「状況」である。「ロッセリーニが、『人間性』といったような観念的なマヤカシモノには目もくれず、彼の作品のテーマを、『状況』とその自由選択とにおいていたことに疑問の余地はない。それゆえにこそかれは、まず偶然に――つまり『実存』に注目したのである」[IV：368]。

(6) 戸坂潤も一九三二年の『イデオロギー概論』においてサルトルと同様にフッサールの「志向性」を唯物論的に読み解こうとしている。戸坂もまた「意識」がつねにすでに「なにものかについて」の「意識」であるとするならば、「意識」は「意識」ならざるものとの関係として出現するのではないかということを示唆する。「意識は決して、単なる意識としてあるのではなくて、何物かの意識としてしかないのである。……そうすると意識はもはや意識として独立するものとしては意味を失うのであって、却って意識は或る意味において他の存在に依存せねばならぬということになる」[戸坂 一九六六b：一〇二 強調原文]。また三木清も一九二九年の「歴史主義と歴史」や一九三〇年の「認識論」のなかで「対象性」の概念をめぐる新カント派とカントの差異を指摘しながら「物自体」の問題に接近しようとしている。三木によればカントにおいて、「対象性」の概念は(1)「認識」する「主観」が「主観」の「外部」の「存在」と関係すること、(2)「認識の普遍性と必然性 die Allgemeinheit und die Notwendigkeit」の二重の意味を帯びていたのであるが、新カント派の枠組みでは前者が消去されるという流れを辿ったのであり、それは「物自体」の問題を隠蔽する「認識論的偏見」に他ならない。それに対し三木は「存在論」的にカントを読み直すことで「物自体」の問題を再び浮上させようとする。そして三木においてはその作業は「哲学的範疇」としての「物質」と「自然科学的範疇」としての「物質」を区別した『唯物論と経験批判論』のレーニンとカントを遭遇させることをも意味した。「物質についてのレーニンのこれらの規定をみるとき、興味あることには、それがカントに於ける『物自体』の規定と甚だ類似していることが思いだされるであろう。カントにあっても、物自体はわれわれの意識の外部に存在するものであり、感覚を触発するものであった。現代の新カント学派がつとめて抹殺しようと試みているこの物自体に積極的な意味を認めてカントを新しく解釈し直すことができるようである。しかるにそのためにはカントの全哲学がこれまでのように認識論的にではなく、寧ろ存在論的に解釈されることが必要であろう。そして他方に於いては、マルクス主義の唯物論が従来の感覚主義的認識論に陥らないためには、感覚そのものがまた存在論的に把握されることが要求されているように見える。かくて一般にこれまで意識と呼ばれたものの心理学、更には認識論に対して、それの存在論を企てることは重要な事柄であると思われる」[III：521]。三木清自身の「存在論」の詳しい展開については、本書第一章、第二章を参照。『存在と無』における「対自存在」の精緻な記述をここでの三木の言う「意識」の「存在論」と見做すこともできるだろう。一般に二〇世紀の哲学的思考はほぼ世界同時遂行的な水準で新カント派のヘゲモニーから現象学を経て存在論へという軌跡を示しており、サルトルと戸坂、三木との共鳴は決して偶然ではない。この構図のなかでサルトルと、西田幾多郎、田辺元、九鬼周造、三木清、戸坂潤、中井正一といった日本の「京都学派」の関係（重要な差異も含めて）を問うことは興味深い作業となる筈であるが、本章ではこれ以上立ち入らない。

（7）ただしサルトルはあくまで「内在」における「超越」という枠組みを維持する。言い換えれば、「超越」とは「超越論的領野」としての「内在」の可能性の条件としての閃光である。そしてその閃光は本文でも問題にしたように、もはや隠喩としてしか「語り得ない」ものとして「~~ある~~」。

（8）近年は『嘔吐』における記述と『存在と無』の序論を相対的に切り離して論じようとする研究動向も存在するが、本章ではその方向を採用しない。というのも、ここではむしろ『嘔吐』と『存在と無』の遭遇のポテンシャルがこれまで充分に省みられなかったのではないかという問いが重視されるからである。つまり「物の故郷」への狂気の旅と帰還及び「主観」―「客観」図式の破壊という「文学」と「哲学」を横断するような「アヴァンギャルド」の冒険のポテンシャルを汲み取ることこそ本章が目指すものである。それは「アヴァンギャルド」とサルトルの対立というそれこそ従来の図式を再検討する作業へと連なることになろう。

（9）「もの」としての「言葉」、言い換えれば「言語の物質性」に着目したサルトルの論考として、『文学とは何か』の他にフランシス・ポンジュを扱った「人と物」がある。また「言語」の「病」という視点からブリス・パランを論じた「往きと復り」も重要な論文である。さらにエメ・セゼールをはじめとした「ネグリチュード」の詩人たちを論じた「黒いオルフェ」はこうした言語論を前提として「アヴァンギャルド」と植民地主義批判の出会いを描き出した美しいオマージュとして記憶されるべきである。

【第十章　丸山眞男における「主体」と「ナショナリズム」】

（1）例えば［笹倉 一九八八］などはこの視点に依拠していると思われる。

（2）「プラグマティズム」と「弁証法」という概念は、無限定に使用することで矛盾する全ての要素を説明してしまう「マジック・ワード」化する危険を孕んでおり、その扱いには慎重を期する必要がある。

（3）近代フランスの国民国家形成のイデオロギーとしての「ジャコバン」モデルに関しては、拙著『知識人と社会』第一章序論「実存主義のアナーキズム的負荷」を参考にして頂ければ幸いである。

（4）「政治的公共空間」がイデオロギー的には対面コミュニケーションが可能な空間として表象されるため、しばしば「直接民主制」によって「代議制民主主義」を乗り越えようとする言説が現れるが、「直接民主制」と言えども集権化の問題は原理的にはクリアできない。たとえ二者のみで成り立つコミュニケーションでも、「他者の他性」の問題は消去できない。むしろ「個別化―集権化」という二項対立の図式自体を脱臼させる必要があろう。

（5）旧或いは半植民地地域の反帝国主義運動等は、「社会主義」的な言説と「ナショナリズム」が親和した典型例だと言えるだろう。戦後啓蒙の場合もある程度これに該当すると思われる。丸山自身も一九五一年の論文「日本におけるナショナリズム」で、アジア・アフリカ地域のナショナリズムが「社会革命」を伴う傾向にあったことを指摘している。

（6）例えばサルトルの戯曲『恭しき娼婦』の次の箇所を参照。

上院議員「国民の名で私がいっとるのです。――あの男は指導者であり、共産主義と労働組合とユダヤ人に対する確固たる防壁なのだ。――妹と甥に代わって、我々の町の一万七千の白人に代わって、アメリカ国民に代わって、お前に礼をいう」

リッジー「アメリカ国民、まるでその人たちに騙されたような気がするわ」［PR：512］

ここでは「共産主義」と「労働組合」と「ユダヤ人」が「国民」としての一体性を脅かす他者として語られている。或いはそれらの他者を排除するために「国民」という同質的な「主体」が要請されているとも言える。そしてここではその「国民」としての均質性が「白人」のヘゲモニーの下にあることも批判されている。

（7）この「国家主義」の強調を戦時中故の配慮と見做す議論もあり得るかもしれないが、戦後の丸山も基本的に同様なことを述べていることから、その説は採用し得ないとここでは判断する。

（8）「国民とは国民たろうとするものである」という「国民主義の前期的形成」の記述［丸山 II：227］や、「近代ナショナリズム、とくに『フランス革命の児』としてのそれは決して単なる環境への情緒的依存ではなく、むしろ他面において、『国民とは日々の一般投票である』という有名なE・ルナンの言葉に象徴されるような高度な自発性と主体性を伴っている。これこそナショナリズムが人民主権の原理と結びついたことによって得た最も貴重な歴史的収穫であった（だから日本でも明治初期の自由民権運動の担ったナショナリズムには不徹底ながらこの側面が現れている）」［丸山 V：67–68］という「日本におけるナショナリズム」の記述にも、「ジャコバン」モデルに親和的な丸山がはっきりと現れている。ルナンとフランス・ナショナリズムの関係については、拙著序章の他に［鵜飼 一九九二、一九九五］参照。

（9）『現代政治の思想と行動』の追記で、丸山は「民主主義」の「逆説」に言及している［丸山 IX：173–174］。ここで彼は「人民」は「水平面においても常に個と多の緊張をはらんだ集合体であって即自的な一体性をもつものではない」とし、「即自的な一体として表象された『人民』は歴史が常に示すように、容易に国家或いは指導者と同一化されるであろう」として、「ジャコバン」モデルの持つ陥穽に注意を払ってはいる。しかしこの一旦浮上した「ジャコバン」モデルの「集権性」への問いは、「民主主義」が「議会制民主主義」という「制度」に尽きるのでなく、特定な体制を超えた「永遠」な運動、「永久革命」であるとされることによって再び曖昧にされてしまう。

（10）「ジョン・ロックと近代政治原理」にも、経済学的な説明は施されていないが同趣旨の指摘がある。「元来主権の絶対性は近代国家の本質的属性であり、市民社会の存立を背後から保障しているイデオロギー的支柱として近代国家が危機に陥った場合にはいつでも全面的にあらわれてくる」［丸山 III：186–187］。

（11）例えば［森 一九九三］を参照のこと。

（12）丸山は「国民主義の『前期的』形成」において、自らが前提にしているような「国民主義」について次のように述べている。「仲介勢力の自立的存在が国家と国民の内面的結合の桎梏をなしている以上、その克服者としての国民主義理念は当然に、このような集中化と拡大化という両契機を同時的に内包しつつ、そのいわば弁証法的な統一過程において自己を具体化する」［丸山 II：264 強調原文］。ここでの「国民主義理念」が、「ジャコバン」モデルに相当することについてはもはや説明の必要はないだろう。

（13） 「国民主義の『前期的』形成」においても、「我国のように昔から民族的純粋性を保ちいわゆる民族問題を持たなかった国」［丸山 II：230］といういささか不用意な記述がある。

（14） 丸山は同じ論文で、羯南の思想構造を「日本国家を遠心的要素（個人自由）と求心的要素（国家権力）との正しい均衡の上に発展させよう」［丸山 III：96-97］としたものとして捉えているが、この記述は彼が「ジャコバン」モデルに引きつけて福沢を評価する際の枠組みと全く同じである。

（15） 「民主主義」と「ナショナリズム」の結合の必要性は、『現代政治の思想と行動』所収の論文「日本におけるナショナリズム」（一九五一）でも主張されている。例えば次の記述を参照。「かくして日本のナショナリズムは早期から、国民的解放の原理と訣別し、逆にそれを国家的統一の名においてチェックした。そのことがまたこの国の「民主主義」運動ないし労働運動において「民族意識」とか「愛国心」とかいう問題の真剣な検討を懈怠させ、むしろ挑戦的に世界主義的傾向へと追いやった。そうしてそれはまたナショナリズムの諸シンボルを支配層ないし反動分子の独占たらしめるという悪循環が生まれたのである」［丸山 V：66］。また「民主革命と結合した新しいナショナリズムの支柱」［丸山 V：74］という表現も見受けられる。

（16） この論文からは、「日本」という「主体」を「ジャコバン」モデルに基づいて立ち上げることと、「アジア」という「他者」との関係とを丸山が関連させていたことが窺える。引用した部分においても、「ジャコバン」モデルによって構成された「民主的な」国民国家は帝国主義的侵略とは相反する傾向にあるということが暗示されている。しかし歴史的事実としては、「ジャコバン」モデルの正統性を確立したフランス第三共和制は抵抗主義的侵略ときわめて親和的であった。サルトルは「植民地主義は一つの体制である」のなかで「最初に植民地帝国主義を定義」したのは「第三共和制の『偉人』、ジュール・フェリーである」［Situations V：21］と述べている。いずれにしても、丸山が福沢を論じる際には「アジア」との関係がアポリアになる。それは一九八六年の『「文明論之概略」を読む』においても同様であるように思われる。

(17) この系列に属すると思われる代表的な作品は上記のものの他に、「開国」(一九五九)、「個人析出のさまざまなパターン」(一九六八)、などがある。また「ナショナリズム・軍国主義・ファシズム」(一九五四)でも「自発的結社」は重要視されている。「忠誠と反逆」(一九六〇)も、「封建的」にも見える武士的な「忠誠」と「反逆」という契機に注目しながら「政治的公共空間」への積極的参加という主題を肯定的に捉えることで構成されている点では一見「ジャコバン」モデルを思わせもするが、「自発的中間集団」に言及するあたりなどはむしろ「多元化」モデルの影が窺える作品である。

丸山の一九五〇年代以降の「大衆社会」批判については、第十二章「『近代』から『現代』へ」において扱われる。

(18) 例えば「市民社会派」の社会科学者とされる高島善哉の一九七〇年の作品『民族と階級』などは、「ナショナリズム」を相対化しているというには程遠い。また戦後日本の思想界において、戦後啓蒙に限らず一般に共有されていた「ナショナリズム」については「小熊 一九九五」を参照。ただしそれらの「ナショナリズム」の思想は必ずしも「ジャコバン」モデルに依拠していたわけではない。とはいえ、「ナショナリズム」が均質な「国民」、「民族」というカテゴリーを使用して構成員の平等を主張し、そのエネルギーを回収しようとする装置である限り、完全に「ジャコバン」モデルを排除することも困難であると思われる。

(19) 一般に「戦後思想」、或いは「近代主義」という漠然とした名称の下に「戦後啓蒙」と一枚岩的に語られる傾向のある「戦後文学」には、「ナショナリズム」を相対化しようとする傾向が明瞭に存在する。たとえば武田泰淳は、戦前にすでに「民族文化について」(一九三四)において「民族文化」なるものが近代資本主義システムによって再編成されたものであることを批判し、その上で西欧帝国主義の脅威に晒されている地域においてナショナリズムが一定の役割を果たすことを認めながらも(三民主義)、それがナショナリズムである限り一定の限界を持たざるを得ないことを指摘している。また彼は、戦後直後から『女の国籍』(一九五一)や『風媒花』(一九五二)で「日本人」でも「中国人」でもない、いわゆる「混血児」を登場させながら、「国境」や「国家」なるものを問い続けた。『女の国籍』や『風媒花』における武田泰淳の「民族」への批判的眼差しについては、第七章「『鉄の殻』への問い」を参照していただければ幸いである。

また泰淳は一九五三年頃から「アイヌ問題」への関心を深め、一九五八年には大作『森と湖のまつり』を上梓している。ここでも近代日本の「国民国家」の「同一性」の神話が俎上にのせられていることは言うまでもない。

【第十一章　丸山眞男における「自由」と「社会主義」】

（1）「現代」の「危機」を「民主化」と「独占資本」との矛盾に求める視点は、H・ラスキの『近代国家における自由』についての一九三八年の書評にも現れている。ここでも丸山はラスキを語りながら、「民主化の徹底と生産関係の維持との間の決定的矛盾」［I：105］に世界戦争の根本的要因を求めていると見做すことができる。

（2）丸山の理論における「ジャコバン」モデルと結びついた政治的「近代」については、第十章「丸山眞男における『主体』と『ナショナリズム』」参照。またこのモデルに近似した規範としての政治的「近代」が「近代主義」批判者として知られる竹内好にもかなりの程度共有されていたことは、第六章「竹内好における『近代』と『近代主義』——丸山眞男との比較を中心に」参照。また政治的「近代」を規範的に肯定しつつ、日本「ファシズム」を主に「前近代性」の視点から問題化した時期の丸山の議論については、第十二章「『近代』から『現代』へ——丸山眞男と松下圭一」を参照していただければ幸いである。

（3）この時期の丸山眞男の「転回」については第十二章「『近代』から『現代』へ——丸山眞男と松下圭一」参照。

（4）ここでの「現代」国家と独占資本の密接な関係というシェーマに関しては、基本的には後年においても前提とされている。例えば佐藤昇との一九六一年の対談「現代における革命の論理」では、「独占資本は政治体に対して、もっとも強力な有効需要を形成する力を事実上もっているから、現代国家の政策は独占体に有利に動かされる傾向性が強く出てくる」［『丸山眞男座談』（以下「座」）IV：152　強調原文］と述べられている。また、一九六六年の鼎談『現代日本の革新思想』では「諸階級のヘゲモニー闘争のなかで相対的につよい独占の利害によって国家が動かされる、と言われた点は、用語を別にすれば私の考え方に比較的近い」とされている［座　VI：141］。丸山は、独占資本が単純な意味でア・プリオリに「国家」を「独占」しているといった見方を退けるが、とは言え、独占資本と国家との関係という理論的アプローチを原則として採用し、且つ全体として独占資本が国家に大きな影響力を行使することは前提としている。

（5）また丸山はファシズムを構造的には資本主義の危機に際しての「反革命」として捉え、イデオロギーとしては機能的には「強制的同質化」へと系統的に奉仕するものの、それ自体としては何らの「体系性」、「一貫性」をもたないものとして位置づける。従って、分析上の枠組みとして「ファシズム」と「コミュニズム」の間に対称性は想定されておらず、この点でも欧米の「二つの全体主義」論とは異なる。この視角は後年においても維持されている。一九八四年のインタヴューでは普遍的理念の有無によってファシズムとコミュニズムを区別し、「ファシズムとコミュニズムがいかに両方が全体主義として同一視されようとも、ぼくは違うと考える」［丸山 二〇〇五：二九―三〇］と述べる。丸山はむしろ「自由・平等・博愛」という基本理念を前提としている点で、コミュニズムとデモクラシーの共通性を指摘する。「つまりコミュニズムが主張するのは、デモクラシーの現実の享受者がブルジョアジーに限られているじゃないか、ということなわけで、自由、平等、博愛が基本理念にあるのはやっぱり同じなんです」［丸山 二〇〇五：三〇］。それ故、両者とも「理念」と「現実」との落差を生み出す構造的条件を備え、その落差を批判する「異端」が必然的に発生するとされる。このことを丸山はカール・ベッカーの次の言葉を引用して説明する。「アメリカについて言い得る最悪のことは、アメリカはデモクラシーの条件を充たしていないじゃないかということだ。ソ連について言い得る最悪のことは、ソ連は共産主義じゃないじゃないか、マルクスの言っていることを実践していないじゃないかということだ。ナチズムについて言い得る最悪のことは、『マイン・カンプ』（ヒットラーの『我が闘争』）の通りやっているということだ」［丸山 二〇〇五：三〇］。もちろん、当然のことながら、ここでのコミュニズムとファシズムに関する丸山の分析枠組みとしての区別は、現実の「共産主義国家」での出来事を正当化するものではない。

（6）「ファシズムの現代的状況」でも、「民主的自由や基本的人権の制限や蹂躙がまさに自由とデモクラシーを守るという名の下におおっぴらに行われようとしている」［V：306］のが「現在」の状況であるとされている。

（7）丸山のファシズム論は、従来のマルクス主義理論において注目されている独占資本とファシズム国家機構との関係よりも、本文に記述するような「政治的特徴」により焦点を合わせたものであると言えるが、にも関わらず、マルクス主義的前提は原則として維持されていることにも注意を払う必要がある。例えば「ナショナリズム・軍国主義・ファシズム」では「ファシズムのもっとも広汎な背景は、第一次大戦後に資本主義が陥った一般的危機であり、その具体的な兆候たる慢性的不況と国際的な革命状況の進展に対して、資本主義の——相対的に——もっとも反動的な部分が示すヒステリックな痙攣としてファシズムはたちあらわれる」［VI：324］というある意味古典的なまでにマルクス主義的な記述が見られる。

（8）資本主義における企業内部の秩序を非民主的あるいはより直截に民主主義と根本的に相容れないものとして捉える視点は長く継続している。例えば一九六五年の針生一郎との対談「民主主義の原理を貫くために」では次のように述べられている。「資本主義企業の内部をみてごらんなさいよ、企業のポリシィはすべて経営者が決め、しかも組織は官僚制です。何が民主主義ですか」［座 V：134］。

（9）独占資本へのコントロールとして「現代」における民主主義を構想しようとする姿勢は一九四九年の座談「現代社会における大衆」においても明瞭に窺える。ここで丸山は「現代」において国家権力と「絡み合う」ことで巨大になった「経済的独占体の支配力」を「コントロールし、社会的な責任をもった生産機構」を構想することをデモクラシーに結びつけて提示している［座 I：230–231］。

（10）「二〇世紀システム」としての大衆社会とファシズムとの関係については、第十二章「『近代』から『現代』へ——丸山眞男と松下圭一」を参照していただければ幸いである。

（11）ほぼ完全に同様の見解が一九六六年の『現代日本の革新思想』でも述べられている。「民主的諸制度がブルジョア的支配機構との間にぎくしゃくした関係をおこしてくる。その場合に民主的諸制度の方を廃棄して、つまり経済的寡頭制に見合った形に政治制度を独裁化するとファシズムになる。それに反してブルジョア社会の胎内に成長した民主的制度の原理を生産関係や経営形態にまで及ぼしてゆくのが社会主義だ」［座 VI：156］。

（12）ただし、「ジャコバン」モデルの規範的肯定とそれに基づいた「近代日本思想史」の構成が前景化する敗戦直後までの時期においても、一九四七年の「福沢諭吉の哲学」では「ジャコバン」モデルを明確に批判する「多元化」モデルとそのモデルに基づいた福沢のテクストの「読み」が提示されている。すなわち丸山のテクストにおいては、同時期においても複数の対立抗争するような理論装置が併存するという面もある。丸山のテクストにおける対立抗争する複数の理論装置の諸相については、第十章「丸山眞男における『主体』と『ナショナリズム』」参照。ただし、複数の理論装置のうち、いずれのモデルが前景化するかという点については、「時期」が大きな要因になっているとは言える。

(13) 原則として丸山の描く「近代日本思想史」は「国民の創出」という公共性に対して開かれていたとされる明治初期の評価が高く、大正は公共性に媒介されない「感性」的「個人主義」のせりあがりとしてネガティヴに記述されることが多い。従ってここでの大杉栄への高い評価は一つのプロブレマティークを構成するとも言える。というのも、大杉と「大正」的なものの関係はある両義性を含むからである。ただし、この点については本書ではこれ以上扱わない。大杉栄と「大正」的なものの関係、そして「大正アナーキズム」の視点からの「近代日本思想史」の捉え返しについては、水溜真由美「大杉栄のアナキズム――近代日本思想史のパラダイム転換に向けて」『相関社会科学』第七号、一九九八、所収参照。

(14) 一九六八年の森有正、木下順二との鼎談「経験・個人・社会」ではラスキの『近代国家における自由』に言及しながら、やはり「言論の自由」という民主主義システムの「可能性の条件」として、「経験」の「かけがえのなさ」について語られている。「人の経験は決して他人によって代位できないものだ、だからお前のいうことくらいきかなくてもわかっていると誰も言う権利はない」［座 VII : 181］。

(15) 丸山は『自由について』に収められた一九八五年のインタビュー、そして一九八八年の鼎談「映画『ローザ・ルクセンブルク』をめぐって」でもローザ・ルクセンブルクの「自由というのはいつでも、他人と考えを異にする自由である」という言葉を引きながら「社会主義」と「自由」の関係に言及している。一般に第一次世界大戦の際に「帝国主義」戦争に反対し、社会民主党から分裂した独立社会民主党、そしてスパルタクス団への丸山の評価は高い。

(16) 本章では詳しく検討することはできないが、丸山の「真理」論について簡単に整理しておくと、それは、一方で「認識」の成立における「主観」の「介入」という側面を重視する点でカント主義的でありながら、同時にその「介入」には必ず特定の視角というバイアスがかかり、「上空飛翔的」な「普遍妥当的認識」はあり得ないとする点でマルクス主義「真理」論の「イデオロギー」批判の視点をも意識したものである。思想史方法論におけるマンハイムへの丸山の強い関心はそのような立場に由来する。その意味では、「社会主義」と「個人」の「自由」を双方肯定しようとする政治思想と同様に、「認識」論の側面でも丸山の思考は「カント」と「マルクス」という二極の緊張の上に成立していると言えよう。この辺りの事情について、一九七八年の「思想史の方法を模索して」では次のように述べられている。「大学に入って、マルクス経済学理論や日本近代史の勉強……が進んだ頃には、新カント派とマルクス主義とは、魅力と不満の在り場所がちょうど裏腹の関係にたって私の精神のなかに共存していたのですが、マンハイムの知識社会学がまさにカント的認識論とマルクス主義のイデオロギー論との双方にたいする、いわば二正面的な『挑戦』を内包していたために、私の『中ぶらりん』の精神状態との間に一種の共鳴現象が起こったわけです」[X：323]。

(17) 例えば一九五一年の座談会『現代革命論』では次のように述べられている。「目的は社会主義、手段は民主主義、というのは抽象的な考え方としては、一番よい考え方なのであって、……われわれすべての理想だと思うのです」[座II：64]。また一九六五年の針生一郎との対談「民主主義の原理を貫くために」でも、「社会主義と民主主義を一応別のものとして考えると、社会主義と民主主義の結合が一番望ましい」[V：135]、「民主主義的な手続きに従って社会主義を実現していくというのは、僕はやはり一番望ましいと思うんです」[V：135] と発言している。ただし、丸山においては民主主義は単に「手続き」や「制度」に還元できない「理念」として提示される場合もある。その場合、民主主義の「理念」は「永久革命」としての「民主化のプロセス」として捉えられ、「社会主義」よりも一層重視されることになる。このような視点に基づいて、一九六四年の「増補版『現代政治の思想と行動』追記」では民主主義が次のように位置づけられる。「こういう基本的骨格をもった民主主義は、したがって思想としても諸制度としても近代資本主義よりも古く、またいかなる社会主義よりも新しい。それを特定の体制を超えた『永遠』な運動としてとらえてはじめて、それは現在の日々の政治的創造の課題となる」[IX：174 強調原文]。また『自己内対話』にも一九六〇年八月一三日の日付がある次のような記述がある。「社会主義について永久革命を語ることは意味をなさぬ。永久革命はただ民主主義についてのみ語りうる。なぜなら民主主義とは人民の支配──多数者の支配という永遠の逆説を内にふくんだ概念だからだ。多数が支配し少数が支配されるのは不自然である(ルソー)からこそ、まさに民主主義は制度としてでなく、プロセスとして永遠の運動としてのみ現実的なのである」(『自己内対話』五六頁 強調原文)。

(18) ただし、歴史上の「社会民主主義」の主流派に対する丸山の評価は厳しい。まず、「帝国主義戦争」としての第一次世界大戦への戦争協力の問題があるが、同時に──それと関連して──植民地主義への「社会民主主義」主流の鈍感さが批判される。一九五三年の「現代文明と政治の動向」では、西欧の「自由と民主主義」が非西欧地域への支配構造を前提として構築されたことが批判された上で（「そこに既に、今の自由とか民主主義というものが持っていた歴史的な限界が、決して国際的な規模における自由主義、民主主義とは言えない素因が窺える」[VI：47]）、従来の「社会民主主義」がこの構造への批判的視点を決定的に欠いていることが指摘されている。

【第十二章 「近代」から「現代」へ】

※ 松下圭一の著作からの引用は次のように表記した。

『市民政治理論の形成』岩波書店、一九五九＝I、『現代日本の政治的構成』東京大学出版会、一九六二＝II、『戦後民主主義の展望』日本評論社、一九六五＝III、『現代政治の条件 増補版』中央公論社、一九六九＝IV、『昭和後期の争点と政治』木鐸社、一九八八＝V

（1） 丸山の理論に占める「ジャコバン」モデルの位置については第十章「丸山眞男における『主体』と『ナショナリズム』」参照。またこのモデルに近似した規範としての「近代」がかなりの程度、「近代主義」の批判者として知られる竹内好にも共有されていたことについては第六章「竹内好における『近代』と『近代主義』――丸山眞男との比較を中心に」を参照していただければ幸いである。

（2） それ故、「国民」という公共性に媒介されない「個人主義」が強く批判されることも「ジャコバン」モデルの特徴である。その場合、政治理論の基礎となるような人間論のレベルでも自己立法の権能を持った「理性」に媒介されない「感性」的自由が批判されることになる。丸山の描く「近代日本思想史」も基本的にこの視点から構成される。すなわち明治初期の思想は「国民」という公共性に開かれたものとして高く評価されるが、明治中期から大正期は次第に「感性」的「個人主義」がせり上がってくる過程としてネガティヴに記述されることになる。竹内好もまたこのような「近代日本思想史」の解読格子を共有していたことについては第六章参照。

（3） 一九五〇年代に入ってからの言説の舞台の変化の今一つの特徴はアジアのナショナリズムに対する関心の高まりである。丸山のテクストにおいても、「日本におけるナショナリズム」（一九五一）、「戦後日本のナショナリズムの一般的考察」（一九五一）、「現代文明と政治の動向」（一九五三）などでアジアのナショナリズムが主題化される。ここではアジアの「ナショナリズム」の視点から欧米「近代」や「リベラリズム」の論理を相対化する視線が垣間見られる。例えば次の記述を参照。「リベラリズムの致命的な盲点はもともとヨーロッパの産物である為に、第三のアジア民族の勃興という現実に対しては、盲目であり、無力であり、殆ど理解をもたないということである。これは、社会主義的になったリベラリズムの勢力でさえ、その例外ではない。イギリスの労働党も、この植民地の問題になると態度がにえきらないで口先だけで、実際は保守党と大差なく大英帝国の権威保持に汲々としております」[VI：59-60]。

（4） 一九三六年の「政治学に於ける国家の概念」でもマルクス主義的な視点から「近代市民社会」批判が展開されているが、それに対するオルターナティヴとして提示されるのは「個人」と「国家」の「否定的媒介」によって特徴づけられる「弁証法的全体主義」といういささか曖昧ながらも「ジャコバン」的モデルと近似する面をもつものであり、少なくともこの時期以降に現れる労働組合を軸にした「多元主義」モデルとは明らかに異なる。

（5） ただし丸山のテクストにおいては同時期に、互いに抗争するような理論装置が存在しているという側面もある。例えば一九四七年の「福沢諭吉の哲学」では、「ジャコバン」モデルを明確に批判するような「多元主義」モデルが提示されている。またさきに指摘したように一九三六年の「政治学に於ける国家の概念」ではマルクス主義的な視点からの「市民社会」批判が展開されている。丸山のテクストにおける複数の抗争する理論装置の諸相については、第十章参照。ただしこのような複数の理論装置のうち、いずれのモデルが前景化するかという点については、「時期」が大きな要因になっているとは言える。

（6） 規範モデルとして自発的結社のネットワークが主題化されるのに対応して、思想テクストの「読み」の変化も現れる。例えば福沢諭吉に関しては、「福沢に於ける秩序と人間」（一九四三）などでは典型的に「ジャコバン」モデルに依拠した読解が示されるが、前述の「福沢諭吉の哲学」や一九五二年の「福沢諭吉選集　第四巻　解題」では「ルソー＝ジャコバン」モデルの批判が丸山自らの言葉によって明示されながら、「多元主義」的な福沢像が展開される。ただし「ジャコバン」モデル的な国民主義は完全に廃棄されたわけではなく、その後の丸山のテクストにも微妙なかたちで存在し続ける。例えば、この「解題」においても「個人的自由」と「国民的独立」の連関としての「福沢のナショナリズム」は評価されている。

(7) 丸山自身が「逆コース」とレッド・パージという背景において執筆したとコメントしている一九五〇年の「ある自由主義者への手紙」においても、西欧の民主主義と自由主義が文脈によっては「反共主義」の図式に転化する危険を指摘しつつ、労働組合の意義について次のように述べられている。「一般的にいうならば、官庁や経営体の労働組合が強固なところほど、そこでの職員や傭人の態度や表情がヨリ明朗快活で活潑に自分の意見をいい、それが弱いところほど、また弱くなればなるほど、あの特有の卑屈な表情と猜疑・嫉妬・エゴイズム等々が濃くなるということは到底否定できない」[IV:332 強調原文]。

(8) 本章では、一九六〇年代半ばまでの松下圭一のテクストを「初期」に属するものとして扱う。

(9) ここでの戦後の「啓蒙主義」がより具体的にはどのようなグループを指すかという点については松下は一九五七年に『思想』五月号に掲載された「史的唯物論と大衆社会」で次のように述べている。「戦後日本の啓蒙運動はデモクラシーの観念とともに市民社会の観念をめぐって展開されたことは記憶にあたらしい。「封建的」日本対欧米的「市民社会」の対立として。川島武宣、大塚久雄、高島善哉教授らの市民社会理論がこれである」[IV:56]。

(10) 松下は一九世紀の「社会主義」を、独立した「個人」が構成する空間という「市民社会」の論理の主体をブルジョアジーから労働者階級へと移行しようとする試みとして特徴づけている。例えば「史的唯物論と大衆社会」では「社会主義(ソーシャリズム)は社会・主義(ソサイエティズム)の嫡子であり、社会主義社会は、合理的個人の自由な結合体としての「市民社会」でなければならなかった。……ブルジョア的「市民社会」は階級によって批判されたが、プロレタリア階級の共産主義はまた「市民社会」的構造をもつものであった」[IV:59 強調原文]と記述されている。ほぼ同趣旨のことは『市民政治理論の形成』でも述べられている。「ロックにおいて定式化された〈国家〉に対する〈個人〉(市民社会)という市民政治理論自体の革命的問題設定が社会主義理論にも生きのこってくる。マルクスは、ヘーゲル的〈国家〉をブルジョア〈国家〉一般へと置換しつつ、このブルジョア〈国家〉にふたたびプロレタリア「市民社会」観念を対置する。こうしてマルクスはブルジョア〈国家〉のプロレタリア〈階級〉による止揚によって、そこに〈自由〉な〈個人〉の自由な結合としての「市民社会」を共産主義社会として描きだしていた。……「社会主義」So-

cialism は、まさに「社会・主義」society-ism の正統の後継者であった」[I：418–419 強調原文]。また『法学史林』に掲載された「集団観念の形成と市民政治理論の構造転換」ではこのような「市民社会」の論理の極限として「アナーキズム」を位置づけている。この視点は後期の『ロック「市民政府論」を読む』（一九八七）にも継続している。

(11) 一九五七年の政治学会報告の「現代政治における自由の条件」でも戦時体制によって確立された社会形態がその後の平時をも規定したことが指摘されている。「官僚統制と大衆操作の実験はまず最初の全体戦争としての第一次世界大戦において試みられ、世界大恐慌、第二次世界大戦をへて完成をみ、これは危機の時代のみならず平時においても恒常的な政治技術として作用するにいたっている」[IV：175]。

(12) 松下においては社会民主主義への評価も両義的な側面をもっている。特に一九三〇年代の狭義のファシズム出現以降の時期については議会主義と社会民主主義の再評価が反ファシズム人民戦線の必要性とともに説かれる傾向がある。

(13) 松下の方法論は「経済」的な審級を「政治」や「文化」の「可能性の地平」を構成するという意味で「究極の」規定因とするものであり、いわゆる「経済還元論」ではない。それ故「政治」や「文化」は各々に対してとともに、「経済」に対しても相対的な自律性をもつとされる。「史的唯物論と大衆社会」では松下は自らの方法論について次のように述べている。「経済の必然的規定性は、政治ないし文化（意識形成）の次元にとっては可能性の範疇へと転換しているのであり、政治と文化は、経済にたいしてと同様に、またそれぞれにおいても、相対的に独自的な論理をもっている。経済の全体性はこのようなものとしてのみ究極的な規定性をもつといえる」[IV：49–50 強調原文]。

(14) 「民主主義の歴史的形成」では「古代共和国の伝統」、「中世立憲主義の遺産」、「近代的個人自由の理念」という民主主義の三つの構成要素の思想史的背景がより詳しく論じられている。ここで松下は「古代共和国の伝統」を論じながら、「政治的徳」という語彙の系譜を古代ローマから「共和主義」者としてのマキャヴェリを経て、イギリス革命におけるハリントン、シドニー、さらに部分的にはモンテスキュー、ルソーに至る流れとして捉えている。こうした松下の視角はある意味で The Machiavellian Moment, 1975 をはじめとするJ・G・A・ポーコックの仕事を前提とした近年の「シヴィック・ヒューマニズム」の議論を想起させる。松下は一九五九年に公刊された『市民政治理論の形成』において、ジョン・ロックの自然権理論が名誉革命時のホィッグ系の思想言説のなかで「例外」であったことを論じながら、ポーコックの The Ancient Constitution and the Federal Law, 1957 に言及している。ただし、松下の構想する「デモクラシー」は「中世立憲主義」・「近代的個人自由の理念」という要素を含むのに加えて、「現代」における「社会主義」という文脈をも考慮する点で、「シヴィック・ヒューマニズム」的な思想とは異なる。

(15)「現代」に関する一連の論考を収めた一九五九年の『現代政治の条件』の「はしがき」では「社会主義」と「自由」という自らの問題構成についてより直截に述べられている。「私は、このような前提のもとにおいて、資本主義的経済構造と大衆社会的社会形態という二重の《鉄鎖》を社会主義へむけて突破すべく、《自由》の現代的条件の理論化をこころみたのである」[IV:6]。

(16) 松下はこうした「自由の組織化」としての「集団」を構想しようとするアプローチは「現実の集団過程」をたんなる「実証主義的」記述対象として捉えようとする所謂「科学」的方法とは異なっていることを強調する。松下によれば、「自由」への視線は「メタ・ポリティカルな、そして倫理的主体意識にささえられる問題設定」によって「集団」へと接合される。「行動科学」的アプローチを批判する「政治理論」を想起させもする次のような記述はそうした松下の姿勢を明瞭に表している。「ポリティクスとは、サイエンスの対象であったり、またパワーの運動であるよりも、何よりも、ギリシャ以来本来的にエシックスである。それは自由の組織化を意味しているものだからである」[IV:185]。

(17) ただし松下において「集団」という概念は「社会民主主義」と同じく両義的な位置を占める。というのも、先にも触れた通り、「二〇世紀システム」としての「大衆社会」においては、国家は直接「個人」を掌握するというよりは、原子化された個人を「集団」を通じて管理する側面が強いと松下は考えるからである。実際「労働組合」は「抵抗」の契機ともなり得ると同時に支配と統合の回路ともなり得る。それ故、松下のプログラムにおいては「集団」の政治が前景化した「二〇世紀システム」という「可能性の条件」の地平において「集団」の「国家」や「資本」に対する抵抗の契機を引き出すことが目指されることになる。「『巨大社会』における集団理論」は、コールからラスキに至る「社会主義」と結合した「多元主義」の抵抗理論としての可能性を最大限引き出そうとした試みであると言える。また松下は「サンディカリズム」に対して批判的な視線を注ぐことも少なくはないが、本章ではあえて松下における「サンディカリズム」的契機を焦点化している。

(18) 松下はこの論考において「グリーンにはじまり、ロイド・ジョージによって体制化される〈国家〉による〈個人〉の救済という新自由主義的体制の論理——社会政策を基軸とする大正デモクラシー——への抵抗」としてイギリスにおける「サンディカリズム」を位置づけている［IV：150］。尚、この時期の「新自由主義」とは「福祉国家」型の統合システムを志向する潮流を指し、一九七〇年代中頃から始まり、現在に至っている「ネオ・リベラリズム」とは別のものである。

(19) 戦後日本の労働組合運動が基本的に大企業に所属する上層部分の労働者を組織しているに過ぎないことから来る問題点を松下はさまざまなところで論じている。例えば一九六〇年の「社会科学の今日的状況」では大企業を中心とした「新中間層」化しつつある上層三分の一の労働者を組織した組合運動がもはや「平和」問題にさえも積極的に関わらなくなっていることが指摘されている。「この上層労働者へと浸透しつつある生活様式の変化が、深刻な第二の転機といわれる問題点を今日の労働運動の内部にひきおこしつつあることを、「左翼」的言辞を弄することによっておかしくしてはならない。……安保国民運動において民間大企業組合が実質的に戦線離脱をしたのはこのマス状況の亢進と無関係ではない。事実、電気、自動車、化学など成長産業の大企業労組は全労、中立への指向をもっているのである」［IV：256］。また一九六二年五月の『思想』に掲載された「憲法擁護運動の理論と課題」では、最低賃金制や社会保障といった「企業福祉」によって守られない下層労働者にとっては重要な課題に対して大企業中心の労働組合が対応できていないことが批判的に捉えられている。「具体的にいえば、日本の労働組合は大企業組合であって、実質的には上層から中層労働者の組織である。したがって、国民共闘の思想ないし指導が具体化されないかぎり、二重構造の下層の緊急問題である最賃制や社会保障の運動は大企業組合の大衆行動とはなりえないし、また地域民主主義にささえられる自治体改革にも充分とりくみえない」［II：271］。

(20) また松下は農村での「在村労働者」あるいは「兼業労働者」を「出稼労働者」ではなく「通勤労働者」として位置づけ、これを「勤労協」が組織化していくことによって農村における労働者と農民の連携の可能性を探ろうとしている。

(21) さらに松下は自治労とりわけその下部組織とここで素描されたような「地域民主主義」との連携の必要性を説く。松下によれば自治労もまた「左派ブロック」の下部組織にいくほど弱体化するという傾向を免れておらず、その傾向を克服するためにも「民主的地域組織」と「自治体労働者」の間の「自治体共闘」が不可欠である。ただし、「サラリーマン化した大都市自治体労働者」には「地域」の民主的組織が要求を提出するべきだとして、「自治体」と「住民」との間の対立の側面にも言及されている。

(22) この時期の松下は「自治体」とともに「憲法」の問題も「独占資本」への対抗という見取り図のなかで位置づけている。例えば「憲法擁護運動の理論と課題」では生存権を保障した憲法二五条に基づいて「護憲」運動が独占資本への批判と連携することが主張される。「日本の戦後資本主義の構造政策は、階層格差を拡大しながら底辺の経済的貧困を放置するとともに地域格差をも地域総合開発の名においてますます拡大している。それゆえ、この国民的最低限の保障――最賃法や社会保障による底上げは、反独占民主主義運動の基底をなす。……だが「朝日判決」は広汎な国民的共感をよびおこしたのではなかったか。こうして平和と民主主義をめざす護憲国民運動は同時に社会保障による国民的最低限の確保の運動として展開されなければならない。」[II：269 強調原文] 松下はこのことによってはじめて憲法が労働者上層及び新中間層を超えた広い層に受容されることが可能になると説く。またここでも「護憲」運動は「反独占民主主義」として「社会主義」的パースペクティヴのなかに位置づけられることになる。「この反独占民主主義運動は、社会主義変革への展望をもってくることになる。」[II：260] ただし、松下が「護憲運動」をフランス革命における「人権宣言」などを例に引きながら「自由ないし民主主義の国民的組織化」としての「革新ナショナリズム」というかたちで構想している点については、「デモクラシー」と「ナショナリズム」の結合という「戦後啓蒙」的なプロジェクトへの回帰を指摘することもできよう。この側面は一九六四年の「民主主義の現代的状況」にも明瞭に観察できる。ここでも松下はフランス革命に言及しながら、「伝統主義」、「国家主義」と区別された「デモクラシー」によって構成される「革新ナショナリズム」の理念を提出している。その際、他の箇所では批判されるルソーの「一般意志」観念でさえ、「デモクラシー」の論理として参照されることになる。フランス革命におけるルソー＝ジャコバン的なモデルに基づく「デモクラシー」論の問題点とそれに対する批判的思想の系譜については、拙著『知識人と社会』序論「実存主義の『アナーキズム』的負荷」を参照していただければ幸いである。

(23) こうした自治体と福祉という問題設定は一九七〇年に『展望』五月号に掲載された「シビル・ミニマムの思想」へ

と連なっていく。ただし企業福祉への批判という視点は維持され続けながらも、次第に企業別労働組合の構造を批判する別の「労働運動」の可能性についての記述は消滅していく経過を辿ることになる。

(24) マルクス主義的枠組みを放棄した松下の理論は「工業化」・「民主化」を軸にした「農村型社会」から「都市型社会」へといったある種の「近代化」論へと接近し、その見取り図の上で「市民」という概念を中心に「自治」・「分権」が焦点化される構図をとる傾向を示す。こうした松下理論の問題点については、稿を改めて論じることにしたいが、ここでは簡単に次の二点に触れておきたい。第一に、「農村型社会」から「都市型社会」へという「近代化」論が、各国を閉鎖的な系と見做した上での一国主義的な進化モデルに近似化し、結果としてシステムとしての世界資本主義のなかでのヘゲモニーや従属の問題を消去する側面が観察できること。確かに「インターナショナル・ミニマム」という概念に象徴されるように「南」の「貧困」問題は意識されないわけではないが、その問題への眼差しによって「近代化」論の枠組みそのものの見直しが引き起こされるのではないように思われる。ある意味で、初期松下の「二〇世紀システム」論自体もかなりの程度「一国主義」的な視点から構成されていると言えるだろう。「社会国家」、「ナショナリズム」、「帝国主義」の三者の結合として捉え得る「二〇世紀システム」の構造について、前二者について松下の理論はきわめて明晰に分析しているが、「帝国主義」・「植民地主義」との関わりについてはほとんど言及されていない。第二の問題点は一九七〇年代中頃からはじまり、八〇年代に本格化する「資本蓄積」の新たな様式としての「ネオ・リベラリズム」的な流れに対する批判的な危機意識が出現しないことである。このことに関しては、同じく「自治」や「都市」という問題系に取り組んだ経済学者の宮本憲一があくまでマルクス主義的な「資本」への批判という視点を強く維持しつづけ、「ネオ・リベラリズム」への批判的対応もきわめて早く行っている点と比較すると対照的である。

あとがき

本書において取り上げられている思想家の多くはJ＝P・サルトル（一九〇五年生）にせよ、花田清輝（一九〇九年生）、武田泰淳（一九一二年生）、あるいは荒正人（一九一三年生）、丸山眞男（一九一四年生）、日高六郎（一九一七年生）にせよ、一九四〇年のファシズム軍事同盟の年には、すでに知的に成人に達していた、と言ってよい。

「戦後」思想あるいは「戦後」文学とは言うものの、当事者たちの思想・哲学はほぼ「戦中」に練り上げられていた。実際、サルトルや花田清輝のように、主要なテクストの一部が「戦中」にすでに発表されていた場合も決して例外ではない。

本書のなかでも、「第三章　留保なき否定性」では、竹内好の『魯迅』や武田泰淳の『司馬遷』を「戦中」における京都学派の「世界史の哲学」との対抗関係において読み解く作業を行っている。是すなわち、戦後思想の胎動は一九三〇年代のファシズムとの知的対決によって始まっていた、とする本書の視点の第一である。

この「戦中」におけるファシズムとの知的対決、という点は、一九四三年に上梓されたサルトルの哲学的主著『存在と無』のような一見きわめて抽象的に見える存在論的言説においても——というより存在論的言説においてこそ——明らかである。というのも、サルトルの存在論の要締は、還元不可能な

「自由」の肯定と「自由」相互の複数性の擁護だからである。「自由」相互の複数性は、いかなる状況においても、ファシズムが追い求めるような「全体」や「単一性」へと解消されることはない。

ところで、秘かに胎動していた思想が第二次世界大戦終結後、公的空間に奔流のようにあふれ出た背景には、世界戦争以前の政治社会秩序及び価値体系の崩壊という前提があった。たとえば、戦勝国である米国、英国においては、敗戦国である日本のような、思想・文学・政治を横断するような知的革新は生じなかった。

日本から見て、ユーラシアの裏側に位置するフランスにおいて知的爆発が可能になったのは、フランスが実質上敗戦国であり、その結果従来の価値体系の全面的な崩壊が起こったためである。ド・ゴールの外交的アクロバットが如何に見事なものであったとしても、戦争中の公式フランス政府（ヴィシー政権）及び警察を中心とする行政機関が、ナチス・ドイツとの「協力 collaboration」に嵌まり込んでいたことは誰の目にも明らかであった。

しかし、終戦直後の両国における知的爆発は、米国主導の国際冷戦レジームの構築とともに、深刻な変容を迫られる。この国際冷戦レジームは地政学的にユーラシアの「ハートランド」を占める社会主義諸国を封じ込めるかたちとなったため、日本とフランスはユーラシアの両端において対称的な位置に立つことになった。

すなわち、両国とも——それぞれ太平洋と大西洋において——西側における「緩衝」地帯の役割を割り振られたのである。この点が朝鮮半島、沖縄、ドイツ、ギリシア、トルコなどの冷戦の「前線」地帯の状況とは決定的に異なる。それ故、第一次大戦後、哲学、文学、美術、映画などの広範囲な分野においてあれほどの知的沸騰を見せたドイツでは、——フランクフルト学派などの亡命からの帰還グループなどの少数の例外を除いて――四五年以降暫くの間、知的エネルギーは凍結されることになる。

この国際冷戦レジームへの抵抗が、本書で取り上げた日仏の思想家たちの第二の共通の課題となる。日本では日米安保体制への批判であり、フランスではパリを本部とした北大西洋条約機構（NATO）への批判である。とは言え、ユーラシアの両端の思想家たちは、現存する社会主義体制に期待することもなかった。

その意味でこれらの思想家たちは、国際政治の舞台では基本的に「非同盟中立」を志向していた、と言ってよい。とりわけ日本の思想家たちは、一九五五年のバンドン会議に象徴される、アジア・アフリカ地域の植民地からの独立と非同盟中立の結合を強く支持していた。

敗戦によってすべての海外植民地を失った日本――国内においては植民地主義的制度・心性は継続したけれども――と異なり、形式的に勝者となったフランスでは、海外植民地帝国の解体は一九六二年まで続く過酷なプロセスとなった。

国際冷戦レジームの構築への抵抗と脱植民地化という深刻な課題に応答する過程において、サルトル、メルロー＝ポンティ、カミュといった終戦直後は「独立左派」としての空間を共有していた思想家たちは、現在に至るまで神話化されている対立と決裂へと追い込まれていく。とは言え、長い残酷な日々を、サルトルは反植民地主義・反人種主義的思考・立場を展開しつつ生き抜くことで、植民地宗主国フランスの知識人の「名誉を救った sauver l'honneur」、と今日の視点からは評価できるだろう。反植民地主義・反人種主義的立場を守り抜いた「独立左派」の思想家という点については、アルジェリア出身のユダヤ人であるJ・デリダは、自らサルトルの後継者であることを明瞭に認めている。

ただし、哲学者としてもデリダのサルトルに対する「負債 dette」は決して小さなものではない。デリダ自身も哲学者としての「計り知れない負債」に言及してはいるが、今日に至るまで、日本・フランス両国（及び英語圏）の知的空間において、この負債の「計り知れなさ」については共有されているとは言い難い。「第五章　来るべき幽霊、或いはデリダとサルトル」では、デリダをはじめとする後続世代のサルトルへの「負債」について考察している。

さて、最後に言及しておく必要があるのは、本書に登場する思想家たちが、二〇世紀前半においてファシズムと世界戦争へと滑り落ちていった資本主義体制に対する明確な批判者であった点である。ただし、彼らはロシア革命から出発する共産主義体制に対してもいかなる幻想も持ち合わせていなかった。端的に言えば、民主主義と社会主義の結合、あるいは社会主義を参照した民主主義の深化・革新を志向していたと位置づけられる。デリダ的に「来るべき à venir 民主主義」を模索していた、と振り返ることも可能だろう。

「第八章『政治』の不可能性と不可能性の『政治』」、「第十一章　丸山眞男における『自由』と『社会主義』」、そして最終章「第十二章『近代』から『現代』へ——丸山眞男と松下圭一」の三つの章では、自由と社会主義、民主主義と社会主義の交差を思考し続けた思想家たちの試みに主たる焦点を当てている。

新自由主義グローバリズムの展開によって、資本主義体制と「自由主義—民主主義」の——元来微妙且つ脆弱な——束の間の同盟が崩れ落ちつつある現在、彼らの軌跡を辿り直し、彼らのテクストを読み直すことは、混迷を極めた今日の世界を照らし出す上で、貴重な示唆を与えてくれる筈である。

＊　　＊

本書をまとめるにあたりかなり長い序論を書き下ろしたのだが、同志社大学の菊池恵介氏と中京大学の樹本健氏には、草稿段階で目を通してもらい、有益なコメントをお寄せいただいた。とくに記して感謝したい。

東京大学出版会の山田秀樹さんにはじめてお会いしたのは、まだ二〇世紀中のことだったと思う。この間単著執筆の話は出ていたのだが、諸般の事情と著者の怠惰さによって、実現されたのは二〇年ちかく後になってしまった。まさに長く引き延ばされた「負債」という他ない。山田さんの忍耐強さに感謝する次第である。

二〇一九年九月

三宅芳夫

初出一覧

序　章　二つの戦後思想——ユーラシアの両端で（書き下ろし）
第一章　三木清における「主体」と「系譜学」（『現代思想』二六巻一二号（一九九八年一〇月）、青土社）
第二章　三木清における「系譜学」と「存在論」（『思想』九九七号（二〇〇七年五月）、岩波書店）
第三章　留保なき否定性——二つの京都学派批判（『批評空間』Ⅱ—一九号（一九九八年一〇月）、太田出版）
第四章　「主体」・「個人」・「実存」——その差異と関係について（『思想』九〇〇号（一九九九年六月）、岩波書店）
第五章　来るべき幽霊、或いはデリダとサルトル（『現代思想』二七巻三号（一九九九年三月）、青土社）
第六章　竹内好における「近代」と「近代主義」——丸山眞男との比較を中心に（山脇直司ほか編『ライブラリ相関社会科学5　現代日本のパブリック・フィロソフィ』（一九九八年）、新世社）
第七章　「鉄の殻」への問い——武田泰淳における「民族」への眼差し（『現代思想』二六巻五号（一九九八年四月）、青土社）
第八章　「政治」の不可能性と不可能性の「政治」——荒正人と『近代文学』（『現代思想』二六巻八号（一九九八年七月）、青土社）
第九章　外の思考——ジャン＝ポール・サルトルと花田清輝（『理想』六六五号（二〇〇〇年八月）、理想社）
第一〇章　丸山眞男における「主体」と「ナショナリズム」（『相関社会科学』第六号（一九九七年二月）、東京

大学総合文化研究科）
第十一章　丸山眞男における「自由」と「社会主義」（『思想』九八八号〔二〇〇六年八月〕、岩波書店）
第十二章　「近代」から「現代」へ――丸山眞男と松下圭一（小森陽一ほか編『岩波講座・近代日本の文化史10　問われる歴史と主体』〔二〇〇三年〕、岩波書店）

人名索引

ア　行

カ　行

ナ　行

ハ　行

193
ブリス・パラン（Brice Parain）　443
プルードン（Proudhon, P=J.）　16, 17, 149, 153, 154, 156, 374
フルシチョフ（Khushchev, N.）　389
ブルデュー（Bourdieu, P.）　289
ブルトン（Breton, A.）　7, 421
ブレイク（Blake, W.）　38
ブレイディー（Brady, R.）　333, 334
フロイト（Freud, S.）　75, 81
フローベール（Flaubert, G.）　192
ヘーゲル（Hegel, F.）　19, 107–109, 112, 113, 126, 150–152, 154, 171–175, 191, 192, 300, 301, 309, 311, 327, 356, 396, 400, 405, 407, 409, 410, 414, 416, 419, 442, 455
ベケット（Becket, S.）　27, 436
ベッカー（Becker, C.）　449
ベルクソン（Bergson, A.）　188, 191, 400, 417
ポアンカレ（Poincaré, A.）　168
茅盾　395
北条民雄　437
ポー（Poe, E.A.）　292
ボーヴォワール（Beauvoir, S.）　5, 10
ポーコック（Pocock, J.G.A.）　456, 457
ボードレール（Baudelaire, C.）　192
堀田善衛　4, 5, 29–32, 41, 46, 48, 388, 391, 394, 395
ホッブス（Hobbes, T.）　317
穂積重遠　392
ポパー（Popper, K.）　387
ホブズボーム（Hobsbawm, E.）　2
ポンジュ（Ponge, F.）　192, 193, 421, 443
本多秋五　3, 5, 267, 390, 391, 433, 434, 437

マ　行

牧野信顕　393
マキャヴェリ（Machiavelli, N.）　456
マコーマック，トマス・J.（MaCormick, T.J.）　386, 387
正岡子規　228
正宗白鳥　276, 437
真下信一　266
増田渉　256
マゾワー，マーク（Mazower, M.）　386
松枝茂夫　256
マッカーサー（MacArthur, D.）　8
松下圭一　51, 307, 351, 352, 360–383, 455–460
マッハ（Mach, E.）　71
松村一人　266
松本蒸治　394
マナン（Manan, P.）　387
マラルメ（Mallarmé, S.）　192
マルクス（Marx, K.）　16, 62, 67, 75, 81, 82, 86, 100, 108, 109, 367, 398, 406, 451, 455
マルコムX（Malcom X）　46
マルサス（Malthus, T.R.）　72

丸山幹治　393
丸山眞男　3, 5, 9, 25, 32, 34–37, 40, 41, 43, 45, 46, 51, 52, 223, 226, 229, 232–239, 243–245, 249, 266, 305–349, 351–360, 390, 391, 393, 394, 401, 403, 404, 411, 413, 424–426, 439, 444–454
マンデラ（Mandela, N.）　420
マンハイム（Manheim, K.）　401, 403, 404, 451
三木清　3, 5, 13, 16, 18–21, 57–113, 289, 290, 385, 396–410, 412, 414, 442, 443
道場親信　42
蓑田胸喜　31, 391
美濃部達吉　31, 34, 40, 393
宮城音弥　266
宮沢俊義　32–34, 40, 391–394
宮本憲一　460
宮本顕治　275, 439
ミラー，アーサー（Miller, A.）　39
ミルトン（Milton, J.）　71
ミルトン（Milton, M.）　338
ムッソリーニ（Mussolini, B.）　15
メーストル（Maistre, J.de.）　149
メルロー＝ポンティ（Merleau=Ponty, M.）　5, 7, 10, 11, 103, 174, 385, 387
メンガー（Menger, C.）　402
メンデレス（Menderes, A.）　43
毛沢東　241, 413, 425
モース（Mauss, M.）　216, 422
モザデク（Mosaddegh, M.）　8
モラン，エドガール（Moran, E.）　421
森有正　451
モリス（Morris, W.）　49
モンテスキュー（Montesquieu, C=L, de）　456

ヤ　行

保田与重郎　243, 438
矢内原忠雄　33, 40, 436
柳田國男　393
山崎昌夫　432
山田坂仁　266
山室静　437
横田喜三郎　32, 40, 394
吉野源三郎　395
吉本隆明　286, 433, 439

ラ　行

ラートブルフ（Radbruch, G.）　347
ライプニッツ（Leibniz, G.W.）　163, 168, 407, 415
ラカン（Lacan, J.）　145, 146, 418
ラス・カサス（Las Casas, B.）　47
ラスキ（Laski, H.）　49, 342–344, 373–375, 448, 451, 457
ラスク（Lask, E.）　396
ラッセル（Russell, B.）　309, 320
ラティモア（Lattimore, O.）　39
ラブレー（Rabelais, F.）　14
ラムネー（Lamennais, F.R.）　149
ランケ（Ranke, L.）　125, 130, 415
李承晩　43, 395
リッケルト（Rickert, H.）　93, 396, 400
ルカーチ（Lukács, G.）　20

ルクセンブルグ（Luxemburg, R.）　346, 451
ルソー（Rousseau, J=J.）　309, 310, 319, 354, 456, 459
ルナン（Renan, E.）　445
ルフェーブル，アンリ（Lefebvre, H.）　421
レヴィナス（Lévinas, E.）　103
レーニン（Lenin, V.）　363, 366, 396, 405, 442
レールモントフ（Lermontov, M.）　276
ロイド・ジョージ（Lloyd George, D.）　366, 458
蠟山政道　226, 249
ロージー（Losey, J.）　39
ロザンヴァロン（Rosanvallon, P.）　387
魯迅　120, 123, 127, 128, 241, 242, 282, 413, 415
ロック（Locke, J.）　310, 354, 362, 455, 456

ワ　行

ワイルド（Wilde, O.）　441
我妻栄　40
脇村義太郎　33
渡辺一夫　3, 5, 13–16, 21, 389
渡辺一民　14–16, 280
渡辺慧　266
和辻哲郎　34, 35, 106, 389, 393, 428

参考文献

荒正人・武田泰淳・竹内好他，1977『「近代文学」創刊のころ』深夜叢書社
新井直之，1997『敗戦体験と戦後思想――12人の軌跡』論創社
新川明，2000『沖縄・統合と反逆』筑摩書房
新崎盛暉，2001『現代日本と沖縄』山川出版社
新崎盛暉，2005『沖縄現代史　新版』岩波書店
新崎盛暉，2016『日本にとって沖縄とは何か』岩波書店
石川淳，1989『石川淳全集　第一巻』筑摩書房
石田憲，2009『敗戦から憲法へ――日独伊　憲法制定の比較政治史』岩波書店
石田雄，1954『明治政治思想史研究』未来社
石田雄，2006『一身にして二生，一人にして両身――ある政治研究者の戦前と戦後』岩波書店
石堂清倫，2001a『わが異端の昭和史　上』平凡社
石堂清倫，2001b『わが異端の昭和史　下』平凡社
石母田正，1952『歴史と民族の発見――歴史学の課題と方法』東京大学出版会
石母田正，1953『続　歴史と民族の発見――人間・抵抗・学風』東京大学出版会
鵜飼哲，1992「フランスとその亡霊たち――あるユマニストの回帰」『情況』1月号
鵜飼哲，1995「市民キャリバン――エルネスト・ルナンの哲学劇をめぐって」『思想』8月号
臼井吉見監修，1972a『戦後文学論争　上』番町書房
臼井吉見監修，1972b『戦後文学論争　下』番町書房
梅林宏道，2002『在日米軍』岩波書店
梅本克己，1961『唯物論と主体性』現代思潮社
遠藤正敬，2013『戸籍と国籍の近現代史――民族・血統・日本人』明石書店
大江志乃夫，1976『日本の歴史31　戦後変革』小学館
大岡昇平・埴谷雄高，1984『大岡昇平・埴谷雄高　二つの同時代史』岩波書店
大嶽秀夫，1994『戦後政治と政治学』東京大学出版会
大嶽秀夫，2017『日本とフランス　「官僚国家」の戦後史』NHK出版

小熊英二，1996「忘れられた民族問題——戦後日本の『革新ナショナリズム』」『相関社会科学』第5号
小熊英二，2002『〈民主〉と〈愛国〉——戦後日本のナショナリズムと公共性』新曜社
尾崎秀樹，1991『近代文学の傷跡——旧植民地文学論』岩波書店
小田切秀雄，1988a『私の見た昭和の思想と文学の五十年　上』集英社
小田切秀雄，1988b『私の見た昭和の思想と文学の五十年　下』集英社
小野寺研太，2015『戦後日本の社会思想史——近代化と「市民社会」の変遷』以文社
加藤周一，1959『ウズベック・クロアチア・ケララ紀行——社会主義の三つの顔』岩波書店
加藤周一，1979a『加藤周一著作集2　現代ヨーロッパ思想注釈』平凡社
加藤周一，1979b『加藤周一著作集7　近代日本の文明史的位置』平凡社
加藤周一，1979c『加藤周一著作集8　現代の政治的意味』平凡社
加藤周一，1979d『加藤周一著作集14　羊の歌』平凡社
加藤周一，1979e『加藤周一著作集15　上野毛雑文』平凡社
鹿野政直，2011『沖縄の戦後思想を考える』岩波書店
菅孝行，1995「主体性論争と戦後マルクス主義」『戦後思想と社会意識』所収，岩波書店
神田文人，1989『占領と民主主義——焦土からの再生と独立への試練』小学館
北河賢三，1989『国民総動員の時代』岩波書店
北河賢三，2003『戦争と知識人』山川出版社
久野収，1969『憲法の論理』みすず書房
久野収，1972『平和の論理と戦争の論理』岩波書店
久野収，1975『30年代の思想家たち』岩波書店
久野収，1976『権威主義国家の中で』筑摩書房
久野収，1979『戦後民主主義』毎日新聞社
久野収，1986『ファシズムの中の1930年代』リブロポート
久野収，1996『市民主義の成立』春秋社
久野収・鶴見俊輔，1956『現代日本の思想——その五つの渦』岩波書店
久野収・鶴見俊輔・藤田省三，1976『戦後日本の思想』講談社
黒川伊織，2014『帝国に抗する社会運動——第一次日本共産党の思想と運動』有志舎
高峻石，1985『在日朝鮮人革命運動史』柘植書房

古在由重，1968「一哲学徒の苦難の道」『昭和思想史への証言』所収，毎日新聞社
古関彰一，2013『「平和国家」日本の再検討』岩波書店
古関彰一，2017『日本国憲法の誕生　増補改訂版』岩波書店
酒井直樹，1996『死産される日本語・日本人――「日本」の歴史－地政的配置』新曜社
酒井直樹，1997『日本思想という問題――翻訳と主体』岩波書店
坂口安吾，1967『坂口安吾全集　第七巻』冬樹社
坂本義和，1990『地球時代の国際政治』岩波書店
坂本義和，2004a『冷戦と戦争（坂本義和集 2)』岩波書店
坂本義和，2004b『戦後外交の原点（坂本義和集 3)』岩波書店
坂本義和，2011『人間と国家――ある政治学徒の回想　上』岩波書店
笹倉秀夫，1988『丸山真男論ノート』みすず書房
思想の科学研究会編，1959『共同研究　転向　上』平凡社
思想の科学研究会編，1960『共同研究　転向　中』平凡社
思想の科学研究会編，1962『共同研究　転向　下』平凡社
清水幾太郎，1992『清水幾太郎著作集 8　愛国心・「匿名の思想」他』講談社
徐京植，2010『植民地主義の暴力――「ことばの檻」から』高文研
徐京植，2017『日本リベラル派の頽落』高文研
高島善哉，1970『民族と階級――現代ナショナリズム批判の展開』現代評論社
高杉一郎，1991『極光のかげに――シベリア俘虜記』岩波書店
高杉一郎，2002『征きて還りし兵の記憶』岩波書店
高杉一郎，2008『私のスターリン体験』岩波書店
高橋和已編，1969『戦後文学の思想（戦後日本思想大系 13)』筑摩書房
高橋武智，2007『私たちは，脱走アメリカ兵を越境させた……――べ平連・ジャテック，最後の密出国作戦の回想』作品社
高橋哲哉，1992『逆光のロゴス――現代哲学のコンテクスト』未来社
高橋哲哉，1995『記憶のエチカ――戦争・哲学・アウシュヴィッツ』岩波書店
高見順，1958a『昭和文学盛衰史 1』文藝春秋社
高見順，1958b『昭和文学盛衰史 2』文藝春秋社
高山岩男他，1943『世界史的立場と日本』中央公論社
都築勉，1995『戦後日本の知識人――丸山眞男とその時代』世織書房
鶴見俊輔，1982『戦時期日本の精神史――1931～1945 年』岩波書店
鶴見俊輔，1986『新装版　アメリカ哲学』講談社

鶴見俊輔，1995『竹内好——ある方法の伝記』リブロポート
遠山茂樹，1951「二つのナショナリズムの対抗——その歴史的考察」『中央公論』6月号
戸坂潤，1966a『戸坂潤全集　第一巻』勁草書房
戸坂潤，1966b『戸坂潤全集　第二巻』勁草書房
戸坂潤，1966c『戸坂潤全集　第三巻』勁草書房
戸坂潤，1966d『戸坂潤全集　第四巻』勁草書房
戸坂潤，1967『戸坂潤全集　第五巻』勁草書房
豊下楢彦，1992『日本占領管理体制の成立——比較占領史序説』岩波書店
中井正一，1981a『中井正一全集1　哲学と美学の接点』美術出版社
中井正一，1981b『中井正一全集4　文化と集団の論理』美術出版社
永井荷風，1987a『摘録　断腸亭日乗　上』岩波書店
永井荷風，1987b『摘録　断腸亭日乗　下』岩波書店
中野重治，1979『中野重治全集　第十二巻』筑摩書房
中村真一郎，1983『増補　戦後文学の回想』筑摩書房
中村光夫，1972『中村光夫全集　第七巻』筑摩書房
朴慶植，1979『在日朝鮮人運動史——8・15解放前』三一書房
橋川文三，1985『橋川文三著作集1』筑摩書房
羽仁五郎，1968『ミケルアンヂェロ』岩波書店
埴谷雄高，1971a『埴谷雄高作品集2　短篇小説集』河出書房新社
埴谷雄高，1971b『埴谷雄高作品集3　政治論文集』河出書房新社
埴谷雄高，1971c『埴谷雄高作品集4　文学論文集』河出書房新社
埴谷雄高，1972『埴谷雄高作品集5　外国文学論文集』河出書房新社
埴谷雄高，1978a『埴谷雄高作品集7　戦後文学論集1』河出書房新社
埴谷雄高，1978b『埴谷雄高作品集8　戦後文学論集2』河出書房新社
埴谷雄高，1979『埴谷雄高作品集9　戦後文学論集3』河出書房新社
埴谷雄高，1980『埴谷雄高作品集13　回想・思索集』河出書房新社
埴谷雄高，1987『埴谷雄高作品集10　ドストエフスキイ論集』河出書房新社
林達夫，1971a『林達夫著作集3　無神論としての唯物論』平凡社
林達夫，1971b『林達夫著作集4　批評の弁証法』平凡社
林達夫，1971c『林達夫著作集5　政治のフォークロア』平凡社
林達夫，1972『林達夫著作集6　書籍の周囲』平凡社
林達夫・久野収，1993『思想のドラマトゥルギー』平凡社
日高六郎，1974『戦後思想と歴史の体験』勁草書房

日高六郎，1980a『戦後思想を考える』岩波書店
日高六郎，1980b『現代イデオロギー』勁草書房
日高六郎，1995『私の平和論――戦前から戦後へ』岩波書店
日高六郎，2005『戦争のなかで考えたこと――ある家族の物語』筑摩書房
日高六郎，2010『私の憲法体験』筑摩書房
平野謙，1972『文学・昭和十年前後』文藝春秋
平野謙，1975a『平野謙全集　第一巻』新潮社
平野謙，1975b『平野謙全集　第四巻』新潮社
平野謙，1976『「リンチ共産党事件」の思い出――資料袴田里見訊問・公判調書』三一書房
平野謙他，1956a『現代日本文学論争史　上』未来社
平野謙他，1956b『現代日本文学論争史　中』未来社
平野謙他，1956c『現代日本文学論争史　下』未来社
藤田省三，1967『維新の精神』みすず書房
文学的立場編，1976『文学・昭和十年代を聞く』勁草書房
堀田善衛，1993a『堀田善衛全集 1　詩・広場の孤独 他』筑摩書房
堀田善衛，1993b『堀田善衛全集 7　若き日の詩人たちの肖像・橋上幻像』筑摩書房
堀田善衛，1994a『堀田善衛全集 9　インドで考えたこと・上海にて・キューバ紀行 他』筑摩書房
堀田善衛，1994b『堀田善衛全集 14　評論 2』筑摩書房
堀田善衛，2008『堀田善衛　上海日記――滬上天下　一九四五』集英社
本多秋五，1992a『物語　戦後文学史　上』岩波書店
本多秋五，1992b『物語　戦後文学史　中』岩波書店
本多秋五，1992c『物語　戦後文学史　下』岩波書店
松下圭一，1971『シビル・ミニマムの思想』東京大学出版会
松下圭一，1987『ロック「市民政府論」を読む』岩波書店
丸山眞男，2005『自由について――七つの問答』編集グループ〈SURE〉
三島憲一，1991『戦後ドイツ――その知的歴史』岩波書店
水溜真由美，1998「大杉栄のアナキズム――近代日本思想史のパラダイム転換に向けて」『相関社会科学』第 7 号
水溜真由美，2019『堀田善衛　乱世を生きる』ナカニシヤ出版
水野直樹・文京洙，2015『在日朝鮮人――歴史と現在』岩波書店
道場親信，2005『占領と平和――〈戦後〉という経験』青土社

三宅芳夫，1995「『共和主義』・『アナーキズム』・『実存主義』——ある問いの系譜」『現代思想』11 月号
三宅芳夫，2000『知識人と社会——J=P. サルトルにおける政治と実存』岩波書店
三宅芳夫，2017「『自由主義』—『民主主義』体制の終焉？——新自由主義グローバリズムの文脈において」『比較経済研究』第 54 巻第 1 号
三宅芳夫，2018「東アジアの思想家としての日高六郎——二〇世紀を生き抜き，書き，思考した知識人」『世界』8 月号
三宅芳夫，2019「リベラル・デモクラシーの終焉？——新自由主義グローバリズムの奔流の中で」『世界』2 月号
宮沢俊義，1968「明治憲法から新憲法へ」『昭和思想史への証言』所収，毎日新聞社
宮沢俊義，1970『天皇機関説事件——資料は語る　上・下』有斐閣
宮本憲一，1981『現代資本主義と国家（現代資本主義分析 4）』岩波書店
森政稔，1993「丸山真男の近代」『ライブラリ相関社会科学 1　ヨーロッパのアイデンティティ』所収，新世社
山崎昌夫，1967「主体性論争の系譜」『講座　日本社会思想史 5　戦後日本の思想対立』所収，芳賀書店
油井大三郎，1985『戦後世界秩序の形成——アメリカ資本主義と東地中海地域 1944-1947』東京大学出版会
油井大三郎，1989『未完の占領改革——アメリカ知識人と捨てられた日本民主化構想』東京大学出版会
横田喜三郎，1997『新版　天皇制』ミュージアム図書
吉本隆明，1969『吉本隆明全著作集 4　文学論』勁草書房
米谷匡文，1993「三木哲学とマルクス——内在論からの超出」『現代思想』1 月号
蠟山政道，1951「二つの世界とアジアの課題」『中央公論』1 月号
渡辺治，1990『戦後政治史の中の天皇制』青木書店
渡辺一夫，1992『フランス・ルネサンスの人々』岩波書店
渡辺一夫，1995『渡辺一夫　敗戦日記』博文館新社
渡辺一民，1988『林達夫とその時代』岩波書店
渡辺一民，2003『〈他者〉としての朝鮮——文学的考察』岩波書店
渡辺一民，2010『武田泰淳と竹内好——近代日本にとっての中国』みすず書房

Adorno, T. W., Horxheimer, M., *Dialektik der Aufklärung*, 1947, Querido Verlag＝1990（徳永洵訳）『啓蒙の弁証法――哲学的断想』岩波書店

Arent, H., 1951, 1958, 1966–1968, 1973, *The origins of Totalitarism*, Hancort, Brace and World Inc.＝1972a（大久保和郎訳）『全体主義の起源 1 反ユダヤ主義』, 1972b（大島通義・大島かおり訳）『全体主義の起源 2 帝国主義』, 1974（大久保和郎・大島かおり訳）『全体主義の起源 3 全体主義』みすず書房

Aron, R., 1983, *Mémoires 50ans de réflexion politique*, Juillard＝1999（三保元訳）『レーモン・アロン回想録 1 政治の誘惑』,『レーモン・アロン回想録 2 知識人としての歳月』みすず書房

Barshay, A. E., 1994, *The Social Science in Modern Japan: The Marxian and Modernist Traditions*, University of California Press＝2007（山田鋭夫訳）『近代日本の社会科学――丸山眞男と宇野弘蔵の射程』NTT 出版

Beauvoir, S., 1960, *La Force de l'âge*, Gallimard＝1963（朝吹登水子訳）『女ざかり――ある女の回想 上・下』紀伊国屋書店

Beauvoir, S., 1963, *La Force des chose*, Gallimard＝1965（朝吹登水子訳）『或る戦後 上・下』紀伊国屋書店

Berlin, I., 1969, *Four Essays on Liberty*, Oxford University Press＝1971（小川晃一他訳）『自由論 I』みすず書房

Bobbio, N., 1990, *Profilo ideologico del Novecento*, Garzanti Editore＝1993（馬場康雄他訳）『イタリア・イデオロギー』未来社

Boschetti, A., 1985, *Sartre et 〈Les Temps Modernes〉*, Minuit＝1987（石崎晴巳訳）『知識人の覇権――20 世紀フランス文化界とサルトル』新評論

Camus, A., 1942, *L'Étranger*, Gallimard＝1968（中村光夫訳）『異邦人』新潮社

Camus, A., 1951–1965, *L'Homme révolté*, Gallimard＝1969（白井浩司訳）『反抗的人間』新潮社

Canguilhem, G., 1983, *Étude d'histoire et de philosophie des sciences*, cinquième édition augmentée, J Vrin＝1991（金森修監訳）『科学史・科学哲学研究』法政大学出版局

Césaire, A., 1939, *Cahiers d'un retour au pays natal,* 1955, *Discours sur la colonialisme*, La Société nouvelle présence africaine＝1997（砂野幸稔訳）『帰郷ノート／植民地主義論』平凡社

Chamoiseau, P., Confiant, R., 1991, *Lettres créoles: Tracées antillaises et*

continentales de la literatures 1635–1975 (*Breves littérature*), Hatier＝2004（西谷修訳）『クレオールとは何か』平凡社

Cumings, B., 2004, *North Korea: Another Country*, The New Press＝2004（杉田米行監訳）『北朝鮮とアメリカ　確執の半世紀』明石書店

Cumings, B., 2010, *The Korean War: A History*, Modern Library＝2014（栗原泉・山岡由美訳）『朝鮮戦争論——忘れられたジェノサイド』明石書店

Dahl, R, A., 1972, *Polyarchy Partipation and Opposition*, Yale University Press＝2014（高畠通敏・前田脩訳）『ポリアーキー』岩波書店

Deleuze, G., Parnet. C., 1977, *Dialogue*, Flammarion＝1980（田村毅訳）『ドゥルーズの思想』大修館書店

Deleuze, G., 1995a, le《Je me souviens》, *Le nouvel Observateur*, no 1619＝1996a（鈴木秀旦訳）「思い出すこと」,『批評空間』Ⅱ-9 号

Deleuze, G., 1995b,《L'immanence: une vie...》, *Philosophie*, no 47, Minuit＝1996b（小沢秋広訳）「内在—— 一つの生」『文藝』春季号

Deleuze, G., Gattari, F., 1972, *L'Anti-OEdipe capitalisme et schizophrénie*, Minuit＝1986（市倉宏祐訳）『アンチ・オイディプス——資本主義と分裂症』河出書房新社

Derrida, J., 1967a, *L'écriture et la différence*, Seuil＝1977, 1983（阪上脩他訳）『エクリチュールと差異　上・下』法政大学出版局

Derrida, J., 1967b, *De la grammatologie*, Minuit＝1972（足立和浩訳）『根源の彼方に——グラマトロジーについて　下』現代思潮社

Derrida, J., 1967c, *La voix et le phénoménè*, Minuit＝1970（高橋允昭訳）『声と現象——フッサール現象学における記号の問題への序論』理想社

Derrida, J., 1972, *Marges—de la philosophie*, Minuit＝2007（高橋允昭・藤本一勇訳）『哲学の余白　上』法政大学出版局, 2008（藤本一勇訳）『哲学の余白　下』法政大学出版局

Derrida, J., 1987a, *Psyché invention de l'autre*, Galilée＝2014（藤本一勇訳）『プシュケー　他なるものの発明Ⅰ』岩波書店, 2019（藤本一勇訳）『プシュケー　他なるものの発明Ⅱ』岩波書店

Derrida, J., 1987b, "pourquoi pas Sartre"＝1987（生方淳子・港道隆訳）「自伝的な "言葉"」『現代思想』7 月号

Derrida, J., 1989,《Il faut bien manger》ou calcul du sujet, *Cahier Confrontation: Après sujet qui vient*, Aubir＝1996（鵜飼哲訳）「『正しく食べなければならない』あるいは主体の計算」『主体の後に誰が来るのか？』

現代企画室
Derrida, J., 1991a, *Donner le le temps, 1 La fausse monnaie*, Galilée
Derrida, J., 1991b. *L'autre cap*, Minuit＝1993（高橋哲哉・鵜飼哲訳）『他の岬——ヨーロッパと民主主義』みすず書房
Derrida, J., 1992a, *Point de suspension*, Galilée
Derrida, J., 1992b, *L'Ethique du don*, AM. Metailie
Derrida, J., 1993a, *Spectres de Marx*, Galilée
Derrida, J., 1993b, Politics and Friendship, *The Althusserian Legacy*＝1996（安川慶治訳）「政治と友愛と」『批評空間』II-9号
Derrida, J., 1996a, "Pour l'amour de Lacan", *Résistence, de la psychanalyse*, Galilée＝1994（守中高明他訳）「ラカンの愛に叶わんとして」『イマーゴ臨時増刊　ラカン以後』青土社
Derrida, J., 1996b, "〈Il courait mort〉: Salut, salut. Note pour un courrier aux Temps Modrnes", *Les Temps Modernes* no 587＝1998（梅木達郎訳）「『彼は走っていた，死んでもなお』やあ，やあ——『レ・タン・モデルヌ』への書簡のための覚書」『レ・タン・モデルヌ50周年記念号』緑風出版
Dower, J W., 2017, *The Uiolent American Century: War and Terror Since World War II*, Hay market Books＝2017（田中利幸訳）『アメリカ　暴力の世紀——第二次大戦以降の戦争とテロ』岩波書店
Fanon, F., 1952, *Peau noir, masques blancs*, Seuil＝1998, 海老坂武・加藤晴久訳『黒い皮膚・白い仮面』みすず書房
Fanon, F., 1961, *Les Damnés de la terre*, La Decouverte＝1996（鈴木道彦他訳）『地に呪われたる者』みすず書房
Foucault, M., 1966, *Les mots et les choses*, Gallimard＝1974（渡辺一民他訳）『言葉と物——人文科学の考古学』新潮社
Glissant, E., 1997, *Traité du tout monde*, Gallimard＝2000（恒川邦夫訳）『全—世界論』みすず書房
Gordon, A., ed. 1993, *Post war as History*, University of Califolnia Press＝2002（中村政則監訳）『歴史としての戦後日本　上・下』みすず書房
Hobsbaum, E., 1994, *Age of Extremes; The Short Twentieth Century 1914–1991*, M. Joseph Ltd.＝1996（河合秀和訳）『20世紀の歴史——極端な時代　上・下』三省堂
Hughes, H., 1968, *The Obstructed Path: French Social Thought in the years*

of Desperation 1930–1960, Harper and Row＝1970（荒川幾男・生松敬三訳）『ふさがれた道——失意の時代のフランス社会思想 1930–1960』みすず書房
Jäger, L., 2003, *Adorno Eine politishe Biographie*, Pantheon＝2007（大貫敦子・三島憲一訳）『アドルノ——政治的伝記』岩波書店
Jones, Le Roi., 1963, *The Blues People*, William Morrow＝2011（飯野友幸訳）『ブルース・ピープル——白いアメリカ，黒い音楽』平凡社
Judt, T., 2005, *Postwar: A history of Europe since 1945*, W. Heinemann＝2008（森本醇訳）『ヨーロッパ戦後史　上　1945–1971』みすず書房
Kardor, M., 2001, *New and Old Wars*, Stanford University Press＝2003（山本武彦・渡辺正樹訳）『新戦争論——グローバル時代の組織的暴力』岩波書店
Koschman, J. V., 1996, *Revolution and Subjectivity in Postwar Japan*, The University of Chicago Press
Kripke, S. A., 1982, *Wittegenstein on Rules and Private language*, Basil Blackwell＝1983（黒崎宏訳）『ウィトゲンシュタインのパラドックス——規則・私的言語・他人の心』産業図書
Lichtheim, G., 1961, *Marxism: An Historical and Critical Study*, Routlege and Kegan Paul＝1974（奥山次良他訳）『マルクス主義——歴史的・批判的研究』みすず書房
Lichtheim, G., 1970, *A Short History of Socialism*, Praeger Publishers Inc.＝1979（庄司興吉訳）『社会主義小史』みすず書房
Lichtheim, G., 1972, *Europe in the Twentieth Century*, Wiedenfeld and Nicolsen＝1979（塚本明子訳）『ヨーロッパ文明 1　1900–1970』みすず書房，1981（塚本明子訳）『ヨーロッパ文明 2　1900–1970』みすず書房
Lindsay, A. D., 1929, *The Essentials of Democracy*, Oxford University Press＝1992（永岡薫訳）『増補　民主主義の本質——イギリス・デモクラシーとピュウリタニズム』未来社
Lindsay, A. D., 1943, *Relegion, Science and Society in the Modern World*, Oxford University Press＝1992（渡辺雅弘訳）『自由の精神——現代社会における宗教・科学・社会』未来社
Lukács, G., 1923, *Geschichte und Klassenbewusstsein, Studien über Marxistische Dialektik*, Der Malik-Verlage, Berlin＝1962（平井俊彦訳）『歴史と階級意識』未来社

MaCormick, T. J, 1989, *America's Half Century: United States Foreign Policy in the Cold War and After*, The Johns Hopkins University Press＝1992（松田武他訳）『新版　パクス・アメリカーナの五〇年——世界システムの中の現代アメリカ外交』東京創元社

Macpherson, C. B., 1966, *The Real World of Democracy*, Clarendon Press Oxford＝1967（粟田賢三訳）『現代世界の民主主義』岩波書店

Macpherson, C. B., 1977, *The Life and Times of Liberal Democracy*, Oxford University Press＝1978（田口富久治訳）『自由民主主義は生き残れるか』岩波書店

Mazower, M., 1998, *Dark Continent: Europe's Twentieth Century*, Penguin＝2015（中田瑞穂・網谷龍介訳）『暗黒の大陸——ヨーロッパの 20 世紀』未来社

Mazower, M., 2012, *Governing the World*, Penguin＝2015（依田卓巳訳）『国際協調の先駆者たち——理想と現実の 200 年』NTT 出版

Merleau-Ponty, M., 1947, *Humanisime et Terreur*, Gallimard＝1965（森本和夫訳）『ヒューマニズムとテロル』現代思潮社

Merleau-Ponty, M., 1948, *Sens et non-sens*, Gallimard＝1983（木田元他訳）『意味と無意味』みすず書房

Merleau-Ponty, M., 1955, *Les Aventures de la dialectique*, Gallimard＝1972（木田元他訳）『弁証法の冒険』みすず書房

Merleau-Ponty, M., 1960, *Signes*, Gallimard＝1969（竹内芳郎訳）『シーニュ I』, 1970（竹内芳郎訳）『シーニュ II』みすず書房

Mills, C. W., 1956, *The Power Elite*, Oxford University Press＝1958（鵜飼信成・綿貫譲治訳）『パワー・エリート　上・下』東京大学出版会

Mills, C. W., 1962, *The Marxists*, Dell Publishing＝1971（陸井四郎訳）『マルクス主義者たち』青木書店

Paxton, R., 1972, 2001, *Vichy France: Old Guard and New Order, 1940–1944*, Columbia University Press＝2004（渡辺和行他訳）『ヴィシー時代のフランス——対独協力と国民革命 1940–1944』柏書房

Pocock, J. G. A., 1957, *The Ancient Constitution and Federal Law*, Cambridge University Press

Pocock, J. G. A., 1975, *The Machiavellian Moment*, Princeton University Press＝2008（田中秀夫他訳）『マキャベリアン・モーメント——フィレンツェの政治思想と大西洋圏の共和主義の伝統』名古屋大学出版会

Prashad, V., 2007, *The Darker Nations; A People's History of the Third World*, The New Press＝2013（粟飯原文子訳）『褐色の世界史――第三世界とはなにか』水声社
Proudhon, P. J., 1863-1982, *Du principe fédératif,* Slatkine＝1971（江口幹訳）『連合の原理』三一書房
Proudhon, P. J., 1865-1982, *De la capacité de la classe ouviriére*, Slatkine＝1972（三浦精一訳）『労働者階級の政治的能力』三一書房
Said, Edward. W., 1978, *Orientalism*, George Borchardt Inc., 1985, Orientalism Reconsidered, *Arab Society, Continuity and Change*, S. Farsoun (ed.), Croom Helm＝1993（板垣雄三・杉田英明監修，今沢紀子訳）『オリエンタリズム　上・下』平凡社
Said, Edward. W., 1993, *Culture and Imperialism*, Alfred A. Knopf Inc.＝1998（大橋洋一訳）『文化と帝国主義 1』，2001『文化と帝国主義 2』みすず書房
Schmitt, C., 1919, *Politische Romantik*, DVA＝1982（橋川文三訳）『政治的ロマン主義』未来社
Schmitt, C., 1926, *Die Geistes geschichtlisch lage der heutigen Parlamentarismus*, Dunker & Humblot＝1972（稲葉素之訳）『現代議会主義の精神的地位』みすず書房
Schmitt, C., 1932, *Der Begriff des Politischen*, Dunker & Humblot＝1970（田中浩他訳）『政治的なものの概念』未来社
Westad, O. A., 2007, *The Global Cold War: Third World Interventions and the Making of Our Times*, Cambridge University Press＝2010（佐々木雄太監訳）『グローバル冷戦史――第三世界への介入と現代世界の形成』名古屋大学出版会
Williams, W. A., 1972, *The Tragedy of American Diplomacy*, Dell Publishing Co. Inc.＝1986（高橋章他訳）『アメリカ外交の悲劇』御茶の水書房
Winock, M., 1990, *Nationlisme, antisémitisme et fascisme en France*, Seuil＝1995（川上勉・中谷猛監訳）『ナショナリズム・反ユダヤ主義・ファシズム』藤原書店
Winock, M., 1997, *Le siècle des intellectuels*, Seuil＝2007（塚原史他訳）『知識人の時代――バレス／ジッド／サルトル』紀伊国屋書店
Winock, M., 2015, *François Mitterrand*, Gallimard＝2016（大嶋厚訳）『ミッテラン――カトリック少年から社会主義者の大統領へ』吉田書店

著者略歴
1969年　兵庫県生まれ
東京大学大学院総合文化研究科博士課程修了
学術博士（Ph. D）
現　在　千葉大学人文公共学府教授

主要著作
『知識人と社会――J＝P. サルトルにおける政治と実存』（岩波書店，2000年）
『移動と革命――ディアスポラたちの「世界史」』（共編著，論創社，2012年）
『近代世界システムと新自由主義グローバリズム――資本主義は持続可能か？』（共編著，作品社，2014年）
「『自由主義』―『民主主義』体制の終焉？――新グローバリズムの文脈において」『比較経済研究』第54巻第1号（2017年）

ファシズムと冷戦のはざまで
戦後思想の胎動と形成 1930–1960

2019年10月29日　初　版

［検印廃止］

著　者　三宅《みやけ》 芳夫《よしお》
発行所　一般財団法人　東京大学出版会
代表者　吉見 俊哉
153-0041 東京都目黒区駒場 4-5-29
http://www.utp.or.jp/
電話　03-6407-1069　Fax　03-6407-1991
振替　00160-6-59964

印刷所　株式会社理想社
製本所　牧製本印刷株式会社

ISBN 978-4-13-010136-3　Printed in Japan